全球视角下的人民币汇率：政策选择与风险防范

高海红　主编

中国财政经济出版社

图书在版编目（CIP）数据

全球视角下的人民币汇率：政策选择与风险防范/高海红主编．—北京：中国财政经济出版社，2008.3

ISBN 978-7-5095-0465-9

Ⅰ.全 Ⅱ.高… Ⅲ.①人民币（元）-汇率-货币政策-研究 ②金融-风险管理-研究-中国 Ⅳ.F822.1 F832.1

中国版本图书馆 CIP 数据核字(2008)第 007564 号

中国财政经济出版社出版

URL：http：//www.cfeph.cn

E-mail：cfeph@cfeph.cn

社址：北京市海淀区阜成路甲 28 号 邮政编码：100036

发行处电话：88190406 财经书店电话：64033436

北京财经印刷厂印刷 各地新华书店经销

787×960 毫米 16 开 23.5 印张 375 000 字

2008 年 3 月第 1 版 2008 年 3 月北京第 1 次印刷

印数：1-2 560 定价：48.00 元

ISBN 978-7-5095-0465-9/F·0389

（图书出现印装问题，本社负责调换）

导 言

从学科的研究来看，国际金融学科具有很强的前沿性。特别是随着我国金融改革和开放的不断深入，不论在理论上，还是在实践中，都需要我们对很多问题做出解释、分析、建议和提出对策。比如，随着中国经济与全球经济联系的日趋紧密，人民币汇率已经成为中国经济最重要的价格之一，人民币汇率对于未来国民经济安全、宏观经济稳定、产业可持续发展、居民收入分配、社会民众的福利水平以及中国的国际关系都有至关重要的意义。对于当前的人民币汇率研究工作来说，任务显得迫切而且重大。再比如，对区域金融合作的研究具有十分重大的现实意义和前瞻性。东亚金融危机的爆发以后东亚各国官方政府和学术界提出各种地区合作倡议和构筑亚洲金融合作框架的设想，然而，目前的合作形式仍然是初级形态的金融合作。东亚各国面临的更为迫切的任务是制定一个切实可行的，又具有长远目标的区域金融合作框架。这项研究将为政府决策参与东亚区域金融合作提供政策参考。

本书选取近年来国际金融领域几个重大问题，分别从人民币汇率水平和汇率制度、亚洲金融货币合作以及金融风险防范三个方面，对一些重要的理论和实践问题进行深入系统的研究。这其中，我们重点研究包括中国在内的东亚国家长期实际汇率行为、实际汇率与经济增长的关系、均衡汇率水平测算、人民币汇率制度调整等问题；我们紧密结合中国在东亚金融合作中的地位和参与东亚金融合作的战略，在理论研究和经验研究基础上，进行对策性研究；从微观层面对金融危机理论、建模、预警等研究金融风险问题，并提出金融风险防范的政策建议。从结构看，本书包括三个部分共十一章内容，涉及人民币汇率、区域货币合作、金融风险防范三个方面的十一个重大问题。主旨在于对这些问题进行全面深入的探讨，对相关理论进行综述的基础上，尽可能进行定性的和定量的研究，并结合中国实际，讨论政策含义和提出政策建议。本书具体内容如下：

第一章讨论“汇率与经济增长：理论与东亚经验”问题。东亚经济体在20世纪90年代爆发金融危机之前的20年间经历了相似的工业化过程，即主要经济体经历了高附加值产品的出口大幅度增加。相应的，大部分经济体在出口导向型经济发展战略的影响下，经历了较高的经济增长。从直觉来看，在较高的经济增长过程中，汇率因素包括汇率波动以及汇率制度的选择等起到了重要的作用。而且在经历高速经济增长的同时，一些经济体，如日本、韩国等也经历了实际汇率的大幅度升值。东亚经济体的实践似乎告诉我们，汇率与经济增长存在着某种互动关系。然而，20世纪90年代后期爆发的金融危机引起了理论界和政策制定者对东亚经济体已往的汇率政策功过的重新讨论。其中，一个值得系统研究的问题是，在东亚经济体中，汇率与经济增长之间到底是什么关系？总体来看，在汇率与经济增长之间，存在这样一个双向的互动关系：一方面，汇率水平和汇率制度的灵活程度影响经济增长；反过来，经济增长也影响汇率行为。本章第一节对现有文献中有关经济增长如何影响汇率行为、汇率行为如何决定经济增长，以及汇率制度选择如何作用于经济增长进行了综述。对汇率与经济增长之间关系的经验研究文献的总结构成我们第二节的主要内容。在给出主要经验文献中汇率错位对经济增长影响，以及在汇率制度对经济增长影响的重要发现之后，我们专门对有关东亚地区汇率与经济增长之间的经验研究文献进行评介。在第三节，我们运用边限检验方法检验选择的东亚经济体中实际汇率与经济增长之间是否存在长期稳定关系。我们还对汇率制度是否影响经济增长的经验分析进行扩展分析。在最后部分，我们总结报告的主要结论，并阐明我们的结论对中国的启示和政策含义。

第二章对东亚国家的经验研究和分析。本章采用一般购买力平价（G－

PPP）模型，对东盟10国和中国、日本、韩国的货币合作程度进行经验研究。在计量方法上，运用Johansen的多变量协整分析方法，样本期间采用1994－2003年的月度数据，分别对6组实际汇率的关系进行检验。检验结果表明，除了一组实际汇率关系不存在G－PPP，其他5组关系之间的G－PPP都成立，这表明，样本国家基本具有形成最优货币区的潜力。此外，作为对G－PPP模型经验研究的扩展性分析，本章总结了其他主要经验研究成果，通过12个标准具体考察哪些因素在多大程度上支持或不支持我们的经验发现。我们认为，目前在这一地区存在的非制度性货币合作形式滞后于这一地区实际存在联系的紧密程度，这一结论是对其他一些对东亚地区不同次区域的最优货币区的经验研究结论的补充。

第三章基于中国经济特征事实的理论框架，分析汇率扭曲及其后果。本章在一个贸易品/非贸易品两部门模型中，讨论真实汇率外生条件下部门之间全要素生产率变化差异对产业结构与贸易余额的影响。我们发现，在保持名义有效汇率固定与国内物价水平稳定的货币政策组合下，市场经济体制改革所带来的贸易品部门相对非贸易品部门更快的全要素生产率进步所带来的不仅是经济增长，同时还会造成：（1）工业/服务业产业结构扭曲；（2）贸易顺差扩张；（3）工资水平下降，并阻碍了农村劳动力向城市的转移；（4）工资下降与利润率上升，恶化收入分配。我们的建议是，解决上述问题的关键，在于调整人民币汇率水平与非贸易品部门的市场化改革和全要素生产率的提高。

第四章讨论人民币汇率水平与汇率制度改革的问题。2005年7月21日，国内货币当局对人民币汇率制度改革做出了新的重要决定。市场对汇改之后的看法众说纷纭，其中有观点认为人民币汇率制度逐步走向真正的有管理浮动；还有观点认为如此小幅度的调整并不足以说明人民币汇率真正走向浮动，人民币汇率形成机制并没有实质性的变化。究竟如何认识这次汇改？未来的人民币汇率制度和汇率水平会按照什么样的路径变化呢？以上的一系列疑问是人民币汇率水平和汇率制度研究中的几个重点问题。经过过去几年时间的激烈讨论，学术界、商业研究机构和政策制定者对于这些问题的认识也逐渐清晰。特别地，由于中国比较特殊的国情，人民币汇率的研究中有很多与传统研究的重点并不完全一致，得到的结论与传统结论也并不完全一致。

这里，笔者把过去几年时间里关于上述问题的研究作一个比较全面的回顾。

第五章对人民币真实汇率的概念和测量进行解析。真实汇率的分类测算一直是深入展开人民币汇率实证研究的瓶颈。本章对真实汇率进行了详细的分类，比较了各种真实汇率之间的区别和联系，并利用 1994－2002 年的相关季度数据，测算了人民币支出法、成本法和贸易品衡量的真实汇率，最后，对测算得到的各种真实汇率进行了结构性解析。

第六章探讨了东亚金融框架设计问题。亚洲金融危机爆发使得东亚国家一致认识到加强区域金融合作的必要性和紧迫性。在本章，我们在对国际金融合作的实践与评述的基础之上，对现有东亚地区金融合作框架进行评估和分析，其中重点讨论“清迈倡议”、政策对话和监控机制、亚洲债券基金等东亚地区主要的金融合作方式，然后从短期、中期以及长期出发，讨论不同时期东亚金融合作的目标、动力、障碍，以及具体实施步骤，并设计与之相辅相成的中国国内金融改革开放的配套措施，讨论推动人民币作为区域载体货币的具体方案。

第七章从中国视角，讨论东亚区域的汇率合作。鉴于东亚经济体在贸易、投资领域越来越紧密的合作关系，东亚的汇率合作势必成为未来的发展趋势。本章从中国的视角出发，认为最符合中国利益的东亚汇率合作方案是号召更多的东亚经济体货币与人民币挂钩，或者是人民币在东亚地区的区域化，这是中国展开东亚区域货币合作的战略性目标。人民币的区域化进程，不仅有利于改变美元霸权的全球货币格局，同时还会给中国带来更有利的外部经济环境，对于中国经济的国际收支稳定、宏观经济稳定以及经济可持续增长都会带来积极的推动作用。本章提出了推进人民币区域化的战略目标，以及短中长期的战略方案。

第八章讨论亚洲货币单位（AMU）问题。在对亚洲货币单位的计算方法进行简介之后，讨论人民币/亚洲货币单位的汇率变化，以及亚洲货币单位对中国的吸引力，具体阐述了评判的标准、盯住亚洲货币单位是否能够稳定人民币贸易加权汇率、盯住亚洲货币单位是否能够帮助人民币汇率向均衡水平靠拢，以及盯住亚洲货币单位是否能够稳定人民币/美元双边名义汇率，并对三种盯住方案与当前人民币汇率制度进行比较。

第九章和第十章主要围绕日本的作用和亚洲债券市场的发展展开讨论和

分析。第九章首先讨论了日本在区域金融合作中的作用和影响，对日本在东亚金融危机过后的初期提出亚洲货币基金，以及后来提出的各种发展亚洲债券市场的建议，进行总结和评价。第十章重点分析了亚洲区域债券市场的发展问题，对各种方案进行比较。

第十一章对金融风险早期预警系统的理论与应用进行讨论。有效的早期金融风险预警系统（EWS）使管理当局尽可能早地发现潜在的金融风险并作出正确的反应，从而降低金融风险或把金融危机可能造成的损失降至最低。而现有EWS在建模中几乎都忽略了发展中国家的政府干预以及结构特征，鉴于金融危机主要出现于发展中国家，因此现有EWS的缺陷可以说是致命的，本章力图解决这一问题，通过综合对比信号提炼法和概率分析法，以更好地对预警结果和效果进行判断和选择；在开发的预警系统中考虑管理当局根据预警信号采取行动所带来的成本，即计划构造管理当局根据预警信号采取行动的成本函数，并将这一函数指标化，与预警系统相结合，同时考虑预警信号的准确性以及政策执行成本的大小，努力在准确性和成本最小化之间寻找到一个合适的均衡；考察一个经济（国家）制度、结构特征及其变迁对EWS的影响，换而言之，我们不仅要把现有预警模型所忽略的经济制度、法律体系、政府公共部门所提供的质量等制度因素考虑进来，而且还要考察这些制度因素的变迁所产生的动态效应；在新的预警系统中考察各个国家的金融发展水平以及金融结构特征；在考察政府干预因素在新开发的预警系统中的作用；将利用新开发的预警系统对一个从金融封闭向金融开放的经济体的金融风险进行各种模拟，以此来为各个正在逐步走向金融开放的国家提供政策上的依据和支持；就中国在未来金融开放条件下如何防范并降低金融风险提出具有战略性的政策建议。

由于人员、时间等种种限制，本课题的研究无法涵盖当前国际金融领域所有的重大问题。其中，我们认为需要进一步研究的重大问题包括：人民币汇率合作机制问题研究以及中国的战略选择；资本流动与金融危机关系的深入研究；资本项目自由化与汇率制度变迁的关系以及中国的战略选择等。

本书得到中国社会科学院2004－2007年重大项目“国际金融学科建设”的资助。项目总负责人为高海红，参加者为张斌、孙杰、陈虹、李友申和陈北。何帆、陈晓莉、覃东海和章奇也参加了写作。具体章节写作如下。第一章：高海红和陈晓莉；第二章：高海红和覃东海；第六章：高海红和章奇；第三章和第八章：张斌和何帆；第四章、第五章和第七章：张斌；第九章：孙杰；第十章：陈虹；第十一章：章奇。

高海红

2008年1月

目录

第一部分　汇率水平、汇率制度与人民币汇率

第二部分 亚洲区域金融和货币合作

第三部分　金融风险防范

第一部分

汇率水平、汇率制度与人民币汇率

1

汇率与经济增长：理论与东亚经验

东亚经济体在20世纪90年代爆发金融危机之前的20年间经历了相似的工业化过程，即主要经济体经历了高附加值产品的出口大幅度增加。相应的，大部分经济体在出口导向型经济发展战略的影响下，经历了较高的经济增长。从直觉来看，在较高的经济增长过程中，汇率因素包括汇率波动以及汇率制度的选择等起到了重要的作用。而且在经历高速经济增长的同时，一些经济体，如日本、韩国等也经历了实际汇率的大幅度升值。东亚经济体的实践似乎告诉我们，汇率与经济增长存在着某种互动关系。然而，20世纪90年代后期爆发的金融危机引起了理论界和政策制定者对东亚经济体已往的汇率政策功过的重新讨论。其中，一个值得系统研究的问题是，在东亚经济体中，汇率与经济增长之间到底是什么关系？这是本文所要解答的核心问题。

有关汇率与经济增长之间的关系，理论研究提供了丰富的可选择的分析框架。总体来看，在汇率与经济增长之间，存在这样一个双向的互动关系：一方面，汇率水平和汇率制度的灵活程度影响经济增长；反过来，经济增长

本文主要部分为国家社会科学基金（一般项目）2003－2005年资助项目研究成果。其中部分内容以“汇率与经济增长：对东亚经济体的检验”为题，发表于《世界经济》2005年10期。

也影响汇率行为。因此，对现有文献中有关经济增长如何影响汇率行为、汇率行为如何决定经济增长，以及汇率制度选择如何作用于经济增长进行了综述，构成本文第一部分的内容。在第一部分的理论综述中，我们重点回顾和评价了巴拉萨－萨缪尔森假说（BSH，下同），这是因为：一方面，BSH 被认为是论述经济增长如何决定汇率行为的经典，有关汇率与经济增长的大量的经验研究文献都是围绕 BSH 展开的，其理论意义毋庸讳言；另一方面，对 BSH 以及其理论扩展的论述，是为我们采用 BSH 约化模型对东亚经济体所进行的经验研究做理论铺垫。

对汇率与经济增长之间关系的经验研究文献的总结构成我们第二部分的主要内容。在给出主要经验文献中汇率错位对经济增长影响，以及在汇率制度对经济增长影响的重要发现之后，我们专门对有关东亚地区汇率与经济增长之间的经验研究文献进行评介。这其中，一项颇具影响的研究是 Ito 等（1997）。他们根据 BSH 框架，通过检验 APEC 经济体的经济增长与实际汇率升值之间的关系，得出结论，认为高速经济增长对实际汇率的影响取决于经济发展阶段的差异。Ito 等人的研究对了解东亚经济体经济增长在决定汇率中的作用具有重要意义。

在本文第三部分，我们对 BSH 进行约化，我们的研究以 Faria 和 Leon－Ledesma（2000）简化的 BSH 模型为基础，试图回答：在东亚经济体中，经济增长在多大程度上影响汇率行为；反过来，汇率行为在多大程度上决定经济增长。这一分析的政策含义将有助于国家政策决策部门对汇率政策的制定和调整。与 Ito 等人（1997）的研究所不同的是，我们采用更长、更新的样本期（1975－2002 年间），样本选择也更集中在东亚几个具有贸易结构升级和制度差异特征的经济体，此外，在方法论上，我们运用由 Pesaran、Shin 和 Smith（1999）提出的边限检验方法检验选择的东亚经济体中实际汇率与经济增长之间是否存在长期稳定关系。边限检验方法以渐进理论为基础，优点是在进行长期稳定关系检验时可以不预先考虑方程中的回归元是否在一阶，还是在二阶求整，从而避免了传统的单位根检验和协整分析的预先检验问题①。有意义的是，在对我们选择的样本进行检验之后，我们得出与 Ito 等（1997）相似的结论。比 Ito 等（1997）更进一步的是，我们不仅考察了经

① 所谓预先检验问题，即当我们运用协整分析检验长期关系的稳定性时，我们不得不预先检验方程中各回归元的求整阶数。如果各回归元的求整阶不同，协整分析便受到限制。

济增长对实际汇率的影响，我们还考察了在这些经济体中实际汇率对经济增长的影响，尽管我们的经验检验结果比想象的要悲观。在本文，我们还对 Huang 和 Malhotra（2004）有关汇率制度是否影响经济增长的经验分析进行扩展分析。针对我们的样本，我们的分析在一定程度上对 Huang 和 Malhotra（2004）的结论给予支持和补充：汇率制度的选择是否对经济增长产生影响，取决于经济发展阶段和国内的市场以及价格体系的完善程度。

在最后部分，我们总结本文的主要结论，并阐明我们的结论对中国的启示和政策含义。

1.1 汇率与经济增长的理论关系

汇率与经济增长的关系大致包括两个方面：一是汇率行为，即汇率的升值/贬值（或者高估/低估）和经济增长之间的关系；二是汇率制度，即关于汇率水平和波动幅度的制度安排与经济增长之间的关系。在下面的讨论中，我们将分别考察这两个方面的关系。更进一步地讲，在汇率行为与经济增长的关系的分析中，我们分别考察经济增长通过什么渠道作用于实际汇率水平，以及汇率行为通过哪些渠道作用于经济增长。我们以生产力的提高作为经济增长的替代。在汇率制度与经济增长的关系的论述中，我们认为汇率制度是一个国家货币当局的政策选择，所以我们只考察汇率制度对经济增长的作用，而不考虑反向的作用关系。

1.1.1 经济增长如何决定汇率行为

对经济增长在决定汇率行为中的作用分析，Dornsbusch（1976）的超调模型以及 Frankel（1979）和 Mussa（1978）的变动价格汇率模型提供了早期分析的理论框架。然而，对经济增长与实际汇率关系的讨论中，巴拉萨－萨缪尔森假说（BSH）则提供了非常具有影响的命题。

（1）巴拉萨－萨缪尔森假说

巴拉萨－萨缪尔森假说（BSH）的基础模型是由 Balassa（1964）提出的。他假定：两国经济、两种商品、一种稀缺品（劳动力）和固定投入系数技术；劳动力（L）和资本（K）自由流动；贸易品（T）价格是由国际市场决定的，而非贸易品（N）价格是由国内市场决定的；存在充分就业：$L=L_T+L_N$，其中 L_T 是贸易部门的劳动力，L_N 是非贸易部门的劳动力；生产包括贸易部门和非贸易部门的资本投入（K_T，K_N）和劳动力投入（L_T，L_N）；每一部门的生产技术可以用下面的线性同质生产函数表示：

$$Y_T=\theta_T K_T^{\beta_T} L_T^{\alpha_T} \equiv \theta_T L_T f(k_T) \tag{1-1}$$

$$Y_N=\theta_N K_N^{\beta_N} L_N^{\alpha_N} \equiv \theta_N L_N f(k_N) \tag{1-2}$$

其中 Y_T 和 Y_N 分别是国内贸易和非贸易部门产出；并且，$k_T \equiv K_T/L_T$、$k_N \equiv K_N/L_N$；θ_T和 θ_N 是随机生产力参数；α 代表贸易品劳动力密集度（α_T）和非贸易品劳动力密集度（α_N）；β 代表贸易品资本密集度（β_T）和非贸易品资本密集度（β_N）。同时还假定，世界利率 i 等于每一部门的资本边际产品价值：

$$i=\theta_T\beta_T k_T^{(\beta_T-1)} \tag{1-3}$$

$$i=s\theta_N\beta_N k_N^{(\beta_N-1)} \tag{1-4}$$

其中 $s=\dfrac{P^N}{P^T}$是非贸易品相对价格，即实际汇率。最后假定贸易品部门的工资率为：

$$w=\theta_T[f(k_T)-f'(k_T)k_T]=\theta_T(1-\beta_T)k_T^{\beta_T} \tag{1-5}$$

这样我们得到 BSH 的两个核心命题。一个是工资率决定公式：

$$w=\theta_T(1-\beta_T)(\theta_T\beta_T/i)^{\frac{\beta_T}{1-\beta_T}}=(1-\beta_T)(\theta_T\beta_T/i)^{\frac{\beta_T}{1-\beta_T}} \tag{1-6}$$

公式（1-6）表明，在一个小型开放经济中，工资（w）完全由贸易品部门的生产力决定；世界利率 i 是给定的；贸易部门生产力增加将导致工资上升，从而带来非贸易品相对价格的上升，即实际汇率（s）的上升。另一个核心命题则是实际汇率变动公式：

$$\hat{s}=\alpha_N\hat{w}-\hat{\theta}_N \quad \text{或} \quad \hat{s}=\frac{\alpha_N}{\alpha_T}\hat{\theta}_T-\hat{\theta}_N \tag{1-7}$$

公式（1-7）代表了 BSH 的经典命题：非贸易品相对价格的变化（实际汇率的变化，$\hat{s}$）是由非贸易部门劳动力密度（α_N）和贸易部门劳动力密度（α_T），以及非贸易部门生产力增长（$\hat{\theta}_N$）与贸易部门劳动力增长（$\hat{\theta}_T$）之差决定的。比如假定 i 固定和 $\hat{\theta}_N$ 不变，$\hat{\theta}_T$增加会带来实际工资的增加，从而带来非贸易品相对价格的上升，即实际汇率升值。

BSH 的主要贡献在于提出了两个强有力的见解。一是将非贸易品引入标准贸易模型中，从而有助于理解汇率和相对价格之间的关系。二是以贸易品和非贸易品生产力差作为 PPP 与汇率之间关系的系统性偏离因素。尽管这两个贡献并不是 BSH 的创新，但是，Balassa 和 Samuelson 两个人的 1964 年论文仍被视作在相关领域研究的基础文献。比如，在 Asea 和 Corden (1994) 看来，他们的贡献不仅仅因为他们为汇率对 PPP 的偏离提供清晰的理论分析，还在于他们通过表明这种偏离与生产力差的系统相关性，引申出这种偏离与收入差距之间的关系。运用 BSH 命题，我们能够解释为什么大多数国家的非贸易品价格上升往往高于贸易品价格的上升幅度（如 Kravis 和 Lipsey，1988）。更值得注意的是，运用 BSH 可以解释为什么经济增长快速的国家，更容易比经济增长缓慢的国家经历实际汇率升值。简而言之，这一假说的内容是，在一个小型的对外开放国家中，如果生产力的增长主要表现为贸易品部门生产力的增长，则贸易品部门的工资会随之上升，如果该国工资由贸易品部门的生产力决定，则贸易品部门工资的上升会引起非贸易品部门的工资上升，进而由于成本提高使得非贸易品部门的相对价格上升，从而在名义汇率不变的情况下，使得实际汇率升值。

（2）对巴拉萨－萨缪尔森假说的修正

①放松巴拉萨－萨缪尔森假说的假设前提

原始的 BSH 的假设颇为严格，比如小国经济和利率给定；劳动力和资本在不同部门之间可以快速自由流动；不变的要素规模收益等。如果将这些假设放开，BSH 还成立吗？总体看来，经济增长导致实际汇率升值需要经过比较严格的传导过程，这一传导过程如果不畅通，则可能得到的结果就不是实际汇率升值。综合看来主要有以下几种可能情况：

第一，最初生产力的提高可能是由制造品出口增加所引起的，而这种制造品出口的增加本身就可能引起实际汇率升值。也就是说，可能有某一种外生冲击（如制造品出口增加）同时引起一国生产力提高和实际汇率升值（Ito 等，1997）。

第二，一国生产力的提高可能并不反映为贸易部门的生产力提高，而是反映为非贸易部门的生产力提高。如果这样的话，经济增长可能导致非贸易品部门的相对价格下降，从而引起实际汇率贬值；另外如前面的分析，贸易部门生产力提高不一定是由经济增长引致的，反而可能是货币贬值的直接后果（Kubota，1997）、（Egert 等，2003）。

第三，在发展中国家，贸易品部门（通常是初级产品和农产品）与非贸易品部门（以制造品和高科技产品为主）的劳动力是有差异的，再加上市场分割比较普遍，从而劳动力不能实现完全的自由流动，所以即便贸易品部门的生产力增长使得贸易品部门的工资水平提高，也未必能够传导到非贸易品部门，进而引起非贸易品部门的劳动力工资提高。

第四，即便非贸易品部门的劳动力工资提高，由于发展中国家的物价并非完全由市场决定，而是存在政府控制和干预的因素，所以非贸易品部门的相对价格也可能并不提高（Egert 等，2003）。

②BSH 以外的其他传导途径

尽管上面给出了 BSH 的标准传导过程，但在某种意义上，BSH 只是从供给面（通过劳动力工资渠道）给出了生产力增加对实际汇率影响的机制。实际上，如前所述，生产力增加还可以通过需求方的传导机制对实际汇率产生影响（Asea 和 Couden，1994），而且供给方也不只劳动力工资这一个渠道（Lewis，2005），对此主要有以下几个方面：

第一，从供给面来看，生产力提高后可能降低出口品的生产成本，从而降低出口品的价格，在进口品价格保持不变的情况下，导致该国的贸易条件恶化，从而实际汇率贬值。

第二，从需求面来看，生产力提高后收入也增加，从而引起政府开支和私人需求偏好的变化，进而引起贸易品和非贸易品需求量的变化，也就是影响他们的相对价格，最后使得实际汇率发生变化。当然具体的变化方向要根据政府和私人需求变化的情况而定：如果是非贸易品的需求增加从而价格上涨，则会导致实际汇率升值。

第三，另外，从需求面的名义冲击来看，当生产力提高使得收入增加后，若货币存量不变，则利率上升。当然也可能下降，这由货币政策外生决定。以利率下降为例：若利率下降，则增加国内消费需求，从而在货币中性的假定下，引起国内价格和名义汇率的同步上升（贬值）。由于价格粘性，汇率提前反应，所以实际汇率贬值。利率上升时情况相反。

③由名义汇率升值所引起的实际汇率升值

由于两国的实际汇率是由名义汇率和两国的相对价格共同决定的，所以如果名义汇率升值且两国的相对价格保持不变，也可引起实际汇率升值。而生产力的提高也主要通过贸易品部门生产力增加导致出口增加，从而国际收支顺差（包括出口引致的经常项目顺差和投资及投机因素引致的资本与金融项目顺差），进而引起外汇市场上本币需求增加、外币需求减少，从而名义汇率出现升值压力，当两国相对价格，也就是通货膨胀的相对水平不变时，实际汇率也出现升值压力。

1.1.2 汇率行为如何决定经济增长

对汇率行为如何决定经济增长的分析，其思路是非常清晰的：由于经济增长直接的作用因素已经非常清楚（现有的各种经济增长理论都可以说明），那么只要实际汇率的变动能够影响到各种经典的经济增长模型中的构成变量，进而就能够影响到经济增长。但是从现有的文献看来，将汇率直接纳入经济增长模型是十分困难的，而变通的方法通常是通过考察实际汇率变动如何影响到经济增长的各个因素，从而间接考察汇率变动对经济增长的影响。为了叙述方便，我们将汇率变动对经济增长的影响分为短期和长期。同时，对汇率变动的分析，我们都是以货币的升值为例。

(1) 短期分析

汇率行为对经济增长的作用，在短期内主要体现在以下两个方面：

一方面，汇率变动通过影响国际收支项目，进而影响经济增长。

从短期来看，汇率变动首先影响到的是国际收支的各个项目。以货币升值为例，在其他条件不变的情况下，货币升值直接影响国际收支的经常项目：本币升值会提高以外币表示的本国出口商品和劳务的价格，从而在国外对本国出口商品和劳务的需求具有一定价格弹性，即在马歇尔－勒纳条件满足的情况下，会减少国外对本国出口商品和劳务的需求。而与之相对应的是，本币升值会降低以本币表示的外国进口商品和劳务的价格，从而在国内对外国进口商品和劳务的需求具有一定价格弹性，即马歇尔－勒纳条件满足的情况下，会增加国内对外国进口商品和劳务的需求。因此，本币升值对国际收支经常项目的总体影响是使出口减少、进口增加，从而恶化经常项目。根据凯恩斯的国民收入乘数原理，由于净出口（出口减去进口）的变化能以一定的倍数反映到国民收入的变化上，所以从这一点上来说，本币升值所引起的净出口减少会以一定的倍数反映到国民收入（或者总需求）的减少上，也就是对经济增长产生负的影响。

而本币升值对国际收支资本与金融项目的影响则是不确定的。在资本自由流动的情况下，本币升值对资本与金融项目产生什么影响最终取决于公众有什么样的预期：如果市场预期本币一次性升值到预期的均衡水平，则投机性的资本流入将会停止。但由于升值本身就是一种货币走强、经济实力增强的标志，所以在短期的投机性资本获利流出之后，正常的投资性资本流入会在长期中增加；如果市场预期一次性升值不能达到预期的均衡水平，也就是还有继续升值的预期，则投机性的资本流入会继续增加；但如果市场预期，相对于均衡水平，本币升值可能过度，也就是币值将来会有回调（贬值）的可能，则会引起资本的恐慌性外逃。因为资本是经济增长的重要投入要素，所以资本的内流，尤其是预期到国内经济实力增强的长期投资增加，是有利于该国经济增长的。反之反是。

另一方面，汇率变动通过短期工资和货币供给调整时滞而产生影响。

在短期中，如果由于本币汇率升值使得进口品价格降低，而名义工资和名义货币供给短期内来不及做出反应而保持不变，在这种情况下实际工资和实际货币供给增加，从而会在一定程度上增加总需求，进而有利于经济增长。

（2）长期分析

从长期来看，汇率升值对经济增长的影响主要体现在以下三个方面：

第一，"要素成本效应"（Harris，2000）推动依赖进口投入品的产业发展，如果这些产业是一个国家经济结构调整中需要发展的产业，则在一国拥有闲置资源的情况下，要素成本的降低会引导资源朝向这些产业转移，从而有利于经济增长。当然，如果这些依赖进口投入品的产业不是一国经济发展所必须的，则有可能引起资源配置的扭曲，从而不利于经济增长。不过在发展中国家的情况通常是，进口品多为能源、机器设备和高科技产品，所以通常都是产业升级和经济长期发展所必需的，因此进口投入品的价格降低通常有利于这些国家长期的经济增长。

第二，对创新和研发的影响：持续的汇率升值降低了进口技术的成本，使得依赖进口技术的企业能够实现技术引致型增长，但这也容易助长他们对进口技术的依赖性，从而可能推迟他们创新和研发的过程，而创新和研发被认为是长期经济增长的重要源泉。

第三，影响企业进入退出和产业结构调整。这一方面主要是通过对资源配置的影响所实现的。由成本的差异引起利润分配的差异，从而影响了企业的生产选择，进而影响到整个产业结构的调整。

1.1.3 汇率制度如何作用于经济增长

从理论上来讲，汇率制度对经济增长的影响是汇率制度选择理论的一个重要组成部分，因为一种汇率制度能否促进经济增长，是判断这种汇率制度优劣的一项重要指标。然而不幸的是，如同汇率制度选择理论本身的争论一样，汇率制度对经济增长的影响同样不存在一致性的结论。事实上，汇率制度与经济增长，与其说是理论问题，不如说更是一个经验问题。因此，我们对有关理论的评述，从理论渠道和实际选择标准两个方面着手①。

(1) 理论渠道

较早的、具有代表性的关于汇率制度选择的理论是由 Mundell (1961) 和 McKinnon (1963) 所发展的最优货币区理论。该理论通过关注汇率制度与贸易和经济周期稳定之间的关系，分析汇率制度的选择问题。但是，由于早期理论给出的是实际上相互矛盾的结果：一方面，固定汇率通过降低汇率的不确定性和对冲成本，可以提高贸易和产出增长，还可以通过降低利率变化导致的货币升贴水而鼓励投资；另一方面，固定汇率也通过停止、延缓或减慢必要的相对价格调整程序而降低了贸易和产出增长率。正是由于这两种作用互相影响，早期理论无法得出关于最优货币区收益大于成本的清晰结论 (Huang 和 Malhotra, 2004)。这种相互矛盾的结论始终贯穿于汇率制度选择理论的沿革之中。即便到了20世纪90年代，一些学者从金融市场和金融行为的稳定性角度分析汇率制度的影响，也同样无法得出明确的判断②：如 Glick 和 Hutchison (2000)、Grier 和 Grier (2001)、De Gregorio 和 Valdes (1999) 都发现，盯住汇率制度或有限程度的弹性汇率制度会增加货币危机

① 按照粗略的划分，汇率制度分为固定汇率、浮动汇率和中间汇率。所谓的中间汇率制度包括可调整的盯住汇率、爬行盯住、爬行带状盯住和汇率目标区等介于完全固定和完全浮动之间的汇率制度，这些制度都试图避免完全固定和完全浮动的缺点，但又在某些方面同时具备了二者的优点。所以我们在分析的时候，主要还是着重于完全固定汇率和完全浮动汇率的特点，而中间汇率只是对这些特点的一种权衡。

② 关注金融市场和金融行为的学者认为固定汇率通过提供固定的名义汇率波动区间和货币政策的公信力，避免了竞争性贬值，从而提高了贸易量和产出增长。不过固定汇率制度在面临外部投资突然停止、资本外逃时会导致经济危机，就像东亚和拉丁美洲所爆发的金融危机那样。

发生的可能性；而Caramazza等（2000）则发现盯住汇率制度并不能解释货币危机的发生。在各种矛盾的判断中，概括起来，我们认为在汇率制度与经济增长之间主要有以下几个理论传导渠道：

①三元悖论

多数学者认为，在固定汇率、资本自由流动和货币政策自主性之间存在不可能的三角关系，简单讲，这是由于在汇率固定且资本自由流动的国家中，其货币政策是服从于维持固定汇率的需要而进行的，无法单纯为国内经济的均衡发展服务。在实践中，上述不可能三角关系比比皆是。由于资本的完全管制在现实中不可能存在，一国为了维持固定汇率必须在外汇市场上不断地进行冲销干预，这会使国内的货币供给被动发生变化：例如在汇率有升值压力时，为了维持固定汇率，政府要不断抛出本币、购进外币，从而增加国内货币供给；如果这时国内经济面临过热，则会加剧国内的通货膨胀压力，反之亦然。这种不从国内经济状况出发的货币政策显然不利于经济增长。而浮动汇率则能够避免这一问题：国际收支的失衡和汇率变动的压力完全由汇率的调整来解决，从而隔绝了这种外部失衡调整对国内经济的可能影响，故而是有利于一国根据国内经济状况安排经济政策，从而有利于一国经济增长。

②对国际贸易和国际投资的影响

这一渠道是固定汇率和浮动汇率的概念所给予我们的最直观的印象：固定汇率为国际贸易和投资提供了稳定的汇率预期从而有利于国际贸易和投资的发展；而浮动汇率加剧了国际贸易和投资的风险和不确定性，从而提高了交易成本，因而不利于国际贸易和投资的发展，从而不利于一国经济增长。

③对通货膨胀的影响

这一渠道与前面货币政策自主性的讨论有类似之处：国外的相对通货膨胀率较高将会增加本币升值的压力，而本国货币当局为了维持汇率固定而进行的冲销干预仍是“抛售本币、收进外币”，从而导致本国货币供给增多，本国通货膨胀压力增加，也就是实现了通货膨胀的国际传导。而浮动汇率则能够以本币升值来阻隔国外通货膨胀向国内传导，从而也是有利于经济增长的。

④对外汇市场稳定性的影响

这一渠道的作用，直觉是汇率自由浮动加剧投机行为，从而使得外汇市场波动频繁，而固定汇率有利于外汇市场的稳定。然而近年来的研究表明，浮动汇率制下投机者的套利行为使得市场汇率不至于过分偏离其长期均衡值，而固定汇率制的僵化则有可能导致汇率的严重高估或低估。当市场一致预期到这种大幅度的偏离时，集中的投机行为不仅会加剧外汇市场的不稳定，还有可能演化成严重的金融危机。因此，从这一角度来说，何种汇率制度有利于外汇市场稳定，从而有利于经济增长不能一概而论，关键是看基准汇率是否在长期的均衡值附近。

⑤对国内宏观经济政策的影响

固定汇率的支持者认为固定汇率制度因为需要不断在外汇市场上进行冲销干预，所以能够抑制政府不负责任的宏观经济政策。如前所述当一国过度实施财政赤字货币化时，会造成该国货币供给过多，物价上升从而货币有贬值压力。而货币当局为了避免汇率贬值，在外汇市场上进行的冲销干预恰好能够抵消了先前过度的货币供给。而浮动汇率下由于汇率的及时调整，使得政府不负责任的宏观经济政策能够持续。

另外，各种中间形式的汇率制度都是想在汇率制度的“灵活性”与“稳定性”之间进行一定的权衡，即尽量克服浮动汇率不稳定和固定汇率僵化并影响国内经济均衡的缺点；同时又想利用浮动汇率阻隔外部失衡向国内经济的传导，并利用汇率相对固定从而稳定外汇市场的优点。但事实上设定一定浮动区间或干预规则、并规定基准汇率水平的各种中间制度，其浮动区间并不能对市场产生公信力，反而约束了汇率浮动可能产生的、对国内和国外经济的阻隔作用，因此出现了所谓的“中间汇率制度消失论”（Eichengreen，1994），即各种中间汇率制度都是不能持续的，能够长期稳定存在的汇率制度只有严格的固定汇率和严格的浮动汇率制度。

（2）实际选择的权衡

总体上来讲，固定汇率和浮动汇率都能在某些方面促进经济增长，又都在某些方面阻碍经济增长。所以不同国家选择何种汇率制度更有利于本国的经济增长，就要取决于各自特殊的经济环境（条件）。通常影响一国汇率制度选择的因素主要包括以下几个方面：

第一，国家经济实力（规模）的大小。一般来说，经济实力强大的国家通常在经济政策上更独立，从而不愿意选择固定汇率制度而使本国经济政策受制于其他国家；其次，大国的对外贸易大多呈多元化状态，也就是没有某一个主要的贸易伙伴会决定其国际收支，从而难以选择一种基准货币实施固定汇率，所以大国的汇率制度通常是浮动汇率制度。

第二，一国的经济开放程度，或者说是一国的外贸依存度。McKinnon（1963）指出，一国的经济开放度越高（以贸易商品比重衡量），则汇率变动对国家间实际竞争力的改变效果越不明显，总体工资和物价的相应变动将削弱汇率变动调整的功效。特别是缺少"货币幻觉"时，高开放度国家的汇率变动最终将反映在国内价格的普遍变动上，从而无助于提高经济的竞争力。Tavlas（1993）从该理论中引申出一个推论：规模越小的国家，开放度越高，从而越倾向于加入货币区。也就是说，如果一国的外贸依存度比较高，汇率变动对该国国内经济的影响就比较大，从而倾向于选择更加固定的汇率制度，以稳定国内经济和价格水平；而如果一国的外贸依存度比较低，汇率制度的选择就没有那么重要了，可以更加灵活一些。

第三，一国的通货膨胀状况。如果一国通货膨胀比较高，则维持一个相对稳定的固定汇率制度的成本比较高，这时选择浮动汇率制度可以以汇率的浮动来弥补通货膨胀的差异。但是如果这个国家（前提是规模比较小）选择固定汇率，尤其是与贸易关系密切且通货稳定的国家保持固定汇率，则会有助于减轻国内的通货膨胀。对于这一点，Fleming（1971）针对货币区的论述也可以佐证：他认为如果各个国家位于菲利普斯曲线的不同位置，那么将很可能选择不同的政策搭配，从而需要汇率调整来实现不同的政策目标。国际收支失衡的主要原因在于各国对于通货膨胀和失业的政策选择不一致，所以当国家间的通货膨胀率相似时，货币区更容易实现汇率稳定。也就是前面所说的，通货膨胀相似的国家之间更容易维持固定汇率，而固定汇率也会使两国之间的通货膨胀水平趋同。

第四，生产结构和贸易结构多元化。从分散经济面临的冲击和增强经济调整的效率角度出发，Kenen（1969）指出，一国拥有较高的生产和贸易多样化程度，将降低汇率调整的必要性。比起产品结构单一的国家而言，生产和贸易多样化程度较高的国家，其面临的需求冲击的来源相对分散；即使出现对某部门产品需求的减少，资源可以向其他部门转移，从而缓解冲击对整体经济均衡的影响，此时以汇率变动进行调节的必要性下降。也就是说没有必要以汇率的浮动来调整经济失衡，维持汇率固定即可。当外部冲击来临时，多元化的生产和贸易结构即可自动对失衡做出调整，从而避免了固定汇率的僵化。

第五，工资与物价的灵活性。Freidman（1953）和 Kawai（1987）指出，作为实现宏观经济内外平衡和稳定的工具，一国的工资—价格弹性越高，则保留自主性货币政策的必要性越低。如果市场的价格机制如新古典主义所认为的那样，拥有完全的弹性，则汇率制度的选择将不会影响到国内经济的均衡。也就是说，不需要以汇率的浮动来对国内经济失衡进行调整，从而在对汇率制度的选择进行决策时，不必考虑国内经济失衡调整的需要。

所以综合上面的这些分析，当一个国家规模较小、开放程度较高、希望与外国的通货膨胀保持一致时，选择相对固定的汇率制度更有利于经济增长；而如果一国经济规模比较大、开放程度较低、与国外的通货膨胀有差异时，选择浮动汇率制度更有利于经济增长。而如果一国的国内市场比较完善，生产和贸易结构多元化，且工资—价格传导机制比较顺畅，则汇率制度的选择不会影响到国内均衡因素如经济增长。

1.2 汇率与经济增长的经验研究

1.2.1 经济增长是否影响实际汇率

对经济增长和实际汇率关系的经验证据大致来源于两组经验研究。一组是采用横截面数据进行跨国检验。首次进行这项研究的是 Balassa（1964）。他用 12 个国家在 1960 年的横截面数据检验 BSH，结论是，那些较富裕的国家确实经历实际汇率的升值。然而，随后大量的经验研究却得出相反的结果。其原因，部分是由于 Balassa（1964）的结论只适用于他所选择的样本，当采用不同样本进行检验时，很难找到对 BSH 支持性的证据（Officer 1976）。Summers 和 Heston（1991）对绝对 PPP 进行检验，他们将样本国家分成两组，一组是富国，一组是穷国。他们发现，两组国家之间的价格水平差异越大，BSH 越有说服力；但是在两组国家内部，收入与价格之间的相关性很低。换句话讲，BSH 可能只适应于收入差别较大的国家，不适用于收入差别较小的国家。

另一组对 BSH 的检验是采用面板数据。例如 Hsieh（1982）采用 1954－1976 年日本、德国和美国的数据，他发现实际汇率与生产力差距之间存在 BSH 关系，而且在对回归方程的系列相关性进行修正并采用工具变量技术对回归方程进行修正后，检验结果仍然支持 BSH。BSH 另一个强有力的证据来自 Marston（1987）对 1973－1983 年间日元与美元升值的研究。他计算出 OECD 国家贸易与非贸易生产力的差距，并将经济分解为 10 个部门。运用部门就业数据，他计算了贸易部门与非贸易部门之间的劳动生产力差，发现这些变量构成了对日元对美元长期升值趋势的强有力的解释。Edison 和 Klovan（1987）检验了 1874－1971 年间英镑对挪威克郎的长期实际汇率。他们发现，在这样较长的样本期内，不论用实际产出作为生产力替代指标，还是用商品/服务生产力作为生产力替代指标，英国与挪威的生产力增长差距确实影响两国货币的实际汇率走势。

然而一些近期对 BSH 的检验结果却有相当的分歧。例如 Froot 和 Rogoff（1991a，b）运用 OECD 的 22 个国家在 1950－1989 年的数据对 BSH 进行检验。他们发现，不论是全部样本，还是各组分样本之内，生产力差与实际汇率之间的相关性都很低。然而，在他们 1996 年对 OECD 的 13 个国家的面板数据检验中却发现了支持 BSH 的证据。他们检验了 BSH 的两个命题：贸易品的相对价格与平均劳动生产力成正比；贸易品的 PPP 是成立的。他们通过对序列的长期行为检验发现，非贸易品相对价格与贸易与非贸易部门生产力差之间存在协整关系，他们之间的相关系数接近于1，这表明 BSH 的第一个命题是成立的。然而当对美元汇率进行 PPP 检验时发现，贸易品相对价格存在对 PPP 长期的大规模的偏离，这表明 BSH 的第二个命题不成立。

Asea 和 Mendoza（1994）第一次以动态均衡模型为基础对 BSH 进行检验。他们运用 1975－1985 年间 14 个 OECD 国家的数据检验发现，在一个国家之内，贸易与非贸易部门之间的生产力增长差距对非贸易品相对价格变动的解释力相当强；但是，国家之间非贸易品价格的变动对实际汇率变动的解释力很小。De Gregorio、Giovannini 和 Wolf（1994）的经验研究发现比 Asea 和 Mendoza（1994）的发现要乐观。他们不仅证明生产力增长差距能够解释非贸易品相对价格的变动，而且他们还发现，国家之间的生产力增长差距能够解释实际汇率的变动。

BSH 的另一个重要经验证据被称作“芬尼效应”，即证明以 PPP 为基础进行各国收入差距的比较有系统性偏倚倾向[①]。联合国国家比较计划项目（ICP）的研究人员在各种对"芬尼效应"的理论解释进行经验研究中发现，在进行各国收入比较中，在那些富裕国家中，用绝对形式的 PPP 转换计算的收入要比收入的实际水平高。换句话说，PPP 过高估计收入差距。这其中的原因之一是，穷国较低的非贸易品价格使得他们的购买力大大高于 PPP 计算的购买力，PPP 过低估计穷国的收入水平。因此，用 BSH 的非贸易品价格因素解释 PPP 的偏差得到 ICP 的经验研究的支持。

然而，对 BSH 解释力的怀疑，首先来自 Bhagwati（1984）以及 Kravis 和 Lipsey（1988）对"芬尼效应"提出的另一种解释。Bhagwati（1984）认为非贸易品相对价格的上升不是由于外生的技术进步带来的，而是因为采用了资本密集的制造技术带来的。Samuelson（1964）同意"芬尼效应"在生产力差距不存在的情况下也会出现。

对早期文献的一个比较详细、全面的综述是 MacDonald（1998），除此之外，近年来还有一些文献在全球范围内对不同样本的经济增长和实际汇率关系进行检验。

如 Kubota（1997）采用英、美、日、法等 12 个发达国家 1973－1991 年的面板数据，运用 DVM、ECM 和 RCM 对 BSH 进行检验。他的主要结论是，多数样本国家中，预期的 BSH 关系成立；真实汇率的波动更多地受非贸易品部门劳动生产力增加的影响，而不是贸易部门。

Harberger（2001）从理论上详细地考察了生产力改善导致实际汇率变动的渠道、以及什么样的生产力冲击导致实际汇率升值或贬值、以及经济的发展状况和充分就业状况对这些传导机制的影响。而且通过运用柯布－道格拉斯生产函数，以具体的函数设定赋值进行推导，发现 BSH 假说成立必须使经济增长反映在贸易品部门的生产力增加上，而且是否充分就业也对工资的传导渠道起了很大作用。

Egert 等（2003）对中东欧国家进行了经验研究。他们首先考察中东欧国家加入欧盟的两个矛盾条件：物价稳定和汇率稳定，而根据 BSH，二者很难同时实现。他们考察不同的贸易品和非贸易品的划分方法的检验效果，并认为非贸易品价格在物价指数中所占的比例（在转轨国家中比较低），以

① Paul Samuelson（1994）对联合国国家比较计划项目（ICP）的研究人员记录的经验事实，以及对各种理论解释进行了详尽的分析和评价，并将这些事实称为"芬尼效应"。

及物价的政府控制程度（因为 BSH 只考虑了市场决定的价格）都对 BSH 机制的成立与否有很大影响。他们运用 9 个转轨国家 1995 - 2000 年的季度数据，做跨国的面板数据协整分析。结论是，这些国家的开放部门和非开放部门的生产力增长的差异，与非贸易品的相对价格上涨有很大关系。并且这一结果依赖于两部门的划分方法（是否将农业部门作为开放部门），以及物价指数的选取（CPI 或 PPI）。

最新的一篇文献是 Lewis（2005），他分析了生产力变化影响欧元/美元实际汇率的渠道。所用的方法是基于两部门新宏观开放模型（NOEM）下的冲击反应，考察了四种类型的冲击：一是生产力增长通过贸易部门专有的冲击（即对贸易条件的影响，使实际汇率贬值）；二是生产力增长通过经济外溢冲击（即 BSH 效应，由工资传导到非贸易部门，使实际汇率升值）；三是需求冲击，以对非贸易部门的财政支出和需求偏好的变化为代表；四是名义冲击，指货币方的利率变化。考察这四种外部冲击对产出、贸易品价格、真实汇率和非贸易品相对价格的影响。其主要的结论是，通过贸易部门生产力冲击的 BSH 效应，在解释欧元/美元汇率的变动上，不如需求和名义（货币）冲击重要。尤其是在 20 世纪 90 年代末期以来，虽然生产力变化能解释一部分的美元升值，但生产力变化必须通过提高美国的总需求，才对美元的实际汇率产生影响。

在对亚洲国家是否存在 BSH 的关系的经验研究文献中，最具有支持性的证据是对日本的经验检验。从 1973 年到 1997 年间，日元兑美元的实际汇率升值了 82%。许多研究将这一升值归因于在这一时期日本与美国的生产力增长的差距。例如，Ito、Isard 和 Symansky（1997）进行的研究。他们用 APEC 国家的数据检验经济增长与实际汇率之间是否存在稳定的关系。他们将实际汇率通过下面的公式分解为四个组成部分：

$$Q(j)=\frac{S(j)P(j)}{P^*(j)}=b(j)\frac{[1-n(j)]+n(j)\frac{P_N(j)}{P_T(j)}}{(1-n^*)+n^*(\frac{P_N^*}{P_T^*})} \quad (1-8)$$

在公式（1 - 8）中，实际汇率包括：贸易品相对价格 $b(j)$；j 国非贸易品相对价格 $P_N(j)/P_T(j)$；基准国非贸易品的相对价格 P_N^*/P_T^*；非贸易品价格在总价格指数中的权数：n（j 国）和 n^*（基准国）。BSH 假设 b 是常数，或者说贸易品的一价定律成立。这样，对于基准国家（例如美国），

P_N^*/P_T^*是给定的；对于j国，非贸易品相对价格$P_N(j)/P_T(j)$越高，实际汇率越高。

他们发现的证据表明：（1）对日本的检验支持BSH：在经济增长与实际汇率升值之间存在正相关关系；（2）对韩国、台湾、中国香港和新加坡的检验也在一定程度上支持BSH；（3）对中国的检验与BSH相反，在中国，经济增长伴随着实际汇率贬值，而不是升值；（4）对泰国和马来西亚的检验表明BSH不能解释实际汇率行为，因为这些国家的经济增长同时伴随相对稳定的实际汇率。

他们的发现至少在三个方面不支持BSH：首先，b（j）可能是不稳定的。当工业和出口结构迅速变化时，不仅仅相对价格变化，贸易品的组成成分也发生变化。只有当国内产品和贸易品结构向高附加值转换时，贸易品价格才会上升。第二，非贸易品价格可能不按照BSH的预言方向变化。在一些国家，非贸易品尤其是金融服务业带动生产力的增长。第三，贸易和外汇管制不仅阻碍经济增长和价格的调整，而且阻碍反映工业竞争力变化的汇率调整，通常高速增长伴随大幅度贬值。总之，他们研究的最主要发现是，BSH可能仅适用于那些处于特定发展阶段的经济体，比如“适用于资源匮乏、经济开放、经济增长是由工业结构和贸易结构的变化带来的经济体。即便那些经历快速增长的经济体，其增长来源于初期产品出口或者来源于计划经济体制，BSH也是不适用的。但是，对于这些经济体来说，当经济发展进入更高的阶段时，可能会出现实际汇率的升值”（Ito、Isard和Symansky，1997，第19页）。该文是对东亚主要国家比较详细的经验研究，但该文主要是考察这些国家1973－1995年间，上述与BSH传导渠道有关的各个因素的均值效果（即截面数据的相关分析），以及截面数据的简单回归结果，从而忽视了各国时间序列数据具有的特征。

Chinn（1997）的研究比Ito等（1997）的结论相对乐观。他编制了东亚主要国家1970－1992年分部门的就业和产出数据，根据这些数据对印度尼西亚、韩国、马来西亚和菲律宾四个国家的实际汇率进行检验，他们发现，在这些国家中，制造业生产力增长1%，带动实际汇率升值0.5%。因此，他们的结论认为，从长期来看，亚洲国家的经济增长与实际汇率行为之间存在BSH预测的关系。

另一个相对乐观的研究结论来自Cheung（2000）。他用单位根的非平稳性检验，证明了5个亚洲主要经济体（中国香港、印度尼西亚、韩国、马来西亚和新加坡）1973－1995年的实际汇率偏离购买力平价是由于存在趋势转移，而这种趋势转移是由收入增长、从而贸易品与非贸易品的价格差别导致的，从而从实际汇率趋势转移这一角度印证了BSH在这些亚洲国家是成立的。

1.2.2 汇率错位是否影响经济增长

对实际汇率错位与产出关系的经验研究，比较有代表性的是Agenor（1991），他们以一个跨国的时间序列样本对当期和滞后几期的实际汇率、政府支出、货币供给和国外收入与经济增长的关系进行了回归，发现实际汇率贬值促进产出增长，但实际汇率对预期值的背离增加却产生了矛盾的结果。Morley（1992）也在一个跨国的时间序列回归框架中分析了实际汇率对产出的影响，在控制了一些其他能够同时引起汇率贬值和产出减少的因素（例如贸易条件、进口增加、货币供给和财政收支余额）之后，他发现实际汇率贬值会使产出减少。Rogers和Wang（1995）利用墨西哥1977－1990年的数据，构建了一个包括总产出、政府开支、通货膨胀、实际汇率和货币供给增加等5个变量的VAR模型，结果发现在他们的模型中，总产出自身的冲击对总产出的变动有很强的解释力，而实际汇率的正向冲击（也就是贬值）确实导致产出减少。Rodriguez和Diaz（1995）用同样的方法（即VAR模型）分析了秘鲁的情况，得出了类似的结果，即总产出的增加在很大程度上是由其自身的冲击所造成的，而实际汇率贬值也对总产出产生了负面影响。Copelman和Werner（1996）也用VAR模型对墨西哥的数据进行了分析，不过他们所采取的变量是总产出、实际汇率、名义汇率的贬值率、实际利率和实际货币余额。结果他们发现，对实际汇率的正向冲击（即贬值）会大幅降低信贷可得性，进而降低总产出水平。但实际汇率变动水平对产出的影响却是相反的。并且有趣的是，实际信贷冲击对总产出并没有影响，这与作者的判断相矛盾，即实际汇率贬值导致总产出减少并不是通过信贷减少渠道造成的。而Kamin和Rogers（1997）的主要结论也是，在墨西哥持续的实际汇率贬值伴随着持续的高通货膨胀和经济紧缩，并且没有证据表明这二者之间的关系是伪相关，也就是受另外的变量共同影响。在近期的研究中，Razin（1997）认为汇率的波动作为汇率行为的一个表现形式也会对经济增长产生坏的影响。除了对汇率的偏离状态进行界定以外，该文还用标准的增长回归方法考察了实际汇率背离对增长的影响，并考虑了主要变量间的潜在的非线性关系。结论是汇率偏离与经济增长有着重要的非线性关系，只有非常高的汇率高估才与较慢的经济增长有关，而适当或比较高（但不是特别高）的汇率低估则伴随着较快的经济增长。Domac 等（1999）考察了实际汇率偏离对埃及、约旦、摩洛哥和突尼斯的经济增长的影响。该文基于购买力平价、黑市汇率和结构模型，用三种方法计算了实际汇率的偏离值。经验研究结果用内生增长模型，以三种计算方法的实际汇率偏离值，均证实了实际汇率偏离对经济增长的逆向影响，另外资本增长和人口因素也有显著影响。

在实际汇率贬值与经济增长关系方面，Mejia - Reyes 等（2004）以拉丁美洲的 6 个主要国家（阿根廷、巴西、智利、哥伦比亚、墨西哥和委内瑞拉）为样本，经验研究考察了实际汇率（贬值）对产出的影响。文章中对贬值对经济增长理论影响渠道有两种看法：多恩布什等（1998）认为贬值促进出口减少进口，从而有利于更可持续的经济增长（IMF 和世界银行都认为贬值具有扩张性影响）；而新结构主义认为贬值提高了进口品价格，对于一个典型的半工业化国家来说，国内许多制造品依赖进口，进口价格提高导致许多产业的投入成本提高，从而使他们需要更多的营运资金，但这些国家又普遍存在银行信贷配给，因此企业只有选择缩小产出。这篇文章运用平滑递归模型分析的主要结论是，在除墨西哥以外的其他国家中，实际汇率与经济增长之间存在非线性关系，也就是说贬值对经济增长有负面影响。

1.2.3 汇率制度选择是否影响经济增长

如前面的理论分析所表明的那样，汇率制度并没有明确地影响到经济增长，或生产力的提高。汇率制度主要是通过对国内经济政策、通货膨胀以及资本流动的影响来间接地作用于生产力。因此对汇率制度与经济增长之间关系的经验研究，也就包括了对这些因素的经验研究。对汇率制度与经济增长关系的经验研究基础来自于对汇率制度的划分。对汇率制度的划分主要分为两类：一类是根据各个国家官方公布的汇率制度类型（或官方公布的汇率制度），如 IMF 对其成员国汇率制度的分类，以及 Ghosh 等（1997）所做出的比较详细的界定等等；另一类是根据一国汇率政策和汇率行为的实际表现来确定汇率制度类型（或事实采用的汇率制度）。有关汇率制度与经济增长之间的关系的经验研究基本上是围绕上述两种划分展开的，尽管根据上述划分所做的经验研究有明显的缺陷①。

对于这两种类型的汇率制度划分，都有针对某一个特定国家的经验研究和跨国的经验研究，不过研究结果都存在很多分歧：对于某特定国家的研究，由于不能剥离出官方公布的汇率制度的独立影响，从而对不同国家的同类研究其结果是相互冲突的；对于跨国的经验研究也很难得出具有一般性的结论。

例如，根据官方公布的汇率制度进行研究的文献中，Little 等（1993）对 18 个发展中国家进行了全面的研究，结果发现在有些国家中固定汇率制度与较低的通货膨胀相联系，而在另外一些国家并非如此。Edwards（1993）考察了 52 个国家在 1980 - 1989 年间的情况，其研究结果是实行固定汇率的国家在这段时间里的通货膨胀率相对低一些。Tornell 和 Velasco（1999）从理论上证明了贬值货币（汇率浮动）比储备的消耗（汇率固定）更迅速地让公众观察到该国经济政策的不负责任。他们还以 28 个非洲国家的汇率制度表现证实了他们的判断。Ghosh 等（1997）以 136 个国家 1960 - 1989 年间的数据进行了非常全面的跨国经验研究，他们发现实行固定汇率的国家与实行浮动汇率的国家相比，其通货膨胀的水平和变动率都小一些。但他们发现在那些实行自由浮动汇率的国家，尤其是那些高收入和中高收入国家也没有表现出通货膨胀的迹象，这就意味着他们的结论中，汇率制度弹性与通货膨胀率正相关的关系并不是单调的，也就是说高度固定和高度弹性的汇率制度都表现出较低的通货膨胀。他们的研究发现，可能由于实行固定汇率的国家其投资比率比较高而贸易增长率比较低，所以在经济增长和汇率制度之间并不存在稳定的关系，然而他们发现实行固定汇率的国家，其实际产出的波动性明显高于实行浮动汇率的国家。Hausmann 等（1999）的研究表明，20 世纪 90 年代实行固定汇率的拉丁美洲国家与实行浮动汇率制的拉丁美洲国家相比，其金融深化（以 M2/GDP 表示）的程度更高、利率更低，而实行浮动汇率的国家，其货币政策也更多地表现为是顺周期的。

---

① 事实汇率制度的分类根据观察到的事实采用的汇率行为进行经验研究，从而能得到汇率制度作用于经济增长的真实结果。但这一方法对于所观测到的名义汇率稳定，无法断定这种稳定是由于没有外部冲击，还是由货币当局的政策行动抵消了外部冲击而造成的。更为重要的是，它不能反映中央银行干预外汇市场的决心。虽然政府公布的汇率制度能够辨别政府是否有承诺，但却无法捕捉实际政策执行与承诺的不一致，而这种不一致会导致固定汇率崩溃或者平价的频繁调整。

而在事实采用的汇率制度分类基础上进行的经验研究是近年来才出现的。其中最主要的文献，一是 Levy - Yeyati 和 Sturzenegger (2002)，根据他们提出的 LY - S 分类方法，用一些关键变量将 154 个样本国家自 1974 - 2000 年间的汇率制度进行了重新界定，归为五类：弹性汇率、肮脏浮动、肮脏/爬行盯住、固定汇率和其他无法按上述标准归入的类别，并对这五类汇率制度进行检验。他们的经验研究结果表明，浮动汇率最能促进经济增长。二是 Reinhart 和 Rogoff (2004)，根据他们提出的 R - R 分类方法，使用各国市场状况的数据和过去汇率制度的历史记录对各样本国家汇率制度进行分类，在他们自己分类的基础上，对 153 个国家自 1946 - 2001 年的月度数据进行经验研究，其经验研究表明，有管理的浮动汇率制更有利于经济增长。Rogoff 等 (2003) 同样运用新的 R - R 分类方法，比较全面地分析了 150 多个国家汇率制度选择对宏观经济绩效的影响。他们发现，金融发展和金融一体化处于相对早期的国家最好采用固定或相对固定的汇率制度，而发达国家则最好采用相对浮动的汇率制度。

用新的实际汇率制度的分类方法，针对亚洲国家汇率制度与经济增长关系的经验研究并不是很多，具有代表性的有两篇，一篇是 Coudert 和 Dubert (2004) 的研究。他们用十个主要亚洲国家从 1990 年第一季度到 2001 年第四季度的数据，来说明汇率制度是否对通货膨胀和经济增长具有影响。他们认为，现有的对实际汇率制度的分类方法都忽略了一些汇率制度的重要表征，从而是不确切的。他们提出了一种新的分类方法，将亚洲样本国家的汇率制度分为四种类型：浮动汇率、管理浮动、爬行盯住和盯住汇率。根据这种划分，他们认为大多数南亚国家在亚洲危机之前采取的是事实上的盯住汇率，而在危机之后就是浮动汇率制度。他们运用这种分类对亚洲样本国家的通货膨胀和经济增长的面板数据进行回归，结果发现盯住汇率对应着更低的经济增长，而对通货膨胀的影响是不确定的。

另一篇最新的研究是 Huang 和 Malhotra (2004)，他们以 2004 年最新的实际汇率制度 R - R 分类为基础①，对 12 个亚洲发展中国家和 18 个欧洲发

① Huang 和 Malhotra (2004) 采用了平行的或者双重的汇率数据来估计实际中所采用的汇率机制，这种划分更接近事实采用的汇率制度。这是因为，一方面，由市场决定的平行或者双重汇率是显示货币政策和未来的官方汇率制度变化的重要指标。另一方面，在许多例子中，可以发现只有少数的外汇交易是以官方汇率进行的。以 R - R 数据库为根据，他们将汇率制度粗略地以五级表示：固定汇率制、浮动盯住、管理浮动、自由浮动和自由跌落。

达国家从1976－2001年间的汇率制度与经济增长数据之间的关系进行经验研究，并将亚洲国家和欧洲国家的结果进行比较。他们的经验研究主要包括三个步骤：一是以人均国内生产总值的增长率和汇率制度指数画出1976－2001年间欧洲和亚洲国家的散点图；二是进行更深入的研究，以经济增长率的均值和方差与每个国家每个时期的平均汇率制度画出频率调整过的散点图；三是控制影响经济增长的其他因素后将经济增长率对汇率制度选择进行回归。

他们分析的主要结果是，在亚洲，经济增长和汇率之间的线性关系在任何置信区间内都不显著，除了自由浮动外其他的汇率机制都对经济增长有显著的正作用，虽然影响大小不同，管理浮动在5%的显著水平上系数为9.84，更加固定的汇率制度系数小一些。金融危机对经济增长有显著的负面影响。在欧洲，虽然经济增长率和汇率机制在5%的显著水平上存在正相关性，但是没有任何一种汇率机制对经济增长有统计上的显著作用，所以结论是虽然更灵活的汇率制度和高增长率弱相关，但是汇率制度的选择不影响经济增长率。在欧洲金融危机也对经济增长有显著的负作用。另外在估计汇率制度选择对经济增长波动的影响时，研究结果发现更加灵活的汇率制度与稍高程度的经济波动相关，但在统计上不显著，所以无法拒绝汇率制度选择对经济增长率波动没有影响的假设。此外，他们还用LY－S从1976－2000年的四级分类数据进行稳健性检验，检验结论也支持上述结果。

总之，他们的结论表明，汇率制度选择和经济发展程度有关，换言之，对于欧洲发达国家，汇率制度的选择对经济增长或其波动影响很小或者没有，虽然更灵活的汇率制度和较高的经济增长率是相互联系的，但统计上不显著；而对于亚洲发展中经济，汇率制度的选择确实影响经济增长率，并且是非线性的，有管理的浮动和固定汇率制要优于其他的制度，但是都不影响经济增长的波动。这与金融学中著名的MM理论有相似之处，当市场完备时汇率制度就不重要，反之就重要。其引申含义是，汇率制度对经济增长是否产生影响取决于经济发展水平。

1.3 汇率与经济增长：对东亚经济体的再检验

1.3.1 简化的巴拉萨－萨缪尔森假说和方法论

（1）简化的巴拉萨－萨缪尔森假说

根据 Faria 和 Leon－Ledesma（2000），首先假设存在两个国家（美国代表外国），在不变的技术规模收益下用劳动力（L）生产两种产品：贸易品（T）和非贸易品（N）。对于国家 i，产出公式（1－9）和（1－10）简化为：

$$Y_T^i = f(L_T^i) \qquad Y_N^i = g(L_N^i) \tag{1-9}$$

其中 Y_T^i 和 Y_N^i 分别代表国家 i 的贸易和非贸易部门的产出。相应地，外国（US）的产出为：

$$Y_T^{us} = F(L_T^{us}) \qquad Y_N^{us} = G(L_N^{us}) \tag{1-10}$$

在 BSH 的假设下，劳动力充分竞争，在国家内部自由流动。其结果，名义工资（w）在贸易和非贸易部门是相同的：

$$P_T^i f'(L_T^i) = w^i = P_N^i g'(L_N^i) \tag{1-11}$$

$$P_T^{us} F'(L_T^{us}) = w^{us} = P_N^{us} G'(L_N^{us}) \tag{1-12}$$

其中 g' 和 G' 代表 i 国和美国的边际劳动生产力。BSH 还假定，贸易部门的 PPP 是成立的。这就存在如下的关系：

$$P_T^i = eP_T^{us} \tag{1-13}$$

其中，e 代表名义汇率。价格水平被定义为两个部门价格的几何加权平均：

$$P^i = P_T^{1-\alpha^i} P_N^{\alpha^i} \tag{1-14}$$

$$P^{us} = P_T^{1-\beta^{us}} P_N^{\beta^{us}} \tag{1-15}$$

其中 α 代表国家 i 的非贸易部门的价格在总价格中的比重，β 代表美国的非贸易部门价格的比重。为简化问题，又不失去一般性结论，假设贸易品价格为 1，即 $P_T^i = P_T^{us} = 1$。通过公式（1－13），我们得出名义汇率也为 1，即 $e = 1$。这样公式（1－14）和（1－15）可以改写为：

$$P^i = P_N^{\alpha^i} \tag{1-14}$$

$$P^{us}=P_N^{\beta us} \tag{1-15}$$

公式（1－11）和（1－12）也变为：

$$P_N^i=f(L_T^i)/g'(L_N^i) \tag{1-12}$$

$$P_N^{us}=F'(L_T^{us})/G'(L_N^{us}) \tag{1-13}$$

实际汇率可以定义为：

$$q=\frac{P^i}{eP^{us}}=\frac{P^i}{P^{us}} \tag{1-16}$$

将公式（1－11）和（1－12）带入（1－14）和（1－15），然后带入（1－16），我们得到：

$$q=\frac{P^i}{P^{us}}=\frac{\{f'(L_T^i)/g'(L_N^i)\}^{\alpha}}{\{F'(L_T^{us})/G'(L_N^{us})\}^{\beta}} \tag{1-17}$$

公式（1－17）反映BSH的核心命题：如果本国（i）贸易品相对于非贸易品的边际生产力（在技术规模收益不变的假设下为平均生产力）比外国（美国）增长较快，本国将经历实际汇率的升值。

我们运用平均生产力得出如下BSH简化公式：

$$q=\frac{P^i}{P^{us}}=\frac{Y^{\alpha^i}}{Y^{\beta^{us}}} \tag{1-18}$$

（2）方法论

公式（1－18）成为BSH可检验的理论模型。我们根据公式（1－18）很容易推导BSH的经验模型（以对数形式表示）：

$$PR(i,\ us)_t=\alpha_1+\beta_1 YR(i,\ us)_t+\mu_t \tag{1-19}$$

上述公式表明，经济体 i（日本、中国、中国香港、韩国、马来西亚、新加坡、泰国、菲律宾、印度尼西亚和印度）和国家us（美国）之间的价格比（PR）与相应的人均产出比（YR）存在长期稳定关系。

我们用Pesaran、Shin和Smith（1999）的边限检验方法检验经济增长与汇率之间的关系。这一方法是以渐进理论为基础建立起来的，检验变量之间长期均衡关系的计量模型。它的优势在于，在不能确定各变量是否同阶求整时，不必像传统协整分析那样预先检验回归元的求整阶数，从而避免了预先检验问题。其条件误差修正模型（Dynamic Error Correction，或ECM，下同）为：

$$\Delta y_t=\alpha_0+\alpha_1 t+\beta_1 y_{t-1}+\beta_2 x_{t-1}+\sum_{i=1}^{p-1}\varphi_i\Delta y_{t-1}+\sum_{i=1}^{p-1}\theta_i\Delta x_{t-1}+\omega\Delta x_t+\varepsilon_t\quad \varepsilon_t\sim IID(0,\sigma^2) \tag{1-20}$$

其中 t 代表决定性趋势项；y_{t-1} 是依存变量的一期滞后量（公式（1－19）中的 PR 一期滞后量）；x_{t-1} 是独立变量的一期滞后量（公式（1－19）中的 YR 一期滞后量）；Δy 是依存变量的一阶差分；Δx 是独立变量的一阶差分。根据边限检验原理，对动态误差修正表达式中的回归元，可以直接进行协整，而不必考虑回归元是 I（0）还是 I（1），或是否共同同阶求整。我们采用的检验为 F－统计联合显著性检验，F－检验的联合纳假设是：t、y_{t-1} 和 x_{t-1} 的系数为非显著。当计算的 F－值小于 F－统计临界值区域的最小值，我们接受纳假设：变量 x_t 不是一个长期的影响变量；当计算的 F－值小于 F－统计临界值区域的最大值，我们拒绝纳假设；当计算的 F－值在 F－统计临界值区域之中，我们无法得出结论①。

1.3.2 对东亚经济体巴拉萨－萨缪尔森关系的检验

（1）样本和数据的选择

我们的样本包括：日本（JP）、中国香港（HK）、韩国（KR）、新加坡（SI）、菲律宾（PH）、中国（CN）、马来西亚（MA）、泰国（TH）、印度尼西亚（IN）和印度（INDIA）。样本的选择主要有两个考虑：一是数据的可获性；二是这些样本包括了亚洲的主要经济体。这些经济体具有部分共性，例如出口导向和彼此形成自然的产业分工链；同时也各自具有特质，例如不同的经济体制特征（市场经济和转轨经济）和不同发展水平（发达的新兴经济体和发展中的新兴经济体）。我们的样本期为从 1975－2002 年的年度数据。用 GDP 缩减指数作为实际汇率的替代变量。产出是以不变国内价格的人均 GDP 计算的。数据来源于国际货币基金的《国际金融统计》和世界银行的《世界发展指标》。全部变量均转换为对数。

（2）检验结果和分析

①检验结果

① 理想的边限检验方法涉及两种检验：F－统计检验，检验滞后变量（包括和不包括趋势项两种情况）的联合显著性；t－比率检验，检验变量 y_{t-1} 的滞后量的显著性。然而，同时采用 F－统计和 t－统计检验过于严格。对于 F－统计检验，Pesaran、Shin 和 Smith（1999）提供了两组极端情形下的渐进临界值：一个是假设所有回归元为 I（1），另一个是假设所有回归元为 I（0）。这两组临界值为所有的 I（1）和/或 I（0）回归元的组合提供了临界值边限。如果计算的 F－统计值落在临界边限之外，可以不用检验回归元是否为 I（1）就能得出确定性的结论；如果 F－统计值落在临界边限之内，则有必要检验回归元是否为 I（1）。否则不能得出确定性的结论。

对BSH简化模型进行的ECM检验所得出结果如表1－1和表1－2。表1－1的结果显示经济增长与实际汇率的长期稳定关系，即反映在哪些经济体中经济增长作用于实际汇率。结果表明：第一，在日本、中国香港、韩国、新加坡和菲律宾，经济增长与实际汇率之间存在长期稳定关系。第二，其中，从统计学意义上讲，由于计算的F－值以97．5%的置信水平超过相应的临界值，这种长期稳定关系在新加坡和菲律宾表现的较强；相比之下，日本、韩国和新加坡则表现的较弱。第三，如果同时考虑F－值和t－比率检验，这种长期稳定关系在新加坡和菲律宾表现出较强的显著性；相比之下，日本、韩国和新加坡则不存在t－比率的显著性。第四，在中国、马来西亚、泰国、印度尼西亚和印度，无论是F－值检验，还是t－比率检验，都呈现出不显著性，这表明，在这些经济体中经济增长与实际汇率变动之间不存在长期稳定关系，或者更具体讲，这些经济体的经济增长与实际汇率之间没有必然的联系。

表1－1　经济增长与实际汇率的稳定关系检验结果

（经济增长→实际汇率）

PR（i，us）：实际汇率	urRSS	rRSS	F－值	t－值（β_1）
日本（JP）	0.001481	0.002421	6.023858*	－3
中国（CN）	0.228963	0.23962	0.442156	－0.938
中国香港（HK）	0.015358	0.02587	6.502663*	－1.02
韩国（KR）	0.010268	0.016521	6.393812*	－2.79
马来西亚（MA）	0.03185	0.034483	0.785234	－1.24
新加坡（SI）	0.002818	0.005505	9.056187***	－4.25***
泰国（TH）	0.007819	0.009557	2.112563	－1.76
菲律宾（PH）	0.020016	0.037666	8.377346***	－4.09***
印度尼西亚（IN）	0.088218	0.114057	2.782662	－2.36
印度（INDIA）	0.030223	0.043144	4.061612	－0.422

注：（1）F－值通过下面公式计算：

$F=\dfrac{(rRSS-urRSS)/m}{urRSS/(n-k)}$ 其中，rRSS的限制条件为：$\beta_1=0$，$\beta_2=0$。

（2）临界值F－统计和t－统计由Pesaran、Shin和Smith（1999，Table C1. v和TableC2. v，pT. 3，pT. 5）提供。

（3）*代表90%的置信水平；***代表97.5%的置信水平。

简而言之，通过对经济增长和实际汇率的关系进行检验，我们发现在日本、中国香港、韩国、新加坡和菲律宾，经济增长对实际汇率有显著的影响，而在中国、马来西亚、泰国、印度尼西亚和印度，经济增长与实际汇率变动之间不存在长期稳定关系。

表1－2结果显示实际汇率与经济增长的长期稳定关系，即反映在哪些经济体中实际汇率作用于经济增长，或者说在哪些经济体中实际汇率错位可能对经济增长造成影响。我们的检验结果表明：第一，只有菲律宾，F－值检验和t－比率检验都呈现出显著性，这表明菲律宾的实际汇率变动在长期内对经济增长有着显著的影响。第二，而其他样本，例如日本、中国、中国香港、韩国、新加坡、马来西亚、泰国、印度尼西亚和印度，实际汇率变动在长期内都对经济增长没有显著的影响。

表1－2　实际汇率与经济增长的稳定关系检验结果

（实际汇率→经济增长）

$PY(i, us)$：经济增长	urRSS	rRSS	F－值	t－值（β_1）
日本（JP）	0.009503	0.00958	0.077038	－0.009
中国（CN）	0.012286	0.015555	2.52775	－2.13
中国香港（HK）	0.027941	0.030342	0.816351	－1.15
韩国（KR）	0.030652	0.033594	0.911878	－0.991
马来西亚（MA）	0.034026	0.042874	2.470193	－2.08
新加坡（SI）	0.013094	0.017683	3.329504	－2.17
泰国（TH）	0.023694	0.030839	2.864574	－1.47
菲律宾（PH）	0.00519	0.009218	7.373187**	－3.84**
印度尼西亚（IN）	0.015267	0.021367	3.796077	－2.73
印度（INDIA）	0.012213	0.018811	5.132044	－3.19

注：（1）临界值F－统计和t－统计由Pesaran、Shin和Smith（1999，Table C1. v和TableC2. v，pT. 3，pT. 5）提供。

（2）**代表95%的置信水平。

②对检验结果的分析

我们上述检验结果与Ito等（1997）的主要结果不谋而合，尽管我们在样本、样本期限和计量方法上有很大的不同。这在相当程度上意味着如下判断具有强有力的经验支持：

第一，经济增长与实际汇率的BSH关系与经济发展阶段和贸易结构升级有关。一个直观的证据就是，符合BSH的国家基本上是亚洲经济发展雁行梯队中处于领导地位的国家，而不符合BSH的经济体基本上是跟随者。以出口产品的要素密集度为例，通常认为经济越发达，初级产品的出口比重越低，技术和人力资本密集型产品的比重越高。我们涉及到的样本经济体（不包括印度）贸易产品结构大体上的分布见下表1－3：

表1－3　东亚经济体1998年的出口产品分布份额　单位：%

	初级产品	自然资源密集型产品	劳动密集型产品	技术密集型产品	人力资本密集型产品	技术和人力资本密集型产品综合
日本	1	2	6	55	32	87
新加坡	5	3	4	70	10	80
中国香港	3	2	48	32	14	46
韩国	3	8	21	40	24	64
马来西亚	19	4	8	55	13	68
泰国	22	3	17	42	13	55
菲律宾	11	2	14	67	4	71
印度尼西亚	37	8	15	10	12	22
中国	11	4	43	27	15	42

资料来源：根据International Trade Center数据库整理而得出的结论。转引自刘容欣："东亚经济出口竞争力的比较研究"，载于《南开经济研究》2002年第5期。

从表1－3中可以看出，依照产品的要素密集度水平，这些经济体的贸易产品结构从高端（技术和人力资本密集型）到低端的情况如下：在技术密集型和人力资本密集型产品出口比重上，日本、新加坡、韩国和菲律宾出口产品比重比较高；在技术密集型和劳动密集型产品上，中国香港和中国拥有较高的出口比重；在主要依赖自然资源禀赋的初级产品和自然资源密集型产品上，印度尼西亚、马来西亚和泰国仍具有超过20%的份额，其中，印度尼西亚在该类型上的出口比重最高。这些样本经济体的出口产品结构表现出明显的梯队性质，而我们BSH的经验研究结果与这种梯队划分非常吻合。

具体考察各个经济体在1975－2002年间平均的出口结构，我们可以进一步确定，经济增长能否对实际汇率产生影响，与经济发展阶段和产业升级有关。

首先看制造业产品的出口。经历了人均 GDP 较高增长的经济体，例如韩国、新加坡、泰国和马来西亚，被认为是典型的出口导向型经济体。中国实际上在近几年也加入了这一行列。不管这种出口导向是政策引导还是市场引导的结果，这些经济体都在不同程度上实现了贸易结构的转变。从 1975 年到 2002 年，处于雁行梯队前列的日本、中国香港和韩国制造品出口比重高达 80% 以上，其次是中国、新加坡和印度，也达到 65% 以上。接下来是泰国、马来西亚、菲律宾和印度尼西亚（图 1－1）。制造品出口往往是出口部门生产力增长的一个重要标志，根据 BSH 的第一个命题，出口部门的生产力增长是带动经济增长的重要引擎。而出口制造部门的竞争力很可能带来实际汇率的升值（BSH 第二命题）。这也就不难理解为什么在我们的样本经济体中，制造品比重较高的日本、韩国、中国香港和新加坡存在 BSH 关系。因此，如果我们把制造品出口作为产业结构升级的一个标志的话，我们大致可以认为，BSH 关系的存在，与经济发展阶段和贸易结构升级有关。

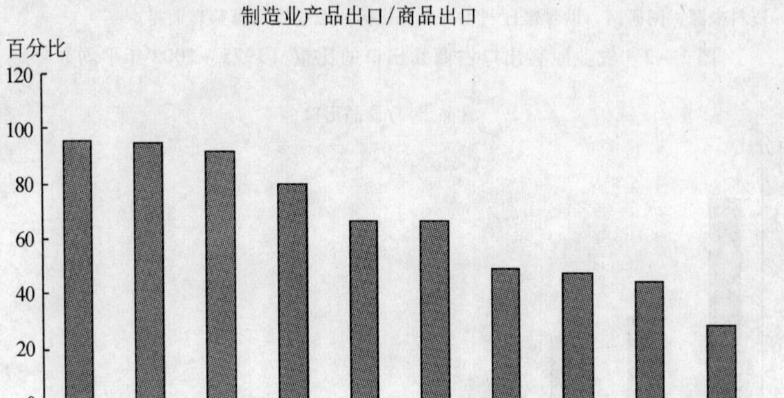

资料来源：国研网，世界银行《世界发展指标》数据库数据整理而得。

图 1－1　制造业产品占出口的比重（1975－2002 年平均）

其次看初级产品出口的比重。从图 1－2 中可以看出，在我们的样本经济体中，马来西亚、印度尼西亚和泰国是农产品出口为主的经济体，其次是新加坡、菲律宾、印度和中国；最后是日本、韩国和中国香港。马来西亚、印度尼西亚和泰国同样是食品出口大国（图 1－3）。因此，初级产品比重较高的经济体，往往处于雁行的追赶队列，这些经济体贸易部门的生产力增长与雁行前列的经济体相比相对滞后。换而言之，对于那些贸易出口处于相对低端产品的经济体，经济增长与实际汇率之间可能不存在长期的稳定关系。

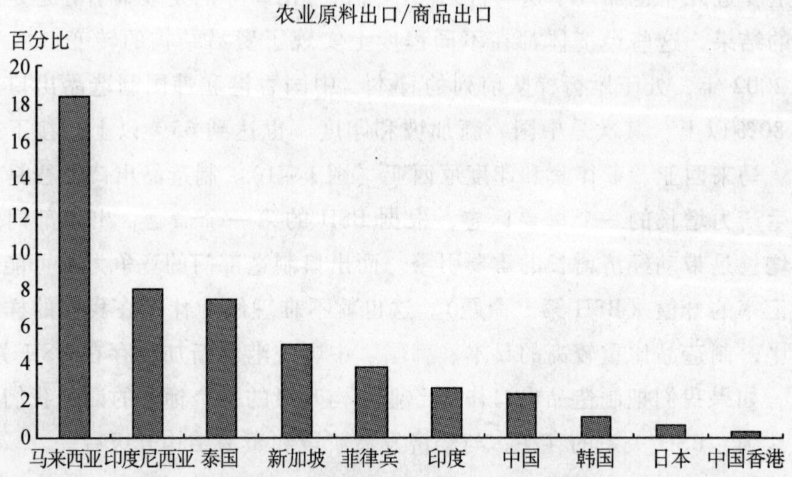

资料来源：国研网，世界银行《世界发展指标》数据库数据整理而得。

图 1－2　农业原料出口占商品出口的比重（1975－2002 年平均）

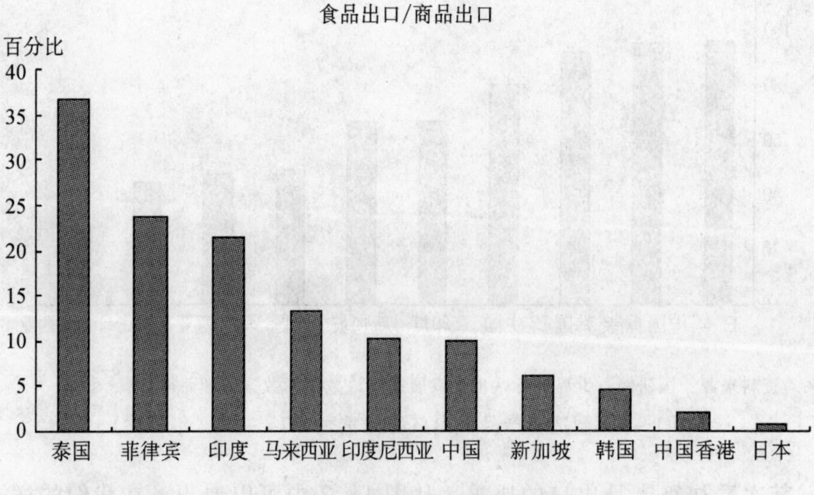

资料来源：国研网，世界银行《世界发展指标》数据库数据整理而得。

图 1－3　食品出口占商品出口的比重（1975－2002 年平均）

第二，并不是所有经历了高增长的经济体都出现了由高增长导致的实际汇率升值——最典型的是中国。Ito 等（1997）对从 1973－1992 年的数据研究发现，中国是他们样本中的一个“特例”（outlier），即高经济增长伴随本国货币的贬值。这是因为，中国的改革和开放过程实际上是对以往货币高估的纠正，实际汇率的贬值有利于一个由封闭向开放转轨的经济体提高其国际竞争力。我们的研究也有类似的发现：尽管中国制造业产品出口占商品总出口的比重很高，同时，中国又在全部样本经济体中经历了最高的经济增长（图 1－4），但在经济增长与实际汇率之间却不存在长期稳定的关系。到底是什么原因导致 BSH 在中国的失效？阻碍 BSH 结果出现的原因，可能来源于经济制度的变迁，以及种种从生产力到实际汇率的传导渠道不畅，例如较低的劳动力跨部门流动性和国内价格变动刚性等。在我们的样本期内，中国经历了从计划经济向市场经济的过渡，经历了从一个封闭经济向开放经济的过渡，这种经济体制的变迁所带来的对价格和资源配置扭曲的纠正过程，是 BSH 所没有考虑到的。

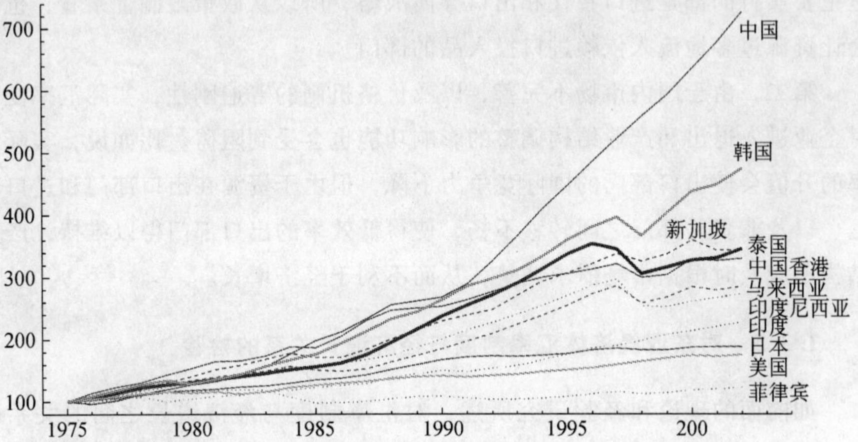

资料来源：国研网，世界银行《世界发展指标》数据库数据整理而得。

图 1－4　人均 GDP 增长率（1975－2002 年，1975＝100）

第三，具有颠覆性的结果是，除了菲律宾，我们对所选择的样本经济体的实际汇率与经济增长所进行的因果检验——实际汇率错位对经济增长的影响中发现，在过去的近 30 年间，这些经济体中的实际汇率行为变化对经济增长没有显著的影响。这一发现似乎与多数文献结论和一般直觉相悖。在这些经济体中是什么原因阻碍了实际汇率对经济增长的影响？

从前面的理论分析中可以看出，总体而言，汇率行为影响经济增长主要是通过实际汇率的错位，引起价格变动从而影响资源配置，通过引导资源向有利于生产扩大、结构升级和效率提高的部门配置，进而促进经济增长。因此，如果汇率行为不能影响到经济增长，只能说明实际汇率错位作为一种引导资源配置的信号，并没有实际发挥作用。换句话说，我们样本经济体中普遍存在国内资源和价格传递机制的不充分性（例如政策限制、市场分割、垄断部门太多、价格管制和金融抑制等等），正是这种传递机制的不充分性阻碍了实际汇率错位对经济增长的作用。具体来说，这种不充分性的作用表现在：

第一，可能在长期中阻碍汇率行为对经济增长的"要素成本效应"。比如汇率升值导致进口投入品的价格降低，只有通过生产要素和资源的充分流动，才能使得该国闲置资源实现向这些部门转移，从而提高生产效率，实现经济增长；但事实上亚洲的国家一直以来都是限制进口的，在这二、三十年里主要实行的都是进口替代和出口导向战略，所以从政策限制上来看，也不会让资源过多地流入依赖进口投入品的部门。

第二，由于国内市场不完善，以及价格机制的普遍刚性，实际汇率变化对企业进入退出和产业结构调整的影响功能也会受到阻碍。比如说，实际汇率的升值会使出口部门的国际竞争力下降，但由于资源在出口部门和进口部门、以及非贸易部门之间转移不畅，使得低效率的出口部门得以维持，产业结构不能及时根据市场需求调整，从而不利于经济增长。

1.3.3 对东亚经济体汇率制度与经济增长关系的检验

如前面的理论和经验研究所述，对汇率制度与经济增长之间的关系研究，以事实采用的汇率制度为依据更合理。因为事实上的汇率制度反映了一国实际上确定汇率水平和汇率变动方式的内容，其与经济增长之间的关系更准确，也更具有政策含义。对于这些样本经济体事实上所采用的汇率制度，最新的两种具有影响力的分类方法就是前面所提到的 LY－S 分类方法和 R－R分类方法。尽管这两种分类都与 IMF 所统计的、官方公布的汇率制度有很大差别，但由 LY－S 分类方法所形成的数据库面临数据缺失问题，且 R－R 分类方法由于采用双重汇率数据来估计，所以其估计结果更接近实际的汇率制度现实。对于用 R－R 事实汇率制度分类方法进行的东亚经济体检验，Huang 和 Malhotra（2004）已经检验过，由于他们所依据的事实汇率制度分类、样本经济体、样本期间和检验方法都与本课题的研究目的相符合，所以下面我们借用 Huang 和 Malhotra（2004）的经验研究结果展开分析，而不再重复这一检验过程。

（1）样本经济体事实上采用的汇率制度（R－R 分类方法）

表 1－4 是 Reinhart 和 Rogoff（2004）对各个国家事实采用的汇率制度的分类及其对各种类别的赋值。包括一种详细的赋值方法和一种粗略的赋值方法，前者与他们划分的详细的类别一一对应，共分为 14 类，而后者只分了 5 类，分别为：固定汇率制、浮动盯住、管理浮动、自由浮动和自由跌落。

表 1－4　　　　R－R 分类方法下的汇率制度指数

类别	详细的汇率制度类别赋值	粗略的汇率制度类别赋值
无独立法币	1	1
预先宣布的盯住或货币局安排	2	1
预先宣布盯住水平汇率带（带宽小于或等于 +/－2%）	3	1
事实上的盯住	4	1
预先宣布的爬行盯住	5	2
预先宣布的爬行带内浮动（带宽小于或等于 +/－2%）	6	2
事实上的爬行盯住	7	2
事实上的爬行带内浮动（带宽小于或等于 +/－2%）	8	2
预先宣布的爬行带内浮动（带宽大于或等于 +/－2%）	9	2
事实上的爬行带内浮动（带宽小于或等于 +/－5%）	10	3
可变的汇率目标区（区间小于或等于 +/－2%，也就是说允许随时间而进行的升值和贬值）	11	3
管理浮动	12	3
自由浮动	13	4
自由跌落	14	5

资料来源：转引自 Reinhart, Carmen M. and Kenneth Rogoff, 2004. The Modern History of Exchange Rate Arrangements: A Reinterpretation. *Quarterly Journal of Economics*, Vol. 119（1）, pp. 1－47.

(2) Huang 和 Malhotra (2004) 的主要结论

Huang 和 Malhotra (2004) 利用上述 R－R 分类方法所得到的样本经济体 1976－2001 年间事实上采用的汇率制度数据，结合这些样本国家的人均 GDP 数据，得出了样本国家的事实汇率制度与经济增长关系的散点图，其中有 8 个样本经济体[①]与本课题的样本经济体是一致的。

根据 Huang 和 Malhotra (2004) 的研究结果，对于欧洲发达国家，汇率制度的选择对经济增长并无影响，而对于亚洲发展中国家，汇率制度的选择与经济增长之间存在非线性联系，即固定汇率和管理浮动汇率，这两种比较极端的汇率制度都对应着更高的经济增长。根据这一经验结论，作者推断：汇率制度的选择是否对经济增长有影响取决于经济发展的水平，因为欧洲发达国家的市场比较完善、经济发展水平比较高，所以其汇率制度选择与经济增长无关；而亚洲发展中国家的市场相对不完善，经济发展水平比较低，所以其汇率制度的选择与经济增长有关。由于 Huang 和 Malhotra (2004) 只是根据实证结果表现出来的特征做出了这个推断，并没有进一步加以论证，下面我们将对这一经验研究结果进行深入分析，更加深入地考究亚洲国家汇率制度与经济增长之间存在的关系。

(3) 对 Huang 和 Malhotra (2004) 的扩展分析

对于这一经验结论的理论基础，在前文对于汇率制度与经济增长关系的理论分析中，有关“实际选择的权衡”部分也提到了，主要来自于有关最优货币区标准的论述。从前文的论述中我们可以总结出，使汇率制度的选择与经济增长状况无关的因素主要有以下几个方面：

一是经济开放度。如前所述，一国的经济开放度越高，则汇率变动对国家间实际竞争力的改变效果越不明显，总体工资和物价的相应变动将削弱汇率变动调整的功效。特别是缺少“货币幻觉”时，高开放度国家的汇率变动最终将反映在国内价格的普遍变动上，从而无助于提高经济的竞争力 (McKinnon, 1963)。

二是生产结构和贸易结构的多元化。一国拥有较高的生产和贸易多样化程度，将降低汇率调整的必要性 (Kenen, 1969)。比起产品结构单一的国

① 这 8 个经济体分别为：中国、印度、菲律宾、印度尼西亚、新加坡、韩国、中国香港和日本。因为我们得不到 R－R 数据库的详细内容，所以无法计算黄海洲等 (2004) 文中没有的泰国和马来西亚的事实汇率制度数据，但已知的这 8 个经济体的数据也足以说明问题了。

家而言，生产和贸易多样化程度较高的国家，其面临的需求冲击的来源相对分散；即使出现对某部门产品的需求减少，资源也可以向其他部门转移，从而缓解冲击对整体经济均衡的影响，此时以汇率变动进行调节的必要性下降。

三是工资与物价的灵活性。如前所述，如果市场的价格机制如新古典主义所认为的那样，拥有完全的弹性，则汇率制度的选择将不会影响到国内经济的均衡。也就是说，国内经济失衡被国内工资与物价的充分变动纠正了，从而在对汇率制度的选择进行决策时，不必考虑国内经济失衡调整的需要（Kawai，1987）。

综合上述，一国的经济越开放、生产与贸易结构越多元化，国内价格——工资与物价越具有弹性（也就是国内市场越完善），则整体经济对来自于汇率变动的冲击，越容易做出调整，从而汇率制度的选择就越不会影响到经济增长。下面我们就以这些理论依据为基础，对 Huang 和 Malhotra（2004）的结论加以扩展。

①样本经济体的经济开放程度

从表 1－5 中可以看出，多数样本经济体从贸易开放程度来看，与美国、欧盟和日本相比高度依赖出口，根据 Takashi（2002）的计算，1995－2000 年东亚（不包括日本）出口/GDP 均值为 41.1%，远高出欧元区（29%）和美国（9%）、日本（13%），显示出东亚地区国民经济对出口的高度依赖。上表显示，除中国和日本对出口依赖程度较低之外，中国香港、韩国、新加坡的均值高于菲律宾、马来西亚、泰国和印度尼西亚，而中国香港、新加坡和马来西亚对出口的依赖度均高于 90%，属于典型的开放经济体。尽管投资和金融开放程度相差各异，但总体而言各样本经济体的综合开放程度比较高。根据前文的理论分析，由于这些样本经济体的经济开放程度比较高，似乎汇率制度的选择应该对这些经济体的经济增长没有影响。但同样根据 McKinnon（1963）的分析，汇率变动对经济增长没有影响的关键是，汇率的变动被国内价格的普遍变动所吸收，也就是说这一机制要求国内的工资—价格机制是完善的。很显然，这些亚洲的发展中经济体并不具备完善的国内市场和价格形成机制。换而言之，由于样本经济体的国内市场和价格形成机制不完善，所以虽然其经济开放程度很高，但汇率的变动并不会被国内价格的变动所吸收，从而有助于提高经济的竞争力，进而有助于经济增长。

表 1－5　　2002 年样本经济体的经济开放程度（不包括印度）

经济体	经常账户/GDP	资本账户/GDP	贸易开放度（贸易总额/GDP）	直接投资开放程度（投资存量/GDP）	金融开放程度（金融负债+资产）/GDP	综合开放度
中国	2.9	2.61	48.2	39.1	32.9	40.1
中国香港	10.9	10.9	252	592.9	1151.5	665.5
印度尼西亚	3.9	2.2	60.9	33.7	40.3	45.0
日本	2.9	2.9	18.9	9.8	76.3	35.0
韩国	1.3	1.3	66.1	18.3	95.8	60.1
马来西亚	7.6	7.6	186.6	80.6	46.8	104.7
菲律宾	5.4	－1.7	99.6	16.8	50.9	55.8
新加坡	21.5	－18.2	277.1	216.6	693.8	395.8
泰国	6.1	－4.7	105.7	26	128.1	86.6
美国	－4.8	4.5	17.8	27.3	153.4	66.2
欧元区	n. a.	n. a.	30.03	70.7	81.01	60.67

资料来源：根据 IMF 的《国际金融统计》2004 年各期数据，APEC《2004 年经济展望》数据计算整理，欧元区数据为 2001 年数据。转引自万志宏：《东亚货币合作的经济基础研究》，北京：中国商务出版社，2004 年 11 月第 1 版，第 65 页。

注：n. a. 表示数据不可获得。

②样本经济体产业结构的多元化程度

从表 1－6 中可以看出，随着经济发展的进程，样本国家和地区的产业集中化程度均有所增加，而且越是发达的国家（地区），其产业集中化程度越高。美国、日本、中国香港和新加坡拥有高度集中的产业结构（指标高于 31），而马来西亚、中国和韩国的水平比较接近（指标在 26－28 之间），产业结构相对分散；泰国、印度尼西亚和菲律宾最低。也就是说，以美国为参照，这些经济体的产业结构多元化程度都比美国高，从而我们可以认为，这些经济体的产业结构的多元化程度都是比较高的。

③样本经济体贸易结构的多元化程度

从表 1－7 中可以看出，除印度尼西亚以外，主要的国家和地区在 20 世纪 90 年代几乎都经历了明显的进出口贸易结构集中化趋势。进口方面，马来西亚集中度上升最为明显，出口方面，韩国、马来西亚、新加坡均有明显的结构集中化倾向，而印度尼西亚则在过去的 15 年中经历了明显的贸易产

表 1-6　　样本经济体产业结构的多元化指标（不包括印度）

国家/地区	1985	1990	1995	2000	1983-2000 平均
中国	26.24	25.23	26.38	27.35	26.23
中国香港	27.28	27.35	31.71	34.12	29.80
印度尼西亚	21.36	21.90	21.56	24.46	22.21
日本	n. a.	30.94	32.12	32.63	n. a.
韩国	22.15	22.33	23.78	26.39	23.51
马来西亚	n. a.	24.63	22.90	28.91	24.48*
菲律宾	21.84	21.48	21.89	22.67	21.75
新加坡	29.79	30.51	29.98	31.03	29.93
泰国	20.90	21.66	22.05	25.06	21.98
美国	n. a.	32.80	33.97	36.00	n. a.

资料来源：根据亚洲开发银行（2001）、Economagic 数据库和美国经济分析局 NIPA 数据库原始数据计算整理，马来西亚仅计算 1987-2000 年的均值。转引自万志宏：《东亚货币合作的经济基础研究》，北京：中国商务出版社，2004 年 11 月第 1 版，第 72 页。

注：表中的产业结构多元化指标是用 Herfindahl Index 来表示的，指数在 0-100 之间，该值越大，表示该国或地区的经济多元化程度越低，产出集中度越高。

品分散化过程。美国的进口产品结构在近年中变化较小，而出口结构略有集中趋势。因此这些样本国家的贸易结构与美国相比，虽然集中化的趋势要更为明显一些（尤其是日本、马来西亚和新加坡），但总体上仍然是比较分散的。

与前文关于经济开放度的分析一样，事实上生产结构和贸易结构多样化是缓解需求变动冲击的渠道，主要条件也是要求资源在各个部门之间能够自由流动，从而降低汇率变动的必要性。因此，虽然我们观察到的结果是，东亚经济体的生产结构和贸易结构都相对多样化，但仍然不能降低汇率制度对于调节国内经济失衡的重要性，一个重要的原因就是，由于作为市场仍然不完善的发展中国家，其资源在各个部门之间的转移仍不是非常顺畅。当然，这一结论的可靠性应该通过严格的统计检验加以证实①。

① 由于本文的重点和篇幅限制，相应的统计检验可通过另一个独立的研究进行。

表1-7　样本经济体贸易结构多元化指数（不包括印度）

国家/地区	1985		1990		1995		2000	
	进口	出口	进口	出口	进口	出口	进口	出口
中国	25.09	15.89	18.38	15.13	23.74	23.64	23.94	26.50
中国香港	19.88	44.86	22.09	38.25	25.05	34.89	28.52	42.53
印度尼西亚	21.21	49.29	25.13	27.26	23.17	17.48	17.94	17.03
日本	n. a.	49.56	n. a.	52.37	15.55	50.80	17.18	49.76
韩国	21.29	27.56	19.79	28.76	20.42	34.21	22.32	38.33
马来西亚	24.79	19.76	29.52	19.11	39.25	31.96	41.71	41.00
菲律宾	17.28	17.17	16.04	17.65	18.74	23.40	21.62	34.65
新加坡	n. a.	23.51	n. a.	30.34	36.90	45.22	40.11	47.76
泰国	18.68	27.37	24.55	21.31	30.20	22.16	27.52	25.44
美国	n. a.	25.27	n. a.	25.18	26.15	20.70	26.15	30.58

资料来源：除新加坡的进口数据以及日本和美国的数据系根据国际贸易中心网络数据计算外，其余均根据亚洲开发银行（2001）原始数据计算。转引自万志宏：《东亚货币合作的经济基础研究》，北京：中国商务出版社，2004年11月第1版，第84页。

注：表中的贸易结构多元化指标是用 Herfindahl Index 来表示的，指数在0-100之间，该值越大，表示该国或地区的经济多元化程度越低，贸易集中度越高。

④部分样本经济体对资本项目交易的限制

从表1-8中可以看出，在外汇管制措施上，尽管样本经济体普遍都开放了贸易项目的可自由兑换，但大多数国家和地区对于资本项目的管制还比较严格。这可以作为样本经济体市场尚不完善、资源（这里主要是资金）尚不能自由流动的一个佐证。

由以上的分析可以看出，尽管从表面上来看，亚洲的样本经济体①经济足够开放、生产与贸易也表现出较高的多元化，根据前面的理论分析似乎“汇率制度的选择对经济增长没有影响”，但因为这些经济体中的大多数经济发展水平相对较低，主要表现为国内市场不完善、资源在各部门之间的转移不畅，而且工资-价格的传递机制也由于市场分割等原因而不能充分发挥作用，从而使得汇率政策的影响不完全被国内经济结构、贸易结构和价格的调整所抵消，而是能够作用于国内经济失衡的，也就是说汇率制度的选择对

① 由于数据原因，这里的讨论不包括印度。

表 1－8　　资本账户交易限制一览表（不包括印度）

国家/地区	资本市场证券	货币市场工具	组合投资证券	衍生品与其他工具	商业信贷	金融信贷	担保、确认、金融支持便利	直接投资	直接投资清算	不动产交易	个人资本交易	对商业银行和其他信贷机构特殊规定	对机构投资者的特殊规定	限制项目数量
日本								△				△	△	3
中国香港												△	△	2
韩国	△	△	△	△	△	△	△	△		△	△	△		11
新加坡	△					△				△		△	△	5
中国	△	△	△	△	△	△	△	△	△	△	△	△		12
印度尼西亚	△	△	△	△	△	△	△	△		△		△	△	11
马来西亚	△	△	△	△	△	△	△	△		△	△	△	△	12
菲律宾	△	△	△	△	△	△	△	△		△	△	△	△	12
泰国	△	△	△	△	△	△	△	△		△	△	△	△	12
美国	△	△	△					△						4

注：Δ 表示该项目的货币自由兑换有限制。

资料来源：IMF Annual Report on Exchange Rate Arrangement and Capital Account，2003。

经济增长是有作用的。当然根据 Huang 和 Malhotra（2004）的经验研究，这种作用是非线性的——也就是固定汇率和管理浮动汇率制度都有作用，这主要是由不同经济体的具体情况所决定的。

1.4　结论：对中国的启示和政策含义

通过对东亚部分经济体的汇率与经济增长关系的再检验，我们的分析得出如下主要结论：

第一，经济增长是否在长期内对实际汇率产生决定性影响可能与经济发展阶段和经济制度特征有关，特别是这些经济体之间存在雁行发展模式、贸易结构升级过程、出口导向战略、经济制度性变迁（经济转轨、市场化、劳动力人口、劳动力流动性、价格弹性等等）等特征有关。我们的分析与 Ito 等（1997）的结论不谋而合。

第二，除了菲律宾，其他所有样本经济体中实际汇率错位在长期内似乎对经济增长没有决定性的影响。这一结论与普遍的看法有所不同。追究其原因，也是由于资源和价格在部门之间的传递机制不充分，从而阻碍了实际汇率发挥对资源配置的引导作用，进而无助于经济增长的提高。

第三，尽管亚洲样本经济体的经济开放度比较高、生产与贸易也表现出较高的多元化，但由于这些经济体中大多数的经济发展水平比较低，资源和价格的传递机制不充分，从而使得汇率政策的影响不完全被国内经济结构、贸易结构和价格的调整所抵消，而是能够作用于经济增长的。而且根据Huang 和 Malhotra（2004）的经验研究，这种作用是非线性的——也就是固定汇率和管理浮动汇率制度都有作用，这主要是由不同经济体的具体情况所决定的。

对中国的启示和政策含义：

第一，BSH 在中国不成立，主要的原因有两点：一是在我们的样本期内，中国经历了从计划经济向市场经济的过渡，经历了从一个封闭经济向开放经济的过渡，这种经济体制的变迁所带来的对价格和资源配置扭曲的纠正过程，是 BSH 所没有考虑到的；二是中国从生产力增长到实际汇率升值的传导渠道不畅，例如虽然近年来在中国的高速经济增长中，出口增长的贡献度很高，但由于贸易部门工资价格没有随着生产力的提高而提高（主要是由于中国的非技术劳动力供给相对充裕），贸易部门的工资对贸易部门生产力的变化基本上是刚性的；即便贸易部门的工资有所提高，由于较低的劳动力跨部门流动性和国内价格变动刚性等因素，使得贸易部门的工资变化无法传递到非贸易部门，更形不成 BSH 所预言的价格水平的上涨。由于工资—价格传递这一链条在中国很弱，这就不难理解为什么中国实现较高的经济增长，却没有出现由这一增长带来的实际汇率升值的结果。

第二，BSH 在中国不存在，从理论上或经验上可以说是对假说本身的一种否定。但其政策含义却很可能相反：工资价格刚性，以及劳动力不能跨部门流动实际上是一种扭曲。从动态来看，中国正面临贸易结构升级（制造业产品比重不断的提高便是一例），但升级是个过程，在这个过程中，低端产品出口吸纳了中国大量的低技能、低成本的劳动力。随着产业升级进程的推进，劳动力结构和供给都将有所变化，贸易部门工资成本的上升应是自然的过程。这样，工资价格灵活性是或早或晚要实现的，这也是中国完善市场经济的需要。同时，考虑到中国的市场经济制度不断完善，中国的开放政策将不可逆转地推进，中国在改革开放过程中将不断引进国际规则等等因素，我们似乎可以得出这样的一个直觉性判断：BSH 在现在的中国不存在，在将来很可能出现。这意味着如果中国能够保持较高的经济增长率，人民币实际汇率在长期中将经历一个升值过程。

第三，以上结论对中国人民币汇率政策改革的意义在于，随着产业结构升级的推进，中国人民币实际汇率有可能随着生产力的提高而升值，所以为了避免实际汇率与名义汇率严重背离所造成的不利影响——例如导致资源配置扭曲、为国际投机资本提供货币攻击机会等，中国的汇率政策要对名义汇率水平的扭曲及时纠正，从而确保汇率水平反映真实的人民币供求状况。

第四，经验研究结果告诉我们，在过去近 30 年的时间里，中国的实际汇率水平对经济增长没有显著的作用，这在一定程度上表明，在中国，实际汇率水平不能作为一种价格信号引导资源配置。因此，从政策层面上讲，改善实际汇率水平与经济增长之间的传导机制有利于中国货币当局更好地运用汇率政策。在这方面，中国有必要深化市场经济和金融方面的改革，例如进一步完善由供求决定的价格形成机制、改革工资和社会保障制度、有步骤地继续纠正金融抑制所造成的扭曲等等。

第五，对汇率制度与经济增长的经验研究表明，中国在整个样本期中所施行的汇率制度集中于三种类型，按照 R－R 的分类分别为：管理浮动、事实上的爬行带内浮动（带宽小于或等于 +/－ 2%）和事实上的盯住汇率（图 3－5）。这三种汇率制度同时都对应着较高的经济增长率。虽然我们不能断定这三种汇率制度对中国这些年来持续的高经济增长各自做出了多少贡献（因为无法剥离出汇率制度的独立影响），但一个直觉的结论是：已经实行的这些汇率制度类型并没有明显阻碍经济增长。这一结论可以简单地从理论上解释为，由于中国处于经济发展的进程之中，也就是存在种种制度约束和市场机制的不完善，使得汇率制度的选择能够影响到经济增长。这一结论对我国汇率制度改革的意义在于：在当前的中国，一个适当、合理的汇率制度对于促进经济增长是有意义的，但这种意义不是来自于汇率制度选择本身或者采用什么样的汇率制度与经济增长之间存在必然的联系，这种意义来自于目前的经济发展阶段所存在的种种制度性限制和市场机制方面的缺陷，使得汇率制度的选择能够在一定程度上间接影响经济增长的绩效。从长期来看，随着中国市场经济体制各个方面改革的深入和完善，工资—价格和资源流动机制必将逐步走向完善，经济发展水平将不断提高，如前文分析，汇率制度的选择对经济增长的影响将不断减弱。届时，中国将真正步入发达市场经济的行列。

2

最优货币区：对东亚国家的经验研究和分析

20世纪90年代东亚货币危机爆发以来，加强亚洲货币合作一直是亚洲各国政策制定部门和理论界关注的焦点之一。在政策上，1999年，马来西亚总理马哈蒂尔提出了建立“东亚货币基金”的倡议，从而促成了2000年5月由东盟10国与中国、日本和韩国签署的“清迈动议”，决定逐步扩大由东盟10国组成的双边互换协议参加国的范围。目前在东盟10国、中国、日本和韩国之间已经签署了一系列双边货币互换协议。这一合作形式（利用互换和回购方式对危机国家进行紧急援助）在事实上成为了亚洲货币合作的基础。然而，这种互换协议只是货币合作的一种初级形式，能否在未来发展为货币联盟，取决于多种经济的和政治的考虑。而在各种考虑之中，现有的理论，尤其是最优货币区理论为货币联盟问题提供了很好的分析框架。

最优货币区理论文献，缘自Mundell（1961）对决定汇率稳定性的经济变量分析，他的研究奠定了最优货币区的理论基础，并为随后有关最优货币区的争论提供了框架。随后的研究，如McKinnon（1963）和Kenen（1969）都采用Mundell提供的分析框架。多年来，由于宏观经济理论的发展，最优

本文主要部分为中国社会科学院重大研究课题B类项目（2003－2005年）研究成果。部分内容以“最优货币区：对东亚国家的经验研究”为题，发表于《世界经济》2007年6期。

货币区理论也随之不断修正和扩展（Tavlas，1993；De Grauwe，1997）。但所研究的基本问题仍围绕两个方面：加入货币联盟的成本收益分析，如De Grauwe（1997）和Dupasquier和Jacob（1997）；以及参加货币联盟的国家需要有哪些经济特征。大量的文献集中讨论如下几个标准：要素流动性、经济开放程度、生产多样化程度、价格和工资的灵活性、工业结构的相似性、经济政策目标的相似性以及政治因素，例如Mundell（1961）、McKinnon（1963）、Kenen（1969）、Ishiyama（1975）和Tavlas（1993）等的分析。在经验研究方面，现有的货币联盟，例如欧元区、东加勒比货币区（1950）、中非经济货币共同体（1945）和西非经济货币共同体（1945）的存在，以及可能扩大的货币区或联盟和潜在形成的新的货币联盟（根据Horvath和Komarek，2002，共有6个这样的联盟），提供了丰富的数据来源。早期的经验研究文献主要集中在通过对长期汇率变动性和最优货币区各项理论指标的回归分析，检验各项指标的显著性，从而检验理论的适用性。随后，更多的经验研究集中在对一个国家加入货币联盟成本收益的比较测量和加入货币联盟的标准的检验。主要文献来自Enders和Hurn（1994）、Tjirongo（1995）、Bergman（1999）、De Grauwe和Vanhaverbeke（1993）、Horvarth和Grabowski（1997）、Jenkins和Thomas（1997）和Frankel和Rose（1996）等。

对亚洲地区货币合作的经验分析，比较有影响的文献是Liang（1999）对中国香港和中国大陆货币汇率关系的研究。他运用一般购买力平价模型（G－PPP）检验中国香港与大陆是否存在最优货币区，他研究的结论是否定的。其他的研究主要围绕加入最优货币区的标准对亚洲地区进行经验研究。比如，Eichengreen和Bayoumi（1996）利用VAR模型检验东亚经济在冲击过后产出和价格调整的灵活性；Goto（2002）对经济结构相似性的研究表明，东亚国家的经济波动和日本经济在20世纪90年代出现了更多的趋同趋势；Kwan（2001）对政策目标的相似性进行研究，结果发现，从政策目标一致性上判断，东亚经济基本和欧盟国家在相同的水平上。

从已有的文献来看，对亚洲地区货币合作问题的研究，描述性分析或定性分析文献多于定量分析文献。而对东盟十国和中国、日本、韩国（10＋3）的研究更是十分有限。不论在理论和经验研究，还是政策上，对这一地区的研究仍处于摸索阶段。一个具有争议的问题是，目前的合作形式（一种非制度化的安排）是否滞后于这些国家之间实际的经济联系。我们的研究将主要回答这一问题。

我们采用 Enders 和 Hurn（1994）的一般购买力平价（G-PPP）模型对东盟10国和中国、日本、韩国的货币合作程度进行经验研究。G-PPP 模型认为，如果决定一组国家货币实际汇率的基本面因素的一体化程度足够高的话，这组货币的长期实际汇率之间便存在 G-PPP 关系，那么这组货币便构成最优货币区。我们也同时将美国加入我们的样本国家。这样做的目的，一是在可观测的现实中美国与东盟和中日韩之间紧密的经济关系，以及美元在这一地区的载体作用；二是我们试图对两种情形下的检验有所发现：有美国参与和没有美国的参与。在计量方法上，我们运用 Johansen 的多变量协整分析方法，样本期间将采用 1994-2003 年的月度数据，分别对6组实际汇率的关系进行检验。我们的检验结果表明，除了一组实际汇率关系不存在 G-PPP，其他5组关系之间的 G-PPP 都成立。我们相对乐观的结论，在一定程度上可以推演出这样的判断，即目前在这一地区存在的非制度性货币合作形式低估了这一地区实际存在的联系的紧密程度。我们的结论是对其他一些对东亚地区不同次区域的最优货币区的经验研究结论的补充①。

由于我们的 G-PPP 模型基本逻辑是假设样本国家各种宏观基本指标具有足够高的一体化程度，则这些国家之间的实际汇率存在多变量协整关系；如果这些国家之间的实际汇率不存在多变量协整，则这些国家宏观基本面因素的一体化程度不足以高到使这些国家形成最优货币区。因此，运用 G-PPP 模型时我们不考虑具体哪些宏观经济基本面因素在决定最优货币区时是显著的还是非显著的。作为对 G-PPP 模型经验研究的扩展，我们运用其他经验研究的主要发现，通过考察具体的形成最优货币区的主要标准，看已有的结论在多大程度上支持或不支持我们的发现。

2.1 最优货币区的理论分析

对最优货币区研究的文献大致有两类。一类文献是在20世纪60年代和

① 例如 Bayoumi 和 Eichengreen（1994）、Bayoumi 和 Mauro（1999）、Yuen（2000）、Trivisvavet（2001）、Baek 和 Song（2002）和 Zhang 等（2003）。

70年代期间出现的，主要为最优货币区寻找决定性经济特征，也就是研究具有哪些经济特征的国家适合组成最优货币区。另一类文献从20世纪70年代延续至今，主要研究对于一个国家来说参与最优货币区的收益与成本。对参加最优货币区成本和收益的比较随后又主要成为经验研究的问题，因此，在学术界出现了大量的经验研究文献。此后，在20世纪90年代，最优货币区理论开始关注内生性问题，即“卢卡斯批评”，以及关注最优货币区与现代宏观经济理论的结合问题。

这一章我们对最优货币区理论的发展进行简要回顾，我们首先对传统的最优货币区理论进行介绍，然后对20世纪90年代以来最优货币区内生性理论的最新发展进行评述。这些回顾将为我们对东亚地区的分析提供理论背景。主要理论综述文献是De Grauwe（1997）、Laffrance和St－Amant（1999）和Kenen（2000）。

2.1.1 传统最优货币区理论

关于最优货币区的理论探讨可以追溯到20世纪50年代。由于布雷顿森林体系逐渐暴露出诸多问题，经济学家开始围绕浮动汇率和固定汇率孰优孰劣的问题展开激烈争论。Friedman和Meade是浮动汇率的支持者，当货币工资刚性引起失业的时候，两位学者均认为浮动汇率是改变真实工资的有效办法，Mundell则对浮动汇率提出质疑。从Mundell（1961）的奠基性工作开始，传统的最优货币区理论主要讨论判断标准问题。

（1）Friedman对最优货币区理论的影响

第二次世界大战之后的布雷顿森林体系，大部分国家采用盯住美元的汇率制度，同时美元与黄金挂钩。20世纪30年代西方世界的经济危机以及随后爆发的第二次世界大战，造成国际货币体系的混乱。与此同时，在理论界有关不同汇率制度选择的成本和收益的争论直接促成了最优货币区理论的充分发展。虽然在当时有些人主张实行浮动汇率制，证明多种因素将使固定平价难以维持，但出于促进国际贸易、减少各国的汇兑限制以及防止各国货币战，在构筑战后国际货币体系框架时，各国则普遍倾向于选择固定汇率制度，这样以美元为中心的布雷顿森林体系持续长达近30年。这种体系的运转结果并不像制度设计者们当初想象的那样完美，反而由于许多新变化和体系内在的多重矛盾使固定平价难以维持，美元危机不断，挽救危机的合作努力频频失败。与此同时，越来越多的经济学家主张改行浮动汇率制度，这在当时围绕着支持还是反对布雷顿森林体系形成了两个理论派别。前者主要包括 Mundell 等经济学家，后者包括浮动汇率强烈的支持者 Friedman 以及 Meade、Sohman 和 Johnson 等。

Friedman 早在 1953 年就认为，在面临外部冲击的情况下，与其让其他经济变量进行调整，还不如让汇率变动进行调整。他认为汇率的变动要比国内价格的变动灵活。在本国竞争力下降的情况下，如果为维持汇率固定而紧缩国内货币政策，促使国内价格下降来恢复国际竞争力，其代价将是高昂的。由于国内价格刚性，要使价格下降到需要的水平就必须采取十分严厉的紧缩政策，这将造成国内较高的失业率（Friedman，1953）。

为了理解最优货币区理论，我们必须回顾在它诞生同时代的汇率理论。早在 20 世纪 50 年代，当时的汇率理论实际上是凯恩斯宏观经济学的副产品（Kenen，2000）。当时的汇率理论假定，工资和价格具有粘性，资本流动性很低，不足以对国内政策目标的设定产生影响。在这些假定下，Meade（1951）和其他经济学家认为名义汇率决定实际汇率，后者决定经常项目差额。因此，一国政府可以通过管理名义汇率来保持外部均衡，同时通过货币和财政政策维持内部均衡。根据 Johnson（1961），汇率实际上是支出转移工具，汇率变化是对支出转移冲击的最佳反应。同时，货币政策和财政政策是支出调整工具，货币政策和财政政策的变化是对支出调整冲击的最佳反应。由于资本流动性很低，盯住汇率制度（出现永久性支出转移冲击时，名义汇率相应地进行定期调整）和浮动汇率制度（通过市场力量自动调整名义汇率）之间的差别很小，两种汇率制度下，名义汇率主要由经常项目状况支配。但是，如果外汇市场不能明确区分暂时性冲击和永久性冲击，浮动汇率制度的名义汇率波动将更为剧烈。这就是以基本的凯恩斯模型为基础建立起来的开放的宏观经济学的简化版本。这在后来成为 Mundell 最优货币区理论的框架。

根据上述凯恩斯模型，如果两个国家之间的汇率固定，不实行统一的货币，也没有超国家的中央银行取代两国的中央银行，在资本缺少流动性的情况下，两国仍然可以运用货币政策应对支出调整冲击，至少在短期内可行。但是，名义汇率无法对支出转移冲击进行调整。由于价格和工资刚性，当出现支出转移冲击后，由于过度的供给和过度的需求导致的两个国家之间的经常项目收支失衡将无法自动恢复平衡。Mundell 的贡献就在于提出了上述问题，并且给出了解决答案。在他看来，国家之间劳动力的充分流动性将保证工资和价格的充分弹性，从而保证当支出转移冲击在一个货币区内出现之后，通过工资和价格的充分弹性使贸易收支恢复平衡。这样，是否具有劳动力充分流动性就成为能否形成最优货币区的标准。

(2) Mundell 的奠基性贡献以及 OCA 理论的早期发展

Mundell 从一个简单的类比质疑浮动汇率制：如果浮动汇率适合多个主权国家，那么也应当适用于多区域国家的各个区域；同一国家的不同区域之间实行浮动汇率，就必须有多个货币，创造新的货币没有成本吗？在思考区域货币体系和国家货币体系的过程中，Mundell（1961）开创性地提出了最优货币区的概念，用要素流动的稳定机制取代浮动汇率的稳定机制：如果通过适当的方式将世界划分为若干货币区，各区域内实行共同货币或几种货币，区域内固定汇率且货币具有无限可兑换性，不同区域之间实行浮动汇率，那么就可以兼顾两种汇率制度的优点而克服两种汇率制度的弱点。Mundell 的最优货币区的约束条件是区域内生产要素的一体化或者说要素的自由流动。这样，在出现需求转移造成区域内某个国家国际收支失衡时，可以通过生产要素流动这一机制进行调节，Mundell 尤其强调了劳动力流动性的重要意义。

经验上我们知道，劳动力跨国完全流动并不存在，因而 Mundell 所设想的这种稳定机制并不能完全抵消支出转移带来的冲击。而且，Mundell 只考虑了最优货币区的两国模型，在两国模型下，支出转移冲击表现出的是一种“镜子影像式的不对称性”（Mirror - image Asymmetry），换而言之，一个国家产出的增加在另一个国家一定反映为产出的下降。当一个货币联盟包含两个以上国家时，上述镜子影像式的不对称性将不复存在。

Mundell（1961）的分析成为最优货币区理论的奠基石。其后，Ingram（1962）、McKinnon（1963）和 Kenen（1969）分别对最优货币区理论进行了重要发展。Ingram（1962）认为，金融市场一体化程度应该作为最优货币区的判断标准。如果区域内金融市场实现了高度的一体化，暂时性国际收支失衡可以通过金融交易提供平衡机制；既使是长期的、结构性失衡也可以通过金融交易提供必要的缓冲机制以及降低实际调整所需成本。总之，金融市场一体化降低了通过汇率变动改变区域内贸易条件从而调节国际收支的需要。

在 McKinnon（1963）看来，最优货币区必须具有足够大的规模和具有相当大比例的贸易部门，小型开放经济体不能通过汇率变动平衡需求转移带来的冲击。实际冲击出现，如贸易需求的下降，将导致汇率的大幅度贬值以便实现资源从贸易部门向非贸易部门的转移。如果价格和工资具有充分灵活性，本币贬值会引起国内价格上涨，价格上涨造成实际工资下降从而产生名义工资的上涨压力，这两方面的影响使得汇率的任何变化被价格变化所抵消，从而对实际贸易条件和工资水平不会产生影响。因而 McKinnon（1963）提出把区域内的开放程度作为最优货币区的判断。开放程度的实质就是区域内商品市场的一体化程度，高度开放的区域实行固定汇率更有利于实现宏观经济政策目标①。

Kenen（1969）重点阐明了两个观点：第一，在货币区内实行单一的财政体系可以部分弥补劳动力流动不足带来的宏观经济缺陷；第二，产品多样化程度越高的国家越有资格成为单一货币区的成员国，出于国外需求或者技术变动上的冲击，如果出口产品足够多样化，对某种产品或者某个产业的需求转移冲击在总体上会相互抵消，即"大数法则"（The Law of Large Numbers）就会发挥作用。Kenen（1969）认为，发达国家多样化程度高，应该坚持布雷顿森林体系，而不需要借助于汇率制度的变化；不发达国家多样化程度低，它们的汇率应该经常变化，甚至可能需要完全浮动。总结起来，Kenen（1969）把最优货币区的判断标准扩展为统一的财政体系（比如财政联邦制）和产品的多样化。

20 世纪 70 年代以后，Flemming、Corden、Kindleberger 和 Williamson 等对最优货币区的判断标准进行了进一步扩展性研究。通货膨胀率的相似性，宏观经济政策的一致性、经济一体化和政治一体化等各种指标被相继纳入最优货币区的判断标准。特别是 Fleming（1971）提出的相似通货膨胀率标准把研究的焦点转向了经济的货币层面，而不是前面研究强调的经济的真实面。他指出，如果两国之间通胀率存在差异，最终会造成两国的货币购买力

① 微观经济学告诉我们，如果不考虑交易成本，商品的自由流动和要素的自由流动是等价的，在国际经济领域，这一判定仍然成立。因而 McKinnon（1963）的商品市场一体化和 Mundell（1961）的要素市场一体化在本质上是一致的。实践中，要素市场一体化特别是劳动力自由流动很难实现，而商品市场一体化更容易达到，因而，McKinnon 的这个约束条件更具现实意义。

产生差异，从而最终破坏固定汇率的存在基础。

到 Ishiyama（1975）的综述性文献为止，早期最优货币区理论基本建立起来了，这一时期的关注重点是最优货币区的判断标准。总结他们的理论，组建最优货币区至少需要满足以下几个条件：一是必须满足区域内汇率长期固定和相互间货币的无限可兑换，直至建立超国家的中央银行，发行统一货币，这不仅仅是一个经济过程，更涉及到政治一体化进程；二是必须满足区域内要素市场、产品市场、金融市场等领域的经济一体化，在遭受需求转移冲击时通过产品和要素流动而不需要通过汇率调整实现国际收支的平衡；三是区域内需要在财政政策、税收政策上进行协调和合作，能够像美国联邦财政体系那样进行财政资源转移以支持受到不利影响的地区；四是成员国必须具有相似的而且是多样化的经济结构，从而不存在非对称性的宏观经济冲击；五是成员国必须具有一致性的经济周期，包括通货膨胀率、宏观经济政策的一致性等。

这些判断标准的分析研究，为货币一体化实践提供了一个理想化的菜单。这种判断标准的分析存在以下缺陷：第一，主要集中于减少和对冲货币联盟的成本方面，没能提供经济体加入货币区后总的成本—收益比较；第二，有些标准无法进行准确的测算和估计，各种标准之间缺少统一的分析，标准之间存在内在“不一致问题”，根据不同标准可以划分出范围各异的最优货币区；第三，不同的标准之间还可能存在相互矛盾的地方（比如小型经济体的开放程度可能很高，但是产品的多样化程度可能很低）。另外，要求区域内的成员国满足所有这些条件并不现实，根据早期“标准”的最优货币区理论，货币区的规模应该趋小，而且区域内国家间的经济结构和经济周期应该趋同，因此一个货币区必然面临在扩展与稳定之间保持均衡的两难选择。

考察这些判断标准，可以得到以下几个判断：①浮动汇率和固定汇率可以作为替代性的两种制度安排，平衡国际收支的非对称性冲击；②如果汇率调节完全无成本，浮动汇率可以完全平衡国际收支的失衡冲击；③如果完全满足最优货币区判断标准中的某一个（例如劳动力可以无成本地跨国流动或者商品可以无成本地跨国流通），固定汇率也有足够的能力平衡国际收支的失衡冲击；④现实中没有模型设计成那样的完美情形，实际的汇率制度安排取决于单个国家的成本—收益权衡以及国家间的博弈竞争，固定汇率制度向浮动汇率制度的演变，以及浮动汇率制度向固定汇率制度的复归取决于当时的经济和政治环境等综合因素。

2.1.2 货币联盟的成本—收益分析

Mundell 和 McKinnon 等进行的开创性工作，在 20 世纪 60 年代创立了早期最优货币区理论，这些研究希望定义出最优货币区的判断标准。从 20 世纪 70 年代开始，最优货币区理论的研究思路除了判别成立标准之外，另一个方向转为货币联盟更具体的成本—收益分析。成本—收益分析比标准判断的限制性更强，一国加入货币联盟不仅需要满足相关的宏观经济标准，更要从自己国家的角度评估参与货币联盟的收益和代价。这种限制性要求可能出现博弈论中广受讨论的“个体理性”与“集体理性”的冲突问题——单个国家是否加入货币联盟的最优选择与全球或区域最优的最优货币区可能不一致。

(1) 货币联盟成本 - 收益的理论分析

Grubel (1970)、Corden (1972)、Ishiyanma (1975)、Tower 和 Willet (1976) 均把研究的重点放在了评估参加一个货币区的成本和收益上。他们都把货币政策独立性的丧失作为加入货币区的主要成本，为了维持固定汇率，主权国必须忍受背离内部平衡可能的代价。而加入货币区最重要的收益是货币的使用效率得到了提高：主要是区域内汇兑、支付等交易成本的降低。也包括一些外部效应：比如提供了分担风险的区域、地区间的国际收支不平衡可以通过金融交易得到流通、金融不稳定的国家可以通过加入货币区提供外部名义驻锚、减少通货膨胀压力、减少国际流动资本的投机性冲击。

Corden (1972) 指出，加入货币区就意味着放弃了对本国货币政策和汇率的直接控制，在出现需求方面的不利冲击时，要么承担失业增多的代价，要么承担真实工资和价格下降的结果。为了应对这种冲击，必须运用支出吸收政策（财政政策的松紧）代替原来可以采用的支出转移政策（汇率政策）来恢复外部平衡。同时，需要依靠真实汇率的变动。出现这种冲击或者存在某种失衡时，名义价格和工资的弹性可以带来真实汇率的弹性，反过来能够减少所需的吸收政策的力度。事实上，在真实汇率弹性（以市场为基础，能够迅速形成反应）和支出吸收政策（反应相对迟钝）之间存在取舍关系。

Ishiyanma（1975）认识到了根据单一标准判断是否满足最优货币区的局限性，一国必须从自己的利益和福利出发评估加入货币区的成本和收益。他同时也指出，由于各国社会偏好差异、需求管理政策冲突方面的原因，加剧了通货膨胀率和工资方面的差异，这种差异甚至超过了其他最优货币区标准的重要性。

Tower 和 Willet（1976）指出，加入货币区提高了货币使用效率，同时也给随意性地运用宏观经济政策达到内部平衡的政策选择上增加了外部限制，外部冲击总的调节成本取决于冲击的来源、类型和强度，而且是开放程度的减函数。在最优货币区各个判断标准的重要性上，缺少一致同意的量化指标，需要更多的经验研究来提供支持。

Giavazzi 和 Giovannini（1989）认为，最优货币区的最大收益在于参与者形成了信誉分享机制。一个金融不稳定的或者说难以控制通货膨胀的国家，固定其与金融稳定、政策谨慎的货币区的汇率就相当于引进了该货币区货币当局的信誉，从而可以享受到货币具有高度清偿能力的好处；并且，一个货币区最好能够成立一个超国家的中央银行。Hamada（1985）从博弈论角度为我们提供了分析最优货币区成本和收益的一般框架。他指出，将区域货币安排当成集体行动的最大不足在于忽略了成员国之间的摩擦，而事实上，由于政策溢出效应广泛存在，如果国与国之间的政策不加以协调，很可能会导致极为低效的产出。因此，一国是否加入一个货币区还取决于该国能否协调好本国政策以适合共同需要。实际上，国际货币“逆效合作”（Counter－Productive Cooperation）理论也揭示，国际经济政策协调可能取得政策协调效果并带来合作成员的净福利增进，但也可能较之不合作的孤立政策决策的效果更差。

Krugman（1990）以欧盟和芬兰为例，分析了芬兰加入欧盟的成本—收益，得出了著名的 GG－LL 曲线。该理论分析框架如下：一国加入货币区所带来的货币效率收益等于所避免的浮动汇率相关的不确定性、复杂性和汇兑结算以及贸易成本等损失；一国与所在货币区的经济一体化程度越高，跨国贸易和要素流动越广泛，加入单一货币区的收益就越大；一国加入货币区的成本为“经济稳定性损失”，由于放弃了汇率政策和货币政策影响产出的权利，价格和就业波动可能引发经济不稳定，一国与所在货币区的经济联系程度越密切，加入货币区的经济稳定性损失就越小。总之，货币联盟最适用于通过国际贸易和要素流动而成为一体化的地区。事实上，Krugman 的 GG 曲线和 LL 曲线只是理论上的一个抽象概念，我们不可能描绘出一国加入货币区的 GG 曲线和 LL 曲线的准确位置，也就不可能准确判断其是否加入货币区所依据的经济一体化程度的临界点。

Obstfeld 和 Rogoff（1996）对货币联盟的成本—收益进行了总结，并给出了具体的成本收益清单，其中的 4 种成本包括：①放弃使用货币政策应对地区特征的宏观经济冲击的权利；②放弃了使用通货膨胀政策缓解真实公共债务压力的权利，这种预算的非弹性在极端情况下比如战争时期特别重要；③在决定成员国之间分配铸币税收入问题上所出面的政治性和战略性问题；④在放弃本国货币加入货币联盟的过渡期，如何避免投机性冲击问题，20 世纪 90 年代初期的欧洲货币危机提供了历史教训。其中的 4 种收益包括：①减少了货币汇兑相关的交易成本；②企业在进行商业活动时，减少了相关的清算成本和增强了相对价格的确定性；③缓解了因为货币政策或者投机性冲击带来的真实汇率的暂时性波动；④减轻了贸易保护主义的政治压力。

（2）货币联盟成本的具体分析

汇率政策工具丧失。理想化的浮动汇率自动调节过程简单而有力：国际收支平衡⇒非对称性冲击（比如需求从本国发生转移）⇒经常项目逆差⇒本币贬值⇒净出口增多⇒国际收支恢复平衡。一国加入货币联盟，也就意味着放弃了通过汇率浮动自动调节国际收支失衡这一机制。特别是一国面临经常项目逆差时，不能通过本币贬值的方式恢复国际收支平衡。如果该国的工资价格弹性和劳动力流动性差，在发生因国而异的不对称性冲击后，放弃汇率浮动对冲机制的成本很高。不过，Devereux（2003）的研究发现，单边盯住的汇率制度能够显著增加该国的价格弹性，而多边盯住则没有这种效果，价格弹性比浮动汇率条件下还小。如果放弃汇率调节机制可能增加一国的价格弹性，就能弱化放弃汇率政策工具的成本。他的结论还暗含了货币联盟的政策选择：单一货币联盟比多重货币联盟要好。

独立的货币政策丧失。“不可能三角”原理告诉我们，一国不可能同时实现固定汇率制、资本自由流动和独立的货币政策。在货币联盟条件下，一国货币当局不再具有实施反周期货币政策的自由，某种程度上，货币政策有助于经济周期稳定，失去货币政策的独立性可能带来更大幅度的产出周期性波动。不过，货币主义对短期固定的菲利普斯曲线的质疑表明，预期的货币政策变动不会对真实变量产生影响，实际上削弱了货币政策反周期运行的作用。因而对货币政策失去控制带来的成本可能没有想象中的高。Alesina、Barro 和 Tenreyro（2002）认为，盯住国和驻锚国之间产出和价格的协调性越强，尤其重要的是盯住国占驻锚国的总量比例越小，放弃独立性货币政策的成本越小，而且这种成本还与盯住国与驻锚国之间显性的和隐性的一些契约安排（驻锚国的货币政策会不会考虑盯住国的利益，或者他们之间是否具有补偿性制度安排等）有关。

发展中国家放弃独立性货币政策的成本可能更低，因为在浮动汇率制下，发展中国家的反周期货币政策并没有达到预期效果。Calvo 和 Reinhart（2000）以及 Hausmann、Panizza 和 Stein（2000）的研究都认为虽然发展中国家倾向于实施反周期的货币政策，特别的，可能出于害怕浮动的原因，倾向于在经济困难时抬高利率水平来保护本币价值。因而，货币政策并没有正确地作为一种稳定器来使用，失去货币独立性可能并不是一种真实成本（事实上可能是一种收益）。不过 Broda（2001）的研究则表明浮动汇率制的国家在面对贸易条件上的冲击时表现出更高的应对能力，这可能反映了独立的货币政策的收益。

铸币税损失。铸币税指通货的币面价值超出生产成本的部分。如果用 IMF 的特别提款权或者美元之类的信用储备资产来取代黄金，将会产生以铸币税形式出现的大量收益，其数量相当于资本的机会成本超出为提供该信用资产所花成本的部分。单个经济体究竟选择何种储备，根本问题是对储备货币发行者的财政殷实程度及其持续的政治稳定性是否信任，以及他们是否愿意在长时期中将储备资产兑换成可使用的通货①。铸币税损失可以区分为一次性存量损失（本国主权货币一次性换置换为货币区货币的部分）和连续性流量损失（本国新增货币区基础货币部分）②。

进入退出成本。货币联盟除了这些长期成本，还有两种过渡成本。进入

---

① 《新帕尔格雷夫经济学大辞典》（第二卷），经济科学出版社，1996 年出版，第 308 页。

② Fischer（1982）进行了这种区分。正式美元化过程（Official Dollarization）使用这种区分时，容易测算铸币税损失。非正式的美元化过程（Unofficial Dollarization）就不好测算了，Fischer 进行了简单化处理，因为本国流通中的纸币和硬币占 GNP 的比例平均为 8% 左右，可以把这一数量作为存量损失。随着金融和技术创新，通货占 GNP 比例几乎在所有国家都出现了系统性下降。因而，现在这种存量损失越来越少。

成本方面，包括选择一种新的货币所要求的铸币成本、组建货币管理当局的成本以及其他调节成本。比如欧元进入流通相关的铸造成本、组建欧洲中央银行以及使用者对新货币的适应性（个人需要学会怎么计算，企业需要更换新的会计账簿等等）。这些成本包括可以直接计算的真实货币成本以及不能直接计算的一些估计成本。退出成本是指货币联盟失败以后退出货币联盟机制的相关成本，退出成本只是一种潜在成本。

（3）货币联盟收益的具体分析

减少汇兑损失。欧共体的一项研究（Commission of the European Community，1990）举了一个有趣的例子：一个比利时人从布鲁塞尔开始沿顺时针方向把联盟内的各国首都（除了卢森堡和都柏林）转一圈，在每一个地方均把现金兑换为当地的银行本票，回到布鲁塞尔的时候发现汇兑损失竟然高达47%。引入单一货币对各国交易成本的影响并不一致，一般而言，小型开放经济体的成本节约明显，较大的成员国获得的成本节约比例（以汇兑成本/GDP为指标衡量）相对较小，特别是在一些银行体系完善的国家，汇兑损失的节约意义不大。Minford（2002）指出，英国每年的汇兑成本大约为10亿英镑左右，而英国为了加入欧元区花费在更换自动售货机、更换会计结算体系、更换银行的自动提款机等方面的支付就要高达300亿英镑。

促进区域贸易。广为流传的一个命题是：引入单一货币，除去了汇率的波动风险和金融交易成本，从而有助于区域内贸易发展①。Rose及其合作者就货币联盟对贸易的影响做了一系列的研究，后文关于最优货币区的内生性问题将详细探讨这一问题。他们的研究结果发现使用共同货币的两个国家的贸易量，明显高于使用各自独立货币的国家的贸易量。而且，汇率波动性对双边贸易具有负面影响，但是这种影响较小。引入共同货币对贸易的促进作用主要不是通过减少汇率波动来实现，由于“本国偏好”（Home Country Bias）在国际贸易中的重要作用②，引入共同货币对贸易的最大推动力也在于

---

① 经济学家做了大量工作，评估汇率波动对贸易的影响，但是并没有取得一致的意见。大多数的OECD国家，20世纪60年代的汇率波动比较平稳，20世纪70年代和80年代波动比较剧烈，而20世纪90年代波动性居中。问题是，贸易却一致趋势上升状态。

② McCallum（1995）比较了加拿大两个省之间与加拿大一个省同美国一个类似州之间的贸易量，发现前者是后者的20倍。Anderson和van Wincoop（2001）认为这种边界效应被严重夸大了，不过却是真实的：国际边界的存在使得工业化国家间的贸易减少了30%，美国和加拿大之间的贸易减少了44%。

此，因为地理因素在贸易中的巨大作用可能反映了使用不同货币对贸易的阻隔。特别的，Rose（2002）选取了24篇研究货币联盟对贸易影响方面的文献。通过对这些研究结果的计量分析得到三个结论：第一，货币联盟对贸易没有促进作用的判断是不成立的；第二，综合分析表明货币联盟大约可以使贸易量增加两倍；第三，因为研究上的特性，经济学家所做的估计具有异质性和不一致性。

降低融资成本。特别是一些小国，通过加入货币区避免了因为汇率不稳定而必须维持的高利率，降低了企业融资成本，有利于企业扩大投资。Bris、Koskinen和Nilsson（2002）调查了欧元区10个国家的企业数据，评估欧元对企业价值、企业投资以及企业融资选择的影响。对比非欧元区国家，欧元区国家大企业的企业价值在1998－2000年间增长了7.9%，价值增加是因为降低了货币风险，最终降低了企业的资本成本；对比非欧元区国家，欧元区国家的企业投资在1998－2000年间增加了资本量的3.3%，而且，越是大企业，越是EMU内的弱国，这种影响越明显；对比非欧元区国家，欧元区国家账面为基础的财务杠杆均有明显提升，而且更多地采用债务融资，欧元引入明显地增强了这些企业的债务能力。

获得承诺机制。具有通货膨胀倾向的国家选择可信的货币作为外部驻锚，从而解决了通货膨胀的偏好问题①。固定汇率制度如果完全可信也能获得和货币联盟一样的承诺机制，但是，历史经验显示，固定汇率不是不可撤消的，并不完全可信。货币联盟如果崩溃，成本将相当高昂，这种承诺机制的可信度也就大大增强了，确实一个国家选择了新的货币后再回到原来老的货币的成本非常之高，即高退出成本本身加强了承诺的可信度。Alesina、Barro和Tenreyro（2002）总结到：具有高通货膨胀率而且价格剧烈波动历史的国家放弃本国货币最能获益，这种历史说明这些国家缺少内部的货币纪律。因此，缺少货币纪律的国家在引入外部货币纪律以后获益最多。而且，如果国家间价格水平越稳定，相互间建立货币联盟越具有吸引力。

减少投机性冲击。货币联盟首先能够集中联盟内成员国的外汇储备资产，从而发挥规模经济作用。可以想象如果这些国家能够把外汇储备有效地

---

① 这种偏好主要源于两种行为：在经济的周期性运转中存在的过度刺激以及财政预算赤字和债务的货币化。

集中应对投机性冲击，金融危机爆发的可能将大大缩减。另外，Tavlas（1993）指出，一个大规模的货币区能够降低外汇市场价格的波动性以及投机者影响价格进而破坏货币政策行为的能力。市场的稳定性取决于其发展的深度和广度，深度可以用市场上的交易量来衡量，广度指市场参与者的数量。货币联盟从两方面减少由投机冲击带来的汇率波动成本：第一，引入共同货币意味着成员国之间的汇率绝对和永远固定，内部价值固定；第二，货币的外部价值受影响的程度较轻，因为共同货币的外汇市场比任何单独主权国家的外汇市场发展的广度和深度都要好。较少投机冲击至少有两方面的好处：一是减少了汇率波动风险，这种风险就是经济运行成本；二是因为外汇市场是一个零和博弈市场，投机者所得要么是私人部门的损失要么是政府部门的外汇储备损失。

可以看到，成本—收益方法为一国判断加入货币联盟的正面和反面效应提供了全面的分析框架。但是，这种正反效应常常不能进行直接比较，主要存在这样几个难题：一是成本和收益常常是定义模糊的概念，无法进行明确地测算，很多时候，经验的测算方法不能直接运用，往往要借助一些间接指标和取估计值；二是这些成本和收益往往采用不同的计算单位，无法进行直接比较，常常需要分配一个权重，这种分配可能带有明显的主观特性，甚至取决于政治家的价值判断①。

2.1.3 最优货币区的内生性问题

根据传统最优货币区理论给出的标准化判断菜单，大量经验研究围绕这些判断标准检验某一区域是否构成最优货币区，特别通过研究欧洲经济与货币联盟（EMU）各国的数据资料来判断 EMU 是否构成最优货币区，并且根据这些标准判断一国是否满足加入最优货币区的条件。但是，通过简单地检验一国的历史数据来判定是否满足最优货币区标准可能造成某种误导，因为最优货币区的标准具有内生性（Endogeneity）的特点。

（1）内生性问题的两种对立观点

组建货币联盟能够显著加强货币区成员国之间的贸易联系，更重要的是，更为紧密的贸易联系能够影响成员国之间经济周期的同步性。理论上，

① 对货币联盟另外一个争论是，很多经济学家相信，货币联盟更多是基于政治上的考虑而不是基于经济上的成本－收益计算。

贸易一体化程度和经济周期同步性之间的关系是模糊的：贸易一体化程度的加深一方面可能增加行业的专业化分工，行业间贸易占主导地位下，与特定行业相关的供给冲击可能造成成员国相互间经济周期更不一致；另一方面，一体化程度加深可能基于需求冲击以及行业内贸易加强的原因造成相互间经济周期的同步性。由于货币联盟能够加强成员之间的贸易联系，贸易一体化程度究竟对各国之间的经济周期带来何种影响，直接决定了货币联盟带来更大的收益还是附加更大的成本。图 2－1 给出了衡量经济一体化程度的各种指标对产出波动非对称性影响的两种完全相反的观点，其中包括了贸易一体化程度对产出波动非对称性的影响。

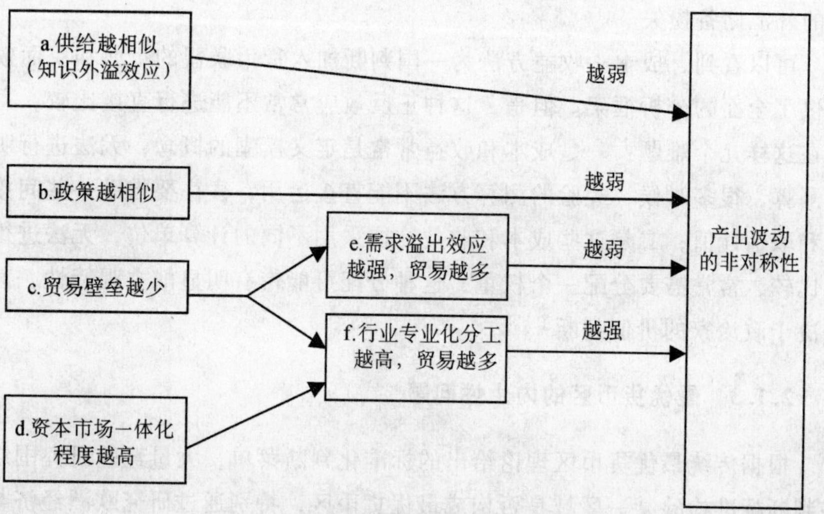

注：Coe 和 Helpman（1995）论述了 a 渠道，经济一体化程度越高，政策冲击的相关性也就越强，技术和知识溢出效应越明显，供给方面越相似，产出波动的非对称性因而越弱；b 渠道在 Frankel 和 Rose（1996）中有所提及，各国之间的宏观经济政策越相似，经济周期的同步性越强，产出波动的非对称性越弱；c 渠道到 e 渠道见 Frankel 和 Rose（1996）的详细论述，强调了贸易一体化程度越高，相互之间的贸易联系越强，需求溢出效应越明显，波动的非对称越弱；f 渠道的论述见 Krugman（1993），贸易一体化程度越高，产业的专业化分工程度越高，由于供给方面的非对称性冲击，产出波动的非对称性越强；d 渠道到 f 渠道的经验研究见 Kalemli－Ozcan、Sørensen 和 Yosha（1999），资本市场一体化程度越高，产业的专业化分工程度就越高，产出波动的非对称性越强。

资料来源：Kalemli－Ozcan、Sørensen 和 Yosha（2001）。

图 2－1　经济一体化程度对产出波动非对称性的影响

Kenen（1969）、Eichengreen（1992）和 Krugman（1993）都指出，随着成员国之间贸易一体化程度的加深，各国基于比较优势而出现的行业专业化分工更加明显，成员国因而对特定行业相关的供给冲击更为敏感，从而在经济周期上表现出更强的异质性（Idiosyncratic），专业化分工程度加深会降低成员国之间经济周期的相关性。我们把这种效应称为 Krugman（K）效应。这种分析的逻辑顺序为：（1）就地（拥有独立货币的经济体）生产就地销售的汇率风险最小，统一货币前，即便规模经济的影响很大，企业规避汇率风险的行为也会引导他们分散生产基地；（2）货币一体化消除了汇率风险，规模经济和辐射效应（Network Effects）使得企业选择专业化生产，单个企业如此，行业也会因为辐射效应出现分地区的专业化生产；（3）专业化生产给供给上的不对称冲击提供了大量机会，比如某一行业的供给冲击可能只是影响专业化生产某种产品的地区，对其他地区不会带来冲击；（4）因此，如果区域内贸易主要是行业间贸易，货币一体化将引致区域内收入的不一致变动，进而使得该区域变得不满足最优货币区标准。总之，K效应强调了贸易对货币联盟内成员国之间经济周期的非对称性的影响：贸易壁垒越少，贸易一体化程度越高，行业间贸易越多，产业的专业化分工越明显，反过来，各国之间经济周期的非对称性就越强。

Frankel 和 Rose 以及他们的合作者进行的一系列研究则得到了完全相反的结论。其中，Frankel 和 Rose（1996）集中考察了货币联盟的贸易一体化程度同成员国之间经济周期的同步性之间的关系。使用 20 个工业化国家 30 年的历史数据验证了这样一个结论：双边贸易一体化程度和双边经济周期活动正相关，也就是说，根据历史数据，越是贸易一体化程度高的国家，相互间的经济周期越具有同步性。我们把这种内生性效应称为 Frankel 和 Rose（FR）效应。国家间经济周期相关性越强，越有意愿实施相似的货币政策，从而放弃汇率和货币政策工具的成本也就越小。

理论上，我们无法得出贸易一体化程度和经济周期同步性之间的确定性联系，两种观点的争论核心是随着货币联盟带来的贸易联系的日益紧密，行业内贸易和行业间贸易谁占主导的问题。Frankel 和 Rose（1996）坚持认为，如果需求冲击相比供给冲击占主导影响，而且行业内贸易相比行业间贸易占主导，贸易一体化程度越高，则经济周期的一致性越强。他们的研究结果表明，贸易一体化程度对经济周期一致性的净影响是正的，在他们的样本中，OECD 这些发达国家间主要进行的是行业内贸易。另外，Rose 和 Engel（2000）选择了另外一组样本——非洲的 CFA 法郎区和东加勒比货币区（该货币联盟内的国家更小、更穷、更开放）。结果发现，尽管货币联盟可能带来较高程度的行业专业化分工，经济周期仍然更趋一致。总之，FR 效应强调了贸易对货币联盟内成员国之间经济周期的对称性的影响：由于需求溢出效应，特别是行业内贸易占主导地位的条件下，将有助于减少经济周期的非对称性。

最优货币区标准存在内生性表明货币联盟意味着更多的贸易，而联盟内更多贸易将引致联盟内成员国之间的经济周期更趋一致。这样，一国可以通过加入货币联盟显著改善其经济结构，而不一定必须满足一些事先的严格限制条件才能加入货币联盟。正如欧共体（Commission of the European Community，1990）宣称的那样，欧盟也知道欧元区不是最优货币区，但是，经济和货币一体化安排本身能够使欧元区事后（After the Fact）成为一个最优货币区。

（2）最优货币区内生性问题的经验支撑

理论上的模糊结论需要通过经验检验来理清。最优货币区内生性问题的经验研究得到的结论虽然仍有分歧，但是大多数的经验结果支持了 FR 效应——货币联盟有助于联盟内成员国之间经济周期的协同性。

Kalemli－Ozcan、Sørensen 和 Yosha（1999、2001、2003 和 2004）的一系列研究对因为专业化分工导致的经济周期不对称进行了经验分析，支持了 Krugman 的基本论点。他们的主要结论包括：①过去 10 几年间，欧盟成员国之间通过跨国持有外国资产，收入的风险分散越来越完善；②过去 10 几年间，生产的专业化趋势也越来越明显，由于收入风险分散的原因，即便国家之间由于行业的专业化分工带来的产出波动更强，但是收入风险并没有上升；③过去的 20 年间，欧盟成员国之间 GDP 波动的非对称性出现了显著下降，并不是因为贸易壁垒的减少，贸易联系加强带来的经济周期的协同性变动，而是为了满足《马斯特里赫特条约》的规定，各国实行了类似经济政策的缘故。

因而，根据 Kalemli－Ozcan、Sørensen 和 Yosha 的研究结论，贸易一体化程度的加深造成了行业的专业化分工更加明显，产出波动的非对称性更加突出。但是产出冲击的非对称性并不构成反对货币联盟的理由，除非产出冲击导致了收入和消费的非对称性[①]。产出的非对称性显然是收入非对称性的决定因素之一，但是收入的非对称性由于联盟内部的风险分散机制（通过超国家政府的税收和转移支付等机制，特别是通过一体化的资本市场实现）显著减轻了。因此，他们的结论虽然质疑最优货币区的内生性，但是并不构成反对经济一体化，特别是货币联盟的理由。因为货币联盟带来了资本市场的统一，并进而带来各国分散收入风险的好处抵消了专业化分工带来的收入波动的非对称性影响。

Clark 和 Wincoop（1999）则从另外一个角度质疑最优货币区的内生性：美国地区间经济周期的相关性明显要高于欧洲国家间经济周期的相关性，这种差别主要是欧洲内部存在国家边界；没有证据表明美国地区间货币财政政策相关性可以解释地区间经济周期的相关性；欧洲选择单一货币不可能迅速增强欧洲经济周期的一致性。Hoffmann（2003）把 FR 效应和 K 效应结合起来进行分析，提供了统一的理论框架和经验证明。商品市场和金融市场一旦开放，比较优势会推动两方面的效应。一方面，比较优势推动行业的专业化分工从而增加供给方面的不对称性。另一方面，专业分工会促进国际贸易发展，从而促使需求方面的溢出效应：由于各国居民都要消费包含众多商品的消费篮，但是生产是专业化的，需求冲击对消费篮子中国内外商品边际效用的影响是对等的，因而需求冲击将增加产出波动的对称性。通过检验 OECD 国家 1950－1990 年的数据，Hoffmann 发现，贸易开放度越大或金融一体化程度越深，供给方面的不对称性越强，需求方面的对称性越强。Hoffmann 没有回答到底是哪种效应占主导进而没有得到对经济周期的净影响的相关答案。

除了 Frankel 和 Rose 的一系列研究之外，众多经验研究结果表明：货币联盟能够加强联盟内成员国之间的贸易联系，而贸易联系的加深能够增强成员国之间经济周期的同步性。Flandreau 和 Maurel（2001）把货币联盟、贸易一体化程度和经济周期的同步性放在一起进行考虑，发展了一个良性循环的分析框架。主要结论为：①货币一体化程度越深，则贸易一体化程度也越

① 超国家的政府能够通过税收、转移支付等手段平滑可支配收入的变动。但是根据 Asdrubali、Sørensen 和 Yosha（1996）的研究，即便在美国这种联邦政府非常强大的国家，政府的平滑作用也没有通过资本市场实现收入平滑的渠道重要。经验研究中消费波动的非对称性并不可靠，因为这种波动常常随着消费者口味的变动而发生改变，在评估分散风险的福利所得时，对消费非对称性的各种测量难以让人信服。

深；②贸易一体化程度越深，经济周期的同步性越强；③经济周期的同步性反过来促进双边贸易的进一步发展；④货币一体化还对资本市场一体化和投资组合多样化具有积极作用；⑤通过区域内实施统一的规则和目标也增强了宏观经济的协调性，这些都增强了经济周期的一致性。他们对欧洲 16 国 1881 – 1913 年的历史进行考察，发现这种内生性特点在 100 年前的欧洲就已存在。

另外，Artis 和 Zhang（1997）的研究发现，1961 – 1979 年间，欧洲国家与美国有着相似的经济周期，在欧盟引入汇率机制（ERM）以后，欧洲国家与德国具有了相似的经济周期。也就是说货币联盟有助于形成一致性的"欧洲经济周期"。Artis、Marcellino 和 Proietti（2003）比较了 20 世纪 70 年代以来欧元区的 3 个国家——德国、法国和意大利和英国、美国之间的经济周期的一致性。发现欧元区国家间的一致性最强，欧元区国家与美国的一致性次之，欧元区与英国的一致性最差。Frankel、Schmukler 和 Servén（2002）发现 20 世纪 90 年代 DM – EMU 区域内国家。它们的利率已经对美国的利率不再敏感——但是对德国的利率非常敏感，也就是说，欧洲国家已经从美国货币区转移到 DM – EMU 区。Garnier（2003）比较了 1962 – 1979 年和 1979 – 2001 年的两阶段数据。得到结论，货币一体化进程与商业周期的一致性强相关，欧洲货币一体化进程中的核心国家（包括奥地利、法国、德国、卢森堡和荷兰）之间经济周期的一致性强，而其他欧洲国家（特别是西班牙、比利时和希腊）具有更异质性的经济周期。

综合这些理论和经验研究，我们可以得到结论，存在最优货币区的内生性，即区域内的国家可以通过加入货币区来实现经济周期的一致性收敛。值得注意的是，收敛过程不能太长，否则遭受不对称冲击的可能性就很大。这一结论的政策含义是，从历史数据来看，一些国家可能不适合加入 EMU，但是不管什么原因，EMU 本身有助于推动内部贸易①；而贸易一体化程度的加深，又有助于联盟内各国间经济周期走向一致。也就是说，一个国家更可能是事后满足最优货币区的标准，而不是事前满足标准。正如 Alesina、Barro 和 Tenreyro（2002）指出的那样，选择驻锚国货币会增加双边贸易以及增强两国间价格变动的协动性，这种互动机制意味着我们对加入货币联盟前区

① EMU 宣扬的理由是，如果汇率风险和交易成本的影响足够重要，EMU 的建立本身有助于促进联盟的内部贸易。

域内贸易方式和价格变动协动性的考察，可能低估了加入货币联盟的一些潜在收益。

2.2 对东盟、中国、日本和韩国的经验研究

2.2.1 一般购买力平价理论模型

购买力平价（PPP）理论认为，以同一货币标值的实际汇率在任何时候都应该等于1。然而，对这一命题的经验研究却有很大的分歧。近期发表的大量文献发现，实际汇率的中值收敛速度相当缓慢。因此，许多研究开始对价格和实际汇率之间关系进行重新解释。其中，Enders 和 Hurn（1994）的一般购买力平价理论，通过解释观测到的实际汇率具有非平稳性（non - stationarity）特征，说明为什么 PPP 无法解释价格和实际汇率之间的关系。他们的主要发现是，由于决定实际汇率的宏观经济变量存在非平稳性，使得双边实际汇率具有非平稳性。这一发现的重要意义是将对宏观经济变量、实际汇率和 PPP 关系有机地结合起来，从而形成 G - PPP 的概念。

G - PPP 模型的基础理论模型是由 Edwards（1994）提出的。他的理论模型将实际汇率与一组外生的基本经济变量联系起来，用这组经济变量解释实际汇率行为。具体来看，假设存在 $n+1$ 个国家，对于每一个国家 i，其实际汇率（基础国家为1）与基本经济变量之间的关系可以定义为：

$$q = x_{i,t}^{'}\ \beta_i + \varepsilon_{i,t} \quad i = 1, \cdots, n \tag{2-1}$$

其中 $x_{i,t}$ 为基本经济变量的向量，β_i 为系数向量，$\varepsilon_{i,t}$ 为具有平稳性的误差项。在 $n+1$ 个国家之间存在着 n 个独立的实际汇率。$x_{i,t}$ 代表包括如生产力冲击和实际利率等一组宏观经济变量。如果全部的经济变量是平稳的，实际汇率也将是平稳的，这时 PPP 成立。如果 $x_{i,t}$ 中有一个数据生成过程是非平稳的（β_i 不等于1），PPP 便不成立。

G - PPP 模型考察 n 个 $x_{i,t}$ 之间的相互关系，假设 $x_{i,t}$ 的每一个向量都包含同样的 m 个基本经济变量，并将 n 个独立的实际汇率 $q_{1i,t}$ 同时考虑，得出

下面的关系式：

$$\begin{vmatrix} q_{11,t} \\ q_{12,t} \\ . \\ . \\ q_{1n,t} \end{vmatrix} = \begin{vmatrix} \beta_{11} & \beta_{12} & \cdots & \beta_{1m} \\ \beta_{21} & \beta_{22} & \cdots & \beta_{2m} \\ . & . & \cdots & . \\ . & . & \cdots & . \\ \beta_{n1} & \beta_{n2} & \cdots & \beta_{nm} \end{vmatrix} \begin{vmatrix} x_{1,t} \\ x_{2,t} \\ . \\ . \\ x_{m,t} \end{vmatrix} + \begin{vmatrix} \varepsilon_{1,t} \\ \varepsilon_{2,t} \\ . \\ . \\ \beta_{n,t} \end{vmatrix} \quad (2-2)$$

尽管在矩阵 $x_{i,t}$ 的每一个因素可能是非平稳的，但系数 β 矩阵的秩能说明货币区宏观经济变量行为。如果系数 β 矩阵的秩为零，表明系数 β 矩阵中的每一个因素都是零，这样在货币区内的每一组实际汇率之间都存在 PPP 关系；如果系数 β 矩阵的秩为整秩，表明所考察的货币区内的所有 $n+1$ 个国家之间不存在任何 PPP 关系；如果系数 β 矩阵的秩为单位 1，表明 $n+1$ 个国家的实际汇率具有共同的趋势（Liang，1999）。在 Enders 和 Hurn（1994）看来，更一般讲，只要系数 β 矩阵的秩小于或等于 $n-1$，就存在一组实际汇率的线性组合具有平稳性。当一组国家之间的实际汇率具有协整关系，就表明这些国家之间的宏观经济变量具有充分的相关性，这时，G－PPP成立，这组国家满足形成一个最优货币区的必要条件。

总之，G－PPP 被赋予最优货币区的含义，主要是因为，在只考虑两个国家的情形下，如果这两个国家具备最优货币区的潜质，他们一定具有宏观经济变量对称性冲击的特征，他们的基本经济变量从平均水平来看具有互动的特征。因此，在 G－PPP 看来，如果两个国家构成最优货币区，这两个国家的实际汇率之间存在协整关系（Enders，1995），或者说两个国家实际汇率存在平稳性关系。在考虑多个国家的情形下，如果这些国家的经济变量之间存在着足够的相关性，这些国家基本经济变量的变动会带动实际汇率的变动具有共同的随机趋势，那么这些国家的实际汇率就应该具有共同的变动趋势。这样，对一个潜在的最优货币区的分析，我们期望在我们选择的这组国家的实际汇率之间，至少存在一组实际汇率的线性组合具有平稳性，换而言之，至少一组实际汇率具有协整关系。

根据 G－PPP，假设有 n 个国家组成一个潜在的最优货币区，那么在这 n 个国家之间的 $n-1$ 组双边汇率之间存在这样的长期均衡关系（对数公式）：

$$q_{12,t} = \alpha_{13} q_{13,t} + \alpha_{14} q_{14,t} + \cdots + \alpha_{1n} q_{1n,t} + \varepsilon_t \quad (2-3)$$

其中，α_{1i} 为协整矩阵向量，组成公式（2－2）中的 β 矩阵，代表这些经济体之间的经济联系，如贸易联系、技术转移、移民和金融资本流动等。$q_{1i,t}$为国家 i 对国家 1（基准国）在 t 期的双边实际汇率，ε_τ为平稳的随即扰动项。这里 $i=1, 2, \cdots, n-1$，即共有 $n-1$ 组实际汇率。当所有的 $\alpha_{1,i}=0$ 时，上述公式就变成我们熟悉的 PPP 关系。

2.2.2 经验研究方法

我们运用 Johansen（1995）协整方法对 G－PPP 模型中实际汇率之间长期平稳关系进行检验。Johansen（1995）以最大似然法为基础。最大似然法理论对潜在求整的随机变量系统的基本假设是，随机变量求整于一阶 I（1），或者数据生成过程是一个具有有限的阶数 p 的高斯向量自回归模型，或 VAR（p）。如果 Xt 代表有 n 个内生变量、p 个滞后期并为 I（1）的纵向量，Xt 的 VAR 模型为：

$$X_t = A_1 x_{t-1} + A_2 x_{t-2} + \cdots + A_p x_{t-p} + \varepsilon_t \qquad (2-4)$$

其中 X_t 为（$n\times1$）向量矩阵$(X_{1t}, X_{2t}, \cdots, X_{nt})'$，每个 A 都是（$n\times n$）矩阵，误差向量 ε_τ 为（$n\times1$）、中项向量为零的矩阵，而且为跨时独立多重正态分布。根据 Johansen（1995），VAR（p）模型可以用向量误差修正模型（vector error－correction model－VECM）来表示：

$$\Delta X_{i,t} = \alpha_0 + \alpha_1 t + \sum_{j=1}^{p-1} \pi_j \Delta X_{i,t-j} + \pi X_{i,t-1} + \varepsilon_t \qquad (2-5)$$

上述公式同时包含了 X_t的短期和长期调整因素。其中，π和 π_j为（$n\times n$）系数矩阵。公式（2－5）中的 α_0和 α_1分别为（$n\times1$）常数系数向量和趋势系数向量。对 VECM 公式的检验，其核心部分是确定 π的秩 r 和特征根，这里的 π为长期撞击矩阵（impact matrix），这一矩阵可以用下式表示：

$$\pi = \alpha\beta' \qquad (2-6)$$

其中，α 和 β 分别是整秩的（$n\times r$）矩阵（有 $n=r$ 个线性独立纵组合），r 为矩阵的秩（协整向量个数，或平稳线性组合的个数）；β 代表协整参量（cointegrating parameters）矩阵；α 代表每一个协整参量在 VAR 模型 n 个方程中的权数矩阵。我们也可以将 α 理解为参量调整速度矩阵①。

① 由于公式交叉的限制，运用最小二乘法（OLS）估计 α 和 β 是不可能的。然而，运用最大似然法：(1) 可以估计上述 VECM；(2) 可以决定 π的秩 r；(3) 运用 r 个最显著协整向量构造 β；(4) 选择 α，使得 $\pi=\alpha\beta'$。

一旦确定了 α 和 β，我们就可以直接检验各种对 α 的 β 限制，因为只存在 r 个协整向量，只有这 r 个变量的线性组合是平稳的。我们的检验实际上是对协整项量个数的纳假设的检验。对特征根数量的检验通过如下两个统计公式进行：

$$\lambda_{trace}(r) = -T\sum_{i=r+1}^{n}\ln(1-\hat{\lambda}_i) \quad \lambda_{\max}(r,r+1) = -T\ln(1-\hat{\lambda}_{r+1}) \tag{2-7}$$

其中 $\hat{\lambda}_i$ 为从 π 矩阵得出的特征根估计值。T 为观察值的数量。统计公式（2－7）的第一个公式检验的纳假设是：协整向量的数量小于或等于 r（对应于假设，协整向量的数量大于 r）；统计公式（2－7）的第二个公式检验的纳假设是：协整向量的数量等于 r（对应于假设，协整向量的数量等于 $r+1$）。Johansen和 Juselius（1990）提供了两个统计的临界值。

根据上述方法，我们对东盟＋3 国家的 G－PPP 进行检验，目的是检验这些国家的实际汇率之间是否存在协整关系，通过计算 λ_{trace} 和 $\lambda_{\max}$ 值，比较相应的统计临界值，看是否拒绝相应的纳假设，从而判定东盟＋3 国家之间是否存在潜在的最优货币区。

2.2.3 数据、检验结果和分析

（1）数据

我们所采用的数据是从 1994－2003 年的月度数据（来自 IFS 和 Datastream）。样本包括 12 个国家：日本（JP）、缅甸（MY）、柬埔寨（CA）、印度尼西亚（IN）、韩国（KR）、老挝（LA）、马来西亚（MA）、菲律宾（PH）、新加坡（SI）、泰国（TH）、越南（VI）和中国（CN）①。我们分别将美国（US）和日本作为基准国，这是因为：①将美元作为基准货币主要是由于美国在这一地区的特殊作用，一方面，美国与东盟国家、中、日、韩之间有着紧密的贸易和投资关系。同时，美元实际上是东亚地区的主要载体货币（vehicle currency）②；另一方面，我们试图对两种情形下的

① 由于数据可获性问题，我们忽略了东盟成员国文莱。我们认为这一忽略不会影响我们的检验结果。

② 载体货币是货币交易的中介，计值单位、储备货币和支付工具，是金融市场上货币的货币（Krugman，1980）。

检验有所发现：有美国参与和没有美国参与的情况下，东亚地区形成最优货币区的潜质。②将日元作为基准货币是因为日元是东亚地区目前唯一的完全可兑换货币。同时日本是东亚地区主要的贸易投资国，日元又是具有区域货币潜质的主要货币之一。

实际汇率是以 CPI 指数为基础，运用传统的购买力平价公式计算得出，运用 CPI 指数计算出的实际汇率更符合原始购买力平价观念。全部变量均转换为对数。我们选择 4 作为 VECM 中一阶差分变量的最优滞后期长度①。

（2）单位根检验结果

单位根检验是 Johansen 检验的第一步。通过对单个实际汇率系列平稳性进行单位根检验。我们采用 ADF（Augmented Dickey - Fuller）检验：

$$\Delta x = \alpha + \mu t + \beta x_{t-1} \sum_{i=1}^{n} \gamma_i \Delta x_{t-1} + \varepsilon_t \qquad (2-8)$$

其中 x_t 为实际汇率系列，α 为常数项，μt 为趋势项，ε 为白噪音。ADF 检验值以 t 统计表示。纳假设为：H_0：$\beta=0$ 或 $\beta+1=1$，或 H_0：存在单位根。这一假设意味着 x_t 为 I（0），即实际汇率系列 x_t 是非平稳的。当 β 值显著为零，或 t - ADF 的绝对值小于 t - ADF 的临界值，接受纳假设，实际汇率时间系列 x_t 具有非平稳性；当 β 值显著不为零，或 t - ADF 的绝对值大于 t - ADF的临界值，拒绝纳假设，实际汇率时间系列具有平稳性。

从附件表 1 中我们可以看到，全部实际汇率系列的 ADF 检验都无法拒绝单位根假设，换而言之，每一个实际汇率系列在样本期都是非平稳的。同时，全部 ADF 值的 t 统计的绝对值都小于 ADF 的临界值的绝对值；全部的滞后项系数 β 都是非常接近于零，$\beta+1$ 接近 1。这正是我们所希望的结果。这一结果表明，无论以美国为基准国，还是以日本为基准国，在东盟、中国、日本和韩国之间，各组双边实际汇率的观测值都具有非平稳性特征，这种非平稳性可能是由于两国之间宏观经济变量的非平稳性决定的，这又进一步说明传统的 PPP 无法解释两个国家之间价格和实际汇率之间的关系。但是，双边实际汇率不存在协整关系并不等于在多个国家之间的实际汇率不存

---

① 对最优滞后期的选择可以通过多种途经：用 Schwarz Bayesian Criteria（SBC）、Akaike Information Criteria（AIC），或 LM 方法检验残差项系列相关性。在这里我们采用的是月度数据，根据直觉我们可以选择最优滞后期长度为 12，但这一长度受到特定的样本期、给定了的样本数量和变量数量的限制。观察值数量所允许的最大滞后期长度是 5。我们同时用 AIC 判断最优滞后期长度，发现 AR（4）：AIC. T = -435.45207；AR（5）：AIC. T = -433.497222。显然 AIC 越小，增加滞后长度所带来的自由度损失越小。因此我们决定采用滞后期长度为 4 作为最优滞后期长度。

在协整关系。在这种情况下，东盟、中国、日本和韩国之间组成多国样本组，检验他们的实际汇率是否存在协整关系，运用 G－PPP 模型就非常有效了。由于 G－PPP 模型将实际汇率与一组外生的基本经济变量联系起来，如果这组经济变量存在相关性，通过多重变量协整检验，我们将发现这些国家的实际汇率至少存在一组协整关系。

(3) 多重变量协整检验结果和发现

运用 Johansen 的最大似然法对多重协整向量进行检验，要求计算 λ_{trace} 和 λ_{max} 值，比较相应的统计临界值，看是否拒绝相应的纳假设。同时，在协整检验存在多重秩结果的情况下，我们要进行秩的识别，通过进行限制性协整检验，对 α 和 β 分别进行限制，看限制性检验对哪个协整向量的秩能够做出识别，从而确定协整向量的唯一性。我们对 6 组关系进行检验：

A. 东盟、中国、日本和韩国之间的实际汇率关系（美国为基准国）

B. 东盟、中国、日本和韩国之间的实际汇率关系（日本为基准国）

C. 中国、日本和韩国之间的实际汇率关系（美国为基准国）

D. 中国、日本和韩国之间的实际汇率关系（日本为基准国）

E. 东盟、日本和韩国之间的实际汇率关系（美国为基准国）

F. 东盟、日本和韩国之间的实际汇率关系（日本为基准国）

我们的检验结果和主要发现如下：

第一，在 5 组实际汇率中，平稳性关系最显著的是以美国为基准国的情况下，东盟、中国、日本和韩国之间的实际汇率。从附件表 2 可以看出，存在多个 λ_{max} 和 λ_{trace} 拒绝无协整关系的纳假设，而且与临界值相比，大部分的 λ_{max} 和 λ_{trace} 都在 99% 的置信水平上拒绝纳假设。这在一定程度上表明检验所判定的平稳关系具有较强的显著性。通过对 α 和 β 进行限制发现只有当 $\rho=1$ 被识别。这表明，东盟、中国、日本和韩国的实际汇率之间实际上存在一组，而非多组协整关系。即便如此，这样结论也足够支持这样一种判断：如果将美国考虑在内，东盟、中国、日本和韩国之间存在 G－PPP 关系，即存在形成最优货币区的潜力。这一点似乎在直觉上不难理解，因为东盟、中国、日本和韩国作为一个整体与美国的贸易、投资、金融市场等基本经济变量存在一定程度的相关性，尽管这种相关性在这些国家之间分布并不是均匀的。

第二，更重要的是，我们发现，在排除美国的情况下，东盟、中国、日本和韩国之间（日本为基准国）同样存在长期平稳关系。在以日本为基准国的情况下，对东盟、中国、日本和韩国的检验结果（附件表3）同样存在多个可能的协整关系，进一步的限制性协整检验可以识别 $r=1$。这一发现有两个含义：一是，目前的“东盟+3”框架中成员国之间的经济联系程度已经具备实现更高层次的货币合作的可能性；二是，就货币合作而言，东亚地区在存在的理论经验结果与现实安排之间存在巨大反差，因为目前仅存的“东盟+3”框架在制度安排上仅仅是由财长和中央银行行长峰会、非制度性的政策对话和经济监控机制，以及“清迈倡议”下多个双边货币互换机制（BSAs）构成的危机救助机制，而不存在实质性的汇率合作。

第三，在6组国家中，唯一不存在实际汇率协整关系的是以美国为基准国情况下的中国、日本和韩国。附件表4给出中国、日本和韩国（美国为基准国）之间的实际汇率的关系检验结果。从表中我们可以看到，不存在任何一组实际汇率有协整关系。全部的 λ_{max} 和 λ_{trace} 的计算值都小于95%置信水平上的临界值，这使我们完全接受不存在协整关系的纳假设。这表明，从统计学意义上讲，如果考虑美国在内，在中国、日本和韩国之间不存在最优货币区。

第四，对“+3”国家——中国、日本和韩国——的检验发现，如果将日本作为基准国，中国、日本和韩国之间存在最优货币区。检验结果见附件表5。从表中我们可以看到，当 $r=1$ 时，λ_{max} 和 λ_{trace} 值都在95%的置信水平上拒绝纳假设，这表明有一组关系式存在协整关系。我们对 α 和 β 的限制性检验确定协整向量的唯一性。

第五，在排除中国的两组检验中，我们同样发现，不论以美国为基准国，还是以日本为基准国，对包括东盟、日本和韩国在内的次区域的检验结果都表明存在最优货币区。以美国为基准国的检验结果表明，存在多组关系式存在具有可能的协整关系，我们通过限制性检验发现 $r=1$ 被识别（附件表6）。以日本为基准国的检验发现相似的结果（附件表7）。换而言之，即便中国不加入，东盟与日本和韩国之间仍有形成最优货币区的潜力。这一发现带来的困惑是如何估计中国在东亚地区货币合作中的作用。近年来中国不断加深与日本、韩国以及东盟的贸易和投资联系，但中国与这一地区的一体化程度似乎对本地区最优货币区条件的影响并不显著。

2.3 东亚最优货币区的决定因素

上一节我们的检验得出相对乐观的结论，即除了一组实际汇率关系不存在G－PPP，其他5组关系之间的G－PPP都成立。这表明，我们的样本国家基本具有形成最优货币区的潜力。但是由于我们的G－PPP模型基本逻辑是假设样本国家各种宏观基本指标具有足够高的一体化程度，则这些国家之间的实际汇率存在多变量协整关系；如果这些国家之间的实际汇率不存在多变量协整，则这些国家宏观基本面因素的一体化程度不足以高到使这些国家形成最优货币区。因此，运用G－PPP模型时我们不考虑具体哪些宏观经济基本面因素在决定最优货币区时是显著的还是非显著的。在本章，作为对G－PPP模型经验研究的扩展性分析，我们运用其他经验研究的主要发现，通过考察具体的形成最优货币区的主要标准，看已有的结论在多大程度上支持或不支持我们的发现。

2.3.1 市场一体化程度

一旦联盟内出现宏观经济的不对称冲击，需要一套替代性的平稳机制实现经济向均衡回归。Mundell（1961）指出需求转移造成的区域内某个国家的国际收支失衡时，可以通过生产要素流动这一机制进行调节，尤其是劳动力流动性对最优货币区具有重要意义。Ingram（1962）认为，金融市场一体化程度应该作为最优货币区的判断标准，如果区域内金融市场实现了高度的一体化，暂时性国际收支失衡可以通过金融交易提供平衡机制。Krugman（1990）的GG－LL框架指出，一国与所在货币区的经济一体化程度越高，跨国贸易和要素流动越广泛，加入单一货币区的收益就越大。下面我们从贸易一体化程度、劳动力和资本流动性3方面考察东亚地区是否满足最优货币区的经济前提。

(1) 贸易一体化程度

主流的国际经济学中隐含着一个假定：即商品的自由流动和要素的自由

流动是可以相互替代的[①]。因而，商品的自由流动，即贸易一体化可以替代最优货币区理论中对要素自由流动的要求。衡量贸易一体化程度的指标很多，包括区域内贸易份额（Intrabloc Trade Share）、贸易依存度指数（Trade Dependency Indices）以及贸易密度指数（Trade Intensity Indices）等。

区域内贸易份额的计算公式为：$ITS_i = \frac{EX_R + IM_R}{EX_W + IM_W}$，公式中各项指标的含义是不言而喻的。该计算公式即可以衡量一国贸易构成中的区域内贸易，也可以衡量地区整体的区域内贸易。贸易依存度指数的计算公式为：$TDI_i = \frac{EX_R + IM_R}{GDP_i}$，公式中各项指标的含义也是不言而喻的。同样，该公式既可衡量一国对区域内的贸易依存度，也可以衡量地区整体的贸易依存度。贸易密度指数的计算公式为：$TII_{j,k} = \frac{\left(\frac{T_{j,k}}{T_j}\right)}{\left(\frac{T_k}{T_w}\right)}$，其中，$T_{j,k}$表示$j$国和$k$国之间的贸易量，$T_j$表示$j$国的总贸易，$T_k$表示$k$国的总贸易，$T_w$表示世界贸易总量，贸易密度指数反映了国家间的贸易密集关系。

表2-1提供的2003年的数据显示，对于区域内贸易的依赖程度，东亚地区相比欧洲虽然有所逊色，但区域内贸易对东亚国家对外贸易已经起到了举足轻重的作用。特别的，考虑到《马斯特里赫特条约》以来欧洲区域内贸易的长足进展，亚洲地区的区域内贸易成就是相当惊人的，这种成就相当程度上是依赖一种自然的演进而不是官方刻意推动的结果。

另外，Goto（2000）用贸易密度指数比较了东亚地区和欧盟地区1999年的贸易一体化程度，结果也显示出东亚地区贸易上的高度依赖。贸易密集度反映了国家间的贸易密集关系，如果贸易密度指数超过5，则称两国间的贸易联系达到了较高的水平。在东亚区域内经济体之间，有14对之多的国家贸易密度指数超过5，而在欧盟，只有3对经济体之间的贸易密集度超过5，

① 这种思想的主要体现为国际贸易中的"归元均衡"（Integrated Equilibrium）分析，即假定商品可以自由流动，即使要素不能自由流动，世界经济或者一国经济也能实现基本均衡，因为商品流动实际上调动着要素的重新分配。这种思想最先由Samuelson（1949）提出，由Dixit和Norman（1980）得到进一步发展，由Helpman和Krugman（1985）纳入到国际经济学的分析核心之中（见Davis和Weinstein，2000）。

表 2-1　　2003 年东亚与欧洲各经济体对区域内贸易依赖性的比较

单位：%

东亚			欧洲					
经济体	区域内贸易份额	区域内贸易依存度	经济体	区域内贸易份额	区域内贸易依存度	经济体	区域内贸易份额	区域内贸易依存度
中国	41.8	25.2	奥地利	69.8	77.1	爱尔兰	64.0	98.4
日本	38.4	7.6	比利时	74.6	157.2	意大利	59.6	39.8
韩国	43.9	27.6	丹麦	73.3	53.9	卢森堡	81.4	113.0
印度尼西亚	52.5	23.6	芬兰	60.8	58.8	荷兰	68.4	108.4
马来西亚	54.8	117.4	法国	68.2	53.0	挪威	76.4	49.1
菲律宾	53.1	59.6	德国	58.6	55.8	葡萄牙	79.9	51.1
新加坡	50.3	149.9	希腊	53.6	32.9	西班牙	70.0	42.1
泰国	48.6	53.1	冰岛	71.1	49.8	瑞典	69.2	61.6
						瑞士	67.0	70.4
			区域内贸易份额			区域内贸易依存度		
区域总体	46.6	22.1	64.6			55.8		

资料来源：根据 IMF，*Direction of Trade*（CD-ROM）以及世界银行官方网站数据中心（http://www.worldbank.org/data/）提供的数据计算所得。

体现了东亚国家的贸易紧密程度远远高于欧盟国家。平均而言，东亚 14 国之间的贸易密度指数为 5.51，比欧盟成员国的 2.35 明显高出很多①。

Sakakibara 和 Yamakawa（2003）给出的贸易密度指数计算公式稍有不同，两国之间的贸易密度指数为：$I_{ij}=(X_{ij}/X_{iw})/[M_{jw}/(M_{ww}-M_{iw})]$，其中，$X$ 表示出口，M 表示进口，下标 i、j、w 分别表示国家 i、国家 j 和世界。一国和地区之间的贸易密度指数的计算公式为：$I_{ij}=(X_{ij}/X_{iw})/[(M_{jw}-M_{iw})/(M_{ww}-M_{iw})]$，其中 i、j、w 分别表示国家 i、地区 j 和世界。仅仅计算区域内贸易密度指数时，公式继续调整为：$I_{ij}=(X_{ij}/X_{iw})/\{[(M_{jw}-(1/n\times M_{iw})]/[(M_{ww}-(1/n\times M_{iw})]\}$，其中 n 表示区域内的成员数量。Sakakibara 和 Yamakawa 比较了东盟、东亚、欧盟和北美自由贸易区之间的区域内贸易密度指数，同时还给出了这些地区的区域内出口份额的数据。

① 具体数字可以参考原文献 Goto（2000）。

表 2-2　　各地区之间区域内贸易比较

		1970	1980	1990	1996	1998	1999	2000
ASEAN	贸易密度指数		6.04	4.65	3.99	4.72	4.61	4.59
	区内出口份额	22.9	18.6	19.9	25.4	21.7	22.2	23.1
ASEAN+3	贸易密度指数		2.45	1.91	2.08	2.14	2.16	2.01
	区内出口份额		29.5	27.1	36.8	28.8	31.4	32.0
东亚	贸易密度指数		2.56	2.44	2.17	2.32	2.30	2.19
	区内出口份额		33.8	40.4	50.4	43.0	44.8	46.3
EU	贸易密度指数		1.72	1.69	1.76	1.59	1.78	1.90
	区内出口份额	59.5	60.8	65.9	61.4	57.0	63.3	62.1
NAFTA	贸易密度指数		2.73	3.00	3.33	3.11	3.12	3.15
	区内出口份额	36.0	33.6	41.4	47.6	51.7	54.6	55.7

注：东亚包括 ASEAN 加中国、日本、韩国、中国香港和中国台湾，其中 1900 年和 1990 年数据中不包括中国台湾。

资料来源：Sakakibara 和 Yamakawa（2003）。

表 2-2 提供的数据表明，从区域内出口份额来看，20 世纪 90 年代以来，东亚地区的出口中很大部分是在区域内贸易完成的，尽管相比欧盟和北美自由贸易区还有一定的差距。值得注意的是，在 20 世纪 90 年代欧洲的经济、金融和政治的一体化进程迅速推进的背景下，欧盟的区域内出口份额反而有所下降。从贸易密度指数来看，东亚的区域内贸易要低于北美自由贸易区但是要显著高于欧盟。但是东亚地区的贸易密度指数从 1980 年以来却处于不断下降的趋势之中。但是，更多的研究，如 Goto（2002）和 Kawai（2004）等，不支持东亚地区的贸易密度指数不断下降这一结论。尽管存在争议，但普遍的观点认为：20 世纪 80 年代以来，东亚地区的贸易一体化程度得到了迅速推进，在某些方面甚至不逊于欧盟地区的贸易一体化程度。最优货币区的内生性理论表明，如果贸易一体化进程能够推动区域内的产业内贸易，则货币联盟有利于区域内的各成员国之间经济周期的协同变动。东亚地区的贸易一体化进程是否推动了东亚地区的产业内贸易发展呢？

产业内贸易密度指数（Intra-industry Trade Intensity Indices, *IITI*）的计算源自 Grubel 和 Lloyd（1975）的分析，计算公式为：$IITI = 1 - \frac{\sum_i |x^i_{ABt} - m^i_{ABt}|}{\sum_i |x^i_{ABt} + m^i_{ABt}|}$。其中，$i$ 表示产业，x^i_{ABt} 表示第 t 年 A 国向 B 国的名义总

出口，m_{ABt}^{i}表示第 t 年 A 国从 B 国的名义总进口。注意到，产业内贸易越多，计算式右边的第二项越小，用 1 去减以后，计算出来的产业内贸易密度指数越大。若此指标值越接近于 1，则代表两国之间产业的水平分工程度较高，产业内贸易占主导，即两国贸易品的结构比较相似；反之，若该指标越趋近于0，则代表两国之间的垂直分工程度较高，产业间贸易占主导，亦即属于上下游的合作关系。为便于比较分析，一般将 *IITI* 值区分为 100% - 75%（高度水平分工）、75% - 50%（水平分工）、50% - 25%（垂直分工）以及 25% - 0%（高度垂直分工）4 个阶段。根据不同的产业分工可以得到不同的产业内贸易密度指数：$IITI_2$（二分位国际标准产业分类的产业内贸易密度指数）；$IITI_3$（三分位国际标准产业分类的产业内贸易密度指数）$IITI_4$（四分位国际标准产业分类的产业内贸易密度指数）。Shin 和 Wang（2003）计算出东亚地区 1980 年、1990 年和 1999 年的产业内贸易密度指数。

表 2-3　东亚地区的产业内贸易发展趋势　单位：%

东亚经济体	1980			1990			1999		
	$IITI_2$	$IITI_3$	$IITI_4$	$IITI_2$	$IITI_3$	$IITI_4$	$IITI_2$	$IITI_3$	$IITI_4$
中国	17.7	14.2	13.5	60.7	55.8	51.3	45.8	42.7	39.0
中国香港	45.1	42.2	41.1	58.4	57.1	55.8	56.8	56.6	56.5
印度尼西亚	33.6	6.7	5.8	34.1	17.2	13.6	44.9	36.1	26.0
日本	29.8	18.4	16.4	37.5	30.3	28.2	56.4	49.3	41.0
韩国	35.8	30.2	28.2	44.4	40.1	37.9	43.4	36.0	32.8
马来西亚	39.6	27.3	23.1	48.6	44.1	40.1	68.9	64.9	56.5
菲律宾	23.4	19.3	14.9	41.6	30.4	25.8	59.9	54.7	45.2
新加坡	34.2	25.5	22.3	57.9	47.2	42.4	74.1	68.2	61.9
中国台湾	23.1	17.8	12.2	32.0	30.0	26.0	60.4	56.4	48.1
泰国	30.3	24.6	22.0	41.3	37.3	34.3	49.9	46.6	42.7
平均	31.3	22.6	20.0	45.7	38.9	35.6	56.1	51.1	45.0

资料来源：Shin 和 Wang（2003）。

从表 2-3 中可以得到结论：20 世纪 80 年代以来，东亚地区整体上的产业内贸易得到了长足发展，表明随着东亚地区贸易一体化进程，东亚地区产业内贸易相比产业间贸易的发展具有更大优势。因而东亚地区满足最优货币区内生性的第一个条件：产业内贸易相比产业间贸易占主导。值得注意的现象是，从个别经济体来看，20 世纪 90 年代以来，中国、中国香港和韩国在东亚地区的产业内贸易出现下降的迹象（阴影部分），说明了这些经济体在整个东亚地区产业内分工中的重要性从相对程度上有所下降；而东盟主要成员国越来越紧密地融入到东亚地区的产业内水平分工网络之中。中国的产业内贸易密度指数下降最为明显，说明了中国正逐渐脱离东亚地区的产业内分工，更多融入到美国和欧洲等其他地区的产业内分工之中，中国和东亚地区其他经济体的产业分工越来越具有垂直分工而不是水平分工的特点。

另外，根据产业内贸易密度指数公式，还可用计算经济体之间单一产业的产业内贸易密度指数。计算单一产业的产业内贸易密度指数时，公式变为：$IITI_i = 1 - \frac{\left| x_{ABt}^{i} - m_{ABt}^{i} \right|}{x_{ABt}^{i} + m_{ABt}^{i}}$。为计算简单，我们仅计算东亚地区 10 个经济体之间 1994 年和 2003 年制造业的产业内贸易密度指数，结果见表 2－4。

表 2－4　　东亚地区制造业的产业内贸易密度指数　　单位：%

		中国	日本	韩国	中国香港	中国台湾	新加坡	印度尼西亚	马来西亚	菲律宾	泰国
中国	1994		66.2	58.6	55.3	14.6	35.6	42.4	57.2	57.6	69.7
	2003		77.2	68.4	26.5	25.4	67.7	90.2	99.2	59.3	87.3
日本	1994	66.2		84.7	11.3	53.9	8.7	66.7	53.7	44.0	39.4
	2003	77.2		57.9	9.7	48.8	9.7	70.4	73.8	53.4	53.5
韩国	1994	58.6	84.7		3.5	85.3	17.5	70.2	72.5	38.3	20.4
	2003	68.4	57.9		6.3	72.6	56.6	79.1	85.3	43.5	55.5
中国香港	1994	55.3	11.3	3.5		2.0	39.2	18.5	30.1	61.8	26.6
	2003	26.5	9.7	6.3		0.9	5.0	14.8	8.0	60.0	11.2
中国台湾	1994	14.6	53.9	85.3	2.0		55.0	84.9	63.6	25.8	33.0
	2003	25.4	48.8	72.6	0.9		65.3	82.4	66.3	18.3	62.4
新加坡	1994	35.6	8.7	17.5	39.2	55.0		33.0	73.1	40.3	81.7
	2003	67.7	9.7	56.6	5.0	65.3		41.5	66.3	40.9	85.5
印度尼西亚	1994	42.4	66.7	70.2	18.5	84.9	33.0		45.6	24.4	69.6
	2003	90.2	70.4	79.1	14.8	82.4	41.5		22.1	7.0	63.3

续表

		中国	日本	韩国	中国香港	中国台湾	新加坡	印度尼西亚	马来西亚	菲律宾	泰国
马来西亚	1994	57.2	53.7	72.5	30.1	63.6	73.1	45.6		27.3	88.9
	2003	99.2	73.8	85.3	8.0	66.3	66.3	22.1		41.8	85.5
菲律宾	1994	57.6	44.0	38.3	61.8	25.8	40.3	24.4	27.3		77.6
	2003	59.3	53.4	43.5	60.0	18.3	40.9	7.0	41.8		41.6
泰国	1994	69.7	39.4	20.4	26.6	33.0	81.7	69.6	88.9	77.6	
	2003	87.3	53.5	55.5	11.2	62.4	85.5	63.3	85.5	41.6	

资料来源：根据世界银行分行业、分国家贸易数据光盘计算所得。

仅从制造业的产业内贸易密度指数上，表 2－4 提供的数据显示，2003 年和 1994 年相比，东亚经济体之间 45 对制造业产业内贸易指数出现下降的有 19 对，出现上升趋势的有 26 对。特别的，考虑到中国香港的 9 对指数中有 8 对出现了下降，剔除中国香港以后东亚经济体之间 36 对指数中仅有 11 对有下降表现。从制造业看，东亚地区的产业内分工有加强的趋势。

（2）劳动力的流动性

劳动力的流动性在最优货币区理论中被强调为一个重要前提，流动性越强，出现非对称性冲击时，放弃汇率政策和货币政策平衡机制的成本越低。Baek 和 Song（2002）使用计量模型 $l_{i,j} = \sum_i \alpha_i D_i + \sum_j \beta_j D_j + \varepsilon_{i,j}$（$l_{i,j}$ 为 j 国 i 行业的劳动生产率平均增长率，D_i 和 D_j 分别为行业和国家的虚拟变量，本行业和本国时为 1，其余为 0）。这样，把影响劳动生产率的因素区分为行业特征因素和国家特征因素。那么，如果劳动力流动性越高，则区域内国家特征因素对劳动生产率的影响应该越低，劳动生产率变动应该更多基于行业特征因素。计量结果显示，在整个样本期间，一半以上的生产率变动可以用这两种因素解释。不过，在所有可解释的生产率变动中 2/3 以上部分由国家特征的因素解释，行业因素仅为 10% 左右，这一结果表明东亚国家间的低劳动力流动性。而且，与欧盟地区的横向比较结果也显示，东亚国家之间的劳动力流动性明显低于欧盟国家。

Choi（2002）简单地用外国人口/本国人口比例测算人口的流动性，欧洲国家的德国、比利时、奥地利、卢森堡的这一比例分别达到了 8.9%、8.9%、9.1%、34.9%，东亚地区最高的日本和韩国，分别为 1.2% 和 0.3%，

表 2-5　　　　生产率的长期调整（产出/劳动力）

冲击来源	GR1	GR2	GR3	GR4	EA6	EA9	EU
所有样本（1981-1997）							1972-1989
行业	0.08	0.08	0.11	0.12	0.17	0.11	0.19
经济体	0.51	0.48	0.59	0.73	0.47	0.37	0.64
整体	0.54	0.56	0.70	0.85	0.64	0.48	0.83
子样本（1981-1989）							1980-1989
行业	0.13	0.13	0.27	0.32	0.22	0.17	0.13
经济体	0.27	0.27	0.28	0.41	0.23	0.17	0.58
整体	0.40	0.40	0.55	0.73	0.45	0.34	0.70
子样本（1990-1997）							1972-1997
行业	0.04	0.05	0.02	0.03	0.10	0.09	0.20
经济体	0.54	0.49	0.73	0.73	0.48	0.45	0.55
整体	0.58	0.54	0.75	0.76	0.58	0.54	0.75

注：GR1 = 文莱、中国、印度尼西亚、中国香港、日本、韩国、马来西亚、缅甸、菲律宾、新加坡和中国台湾；GR2 = GR1 除去文莱、缅甸、中国台湾；GR3 = 文莱、印度尼西亚、马来西亚、缅甸、菲律宾和新加坡的 ASEAN6 国；GR4 = GR3 除去文莱、缅甸；EA6 = 中国香港、印度尼西亚、日本、韩国、马来西亚和新加坡；EA9 = EA6 加中国、中国台湾和泰国。欧盟包括奥地利、比利时、丹麦、德国、希腊、意大利、荷兰和英国。

资料来源：Baek 和 Song（2002）。

表 2-6　　　　东亚地区移民政策的法律框架

	暂时居住和工作	海外永久移民	列明清单体系	劳动力市场检测	配额或最高比例	企业内部转移	鼓励投资型	外国学生当地就业	受训情况	双边协议
日本	○		○			○		○	○	
韩国	○		○	○		○		×	○	○
中国	○						○	×		
中国香港	○	□	○		□	○		×		○
中国台湾	○				□		○	×		
新加坡	○	□	○		○		○	×	○	
马来西亚	○		○		○		○	×		○
泰国	○		○				○	×		
印度尼西亚	○		○		○		○	×		
菲律宾	○		○				○	×		○
越南	○		○				○	×		

注：○表示存在；×表示不存在；□表示特殊处理；空格表示没有相关信息。

资料来源：Iguchi（2004）。

也反映了这一地区劳动力的低流动性。从移民政策上，东亚地区表现出以下一些特点：第一，各经济体之间的移民政策很不一致；第二，大部分经济体只是允许暂时性移民，只是在中国香港为了鼓励投资给一些永久性的居留权；第三，双边之间的劳动力流动协议很不完善。

（3）资本流动性

纯经济学意义上，资本流动和劳动力流动在配置资源上是同质的，因而在平稳机制上资本流动可以替代劳动力流动。1990 年代以来，东亚地区的区域内 FDI 增长迅速，从整个地区看，来自日本、美国、欧洲的 FDI 大约各占 10%，另外 40% 以上的 FDI 来源于区域内 FDI[①]。特别是中国在吸引 FDI 上的巨大成功，而且 2/3 以上的 FDI 直接来源于东亚内部（表 2－7）。

表 2－7　东亚区域内的 FDI　单位：%

	年份	投资总额（千美元）	投资来源国							
			区域内总和	NIEs	ASEAN4	中国	区域外总和	日本	US	EU
NIEs	1985－1989	33	7	4	0	3	93	38	26	16
	1990－1994	50	10	7	2	1	90	28	34	20
	1995－1997	116	12	6	6	0	88	21	34	21
ASEAN4	1985－1989	84	21	20	1	0	79	25	23	15
	1990－1994	240	32	30	2	0	68	13	7	11
	1995－1997	437	24	19	5	0	76	18	7	21
中国	1985－1989	33	50	50	0		50	9	7	3
	1990－1994	160	76	74	2		24	6	7	4
	1995－1997	415	68	66	2		32	9	8	7
东亚	1985－1989	149	24	23	0	1	76	24	20	13
	1990－1994	450	45	43	2	0	55	12	10	9
	1995－1997	968	42	38	4	0	58	14	11	15

注：NIEs 为韩国、中国台湾、新加坡和中国香港；ASEAN4 为泰国、马来西亚、印度尼西亚和菲律宾。

资料来源：Isogai 和 Shibanuma（2000）。

① 在这里把来自日本的 FDI 单独列出，如果放进东亚区域内 FDI，则区域内 FDI 比例更高。

东亚地区的区域内直接投资比例和欧盟相比并不逊色，比北美自由贸易区（NAFTA）的该比例则要高出很多。Rugman 和 Brain（2002）提供的数据表明，1986 年欧盟和 NAFTA 的区域内 FDI 投资比例分别为 35.8% 和 30.3%；1997 年的这一比例分别为 49.3% 和 21.1%；1999 年的这一比例分别为 45.7% 和 18.2%。NAFTA 的区域内直接投资比例甚至出现了下降的趋势。从全球 FDI 流向考虑，可以得到示意图 2-2。

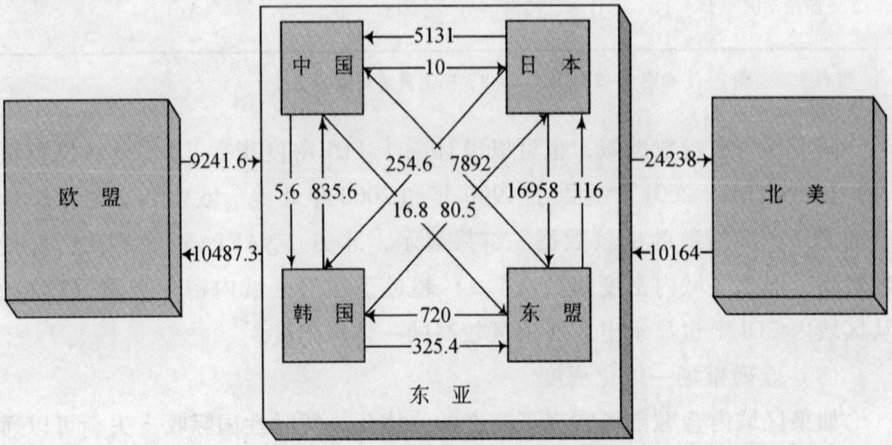

图 2-2 世界三大经济区域 FDI 的流向图

根据 FDI 的流向分析，我们得出图 2-3。在 FDI 领域，对东亚各国在区域内的各自地位说明如表 2-8。

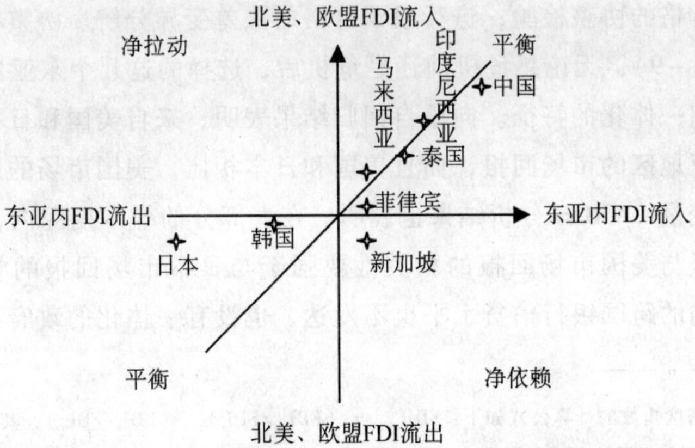

图 2-3 国际直接投资领域东亚各国的地位

表 2-8　东亚各国对区域内 FDI 的依赖情况

分　类	国　家	说　明
东亚净依赖国	新加坡	资本流入来自于东亚区域内，成为东亚区域的主要依赖者
东亚平衡国	中国、印度尼西亚、泰国、马来西亚、菲律宾	区域平衡，既对东亚区域有依赖，也对东亚外部有依赖
东亚弱拉动国	日本、韩国	提供较弱的区域资本供给，成为东亚的次要拉动者

资料来源：图 2-1 和图 2-2 以及表 2-8，感谢黄涛提供的支持。

同贸易密度指数类似，也可以设计一个 FDI 密度指数①。《世界投资报告》（UNCTAD，2001）提供了 1990 年和 2000 年北美、欧盟和东亚三个地区的 FDI 密度指数的比较数据。结果显示，北美（NAFTA）的 FDI 密度指数最高，亚洲区域内密度指数（1.5）超过了欧盟区域内密度指数（1.3）。从区域内 FDI 上也显示出东亚地区较高的一体化程度。

（4）金融市场一体化程度

如果区域内金融市场实现了高度的一体化，暂时性国际收支失衡可以通过金融交易提供平衡机制；既使是长期的结构性失衡也可以通过金融交易提供必要的缓冲机制以及降低实际调整所需的成本；投资者通过区域内更广范围的投资组合能够进一步分散与国别宏观经济冲击相关的风险。Park 和 Bae（2002）从三个角度探讨了东亚地区的金融一体化程度：区域内的资本流动性；股票价格的协整检验；进行股票价格的误差变异分解。协整检验的结果显示（表 2-9），无论是危机前还是危机后，选择的这几个东亚国家都没有表现出任何一体化的特征。向量自回归结果表明，来自美国和日本的冲击更能解释东亚地区的市场回报，而且美国和日本相比，美国市场的影响力越来越强；多变量 GARCH 分析结果也表明，在大部分的样本期间内，东亚市场组合的回报与美国市场回报的相关性要强于与日本市场回报的相关性。另外，区域内的跨国银行信贷水平也不发达，也没有一体化的政府和企业债市

---

① FDI 密度指数的计算公式如下：$FDII_{ab,r}$ =（FDI_{ab}/FDI_r）/（FDI_r/FDI_w），其中，$FDII_{ab,r}$ 代表贸易伙伴 a 和 b 之间的 FDI 密度指数，FDI_{ab} 代表 a 国和 b 国之间的 FDI，FDI_r 代表区域内的 FDI 存量。FDI_w 代表世界 FDI 存量。

场。总之，尽管东亚地区在区域内贸易和投资方面取得了长足进步，但是在金融市场一体化方面与欧盟地区相比则存在相当大的差距。

表 2-9　　东亚国家股票价格的协整分析

分　类	危机前		危机后	
原假设	H_0：$r=0$	H_0：$r\leqslant 1$	H_0：$r=0$	H_0：$r\leqslant 1$
印度尼西亚，日本	6.59	0.39	5.35	0.23
印度尼西亚，韩国	7.91	2.19	14.48	1.79
印度尼西亚，马来西亚	15.08	0.15	12.75	3.85
印度尼西亚，泰国	9.94	0.92	16.09	6.19
日本，韩国	8.21	3.31	3.55	0.30
日本，马来西亚	16.02	19.96	7.38	0.09
日本，泰国	8.82	3.55	7.51	0.16
韩国，马来西亚	19.58	4.21	14.03	2.39
韩国，泰国	21.30*	5.76	8.19	2.69
马来西亚，泰国	13.74	1.97	10.35	4.34

注：危机前从 1994 年 1 月 1 日到 1997 年 4 月 30 日，危机后从 1999 年 1 月 1 日到 2002 年 6 月 30 日。

资料来源：Park 和 Bae（2002）。

东亚国家在金融市场（日本除外）的建设上还都是刚刚起步，比起欧洲和美国的发达金融市场还有很大差距。受市场规模较小、监管不规范等因素的影响，东亚经济体内的金融市场容易受到投机者的攻击。在东南亚金融危机的例子中，人们普遍认识到偏离均衡汇率水平的盯住汇率不可持续，同时，也应该看到，在金融市场背后充斥信息不对称、道德风险，浮动汇率同样不能找到均衡汇率水平。事实上，东亚经济（日本除外）在布雷顿森林体系解体以后没有跟随主要西方国家实施浮动汇率制度说明，东亚经济体至少在近期内还不适宜采取浮动汇率，固定、或者某种中间程度的盯住是东亚经济体能够接受的选择。

为了说明东亚的资本市场一体化程度，我们选取由 Gwartney 和 Lawson 等执笔、世界众多研究机构参与，Fraser Institute 发布的《世界经济自由度：2004 年度报告》中的“资本市场管制”（Restrictions on Capital Markets）指标进行简单的国际比较。该指标较高的指数数值，反映较高的市场因素作用和自由度（表 2-10）。

表 2-10　　　　东亚地区资本市场开放度指数

	1980	1985	1900	1995	2000	2001	2002
美国	8.0	8.0	8.0	8.4	8.2	8.2	8.4
中国	0	2.0	5.0	4.9	2.7	2.7	3.9
日本	2.0	5.0	8.0	7.7	8.4	8.4	7.1
韩国	0	2.0	5.0	4.8	3.6	4.3	4.6
中国香港	10	10	10	9.7	9.6	9.6	9.2
中国台湾	2.0	2.0	5.0	5.7	7.6	7.6	8.2
印度尼西亚	0	0	0	3.8	4.8	4.8	3.7
新加坡	8.0	10.0	10.0	9.3	7.2	7.6	8.1
马来西亚	5.0	5.0	5.0	6.2	3.7	3.7	4.2
菲律宾	2.0	2.0	2.0	6.6	4.6	4.6	3.7
泰国	2.0	2.0	2.0	4.6	4.3	4.3	4.4

资料来源：Fraser Institute（2004），*Economic Freedom of the World*：2004 *Annual Report*.（http：//www.freetheworld.com）。

东亚各国资本市场开放的水平存在很大差异，大体可以分为三类：第一类，由中国香港、中国台湾、新加坡、日本组成，该类经济体金融深化的程度较高，是地区性的金融中心，基本不存在资本流动的障碍；第二类由马来西亚、泰国和韩国组成，该类国家和地区正处于金融深化的过程中，政府对金融的管制已经大大放松，金融市场也有了一定的发展；第三类由中国、印度尼西亚和菲律宾组成，资本流动的政策和市场障碍都很大。

区域内经济一体化程度越高，区域汇率制度合作的收益越大。区域汇率制度合作往往意味着区域内经济体之间汇率水平的相对平稳，反过来会进一步促进区域内贸易和投资。东亚经济体的华人经济圈、日本经济在1985年广场协议之后国内产业向东亚国家的转移及其形成的东亚经济的“雁形模式”促成了东亚经济体之间紧密的贸易、投资以及其他诸多宏观经济变量的密切关系。上面的经验研究也表明，东亚经济体的一些宏观经济指标，包括贸易、投资表现出很强的相互依赖性，一体化程度高于EMU在20世纪80年代末的水平，甚至同欧盟20世纪90年代以来的诸多衡量指标方面也不逊色。当然，在劳动力流动性和金融市场一体化方面，东亚地区还需要取得进一步的进展。不过从市场一体化程度上，东亚地区总体上满足OCA理论的前提要求。

2.3.2 东亚经济体的开放程度

一个经济体开放程度越高，越适于采取相对固定的汇率制度。McKinnon（1963）就指出，小型开放经济体不能通过汇率变动平衡需求转移带来的冲击。理由有两条：一是因为经济高度开放，市场汇率稍有变动就会引起国内价格的剧烈波动；二是因为在一个进口占消费比重很大的小型开放经济体，汇率波动严重影响居民的实际收入，封闭经济中的居民货币幻觉消失，价格变动造成实际工资变动从而产生名义工资的变动压力，这两方面的影响使得汇率的任何变化被价格变化所抵消，从而对实际贸易条件和工资水平不会产生影响，汇率变动在纠正对外收支平衡方面的作用也会消失。因而McKinnon提出把区域内的开放程度作为最优货币区的判断标准，对于开放程度较高的国家，由于对外贸易在国民经济中占居重要的地位，通过固定或盯住的汇率减少国际经济交易成本所带来的收益更大①。

（1）开放度指标

20世纪80年代以来，在世界银行所称的"第三次一体化（全球化）浪潮"推动下，以及通讯技术进步，关税降低和FDI流入限制的逐步放松，东亚地区的市场开放程度大大提高。衡量一国开放度的最常用指标是外贸依存度②。根据亚洲开发银行（ADB，2004）的统计，2003年，东亚地区12个经济体中，有6个经济体的外贸依存度超过100%③。根据Kawai和Takagi（2000）的比较，东亚地区有7个国家以及中国的香港、台湾地区的开放度接近或超过100%，当之无愧的成为"超级贸易国家和地区"。1998年，文莱、柬埔寨、印度尼西亚、老挝、马来西亚、缅甸、菲律宾、新加坡、泰国、中国、中国香港、韩国、中国台湾和日本等东亚14个国家和地区平均的对外开放程度达到95.61，而奥地利、比利时、丹麦、芬兰、法国、德

---

① 需要注意，McKinnon定义的开放度和国际贸易领域中经常用到的开放度是不同，McKinnon定义的开放度计算公式为：$OI=(X_1+X_2)/X_3$，其中，OI表示开放度，X_1表示产品出口，X_2表示产品进口，X_3表示非贸易品。

② 由于统计的口径不一样，外贸依存度又存在以下三种算法：总贸易/GDP、商品贸易/GDP、商品贸易/商品GDP。其中的GDP也可以用GNI等国民经济核算指标代替。注意这里和前面提到的区域内贸易依存度指数有所区别，前面的分子核算的是区域内贸易，这里核算的是所有贸易。

③ 一国的出口额会超过国内GDP总值，其原因在于Krugman（1995）所称的"价值链条的拉长"（Slicing up the value chain），计入GDP的商品价值仅为其附加值，而贸易额则计算的是全部商品的价值。

国、希腊、爱尔兰、意大利、卢森堡、荷兰、葡萄牙、西班牙和瑞典等14个欧洲国家平均的对外开放程度才为68.07。另外，观察世界银行（世界银行，2004）《世界发展指标》提供的商品贸易/GDP、总私人资本流入/GDP和总FDI/GDP三项指标。在贸易依存度上东亚地区无论是1990年还是2002年均高于NAFTA和欧盟，东亚地区以贸易衡量的开放度指标居于领先地位；后两个指标则显著落后于欧盟，说明在资本市场开放度方面，东亚地区还处于相对落后的水平。

表2-11　东亚地区的贸易和投资开放度指标

	商品贸易/GDP		总私人资本流入/GDP		总FDI/GDP	
	1990	2002	1990	2002	1990	2002
柬埔寨	22.4	94.9	3.2	5.5	1.7	1.6
印度尼西亚	41.5	51.1	4.1	5.4	1.0	2.1
老挝	30.5	43.4	3.7	1.4	0.7	1.4
马来西亚	133.4	182.4	10.3	19.9	5.3	5.8
菲律宾	47.7	91.7	4.4	41.2	1.2	1.5
新加坡	307.6	277.8	54.2	47.8	20.6	11.7
泰国	65.7	105.6	13.5	13.6	3.0	0.8
越南	79.7	101.3		5.8		4.0
中国	32.5	49.0	2.5	8.0	1.2	4.7
中国香港	221.5	252.8		92.4		29.6
日本	17.1	18.9	5.4	15.3	1.7	1.4
韩国	53.4	66.0	5.6	7.4	0.7	1.0
加拿大	43.7	67.1	8.1	13.4	2.7	7.3
墨西哥	32.1	52.4	9.2	6.3	1.0	2.4
美国	15.8	18.3	5.7	9.2	2.8	2.4
东亚太平洋地区	47.0	63.4	5.0	10.2	1.7	4.1
欧洲EMU	44.9	56.3	14.1	49.3	2.9	14.8

资料来源：World Bank, *World Development Indicators*, 2004。

（2）资本项目开放程度

除了贸易依存度以及资本流入/GDP比例，还可以用资本账户开放程度衡量国别开放性。定性指标方面，Williamson等（2003）比较了28个发展中国家1990年和2001年资本账户开放程度。按照开放程度从低到高分四类：压制国家（R）；部分压制国家（PR）；大部分自由化的国家（LL）；实现了自由化的国家（L）。东亚地区涉及到的7个经济体中，除中国外均为LL国家或L国家。定量指标包括IMF的《外汇安排与外汇限制年报》提供的数据，OECD《资本流动自由化条例》提供的数据，以及Quinn（1997）、Montiel和Reinhart（1999）和Edison和Warnock（2001）进行的估计（表2－12）①。

表2－12　东亚部分经济体1990和2001年资本账户开放程度比较

国家	1990	2001	国家	1990	2001
中国	R	PR	马来西亚	LL	LL
中国香港	L	L	新加坡	L	L
印度尼西亚	LL	LL	泰国	LL	LL

注：R表示压制；PR表示部分压制；LL表示大部分自由化了；L表示自由化了。

资料来源：Williamson、Griffith－Jones和Gottschalk（2003）。

Baek和Song（2002）总结了Johnston等（1999）以及Miniane（2004）对各国资本管制状况的测算，并且用资本流入/GDP比例作为指标衡量比较东亚国家1994－1998年和EMU国家1985－1989年的资本流动性，东亚国家的这一比例要高于EMU国家，除去新加坡以后，这一比例比EMU国家稍低（表2－13）。这一结论表明东亚国家具有较高的资本流动性，从而可以弥补劳动力流动性不足上缺陷。实际上，欧洲国家在20世纪90年代中期以来资本流动性大大提高，反映了货币联盟本身还有助于资本流动性的提高。

（3）贸易投资限制削减

为了促进区域内的贸易和投资，东亚地区签订了各种形式的合作协议。这些协议的一个共同目的就是实现贸易和投资的自由化，以及坚持协议参与中的非歧视性原则。贸易协议主要关注商品贸易的关税减让方面，投资协议主要集中于如何改善区域内的投资环境，比如基础设施、政府治理结构、进入资格和退出许可、人力、资源、融资来源等各个方面。虽然东亚地区在贸易和投资一体化方面取得了长足进步，特别是中国和ASEAN做出了巨大的

① 参考Edison等（2002）的综述性文献。

表 2-13　　资本管制和资本账户自由化指数

	Johnston 等（1999）	Miniane（2004）		资本流入/GDP	
	1996	1989	1998	1985-1989	1994-1998
印度尼西亚	0.50			0.006	0.039
马来西亚	0.80	0.85	0.85	0.040	0.051
菲律宾	0.47	0.92	0.85	0.013	0.059
新加坡	0.21	0.23	0.38	0.150	0.288
泰国	0.63			0.025	0.048
中国香港	0.14	0.08	0.23		
韩国	0.70	0.85	0.77	0.017	0.047
中国台湾					0.042
中国	0.73			0.014	0.060
日本	0.16	0.46	0.23	0.063	0.038
东亚平均	0.48	0.57	0.55	0.041	0.075
欧洲平均	0.08	0.51	0.24	0.063	0.217

注：欧盟包括奥地利、比利时-卢森堡、芬兰、法国、德国、爱尔兰、意大利、荷兰、葡萄牙和西班牙。

资料来源：Baek 和 Song（2002）。

关税减让。同其他地区比较，东亚地区在贸易和投资上存在的限制相对较多。特别是东亚各国在制定贸易和投资政策上往往基于国家层次，缺少区域合作和协调。Sakakibara 和 Yamakawa（2003）列出了 1957-2002 年间包括了东亚国家在 FDI 方面的一些区域性和跨区域的协议，总共只有 11 项，而同期世界范围内类似的协议达到了 105 项。这也意味着东亚国家在 FDI 协议方面刚刚起步。

（4）贸易结构变化

在过去的近 20 年间，东亚国家在产品出口结构上已经发生了根本性改变，从初级产品出口占主导的地区过渡到制造品和服务业占主导的地区。Eichengreen 等（1998）认为，贸易结构也影响货币联盟的收益，贸易品中的制造品比例越高，贸易品价格由厂商而不是由国际市场决定的成分越高，贸易伙伴间越有动力拥有共同货币。因为汇率波动对行业内不同的但可替代的产品贸易的影响，要比一个整体性很好的同质产品贸易的影响强烈得多。Baek 和 Song（2002）统计了东亚 13 国 1995-1997 年的出口产品类型，其中制造品的比例为70.4%，仅比EMU在1989年的79.7%稍少，除去缅甸、文莱和越南以后，这一比例甚至可以高达84.6%。Kawai和Takagi（2000）对东亚15个经济体1990年和1997年的进口、出口和贸易总额中的制造品比例提供了国别数据。除了柬埔寨和老挝数据缺乏外，在12个经济体的贸易总额中制造品的比例出现了不同程度的上升，只有韩国稍微有所下降。与世界其他地区进行比较，联合国贸发会（UNCTAD，2003）的《世界投资报告》提供的数据表明，东亚和东南亚地区“不以自然资源为基础的制造品”出口从1985年占世界10.8%提高到2000年的22.6%；高技术产品出口从1985年占世界的10.9%提高到2000年的29.1%（表2－14）。

表2－14　　按产品分类的世界贸易结构　　单位：%

产品		初级产品	以自然资源为基础的制造品	不以自然资源为基础的制造品	低技术产品	中级技术产品	高技术产品	其他	总和
发达国家[b]	1985	38.0	68.7	81.9	66.4	89.2	83.2	71.2	68.9
	2000	40.4	68.2	66.8	49.7	78.6	63.4	58.4	63.5
CEE[b]	1985[e]	0.8	1.4	0.6	1.2	0.5	0.2	0.2	0.8
	2000	3.6	5.2	2.4	3.6	2.6	1.3	1.2	2.9
发展中国家[b]	1985	61.2	29.8	17.5	32.4	10.4	16.6	28.6	30.3
	2000	56.0	26.6	30.8	46.6	18.8	35.4	40.4	33.6
东亚和南亚[c]	1985	10.4	8.4	10.8	22.9	4.7	10.9	5.3	10.1
	2000	9.5	11.7	22.6	33.4	11.7	29.1	8.6	18.7
拉丁美洲和加勒比地区	1985	12.5	7.0	2.6	3.2	2.5	2.1	4.2	5.8
	2000	13.2	6.5	4.6	5.3	5.0	3.6	4.8	6.0
中东和北非	1985	21.4	4.9	0.8	1.6	0.5	0.3	0.9	6.3
	2000	20.9	3.9	1.1	2.7	0.8	0.3	0.9	4.0
撒哈拉以南非洲	1985	5.4	1.7	0.4	0.5	0.3	0.3	4.1	1.9
	2000	4.3	1.3	0.2	0.4	0.3	0.1	1.9	1.0

注：a. 1985年数据为1984－1986三年平均，2000年数据为1999－2000两年平均。

b. 三个地区之和为100%。

c. 包括ASEAN国家加上中国、中国香港、中国澳门、蒙古、北朝鲜、韩国和中国台湾。

d. CEE（中部和东部欧洲）仅仅为1985年数据。

资料来源：UNCTAD. *World Investment Report* 2002：*Transnational Corporations and Export Competitiveness*, 2002.

目前，东亚地区在贸易投资方面的开放步伐正稳步推进，特别是在贸易一体化方面，日本—新加坡、日本—韩国、韩国—中国、中国—ASEAN、韩国—ASEAN、ASEAN10 +3 等自由贸易协议或处于酝酿或处于谈判或已经开始实施，随着东亚地区贸易、投资自由化和技术合作的不断加强，区域内关税壁垒以及非关税壁垒的逐步拆除，东亚地区的开放程度特别是区域内的开放程度将进一步加强，从而为货币合作奠定更坚实的基础。但是，从目前的发展趋势看，双边主义的趋势相比多边主义占据了上风，双边主义行为是否影响到东亚地区的多边合作是一个需要仔细思考的问题。

2.3.3 东亚地区宏观经济相似性

在早期最优货币区判断标准建立以后，Kenen（1969）、Flemming（1971）、Corden（1972）、Tower 和 Willett（1976）等人的研究进一步丰富了最优货币区的标准问题。特别是，这一阶段的研究方向开始从微观经济层面转移到宏观经济层面上，从经济的真实面上开始转移到经济的货币面上。其中，Flemming 指出相似的通货膨胀率是实行共同货币政策的前提条件，如果区域内各成员国通货膨胀率不一致，则容易出现政策分歧，高通胀国家要求实行紧缩的货币政策，低通胀国家则可能希望维持不变，从而影响到超国家中央银行的效能。而且通胀率存在差异，最终导致货币购买力产生差异，并最终破坏固定汇率的存在基础。Tower 和 Willett 则指出，区域内宏观经济政策目标越是一致，区域汇率制度合作成本越低。如果合作区域内一个国家难以忍受失业，另一国难以忍受通货膨胀，宏观政策目标上的差异使得区域内就很难达成合作。

（1）宏观经济政策目标一致性

由于现实中各国宏观经济结构存在差异，最优货币区理论要求在宏观层面上走向趋同，宏观经济政策必须具有一定程度的一致性，包括财政、货币以及其他社会经济政策上的区域内各国必须进行协调与合作，特别是在财政政策上的一致性标准以及货币政策上的主权让度。经验上看，用通货膨胀率作为宏观经济政策目标取向的标准，东亚经济体的宏观经济政策目标大致可以根据国民收入水平分成两类（关世雄，2003）。1982 - 1999 年期间，区域内相对高收入国家和地区（日本、新加坡、中国台湾、泰国、马来西亚、韩国等）倾向保持较低的通货膨胀率，相对低收入国家和地区（中国、中国香港、菲律宾、印度尼西亚等）倾向保持较高的通货膨胀率。平均来说，东亚经济体在这个期间内的通货膨胀率保持在5.7%，欧盟同期的通货膨胀率保持在5.4%。从标准差来看，东亚（均值=5.7，标准差=3.8）和欧盟区域（均值=5.4，标准差=3.5）通货膨胀率的离散程度基本相同。这说明，从宏观政策目标一致性上判断，东亚经济基本和欧盟国家在相同的水平上。

值得说明的是，欧盟经济体在样本期间内欧洲国家逐渐向货币同盟靠拢，通货膨胀率表现出收敛趋向，后半期标准差出现了大幅度下降。因而，考虑到宏观经济政策目标在汇率制度合作的推动下有趋同趋势，东亚经济体的汇率制度合作在宏观经济政策目标一致性标准上其实具有更好的合作背景。

（2）经济结构的相似性和多元化

具有相似经济结构的经济体之间，因为冲击上更为对称，从而更能组成货币联盟。Kenen（1969）提出产品多样化程度越高的国家越有资格成为单一货币区的成员国，因为出口产品足够多样化，对某种产品或者某个产业的需求转移冲击在总体上会相互抵消——即“大数法则”就会发挥作用①。经济结构包括产业结构、贸易结构和金融市场结构各个方面，产业结构居于核心地位。

Baek 和 Song（2002）把影响产出波动的因素分为三组：产业特征因素、国家特征因素和时间特征因素。如果东亚国家的产出波动主要由产业特征因素决定，就意味着具有相似的经济结构；如果时间特征因素越重要，则越具有相似的行业结构、贸易结构和金融市场结构。他们的测算结构表明，东亚国家作为一个整体，经济结构的相似性显著低于欧盟国家。特别是，供给冲击高度相关的东亚6国产出波动主要是国家特征因素决定。不过，除了缅甸和文莱以外的东盟5国产出波动主要由行业特征因素和时间特征因素决定，按照经济结构相似性标准这5国可以建立货币联盟。另外一个次优选择组合为东盟4国（印度尼西亚、马来西亚、新加坡和泰国）加上中国香港、韩国和中国台湾以及中国和日本。

① 许多发展中国家具有产品单一化的特征，特别是那些主要依赖一种或几种初级原材料，比如香蕉、咖啡、可可以及矿物等出口的国家。

表 2-15　　产出波动来源

冲击来源	GR1	GR2	GR3	GR4	EA6	EA9	EU
所有样本（1981-1997）							1972-1987
行业	0.15	0.19	0.16	0.22	0.15	0.21	0.18
国家	0.36	0.31	0.35	0.23	0.42	0.29	0.16
时间	0.03	0.04	0.05	0.09	0.08	0.04	0.19
整体	0.54	0.54	0.56	0.54	0.65	0.54	0.52
字样本（1981-1989）							1980-1987
行业	0.16	0.20	0.16	0.22	0.18	0.22	0.24
国家	0.35	0.28	0.34	0.22	0.35	0.26	0.13
时间	0.02	0.04	0.07	0.11	0.06	0.04	0.14
整体	0.53	0.52	0.57	0.55	0.59	0.52	0.51
子样本（1990-1997）							1972-1997
行业	0.15	0.18	0.14	0.21	0.11	0.20	0.14
国家	0.38	0.35	0.34	0.23	0.47	0.34	0.21
时间	0.03	0.03	0.07	0.07	0.12	0.03	0.18
整体	0.56	0.56	0.53	0.51	0.70	0.57	0.51

注：GR1 = 文莱、中国、印度尼西亚、中国香港、日本、韩国、马来西亚、缅甸、菲律宾、新加坡和中国台湾；GR2 = GR1 除去文莱、缅甸、中国台湾；GR3 = 文莱、印度尼西亚、马来西亚、缅甸、菲律宾和新加坡的 ASEAN6 国；GR4 = GR3 除去文莱、缅甸；EA6 = 中国香港、印度尼西亚、日本、韩国、马来西亚和新加坡；EA9 = EA6 加中国、中国台湾和泰国。欧盟包括奥地利、比利时、丹麦、德国、希腊、意大利、荷兰和英国。

资料来源：Baek 和 Song（2002）。

（3）对外贸易的竞争性

对外贸易的竞争性可以通过以产品分类表示的各自贸易组成比重的矢量间的相关系数进行量化。系数越靠近 1，说明国家之间的贸易结构越近似，竞争性越强；越靠近 -1，贸易结构差异越大，互补性越强（关世雄，2003）。一般而言，有着相似人均收入的国家倾向于拥有相似的贸易结构，因而亚洲国家贸易结构的相似性要低于西欧国家。关世雄的研究表明，包括日本在内的东亚 10 国（地区）的 45 对相关系数平均为 0.28，远远小于西欧 11 国 55 个相关系数的平均数 0.52。特别是，德国和其他 10 个西欧国家之间的相关系数平均为 0.53，而日本与其他东亚经济体之间的相关系数平

均为 -0.1。这说明东亚经济体之间的贸易更多地是互补性的，特别是日本与其他东亚经济体之间并不存在贸易上的竞争性。

如果再考虑到东亚经济体内部比重很大的贸易份额，互补的贸易和庞大的贸易规模从侧面反映了东亚经济体之间的产业分工关系。而区域内经济体之间形成的国际分工产业链规模越大、越完善，区域汇率制度合作的收益越大。区域汇率制度合作通过降低区域间经济交往的货币交易成本，降低交易风险可以更有力地促进区域国际分工产业链上更细密的分工和专业化，这会极大地促进区域内经济的增长和福利的增加。

区域经济内相互间的竞争程度越激烈，区域汇率制度合作的潜在收益越大。如果区域经济内相互间在国际市场上的竞争程度很激烈，外部市场不景气时以邻为壑的汇率贬值政策对于整个区域将是灾难性的博弈困境。汇率制度合作作为一种事前的约束可以避免这种困境出现。关世雄的研究表明，东亚经济体的贸易在整体上呈现出更多的互补关系。但是，在次区域层面上，竞争关系不容忽视。中国经济的迅速发展在很多层面上与不同发展阶段的东亚经济体构成贸易竞争，还有一些经济发展水平近似经济体之间也面临着较高的贸易结构相关系数。可以预见，随着中国和一些欠发达经济体经济的迅速发展以及相对发达经济体增长速度的减慢，相互间贸易竞争关系将会进一步加剧。展开区域汇率制度合作可以未雨绸缪，尽量避免集体非理性行为悲剧的出现。

2.3.4 东亚地区的非对称性冲击

计量分析上的进展使得最优货币区的判断标准出现了一个新的研究方向——“间接标准”（proxy criteria），不是选取反映“真实”经济特征的指标，而是能够反映潜在经济现象的宏观经济指示器，比如冲击的相关性以及汇率的波动性指标。这些指标更容易进行计量分析，但是这些指标变动的背后原因常常并不明确，从而影响了其解释力。Vaubel（1976）首次提出把真实汇率的波动性作为一个判断标准，他的分析逻辑认为，两国之间的真实汇率波动小说明两国之间需要调整汇率的冲击较少，这样的国家放弃汇率工具的成本最小。von Hagen 和 Neumann（1994）选取了这一标准对现在的欧元区国家进行分析。Bayoumi 和 Eichengreen（1994）选取了冲击的相关性作为判断标准进行计量分析，使用 GDP 和价格水平变化作为衡量冲击的具体指标。其逻辑为，一组国家间冲击的相关性越差，放弃货币政策和汇率政策的成本越高。

对非对称冲击的测算主要用三种：一是比较区域内各国相对价格的波动性；二是测算区域内产出的波动，并区分出共同波动和特质波动；三是通过测算区域内经济增长率的标准差以及贸易伙伴之间出口结构的差异性。这些方法的一个缺陷在于难于区分各种波动的来源，比如需求波动还是供给波动。结构向量自回归（VAR）的方法能够用来区分总需求冲击和总攻击冲击，通过分析价格和产出，把对产出具有永久性影响的冲击归为供给冲击，暂时性影响的冲击归为需求冲击。

Bayoumi 和 Eichengreen（1994）运用结构式 VAR 模型区分总需求冲击和总供给冲击。结果表明，在 1972 - 1989 年样本期间，欧洲的需求冲击强度是东亚的两倍，反映了东亚经济体宏观经济管理上的成功。中国香港、印度尼西亚、马来西亚、新加坡和泰国相互间需求冲击的相关性很强。供给冲击方面，日本、韩国和中国台湾一组，中国香港、印度尼西亚、马来西亚、新加坡为另一组，组内供给冲击的相关性很强。调整反应上，东亚经济体中冲击带来的产出和价格变化基本上在前两年就调整完毕。而在欧洲，产出和价格的调整在前两年内最多完成一半。

结构式 VAR 模型的估计方法如下。首先考虑向量表示为冲击的无限移动平均过程：

$$X_t = A_0\varepsilon_t + A_1\varepsilon_{t-1} + A_2\varepsilon_{t-2} + \cdots\cdots = A_0\varepsilon_t + A_1 L\varepsilon_t + A_2 L^2\varepsilon_t + \cdots\cdots$$
$$= \sum_{i=0}^{\infty} A_i L^i \varepsilon_i \tag{2-9}$$

其中，L 为滞后算子。特别是，考虑两种结构性冲击（供给冲击和需求冲击）是真实产出和价格水平的波动来源，可以得到一个双变量结构式 VAR 模型：

$$\begin{bmatrix} \Delta y_t \\ \Delta p_t \end{bmatrix} = \sum_{i=0}^{\infty} L^i \begin{bmatrix} a_{11i} & a_{12i} \\ a_{21i} & a_{22i} \end{bmatrix} \begin{bmatrix} \varepsilon_{dt} \\ \varepsilon_{st} \end{bmatrix} \tag{2-10}$$

其中，Δy_t、Δp_t 分别为产出和价格的对数差分形式，即分别表示经济增长率和通货膨胀水平，均为平稳的时间序列。ε_{dt}、ε_{st} 分别表示需求冲击和供给冲击，是白噪声序列，为正交的冲击向量，协方差为 0。结构式 VAR 模型包括了向量之间的作用和反作用。又因为向量的自回归过程可以表示为：

$$X_t = B_1X_{t-1} + B_2X_{t-2} + \cdots + B_pX_{t-p} + e_t = [I - B\ (L)]^{-1}e_t$$
$$= [I + D_1L + D_2L^2 + \cdots] \times e_t = \sum_{i=0}^{\infty} D_iL^ie_t$$
$$= e_t + D_1e_{t-1} + D_2e_{t-2} + \cdots \qquad (2-11)$$

将产出和价格波动的 n 期滞后向量自回归 VAR 过程写成残差项的无限移动平均过程：

$$\begin{bmatrix} \Delta y_t \\ \Delta p_t \end{bmatrix} = e_t + D_1e_{t-1} + D_2e_{t-2} + \cdots \qquad (2-12)$$

其中，$e_t = \begin{bmatrix} e_{\Delta yt} \\ e_{\Delta pt} \end{bmatrix}$是 VAR 过程的残差。该残差与结构式扰动 $\varepsilon_t = \begin{bmatrix} e_{dt} \\ e_{st} \end{bmatrix}$，即供给与需求之间的关系是 $e_t = C\varepsilon_t$。因此，只要知道变换矩阵$\begin{pmatrix} c_{11} & c_{12} \\ c_{21} & c_{22} \end{pmatrix}$，就可以得出 ε_{dt}和 ε_{st}序列。

为了确定 C，需要给定约束条件：(1) ε_{dt}和 ε_{st}的协方差矩阵都是标准化的，也就是说它们的方差都等于 1；(2) ε_{dt}和 ε_{st}是正交的，也就意味着协方差为零；(3) 需求冲击在长期内对产出没有影响。

由约束条件 (1)、(2) 以及式 (2-11) 可知：$\sum_e = C \times \sum_\varepsilon \times C^T = C \times C^T$，其中 $\sum_e$ 为 $e_{\Delta yt}$和 $e_{\Delta pt}$的协方差矩阵，$\sum_\varepsilon = I$ 为 ε_{dt}和 ε_{st}的协方差矩阵。

根据宏观经济学理论，需求冲击虽然在短期内可以影响产出，但在长期内，可以假定需求冲击对产出没有影响，我们可以得到 Blanchard 和 Quah (1989) 首先引入的长期约束条件：

$$\sum_{i=0}^{\infty} a_{11i} = 0 \qquad (2-13)$$

由式 (2-9) 及式 (2-11) 有：

$$X_t = \sum_{i=0}^{\infty} A_iL^i\varepsilon_i = \sum_{i=0}^{\infty} D_iL^ie_t = \sum_{i=0}^{\infty} D_iL^iC\varepsilon_t = \sum_{i=0}^{\infty} L_iA_i\varepsilon(t) \qquad (2-14)$$

所以有：$\sum_{i=0}^{\infty} D_iC = \sum_{i=0}^{\infty} A_i$，即 $\sum_{i=0}^{\infty}\begin{pmatrix} d_{11i} & d_{12i} \\ d_{21i} & d_{22i} \end{pmatrix}\begin{pmatrix} c_{11} & c_{12} \\ c_{21} & c_{22} \end{pmatrix} = \begin{pmatrix} 0 & \sum_{i=0}^{\infty} a_{12i} \\ \sum_{i=0}^{\infty} a_{21i} & \sum_{i=0}^{\infty} a_{22i} \end{pmatrix}$，

得到：

$$\sum_{i=0}^{\infty}(d_{11i}c_{11}+d_{12i}c_{21})=0 \tag{2-15}$$

由于在均衡状态，$X_t=X_{t-1}$，此时 $\sum_{i=0}^{\infty}D_i=[I-B(L)]^{-1}=(I-B_1-B_2-\cdots B_p)^{-1}$，据此可以求出 $\sum_{i=0}^{\infty}D_i$。即可确定变换矩阵 C。即可通过简化式 VAR 模型中的残差序列测算出各经济体的供给冲击与需求冲击序列，再考察它们之间的相关性。

从表 2－16 和 2－17 中看出，在东亚代表性国家需求与供给形成的 28 组关系中，需求呈现正相关关系的有 15 组，供给呈现正相关关系的有 18 组。在需求冲击方面，整个东亚都呈现出比较弱的相关性，除了菲律宾和泰国之外，没有其他两个国家的需求冲击相关系数超过 0.5。东亚需求冲击的对称性总体上小于供给冲击，而东亚地区之所以表现出较弱的需求相关性，很大程度上是因为东亚区域内各经济体缺乏宏观政策的协调。以上数据表明，东亚地区面临更多的不对称冲击，在推进区域政策协调、货币合作等方面存在着更多不利因素。东亚地区经济冲击相关性明显低于其产出、价格波动相关性，说明这些地区经济运行的同步性并非完全源自对称性冲击，而在很大程度上反映出政策目标的一致性。这也表明，单纯观察经济波动一致性并不能得到有关结构性冲击对称性的充分信息。

表 2－16　　东亚代表性国家需求冲击相关系数矩阵

	中国	日本	韩国	印度尼西亚	马来西亚	菲律宾	新加坡	泰国
中国	1							
日本	0.044041	1						
韩国	0.384072	0.18711	1					
印度尼西亚	0.044397	0.245771	0.484035	1				
马来西亚	－0.002255	0.275136	0.10463	0.401448	1			
菲律宾	0.181788	0.245344	－0.26589	－0.03327	－0.219039	1		
新加坡	－0.051521	－0.23363	0.300777	－0.142291	－0.321127	－0.312512	1	
泰国	0.175388	0.086508	－0.36175	－0.317909	－0.27716	0.521694	－0.379167	1

表 2-17　东亚代表性国家供给冲击相关系数矩阵

	中国	日本	韩国	印度尼西亚	马来西亚	菲律宾	新加坡	泰国
中国	1							
日本	0.123277	1						
韩国	0.148709	0.590499	1					
印度尼西亚	-0.007279	-0.416085	-0.826941	1				
马来西亚	0.029749	0.452173	0.639382	-0.799981	1			
菲律宾	0.375316	0.078049	-0.079484	0.186597	-0.077973	1		
新加坡	-0.257304	0.340504	0.498834	-0.588797	0.695638	-0.315841	1	
泰国	0.248785	0.187693	0.159961	0.153703	0.080729	-0.020037	0.16451	1

资料来源：相关系数矩阵的计算感谢黄涛提供的支持。

因为供给冲击对产出具有持久性的效果，而且相对于需求管理政策和货币当局而言，供给方面的扰动或冲击具有更大的客观性和平稳性。通过对表中相关系数的比较可以发现，供给冲击的相关性要高于需求冲击的相关性，并且存在一些高度相关的“子区域”（Regional Sub-clusters），其中比较明显的是由日本和韩国组成的东北亚子区域，二者之间的供给冲击相关性是0.59。另外，马来西亚和新加坡之间的供给冲击相关系数也很高，接近于0.7，但由于对于整个东南亚而言，两个国家的数量毕竟太少。

无论就供给冲击还是需求冲击而言，中、日、韩三国之间，都表现出一定的相关性。另外，当大国经济处于长期稳定状态时，它与其他经济体之间的弱相关性，恰恰反映出该大国可以作为区域经济的稳定器，此时大国参与区域合作，有助于整个区域经济环境的稳定。无论是供给冲击还是需求冲击，日本与东亚各国之间都表现出一定的相关性，表明日本在地区经济稳定中的作用。

另外，Bayoumi 和 Mauro（1999）也估算冲击的相关性、冲击强度和对冲击的调整速度。考察了东亚地区 1968-1998 年的数据，并与欧洲 1968-1989 年的数据结果进行比较。结果表明，中国香港、新加坡、印度尼西亚和马来西亚具有类似的供给冲击。在 ASEAN 国家中，印度尼西亚、马来西亚和新加坡具有类似的冲击，菲律宾和泰国的冲击更具异质性。样本期间内东亚地区的冲击强度明显要高于欧洲国家，其中一个因素是包含了亚洲金融危机，不过即使不包括亚洲金融危机，也不改变结论。调整速度上，东亚国家（特别是 ASEAN）对冲击的调整速度明显要快于欧洲国家。

Baek 和 Song（2002）运用同样的方法估算了东亚 14 国 1970－1998 年样本期间内冲击的相关性、冲击强度和对冲击的调整速度。根据 Baek 和 Song 的估算，供给冲击方面，中国香港、印度尼西亚、韩国、马来西亚和泰国在 5% 水平上显著相关，日本与印度尼西亚、韩国和泰国也显著相关，这 6 个经济体构成核心群组，值得注意的是中国、新加坡与东亚国家间冲击的相关性不明显。需求冲击方面中国台湾、印度尼西亚、韩国、马来西亚和泰国在 5% 水平上显著相关，与供给冲击不同的是，中国香港、新加坡和中国台湾，韩国、新加坡和中国台湾的相关性很强，日本与韩国和中国台湾高度相关。与供给冲击类似的是，中国与其他国家需求冲击的相关性不明显。冲击强度方面，东亚国家的供给冲击强度差不多是 EMU 国家的 2 倍，需求冲击强度差不多是 EMU 国家的 8 倍。调整速度上，东亚国家比 EMU 国家的调整速度要快，特别是需求冲击的调整速度是 EMU 国家的 2 倍。

另外还有 Yuen（2000）、Trivisvavet（2001）和 Wyplosz（2001）进行了类似研究。其中，Yuen（2000）考察了宏观经济波动、地理毗邻以及社会文化相容性三种因素，给出了新加坡和马来西亚、日本和韩国、中国台湾和中国香港三组经济体，他们分别代表了东南、东北和大中华三个次区域，可以先在这些次区域进行货币合作和一体化。Trivisvavet（2001）则认为，可以先由东南亚国家（泰国、新加坡、马来西亚、印度尼西亚、菲律宾和韩国）结成货币联盟，然后扩展到包括日本和中国香港。Wyplosz 检验冲击的相关性得到了相反的结论：（1）欧洲国家冲击的相关性明显高于亚洲国家，这意味着亚洲国家高贸易一体化程度并没有带来产出一致性结果；（2）韩国、马来西亚和泰国的经济联系更为紧密，形成一个次国家群，与日本具有一定的相关性，中国几乎是独立于整个亚洲经济之外。

总之，从宏观经济的非对称冲击方面，我们可以确定出一组国家（地区）EA6，即中国香港、印度尼西亚、日本、韩国、马来西亚和泰国，他们具有对称性的供给波动。另外，还可以加上新加坡、中国台湾和中国组成 EA9，作为区域内货币联盟的候选国。因为尽管中国台湾和新加坡在供给波动上与前面的 EA6 不相关，但是他们与 EA6 具有相似的需求波动，对中国而言，经济波动的幅度几乎可以忽略，而且能够很快被吸收。其他 ASEAN 国家没有显示出供给冲击和需求冲击方面的任何相关性，如果加入货币联盟，可能增加整个货币联盟使用单一货币的成本，而且可能增大冲击的不对称性。

2.4 结 论

在只考虑两个国家的情形下，如果这两个国家具备最优货币区的潜质，他们一定具有宏观经济变量对称性冲击的特征，他们的基本经济变量从平均水平来看具有互动的特征。因此，在G-PPP看来，如果两个国家构成最优货币区，这两个国家实际汇率存在平稳性关系。在多个国家的情形下，如果这些国家的经济变量之间存在着足够的相关性，这些国家基本经济变量的变动会带动实际汇率的变动具有共同的随机趋势，那么这些国家的实际汇率就应该具有共同的变动趋势。因此，分析东盟、中国、日本和韩国之间是否存在潜在的最优货币区，我们期望在这组国家的实际汇率之间，至少存在一组实际汇率的线性组合具有长期平稳关系。我们采用1994-2003的月度数据，分别对6组关系进行检验，检验的结果归纳为表2-18。

表2-18 协整检验结果的总结

样本	A	B	C	D	E	F
检验结果	存在OCA	存在OCA	不存在OCA	存在OCA	存在OCA	存在OCA

注：A. 东盟、中国、日本和韩国之间实际汇率的关系（美国为基准国）

B. 东盟、中国、日本和韩国之间实际汇率的关系（日本为基准国）

C. 中国、日本和韩国之间的实际汇率的关系（美国为基准国）

D. 中国、日本和韩国之间的实际汇率的关系（日本为基准国）

E. 东盟、日本和韩国实际汇率的关系（美国为基准国）

F. 东盟、日本和韩国实际汇率的关系（日本为基准国）

在我们的样本中，除了1组实际汇率关系不存在G-PPP，其他5组关系之间的G-PPP都成立。这一发现相当乐观，从总体上我们认为，在东亚地区存在最优货币区的潜力。更为重要的是，我们发现，“东盟+3”本身具有形成最优货币区的潜力。这一结果表明，目前的“东盟+3”框架中成员国之间的经济联系程度已经具备实现更高层次货币合作的可能性。我们的结论是对近年来其他对东亚地区不同次区域的最优货币区的主要经验研究结论的一项补充（表2-19）。

表2-19　东亚货币联盟候选名单：近年来选择的经验研究结果

研究者	次区域候选成员名单
Bayoumi 和 Eichengreen（1994）	中国香港、印度尼西亚、马来西亚、新加坡和泰国
	日本、韩国和中国台湾
	中国香港、印度尼西亚、马来西亚和新加坡
Bayoumi 和 Mauro（1999）	中国香港、新加坡、印度尼西亚和马来西亚
Yuen（2000）	新加坡和马来西亚
	日本和韩国
	中国台湾和中国香港
Trivisvavet（2001）	泰国、新加坡、马来西亚、印度尼西亚、菲律宾和韩国
Baek 和 Song（2002）	日本、韩国、中国香港、印度尼西亚、马来西亚和泰国
Zhang 等（2003）	新加坡、马来西亚、印度尼西亚和泰国
	日本、韩国、中国台湾、中国香港
我们的研究	中国、日本、韩国和东盟
	中国、日本和韩国
	东盟、日本和韩国

资料来源：覃东海根据相关研究总结所得。

由于运用G-PPP模型时我们不考虑具体哪些因素在决定最优货币区时是显著的还是非显著的。这样，作为对G-PPP模型经验研究的扩展性分析，具体考察哪些因素在多大程度上支持或不支持我们的发现就是十分必要的了。我们在大量的经验研究成果的基础上，用12个标准分析决定东亚经济体之间存在最优货币区各因素的作用。尽管各项研究的样本选择不完全吻合，而且在不同标准下对东亚经济体的检验得出的结论也并非都是支持性的，但总体来看，在各种不同的次区域中，总能找到具备最优货币区的一些重要特征，比如贸易和投资的一体化程度很高，存在小的和同质性的需求冲击和供给冲击，对冲击的调整速度很快，以及存在共同的经济周期等。这些发现在一定程度上对我们第二章的检验结果提供了支持性证据。

然而，更加意味深长的是，我们的研究引发这样的思考：一方面，理论和经验研究的发现是如此乐观，我们和其他多项经验研究都发现了在东亚地区存在多个次区域性的最优货币区；而另一方面，现实却是另一幅图景，东亚地区到目前为止还不存在真正意义上的货币合作制度性安排。现实中在东亚地区唯一具有准机构性的金融合作机制——清迈倡议（东盟 +3 之间的金融合作框架），无论在合作内容和形式还是在制度安排上都远远滞后于成员国之间已经存在的经济联系的紧密程度所提供的更高层次合作的可能性。因此，我们的经验结论，在一定程度上可以推演出这样的判断，目前在这一地区存在的非制度性合作形式滞后于这一地区实际存在的经济联系的紧密程度。

如何解释理论研究结论的乐观判断与现实的滞后状况之间的“反差”呢？我们大致认为有这样两个可能的原因。

一是，是否形成最优货币区，最终取决于各经济体从自己的利益和福利出发评估加入货币区的成本和收益。我们的 G－PPP 模型同样建立在这个理论基础之上。然而，理论上成本－收益方法尽管为一国判断加入货币联盟的正面和反面效应提供了全面的分析框架，但是，这种正反效应常常不能进行直接比较，主要有这样几个难题：一是成本和收益常常是定义模糊的概念，无法进行明确测算，很多时候，经验的测算方法不能直接运用，往往要借助一些间接指标和取估计值；二是这些成本和收益往往采用不同的计算单位，无法进行直接比较，常常需要分配一个权重，这种分配可能带有明显的主观特性，甚至取决于政治家的价值判断。因此，在多数情况下，在成本收益框架内考虑是否加入货币联盟，经济学家们容易给出明确的答案，但政策决策者们则可能迟疑不决。

二是，在最优货币区各个判断标准中，缺少一致同意的量化指标。Tower 和 Willet（1976）指出，加入货币区提高了货币使用效率，同时也给随意性地运用宏观经济政策达到内部平衡的政策选择上增加了外部限制，外部冲击总的调节成本取决于冲击的来源、类型和强度，而且是开放程度的减函数。问题是，现有的指标中无法将一致同意这一指标量化，我们的 G－PPP 模型，也无法将一致同意指标纳入模型的矩阵之中。如果我们能够对一致同意这一指标进行量化，对东亚地区的经验研究很可能得出对最优货币区不支持性的结论，因为在可观察的现实中，东亚经济体普遍缺乏经济政策合作的意愿，这可能是导致理论发现与现实结果不一致的原因之一。

总之，我们认为，就货币合作而言，在东亚地区存在着理论经验研究结果与现实安排之间的巨大反差，目前存在的非制度性合作形式滞后于这一地区实际存在的经济联系。这一发现的重要含义是，在东亚，由于缺少彼此的政治妥协和在共同利益上达成的一致，即便经济上已经具备高层次货币合作的可能性，这种可能性也很可能在相当长的时间内仅仅是一种潜力。各种理论和经验的分析，也只不过是为货币一体化的实现提供一个理想化的菜单。因此，从相当程度上来讲，与经济学家们的分析相比，要在实质上推动东亚地区货币合作，政治家们的决心更为关键。

附　件

附表 1　　实际汇率时间系列特征

（单位根检验，样本：1994 年 6 月 –2003 年 1 月）

临界值（t – ADF – CV）：5% = –2.889；1% = –3.494

实际汇率	美国为基准国家		日本为基准国家	
	t – ADF	$\beta+1$	t – ADF	$\beta+1$
JP	–1.1663	0.97819		
MY	–0.13426	0.99924	–0.026846	0.99986
CA	–0.69995	0.98752	–2.1896	0.91812
IN	–1.5995	0.95570	–1.7994	0.93280
KR	–1.4767	0.97046	–2.1920	0.91429
LA	–1.4196	0.96389	–2.2818	0.89569
MA	–1.1454	0.98141	–1.9393	0.94089
PH	–0.69449	0.98985	–1.8829	0.94289
SI	–0.15712	0.99813	–1.7738	0.95148
TH	–1.1044	0.98012	–2.2678	0.92474
VI	0.49732	1.0066	–1.8788	0.94605
CH	0.59777	1.0134	–2.5213	0.89181

附表2 东盟、中国、日本和韩国（美国为基准国）之间实际汇率多重协整检验结果（1994年5月－2003年1月）

λ_{max}			λ_{trace}		
$H_0: r=p$（秩）	$H_1: r=p+1$	λ_{max}值	$H_0: r<=p$	$H_1: r>p$	λ_{trace}值
$r=0$	$r=1$	149	$r=0$	$r>0$	799.9
$r=1$	$r=2$	130.6**	$r<=1$	$r>1$	651**
$r=2$	$r=3$	98.84**	$r<=2$	$r>2$	520.4**
$r=3$	$r=4$	92.04**	$r<=3$	$r>3$	421.5**
$r=4$	$r=5$	81.13**	$r<=4$	$r>4$	329.5**
$r=5$	$r=6$	58.54**	$r<=5$	$r>5$	248.3**
$r=6$	$r=7$	52.86**	$r<=6$	$r>6$	189.8**
$r=7$	$r=8$	43.57*	$r<=7$	$r>7$	136.9**
$r=8$	$r=9$	34.2*	$r<=8$	$r>8$	93.37**
$r=9$	$r=10$	22.61	$r<=9$	$r>9$	59.18**

注：**指99%的置信水平上拒绝纳假设；*指95%的置信水平上拒绝纳假设。

附表3 东盟、中国、日本（基准国）和韩国之间实际汇率多重协整检验结果（1994年5月－2003年1月）

λ_{max}			λ_{trace}		
$H_0: r=p$（秩）	$H_1: r=p+1$	λ_{max}值	$H_0: r<=p$	$H_1: r>p$	λ_{trace}值
$r=0$	$r=1$	99.09	$r=0$	$r>0$	559.2
$r=1$	$r=2$	85.06**	$r<=1$	$r>1$	460.1**
$r=2$	$r=3$	83.16**	$r<=2$	$r>2$	375**
$r=3$	$r=4$	65.71**	$r<=3$	$r>3$	291.9**
$r=4$	$r=5$	56.4*	$r<=4$	$r>4$	226.1**
$r=5$	$r=6$	44.47	$r<=5$	$r>5$	169.7**

注：**指99%的置信水平拒绝纳假设；*指95%的置信水平上拒绝纳假设。

附表4 中国、日本和韩国（美国为基准国）之间实际汇率多重协整检验结果（1994年5月－2003年1月）

λ_{max}				λ_{trace}			
$H_0: r=p$(秩)	$H_1: r=p+1$	λ_{max}值	95%的置信水平	$H_0: r<=p$	$H_1: r>p$	λ_{trace}值	95%的置信水平
r=0	r=1	12.61	21.0	r=0	r>0	20.84	29.7
r=1	r=2	7.951	14.1	r<=1	r>1	8.231	15.4
r=2	r=3	0.2801	3.8	r<=2	r>2	0.2481	3.8

附表 5　　中国、日本（基准国）和韩国之间实际汇率多重协整检验结果（1994 年 5 月 –2003 年 1 月）

λ_{max}			λ_{trace}		
$H_0: r=p$（秩）	$H_1: r=p+1$	λ_{max} 值	$H_0: r<=p$	$H_1: r>p$	λ_{trace} 值
$r=0$	$r=1$	10.31	$r=0$	$r>0$	16.08 *
$r=1$	$r=2$	5.768 *	$r<=1$	$r>1$	5.768 *

注：* 指 95% 的置信水平上拒绝纳假设。

附表 6　　东盟、日本和韩国（美国为基准国）之间实际汇率多重协整检验结果（1994 年 5 月 –2003 年 1 月）

λ_{max}			λ_{trace}		
$H_0: r=p$（秩）	$H_1: r=p+1$	λ_{max} 值	$H_0: r<=p$	$H_1: r>p$	λ_{trace} 值
$r=1$	$r=2$	103.1 **	$r=1$	$r>1$	462.5 **
$r=2$	$r=3$	75.75 **	$r<=2$	$r>2$	359.4 **
$r=3$	$r=4$	60.29 *	$R<=3$	$r>3$	283.7 **

注：** 指 99% 的置信水平上拒绝纳假设；* 指 95% 的置信水平上拒绝纳假设。

附表 7　　东盟、日本（基准国）和韩国之间实际汇率多重协整检验结果（1994 年 5 月 –2003 年 1 月）

λ_{max}			λ_{trace}		
$H_0: r=p$（秩）	$H_1: r=p+1$	λ_{max} 值	$H_0: r<=p$	$H_1: r>p$	λ_{trace} 值
r=0	r=1	93.99 **	r=0	r>0	429.7 **
r=1	r=2	78.76 **	r<=1	r>1	335.7 **
r=2	r=3	56.58	r<=2	r>2	256.9 **

注：** 指 99% 的置信水平拒绝纳假设。

3 汇率扭曲及其后果：基于中国经济特征事实的理论框架

在开放经济条件下，真实汇率不仅反映了经济体对外的国际竞争力，也反映了经济体内部贸易品部门相对于非贸易品部门之间的内部竞争力。在成熟的市场经济体制内，经济基本面变化会带来真实汇率的相应调整，指引资本与劳动力在不同经济部门之间展开更加合理的配置，进而对维护宏观经济内外均衡、保障经济体增长潜力发挥重要作用。然而在中国，自1994年人民币汇率并轨以后，人民币（外部）真实汇率的决定在很大程度上取决于美元名义有效汇率的变动（见图3－1）。人民币真实汇率形成过程当中没有充分的机制反映经济基本面变化对于真实汇率调整的需要，通过真实汇率变化合理调节经济部门之间资源配置也受到了制约。特别是2002年美元出现贬值趋势以来，人民币真实汇率也随之下降，并随后引发了国际市场上人民币升值预期和市场投机行为。学术界内就人民币是否需要升值以及如何改善人民币汇率形成机制产生了激烈争论。

在过去几年当中，人民币汇率问题涌现了大量不同角度的研究。Anderson（2003）、Goldstein（2004）、Frankel（2005）、Blanchard 和 Giavazzi（2006）等基于宏观经济内外平衡视角的研究，认为需要调整当前的人民币

本文主要内容发表于《经济研究》2006年第5期。

汇率水平。张斌（2003）、施建淮和余海丰（2005）等基于均衡汇率的实证研究认为，人民币真实汇率在2003年以后存在一定程度的低估，人民币价值需要重估。更多的研究侧重于人民币汇率调整对于货币政策独立性、出口、就业、物价等方面的影响。比如，何新华（2003）、万解秋和徐涛（2004）对于货币升值与就业关系的实证研究；何新华（2004）利用中国宏观经济季度模型就人民币升值后对投资、物价和就业等方面影响的模拟；张曙光（2005）对于货币升值对出口、就业、经济增长影响的实证研究；李建伟和余明（2003）、卢向前和戴国强（2005）关于实际汇率对对外贸易关系的实证研究等。另外，余永定（2004）、麦金农和邹至庄（2005）等很多学者就调整人民币汇率对中国经济的影响也作了非常有益的讨论。总体来看，大部分研究认为，调整当前人民币汇率水平将会对就业、对外贸易产生短期内的负面冲击，但是改革当前的人民币汇率制度有利于维护货币政策独立性。

虽然在人民币汇率问题上已经有了很丰富的研究成果，但是无论在理论还是在实证层面，上述研究对于当前汇率问题决策的政策参考意义还不充分。国外学者利用典型的宏观经济分析框架，得出了人民币汇率需要调整以恢复内外均衡的结论。但是对于中国宏观经济政策制定者来说，即使面临严峻的外部不平衡、货币升值压力以及货币当局外汇占款的飞速增长，中国的宏观经济管理当局依然有充分的对策空间。在资本管制、行政手段以及冲销等各种手段的帮助下，宏观经济管理当局完全有能力维持当前或者下一个可能市场并不认同的人民币汇率水平。如果货币升值对中国经济的影响，尤其对就业和经济增长可能会产生比较严重的负面或者不确定影响，宏观经济当局完全可以继续保持当前的汇率水平，以内部的经济稳定为重，暂时放弃外部平衡目标。

国内学者所侧重的调整人民币汇率对货币政策独立性、出口、就业、物价等方面影响的实证研究对汇率政策制定可能更富有参考价值。但是，绝大部分的实证研究没有在一个能够反映中国经济特征事实的一般均衡框架内讨论人民币汇率调整对中国经济资源配置的作用机制，而是直接套用传统的经济计量模型，把所关心的变量与汇率以及其他相关变量直接或间接地联系在一起并得到了实证研究的结论。实证研究虽然回答了汇率调整会有什么样的影响，但是产生这些影响的机制并没有很好地解释。如果再考虑到由于理论以及中国经济特征事实考虑上的不完善所带来的模型设定偏误，再加上数据问题、计量方法问题以及不同实证研究之间结论的显著差异，来自实证研究的结论对政策制定者的参考意义将大打折扣。均衡汇率方面的实证研究更直接地回答了汇率水平需要做出多大幅度的调整，但是与其他实证研究类似，它跳过了汇率变化对经济资源配置调整的作用机制，政策上的说服力也不充分。

为汇率政策调整提供更加充分的参考依据，迫切需要在理论上澄清：在中国经济的特征事实之下，在一般均衡的分析框架当中，人民币汇率调整会带来资源配置的何种变化，对工资、就业、产业结构、贸易余额又会产生何种影响。这将有助于扩大汇率问题研究的视野，特别是将中国经济在近两年内愈发凸显的经济结构失衡、就业机会丧失以及外部不平衡加剧与汇率问题在一个完整的分析框架内联系起来。对这些问题认识的扩展将会对汇率政策制定提供更广泛的参考意义，这也正是本文的目的所在。

3.1 中国经济增长的几点特征事实

3.1.1 工业部门相对于服务业部门较快的技术进步

实施改革开放政策以后的20多年当中，中国经济在保持总体高速增长的同时，部门之间呈现了显著的增长差异。从表3－1中主要经济部门增加值平均增长率的比较中可以看到，工业与服务业是带动整体经济增长的主要引擎，农业部门增长相对滞缓。从劳动生产率平均增长率的比较中可以看到，工业部门劳动生产率大大超过了其他部门，成为带动全社会劳动生产率提升的引擎。通过对1981－1993年与1994－2004年两阶段平均增长率的比较，还有一个值得关注的现象：在后一个期间内工业部门的增加值增长率与前一阶段基本持平的同时，劳动生产率增长率大幅提升；服务业部门无论是增加值增长率还是劳动生产率的增长率都较前一阶段出现了明显下降。

工业部门快速增长的原因主要有两个方面。首先，是工业部门与农业、服务业部门在生产函数意义上的区别。在良好的制度保障下，处于较低发展阶段的工业部门面临很大的技术进步、资源配置改善和资本深化空间，全要

表 3-1　　中国农业、工业与服务业增长率差异　　单位：%

	不变价格增加值平均增长率			不变价格劳动生产率平均增长率		
	农业	工业	服务业	农业	工业	服务业
1981-1993	5.7	11.6	11.9	3.7	6.2	4.2
1994-2004	3	11.1	8.6	3.6	9.8	3.8

资料来源：产出和劳动力数据分别来自《2005 年世界发展指标》与华通数据库，增长率经作者计算得到。

素生产率和劳动生产率容易取得快速增长，这一点是绝大多数经历快速经济增长阶段经济体的共同经验。其次，在工业部门当中，尤其是制造业、纺织业等部门，经历了比较系统的市场化改革。具体来看，工业部门的市场化改革主要包括了几个重要方面：（1）在企业所有制方面，非国有企业大量崛起，成为推动工业部门增长的主要力量；国有企业进行了大规模的退出、重组和股份制改造，截至 2004 年底，全国 2903 家国有及国有控股大型骨干企业有 1464 家改制为多元股东持股的公司制企业，改制面在 50% 以上。（2）在市场建设方面，绝大多数工业分部门进行了比较彻底的价格体制改革，并放松了市场准入限制，大多数的工业部门形成了合理有序的市场竞争秩序。（3）外部环境方面，大幅度地降低了关税与非关税壁垒，并且积极吸引外国直接投资。毋庸置疑，上述这些实施成功的市场化改革举措为工业部门技术进步和改善资源配置效率奠定了制度上的保障，有助于实现工业部门全要素生产率的快速提高。

与工业部门的快速增长相比，服务业部门的增长则相对滞后，原因主要也是两个方面。首先，整体上来看服务业部门在生产函数意义上面临的技术进步和资源配置效率改善空间较小，全要素生产率进步受到限制。其次，占据服务业相当大比例的分部门，比如教育、医疗、卫生、环境、金融、交通等部门的市场化改革滞后，遏制了这些部门技术与资源配置效率的提高。在经营主体层面上，上述部门的主要经营者是国有企业，私人部门面临非常高的政策进入门槛；在市场建设方面，不同形式的价格管制、行业准入管制非常普遍，市场竞争不充分，以铁路交通、邮政为代表的局部行业的垄断状况非常严重。另外，由于服务业部门大部分产品难以参加国际贸易，来自国际市场的竞争与工业部门相比也非常有限。

实证经验印证了工业部门较服务业部门更高的全要素生产率。基于新古典生产函数，全要素生产率 = 产出增长率 -（资本增长率 × 资本产出份额）-（劳动增长率 × 劳动产出份额）。从表 3 - 2 中我们看到，工业部门产出增长率高于服务业，但是工业部门的资本增长率与劳动增长率均大大低于服务业。从表 3 - 2 不难推断，工业部门的全要素生产率增长率要大大高于服务业部门。

表 3 - 2　　工业与服务业的增长率分解　　单位：%

	工业			服务业		
	产出增长率	资本增长率	劳动增长率	产出增长率	资本增长率	劳动增长率
1981 - 1999	12.3	5.9	4.1	10.9	13.8	6.9

资料来源：资本存量数据来自于 Sun Linlin 和 Ren Ruoen（2002）关于中国分部门资本存量的估计，经作者整理后得到；产出和劳动力数据分别来自《2005 年世界发展指标》与华通数据库，增长率经作者计算得到。

由于贸易品多集中在工业品部门，而非贸易品集中在服务业部门，工业品部门相对服务业部门较高的全要素生产率同样也反映为贸易品部门相对非贸易品部门较快增长的全要素生产率。这是我们在以下模型分析当中的一个重要假定。

3.1.2　贸易品/非贸易品相对价格的外生性

过去 20 多年的市场化改革虽然经历了相当广泛的价格体制改革，但是贸易品与非贸易品部门产品的相对价格依然难以反映这两个部门产品之间的供求关系，并难以起到两部门之间资源配置优化的作用。在成熟市场经济当中，贸易品与非贸易品部门产品的相对价格（即真实汇率）取决于两部门背后经济基本面因素的变化。正如巴 - 萨效应所揭示的，如果一个经济体贸易品部门较非贸易品部门经历了相对较快的技术进步，会导致非贸易品相对贸易品价格上升（真实汇率上升）。在本国不具备国际市场定价能力的假定下，实现非贸易品相对价格上升的渠道有两条：（1）本国货币升值；在贸易品国际市场价格给定的前提下，本国货币升值将会降低出口品、潜在出口品、进口品、进口替代品等贸易品国内价格，非贸易品相对贸易品价格上升。（2）本国价格水平上升；由于名义汇率不变，且贸易品国际市场价格给定，本国价格水平上升将由非贸易品承担，非贸易品相对贸易品价格上升。

根据真实汇率的定义，无论是通过上述哪一种都意味着真实汇率上升。

在中国目前的汇率形成机制和物价水平治理目标下，上述两条实现非贸易品相对贸易品价格上升的渠道均难以实现。从 1994 年到 2005 年 7 月，中国一直保持了固定单一盯住美元的策略，虽然这个期间内美元相对其他世界主要货币的升值在一定程度上帮助中国实现了人民币名义贸易加权汇率的上升，但是，随着美元贬值，人民币也跟随美元一起相对世界其他主要货币贬值。至少从形成机制上看，人民币名义汇率的确定过程中没有机制反映由于经济基本面变化所带来的真实汇率调整的要求。除了保持人民币/美元名义汇率的稳定，中国宏观经济管理当局在面临各种冲击的时候密切关注物价水平目标，利用市场和行政手段保持国内物价水平稳定。对于宏观经济管理而言，遏制价格水平的大幅度波动毫无疑问是正确的，但是在名义汇率难以起到反映真实汇率调整的前提下，国内价格水平的稳定同时也遏制了贸易品相对非贸易品部门之间经济基本面变化所要求的真实汇率调整。

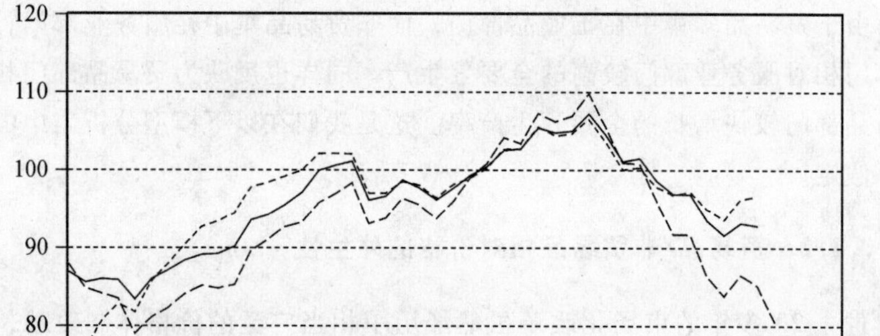

资料来源：IFS。

图 3－1　人民币名义有效汇率、真实有效汇率与美元名义有效汇率

实证经验印证了人民币真实汇率较强的外生性，人民币真实汇率波动在很大程度上取决于美元名义贸易加权汇率的波动。以 1994 年第二季度到 2004 年第四季度为样本期，人民币名义有效汇率（即名义贸易加权汇率）与美元名义贸易加权汇率的相关系数是 0.96；与此同时，人民币真实有效汇率与名义有效汇率的相关系数是 0.91。这两个非常高的相关系数说明，

人民币真实有效汇率变动在绝大程度上取决于人民币名义有效汇率，而人民币名义有效汇率变动则在绝大程度上取决于美元名义有效汇率。

需要说明的是，以上的人民币真实有效汇率是以消费物价指数价格进行调整的外部真实汇率，而表示非贸易品与贸易品相对价格的真实汇率是内部真实汇率，二者之间虽然保持密切联系，但并不完全一致（关于二者的区别参见附件 1）。虽然 1995 年与 2004 年相比真实有效汇率变化不大，但是国内很多领域的非贸易品较贸易品价格还是出现了明显的上升。背后的原因可能在于：（1）给定贸易品价格不变的情况下，国内总体物价上升通过非贸易品价格上升体现出来，导致国内非贸易品相对贸易品的价格上升；（2）由于中国商品在国际市场上较大的比重以及激烈的竞争，这些商品的国际市场价格与国内市场价格都下降，国内非贸易品相对贸易品的价格上升。尽管在外部真实汇率外生的情况下，内部真实汇率上升的空间也没有完全丧失，但是这种空间取决于国内通胀目标和外部真实汇率的外生变化。特别是在外部真实汇率贬值（正如人民币外部真实有效汇率在 2002 年以后所经历的那样），同时伴随国内较低的通货膨胀目标时，即使是经济基本面要求非贸易品相对贸易品价格上升，这种上升将无法实现，甚至出现非贸易品相对贸易品价格下降。

3.2 基本模型

在这一部分当中，我们把上述中国经济增长过程中的特征事实融入到一个贸易品与非贸易品构成的两部门模型当中。观察当贸易品与非贸易品相对价格外生的情况下，两部门之间全要素生产率差异对于两部门之间劳动力、资本等资源配置的作用机制，并从中发掘在这种假设之下，两部门之间就业比例、产出比例以及贸易余额会出现的变化。

经济由贸易品和非贸易品两部门构成，两部门满足以下科布－道格拉斯生产函数形式：

$$Y_T = A_T F(K_T, L_T) = A_T K_T^a L_T^{1-a}$$

$$Y_T = A_N G(K_N, L_N) = A_N K_N^b L_N^{1-b}$$

其中，下标 T 代表贸易品部门，下标 N 代表非贸易品部门；Y，A，K，L 分别代表产出、全要素生产率、资本与劳动；$0<b<a<1$，即贸易品资本密集度高于非贸易品资本密集度。

两部门代表性厂商面临以下最大化问题：

$$\text{Max} \sum_{s=t}^{\infty} \left(\frac{1}{1+r}\right)^{s-t} \left[A_{T,S}F(K_{T,S},L_{T,S}) - w_S L_{T,S} - \Delta K_{T,S+1}\right]$$

$$\text{Max} \sum_{s=t}^{\infty} \left(\frac{1}{1+r}\right)^{s-t} \left[q_S A_{N,S}F(K_{N,S},L_{N,S}) - w_S L_{N,S} - \Delta K_{N,S+1}\right]$$

其中 $\Delta K_{i,S+1}=K_{i,S+1}-K_{i,S}$，$i=T$，$N$（没有折旧）；贸易品价格为 1，非贸易品相对贸易品价格为 q。令 $k_t=K_t/L_t$，$k_n=K_n/L_n$，满足上述最大化问题的资本、劳动边际条件为：

$$r = A_T a k_T^{a-1} \tag{3-1}$$

$$r = qA_N b k_N^{b-1} \tag{3-2}$$

$$w = A_T(1-a)k_T^{a} \tag{3-3}$$

$$w = qA_N(1-b)k_N^{b} \tag{3-4}$$

上述系统中，r，w，k_t，k_n 是内生变量，分别代表资本边际收益率、工资、贸易品部门资本/劳动比和非贸易品部门资本/劳动比，内生的 r 隐含地假定了国际资本不完全流动。根据我们在前一部分的讨论，非贸易品与贸易品的相对价格 q 在很大程度上取决于美元名义有效汇率，即在以上系统中保持外生；另外，其余的 A_t，A_n，a，b 也是系统中的外生变量。

公式(3-3)/公式(3-1) $=w/r=\dfrac{(1-a)}{a}k_t$；公式(3-4)/公式(3-2) $=w/r=\dfrac{(1-b)}{b}k_n$，合并得到：

$$k_n = \left(\frac{1-a}{a}\Big/\frac{1-b}{b}\right)k_t \tag{3-5}$$

合并（3-1）、(3-2)，并带入（3-5），不难得到：

$$k_t = k_t(q, A_t/A_n, a, b) \tag{3-6}$$

$$k_n = k_n(q, A_t/A_n, a, b) \tag{3-7}$$

$$r = r(q, A_t/A_n, a, b) \tag{3-8}$$

$$w = w(q, A_t/A_n, a, b) \tag{3-9}$$

利用以上系统，可以得到，

$$\partial k_T/\partial(\frac{A_T}{A_N})<0;\ \partial k_N/\partial(\frac{A_T}{A_N})<0;\partial r/\partial(\frac{A_T}{A_N})>0;\ \partial w/\partial(\frac{A_T}{A_N})<0;$$

推论 1：其他条件不变，贸易品部门相对非贸易品部门的全要素生产率水平提高会带来：（a）贸易品部门资本/劳动比下降；（b）非贸易品部门资本/劳动比下降；（c）资本边际收益率提高；（d）工资水平下降。

为什么贸易品相对非贸易品更快速的生产率进步会带来以上效应呢？

问题的关键在于以下几个方面：（1）如果贸易品部门与非贸易品部门相对全要素生产率水平提高，其他条件不变，贸易品部门相对较高的全要素生产率会导致该部门资本相对于非贸易品部门的收益率提高。在资本收益率差异的信号作用下，资本市场朝着更有利于贸易品部门的方向输出资本，资本边际收益率保持在较原来非贸易品部门资本边际收益率更高的水平上（$r\uparrow$）。（2）与较高的资本边际收益率相对应的，是两个部门资本/劳动比的下降（$k_t\downarrow$；$k_n\downarrow$）。达成这一点的关键在于资本与劳动流出的比例如何。考虑到资本密集型的贸易品具有较高的资本/劳动比，劳动密集型的非贸易品部门较低的资本/劳动比，如果流出的资本/劳动比介于二者之间，最终的结果是贸易品部门与非贸易品部门的资本/劳动比共同下降。比如，贸易品部门 100 个资本，10 个劳动，资本/劳动比为 10 ∶1；非贸易品部门 50 个资本，25 个劳动，资本/劳动比 2 ∶1；如果从非贸易品向贸易品流出的资本/劳动比介于两个部门资本/劳动比之间，比如 20 个资本，5 个劳动，最终结果是贸易品部门资本劳动比 8 ∶1，非贸易品部门 1.5 ∶1，两部门资本/劳动比都下降。（3）与资本/劳动比下降相对应的，必然是工资水平下降（$w\downarrow$）。

假定两部门的资本、劳动总量保持固定，而且被充分利用，不难得到：

$$(K-K_T)/(L-L_T)=k_N(\frac{A_T}{A_N},\cdots),\ k'_{N.\frac{A_T}{A_N}}<0$$

$$K_T/L_T=k_T(\frac{A_T}{A_N},\cdots),k'_{T.\frac{A_T}{A_N}}<0$$

可以求得：

$$L_T=L_T(k_T(\,..\,))=\frac{K/k_T(\frac{A_T}{A_N},\cdots)-uL}{(1-u)} \tag{3-10}$$

$$L_n=L_n(k_t(\,..\,))=\frac{L-K/k_t(\frac{A_T}{A_N},\cdots)}{1-u} \tag{3-11}$$

其中 $u=\frac{k_n}{k_t}$，通过公式（3－5）我们知道它是常数（$\frac{1-a}{a}/\frac{1-b}{b}$）。公式（3－10）/公式（3－11）得到，

$$\frac{L_t}{L_n}=\frac{K/k_T\left(\frac{A_T}{A_N},\ \cdots\right)-uL}{L-K/k_t\left(\frac{A_T}{A_N},\ \cdots\right)} \tag{3-12}$$

$$\partial L_t/\partial\frac{A_T}{A_N}>0;\partial L_n/\partial\frac{A_T}{A_N}<0\quad \partial(L_t/L_n)/\partial\frac{A_T}{A_N}>0$$

推论 2：其他条件不变，贸易品部门相对非贸易品部门相对全要素生产率水平提高使得劳动力从非贸易品部门向贸易品部门转移，贸易品部门就业/非贸易品部门就业比重上升。

利用公式（3－10）、公式（3－11）以及两部门生产函数，得到

$$\frac{Y_N}{Y_T}=\frac{A_N}{A_T}\frac{Lu^b k_T\left(\frac{A_T}{A_N},\ \cdots\right)^{1-a+b}-Ku^b k_T\left(\frac{A_T}{A_N},\ \cdots\right)^{b-a}}{K-Lk_T\left(\frac{A_T}{A_N},\ \cdots\right)} \tag{3-13}$$

上式可以进一步表示为$\frac{Y_N}{Y_T}=\frac{A_N}{A_T}F\left(k_T\left(\frac{A_T}{A_N},..\right),..\right)$，且有$\frac{\delta F\ (..)}{\delta\ \left(\frac{A_T}{A_N}\right)}<0$；

进一步地，不难得到 $\frac{\delta\ (Y_N/Y_T)}{\delta\ (A_T/A_N)}<0$。

推论 3：其他条件不变，贸易品部门与非贸易品部门相对全要素生产率水平提高使得贸易品相对非贸易品部门产出增加。

至此，从两部门经济中的供给方，我们看到了在两部门产品相对价格外生的情况下，两部门相对全要素生产率变化对资本、劳动在两部门之间重新配置的影响，并且导致了总体资本收益率、工资、两部门相对就业水平与两部门相对产出水平的变化。

为了讨论以上产业结构变化对贸易收支的影响，需要引入经济中的需求方。令经济中代表性家庭最大化跨时期支出水平：

$$\text{Max}\ U_t=\sum_{s=t}^{\infty}\beta^{s-t}u(E_s)$$

其中，支出水平 E 包括了贸易品 E_T 与非贸易品 E_N 两种产品的支出，

且满足不变替代弹性函数形式：

$$E(E_T,E_N)=[m^{\frac{1}{\theta}}E_T^{\frac{\theta-1}{\theta}}+(1-m)^{\frac{1}{\theta}}E_N^{\frac{\theta-1}{\theta}}]^{\frac{\theta}{\theta-1}}$$

$$\text{s. t.}\quad E_T+qE_N=E$$

其中，E 代表总支出水平；θ 表示贸易品与非贸易品替代弹性，$\theta>0$；m 和 $(1-m)$ 分别代表贸易品、非贸易品支出份额，$0<m<1$。求解以上问题，得到

$$\frac{mE_N}{(1-m)\ E_T}=q^{-\theta} \tag{3-14}$$

公式（3-14）说明，贸易品部门与非贸易品部门支出比例取决于两部门产品相对价格、两部门产品替代弹性以及产出支出份额 m，以及两部门与总支出水平无关。如果两部门产品相对价格外生，或者保持固定，代表性家庭对两部门产品支出比率也保持外生或者固定。公式（3-13）还可以表示为 $E_T=h\ (q,\ \theta,\ m)\ E_N$。

一个经济体的贸易余额可以表示为：

$$TB=Y_T-E_T$$

TB 代表贸易余额，Y_T 代表贸易品生产，E_T 代表国内贸易品支出，贸易余额等于本国生产的贸易品减去本国贸易品支出。等式两边除以国内贸易品产出，得到：

$$TB/Y_t=1-E_t/Y_t \tag{3-15}$$

其中，国内贸易品支出占国内贸易品产出可以表示为：

$$E_t/Y_t=\frac{h(q,\theta,m)L_n(..)A_ng(k_n(..))}{L_t(..)A_tf(k_t(..))} \tag{3-16}$$

其中，$E_T=h\ (q,\ \theta,\ m)\ L_n(..)A_ng(k_n(..))$。

不难看出，$\frac{\partial E_t/Y_t}{\partial(A_T/A_N)}<0$，或者 $\frac{\partial(TB/Y_t)}{\partial(A_T/A_N)}>0$。

推论 4：其他条件不变，贸易品部门与非贸易品部门相对全要素生产率水平提高，使得国内贸易品支出在总贸易品产出中比例减少，贸易余额占据贸易品生产的比例增加。

利用图（3-2），可以给这个推论做出更加直观的解释。初始位置上，生产可能性边界为图中内侧曲线；由原点向右上方的直线代表了贸易品与非贸易品支出比例，在贸易品与非贸易品相对价格外生的情况下，该曲线斜率保持固定；经济中的贸易品生产 = 贸易品支出 = OT；非贸易品生产 = 非贸

易品支出 = ONT；贸易余额为0。由于贸易品相对非贸易品全要素生产率的提高，生产可能性边界转移到了外侧曲线，在贸易品生产上出现了不对称的扩张。如果继续保持贸易品与非贸易品相对价格不变，在新的生产性可能边界上贸易品生产为 OT′，非贸易品生产为 ONT′；但是在需求方，国内贸易品支出并没有因为贸易品生产的扩大而扩大，相反地，由于贸易品与非贸易品支出比率在两种产品相对价格外生的条件下保持不变，非贸易品支出（由于非贸易品生产的减少）减少的同时也带来了贸易品国内支出的减少。最终，贸易品生产大于贸易品支出，出现了 ET′T 的贸易余额。

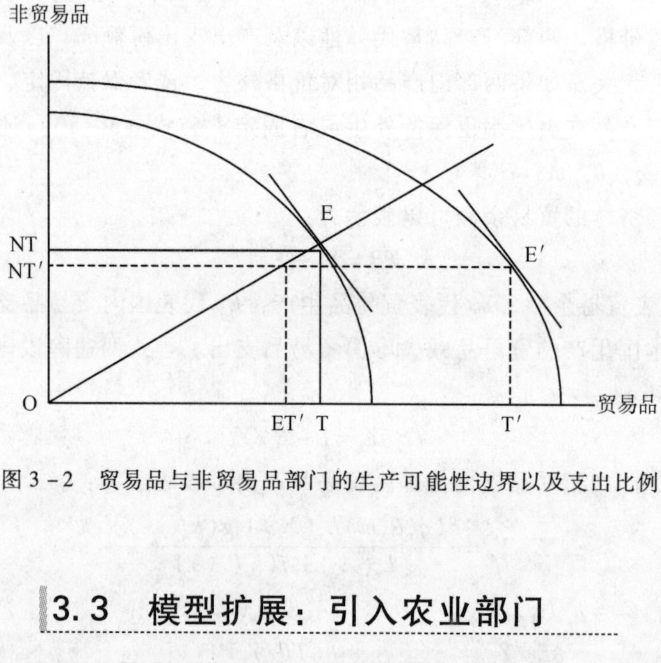

图 3－2　贸易品与非贸易品部门的生产可能性边界以及支出比例

3.3　模型扩展：引入农业部门

在中国20多年来的快速经济增长过程中，大量农村剩余劳动力持续从农业转向城市中的制造业与服务业，将这一特征事实融入以上的模型当中会使模型更贴近中国经济增长事实，并有助于观察在贸易品与非贸易品相对价格外生的前提下，贸易品部门与非贸易品部门相对全要素生产率水平提高对农村与城市之间的劳动力流动、产业结构变化以及贸易余额的影响。

假定以上两部门模型包括了非农贸易品部门与非贸易品部门，同时经济中还存在一个相对独立的农业部门。农业部门、非农贸易品部门和非贸易品部门之间有一个统一的劳动力市场，并满足以下关系：

$$\bar{L} = L_A + L(w, ct),\ L_w > 0,\ L_{ct} < 0 \tag{3-17}$$

其中，$\bar{L}$，L_A，L 分别代表全社会劳动力供应、农村劳动力供应、非农贸易品部门与非贸易品部门劳动力供应。非农贸易品部门与非贸易品部门之间存在完全统一的劳动力市场，L 取决于这个市场上的工资水平 w，当 w 上升的时候更多农业部门劳动力流向非农贸易品部门与非贸易品部门；同时，L 还取决于农业劳动力向城市转移的转换成本，这些成本指城市劳动力在不同部门之间工作转换所不曾面临的各种政策歧视、限制，以及（城市工人不能得到的）土地对于农村劳动力带来的生活基本保障的机会成本。

由推论（1）我们看到，在贸易品相对非贸易品价格外生的前提下，贸易品部门与非贸易品部门相对全要素生产率水平提高会导致工资水平的下降。将这个推论运用到公式（3-17），结论是城市中的非农贸易品部门与非贸易品部门就业减少。这个结论与我们看到的大量农村劳动力向市场转移的现象显然不符合，主要原因在于我们仅仅考虑了贸易品与非贸易品部门相对全要素生产率的变化对工资和劳动力流动的影响，与全社会人口赡养率变化所带来的全社会劳动力供给变化、农业劳动力向城市转移的转换成本变化等因素相比较，前面的这种影响可能并不是主导性的。通过对农业与城市间劳动力转移情况的分析我们发现，1978－1995 年期间，农业劳动力占全社会劳动力人口比重下降了 17%；1996－2004 年期间，这个比例仅下降了 4%；平均来看，农村劳动力转移的速度在后一个阶段下降了一半。2004 年，中国东南沿海地区还持续出现了“民工荒”的局面。这些事实说明，在城市部门经历着劳动生产率快速提高的同时，工资水平却没有得到相应提高，农业向城市就业转移也从中受到了限制。

将 $L = L\left(w\left(\frac{A_T}{A_N},..\right), ct\right)$ 取代公式（3-12）中保持不变的 L，贸易品与非贸易品两部门的就业比重就可以表示为：

$$\frac{L_t}{L_n} = \frac{K/k_T\left(\frac{A_T}{A_N},\cdots\right) - uL\left(w\left(\frac{A_T}{A_N},\cdots\right)\right)}{L\left(w\left(\frac{A_T}{A_N},\cdots\right)\right) - K/k_t\left(\frac{A_T}{A_N},\cdots\right)} \tag{3-18}$$

与非农贸易品部门与非贸易品部门总劳动力供给保持不变的公式

(3－12)相比，不难从公式（3－13）中看出，当非农贸易品部门与非贸易品部门总劳动力供给是工资的增函数时，贸易品部门与非贸易品部门相对全要素生产率水平提高会导致两部门就业比例$\frac{L_t}{L_n}$更加显著的提高。将$L=L$（w（$\frac{A_T}{A_N}$，..），ct）带入公式（3－13），可以得到两部门产出比例$\frac{Y_N}{Y_T}$更加显著的降低；将公式（3－18）带入公式（3－16），贸易品支出占贸易品生产E_t/Y_t也会出现更加严重的下降，或者说，贸易余额占贸易品生产的比重TB/Y_t有更显著的增加。

3.4 结论：模型中的政策含义

从以上模型中不难看出，在保持真实汇率不变与国内物价水平稳定的货币政策组合下，市场经济体制改革所带来的贸易品部门相对非贸易品部门更快的全要素生产率进步所带来的不仅是经济增长，同时还会造成：（1）工业/服务业产业结构扭曲；（2）贸易余额扩大；（3）工资水平下降，并阻碍了农村劳动力向城市的转移；（4）工资下降与利润率上升，恶化收入分配。当引入农村劳动力向城市转移现象之后，以上扭曲的现象会更加严重。

模型中蕴含的解决上述问题的途径主要有两个方面。首先是重估人民币名义汇率，通过由此实现的真实汇率上升反映贸易品与非贸易品相对价格的合理调整，进而优化经济结构、改善外部不平衡，并扩大农村向城市劳动力的转移。从公式（3－6）—公式（3－9）和公式（3－16）中不难看到，真实汇率上升会提高两部门资本/劳动比，工资水平上升和利润率水平下降，同时降低贸易品相对非贸易品部门的就业和产出比例，减少贸易余额。需要特别说明的是，传统观点在讨论货币升值对经济的影响时，主要强调了货币升值对于出口以及经济增长速度带来的一些短期负面冲击以及一些结构性失业问题，如果人民币选择较大幅度的价值重估，这些冲击在中国也会在短期内不同程度地呈现出来。但是，我们还需要看到，这些负面冲击都是短期的，从中长期看货币升值对于提高就业和改善中国经济结构将起到积极作用。权衡利弊，重估人民币汇率到合理水平，同时伴以短期财政或者其他方面短期政策规避由于货币升值所带来的短期负面影响，是兼顾短、长期利益的合理选择。如果仅顾及短期利益而忽视长期利益，短期内的利益终将会因为经济结构的持续恶化与宏观经济不稳定而告终。另外，在重估人民币汇率到其合理价值区间的过程当中，可以采取渐进的方式，也可以采取一次性重估的方式①。特别是如果美元较世界其他主要货币呈现贬值趋势，人民币对美元的小幅渐进式升值很可能达不到人民币真实有效汇率的上升（甚至是下降）的作用，人民币名义汇率水平将很难得到市场的认可，并引起强烈的市场投机以及不断增加的货币当局操作压力。这样做不仅起不到发挥汇率价格杠杆调节经济资源配置的积极作用，反而增加了短期内宏观经济的不稳定因素。

解决上述问题的另一个重要手段，是在服务业中市场化程度滞后的部门进一步推进改革，提高服务业部门的全要素生产率。在贸易品部门全要素生产率保持既定的情况下，提高非贸易品部门的全要素生产率会降低两者之间的差距，结合以上模型我们不难看到这对优化经济结构、改善外部不平衡，扩大农村向城市劳动力的转移将发挥积极作用。结合我国以往改革的成功经验，放松价格管制、放松经营主体资格限制、扩大行业的对外开放、鼓励不同所有制经营主体之间的公平市场竞争是取得市场化改革成功的关键。与此同时，由于教育、医疗、卫生、环境、金融、交通等市场化改革相对滞后的现代服务业部门往往会涉及到公共产品与公共安全的问题，在推进这些部门改革的时候不可避免地会遇到市场失灵现象，这需要政府在推进改革的过程中准确定义政府职能，一方面要积极放权，扩大私人部门在资源配置中发挥的作用；一方面要集中资源，积极弥补市场缺陷。

附录：外部真实汇率与内部真实汇率之间的联系

假定本国和国外商品价格总水平都分别是其贸易品和非贸易品的加权平均，用公式表示如下：

① 关于以哪种方式实现人民币汇率调整的更详细讨论，参见张斌、何帆（2005）。

$$P_{gd} = P_{nd}^{a} * P_{td}^{1-a} \tag{1}$$

$$P_{gf} = P_{nf}^{a} * P_{tf}^{1-a} \tag{2}$$

其中，P_{gd}代表国内物价总水平指数，P_{nd}代表国内非贸易品物价指数，a代表非贸易品在全部商品中所占的比例（假定国内国外这个比例相同），P_{td}代表国内贸易品物价指数，$1-a$代表贸易品在全部商品中所占的比例，下标f代表国外。

本国外部双边真实汇率可以表示为：

$$BRER = \frac{BNER * P_{gd}}{P_{gf}} \tag{3}$$

$BRER$代表外部双边真实汇率，$BNER$代表双边名义汇率。

将（1）、（2）带入（3），可以得到：

$$BRER = \frac{(P_{nd}/P_{td})^{a}}{(P_{nf}/P_{tf})^{a}} \frac{BNER * P_{td}}{P_{tf}} \tag{4}$$

P_{nd}/P_{td}是国内的内部真实汇率，P_{nf}/P_{tf}是国外的内部真实汇率，而$\frac{BNER * P_{td}}{P_{tf}}$则是以贸易品衡量的外部真实汇率。

假定一价定律成立，并且不考虑关税、运输成本，则贸易品衡量的外部真实汇率为1，（4）可以进一步变化为：

$$BRER = \frac{(IRER_{d})^{a}}{(IRER_{f})^{a}} \tag{5}$$

其中，$IRER_{d}$代表本国内部真实汇率，$IRER_{f}$代表外国内部真实汇率。将（5）进一步转化为对数形式，可以得到：

$$\widehat{BRER} = a\,\widehat{IRER_{d}} - a\,\widehat{IRER_{f}} \tag{6}$$

如果再进一步假定国外内部真实汇率不变，可以得到：

$$\widehat{BRER} = a\,\widehat{IRER_{d}} \tag{7}$$

上述一系列附加假定和公式转换说明，内部真实汇率和外部真实汇率之间虽保持有一定联系，但是二者变化并不完全一致。特别地，即使其他条件不变（国外内部真实汇率以及贸易品衡量的外部真实汇率），由于$0<a<1$，名义汇率或者国内外价格调整引起的外部真实汇率变动会引起内部真实汇率更大的变动，比例的大小取决于非贸易品在总产品中占据的比重。a越小，外部真实汇率变动引起的内部真实汇率变动越大。

4

人民币汇率水平与制度改革

有什么证据证明人民币真的被低估了？即使人民币偏离了其均衡水平，过去两年经验表明中国货币当局并没有像传统观点预测的那样，会丧失货币政策独立性，并引发通货膨胀。人民币如果被低估，负面影响重点究竟在哪个方面？人民币最终在今年选择了升值，如果中国经济增长一帆风顺，今后还会再升，升值会像传统观点认为的那样对出口、就业乃至国民经济总产出带来不利影响吗？2005 年 7 月 21 日，国内货币当局对人民币汇率制度改革做出了新的重要决定。市场对汇改之后的看法众说纷纭，有观点认为人民币汇率制度逐步走向真正的管理浮动；还有观点认为如此小幅度的调整并不足以说明人民币汇率真正走向浮动，人民币汇率形成机制并没有实质性的变化。究竟如何认识这次汇改？未来的人民币汇率制度和汇率水平会按照什么样的路径变化呢？

以上的一系列疑问是人民币汇率水平和汇率制度研究中的几个重点问题。经过过去几年时间的热烈讨论，学术界、商业研究机构和政策制定者对于这些问题的认识也逐渐清晰。特别地，由于中国比较特殊的国情，人民币

此文发表于 2006 年《世界经济黄皮书》。

汇率的研究中有很多与传统研究的重点并不完全一致，得到的结论与传统结论也并不完全一致。这里，笔者把过去几年时间里关于上述问题的研究作一个比较全面的回顾。

4.1 人民币是否低估？程度如何？

4.1.1 基于生活中的判断——直觉可信吗？

揭开汇率神秘的面纱，与其他商品价格一样，汇率可以表示为外国货币的本币价格，也就是我们通常所说的8个多人民币可以换1个美元。在供求关系的作用下，外国货币在本国的价格取决于本国对于外国货币的供给与需求。在本国外汇市场上，对外国货币的供给大于需求，外国货币贬值，同时也就是本国货币升值。

中国对外国货币的供求关系如何呢？仅靠常识推断，记忆中至少还记得从改革开放到20世纪90年代初，我们一直都生活在对“索尼”电视机、“松下”冰箱、“JVC”音响、“爱华”随身听的无限向往当中；皇冠、尼桑轿车是当时权力阶层的时尚；一套哪怕今天送给你都不要的286计算机是一个工厂、学校里面专人看守的重要财产。这些进口货太珍贵了，可以买这些宝贝的外汇，自然更是当时的宝贝。时事如棋，一切都发生的很快。以后短短10年的时间里，上面几乎所有的进口货都可以在中国找到大规模的生产基地，中国的企业也不甘落后，“海尔”、“长虹”和“联想”等一大堆国产品牌比外国大品牌也差不到哪里去，他们也大量销往欧美市场。

这些变化反映在外汇市场上，一方面是来自进口需要的外汇需求减少，另一方面是出口创汇能力增加。外汇需求持续减少，供给持续增加，外国货币降价（本币升值）自然难免。货币当局不愿让本币升值，就不得不把外汇市场上全部超过外汇需求的额外外汇收归国家外汇储备。于是，出现了中国连续长达10多年的贸易顺差与外汇储备的急剧增长。

4.1.2 基于理论的判断——巴拉萨－萨缪尔森效应正确吗？

局限于有限的生活经验，上面的判断只能帮助做一个大致的推测。更有说服力的是来自于理论的研究。早在20世纪60年代，巴拉萨－萨缪尔森假说（the Balassa－Samuelson Hypothesis，以下简称BSH）就有结论：快速经济增长带动货币升值。其中的逻辑如此：经济增长比较快的国家，往往伴随其国内贸易品部门劳动生产率的快速提升。受贸易品部门劳动生产率快速提升的影响，贸易部门工资水平提高。在一个完全竞争的劳动力市场上，非贸易品部门工资也跟随贸易品部门工资上升，非贸易品部门产品价格上升。在小国假定下，本国贸易品部门的商品价格由国际市场决定，因此其价格不会因为劳动生产率和部门工资的变化而变化。最终，非贸易品价格相对于贸易品价格上升，也就是真实汇率[①]升值。简单地说，BSH认为贸易品部门劳动生产率的上升，带来了全社会工资和价格水平的提高。但是，由于贸易品部门价格决定的外生性质，价格上升并不体现在贸易品价格上，而是非贸易品相对贸易品价格的上升上。

国内学者对BSH提出了疑问。BSH推理背后的假定在中国并不一定成立。首先，中国农村沉淀了大量劳动力，贸易品部门劳动生产率提升并不必然带动工资上升；其次，就算工资随劳动生产率调整，小国假定对中国也不符合。中国贸易品出口，尤其在纺织品、一些劳动密集型机械、电子等产品出口上，是国际市场举足轻重的供给者，能影响到国际市场价格。如果贸易品价格也因为工资变化进行了调整，也不会必然导致非贸易品与贸易品相对价格的变化。

中国这些比较特殊的地方并不影响BSH关于贸易品部门劳动生产率上升带动货币升值的基本结论，但是，BSH的推理过程在中国需要做出调整。给定贸易品部门劳动生产率快速提升，工资价格在庞大剩余劳动力的压力下不随之调整，贸易品实际价格有向下调整趋势。由于中国许多劳动密集型产品在国际市场上占据较大市场份额，国内市场价格的下降会带来国际市场价格的下降。因此，在国内非贸易品价格不变的假定下，同样会发生国内贸易品相对于非贸易品价格下降的趋势，与BSH的结论相同。

还可以从另一个角度认识BSH在中国的变形。由于贸易品和非贸易品价格的变动在中国更多体现在贸易品价格下降方面，而不是非贸易品价格上

① 可以表示为本国商品与外国商品的相对价格，也可以表示为非贸易品与贸易品的相对价格，下文中有例子说明。关于各种真实汇率表达形式之间关系更详细的讨论和实证研究，参见张斌（2005）。

升方面，中国贸易品价格的下降同时意味着出口和进口替代品价格的下降。这种变化反映在外汇市场上会导致外汇供给的增加和需求减少，贸易顺差也会增加。因此，如果典型意义上的 BSH 并不一定伴随着贸易不平衡，中国特色的 BSH 则难以避免贸易顺差，市场上对货币升值的预期与投机压力也会更加严重。

最后，必须指出的是 BSH 仅描述了在市场机制作用下均衡汇率变动的方向，并不意味着贸易品部门劳动生产率迅速变化一定会带来货币升值。原因很简单，如果有一个强有力的政府，它完全可以利用行政力量把汇率固定在一个水平上。是什么和应该是什么，在现实中往往存在难以逾越的距离。

4.1.3 基于实证模型和国际经验的研究

与生活经验或者理论相比较，来自于实证模型的证据更直接，更受到关注。除了国际收支、外汇储备等显而易见的证据以外，均衡汇率模型是判断货币是否高估或者低估的最主流工具。限于篇幅，这里不对测算均衡汇率的各种方法作出详细解释，有兴趣的读者可以参考 Montiel 和 Hinkle（1999）或者张斌（2003）。大部分相关的人民币均衡汇率模型都支持这样的结论：2000 年以后，人民币持续低估，尤其在 2002 年美元贬值以后，人民币低估的程度增加。造成人民币均衡汇率升值的原因，在张斌（2003），施健淮、余海丰（2005）等很多类似研究中也达成了共识：贸易品（制造业）部门劳动生产率的提升是造成人民币均衡汇率升值的主要推动力量。这与我们来自生活经验和理论的判断达成了一致。除了均衡汇率模型，实证判断人民币是否低估的方法还有很多，比如通过对中国与外部世界贸易品部门劳动生产率增长率的比较，再结合人民币汇率的实际变动情况，进而判断人民币是否需要调整；再比如投资银行习惯采用的基本面分析法，即通过宏观经济与国际收支基本面变化，判断货币是否需要调整。国际上比较有影响力的研究集中在瑞士联合银行（UBS）John Andson 连续三个版本的“The complete handbook of RMB”和美国国际经济研究所 Goldstein（2004）的研究。特别是，Goldstein 立足于全球国际收支平衡的视角，判断了人民币需要多大程度的调整，同时结合美日欧以及东亚诸多国家的努力，才能引导全球国际收支重建平衡。

在国际经验研究方面，张斌和何帆（2004）关于日本、德国货币升值的国际经验，证实了一个经济大国的崛起，往往会伴随着货币升值。另外还有很多关于经济增长与货币升值之间关系的实证研究，限于篇幅，这里就不再一一列举。

与判断人民币是否低估相比，在人民币究竟被低估了多少的问题上则有更多的疑问。人民币究竟是被低估了一点点？还是像国外有些声音所说的那样有30%甚至更多？国内外各种实证研究对这个问题并没有达成一致的的结论，人民币被低估的估计也从5%达到30%或者更多。造成如此重大差异的原因主要有两个方面：首先是计算方法的差异；其次是所采用样本的差异。坦白地说，由于对人民币均衡汇率决定的理论模型很难达成一致，再考虑到数据上的限制，非常准确地估算人民币均衡实际有效汇率非常困难，这些研究的结论更多的意义在于反映均衡汇率变动的趋势，背后的决定因素，以及人民币汇率失调的一个大致区间，而不在于非常准确地给出一个汇率失调的具体数字。另外，即使对均衡汇率的估计非常准确，在人民币与美元超稳定的格局下，美元相对日元、欧元等世界主要货币的变化随时都会影响人民币实际有效汇率的变化，人民币实际有效汇率与均衡汇率错位的幅度也都会随时变化，这也影响了对人民币汇率失调具体幅度进行估计的准确性。

对于政策制定者和居民企业来说，一个非常准确地人民币低估的数据也不像想象中那么意义大。即使人民币非常准确地估计被低估30%或者更多，政府也不会在一夜之间完成如此之大的调整，货币升值对于企业和居民的影响也都是在一个较长的时间内完成。典型的例子就是美国，早在2000年，就有许多经济学家和商业研究机构认定，美元大幅度高估，对于高估的估计从10%到40%不等。但是，美元依然是在今天升、明天贬的摇摆之中缓步贬值，没有因为谁准确地估计了美元高估30%，美元就真的立即贬值30%。市场，也只有市场，才真正知道均衡汇率在什么地方。

4.2 人民币低估的影响如何？

4.2.1 传统观点可信吗？

对于货币低估影响的传统论述是：货币低估导致国际资本投机，破坏货币政策独立性。当货币当局难以有效冲销投机资本带来的基础货币增加的时候，就会引发通货膨胀。这个最基本的判断在很多市场经济国家得到了验证。比如，20 世纪 70 年代日元在普遍被认为低估的情况下，日本政府依然希望保持较低的汇率水平，并鼓励日本国内银行机构持有外汇资产，以此减少外汇市场上带来的基础货币的增发压力。但是，当美国总统尼克松宣布美元与黄金脱钩以后，市场上对日元的升值预期骤然增强。日本国内的私人银行机构再也不顾货币当局的劝阻，大量抛售美元。为了维护日本的目标汇率水平，日本货币当局不得不大量收购美元，投放日元。结果，日本基础货币迅速大量增加，在随后的两年中则经历了高达 20% 的通货膨胀率。遗憾的是，日本货币当局希望保住原有低汇率水平的初衷也没有达到，日元升值依旧。

中国的情况与传统观点和大多数市场经济国家的经验不太一致，对于人民币低估的预期和市场上的投机行动并没有像传统观点认为的那样带来通货膨胀。与传统观点以及国际经验预测一致的是，对人民币低估的预期引发了投机资本的冲击，货币当局在过去几年内承受了巨大的货币操作压力。在 2003－2005 年投机比较严重的几个月，货币当局每个月要吸纳 200 亿美元外汇占款；即使是平常月份，平均每月也有 100 多亿美元的外汇占款进账。持续大量增长的外汇占款已经成为国内货币供给增加的主导渠道，外汇占款的增幅已经远远超出了货币当局的基本货币供给增长目标。但是，所有这一切并没有导致货币当局基础货币投放失控的局面，国内通货膨胀也基本上处于可控范围之内。

表面上来看，货币当局的诀窍在于发行央行票据，借此从市场上回笼货币，抵补由外汇占款增长投放出去的货币，进而保持基础货币供给在总量上的稳定增长。习惯上，这种做法被称为冲销。令人费解的是，冲销措施在西方国家的货币操作过程中被认为效果有限，尤其在中长期内，冲销措施很难达到稳定货币供给的作用。这是因为冲销过程中发行的央行票据，必然会提高本币资产的收益率，提高投机资本的投资收益，引发更多的投机资本。因此，非常短的时间内冲销措施可能有效，但是时间稍微长一点，冲销的作用就会被新增加的投机资本所抵消。但是，中国的冲销措施为何如此成功呢？关键原因在于中国对短期国际资本流动保持严格管制，由增发央行票据所带来的本币资产收益上升压力并没有转化为大量的新增投机资本。除了冲销措施以外，国内货币当局在过去几年内还采取了很多措施来降低对人民币的投机压力，比如降低商业银行在货币当局的超额准备金利率、适当放松资本流出等等。这些措施都在不同程度上发挥了作用。

货币当局遏制通货膨胀的另一个诀窍在于“窗口指导”，即通过行政手段限制贷款的增加。在“窗口指导”的保障下，即使货币当局在基础货币投放上超出了预定目标，通过“窗口指导”限制信贷增长，依然可以限制市场上的流动性增加，达到稳定物价的目的。“窗口指导”起到了降低社会上货币流通速度的目的。所以，即使基础货币增加，广义的货币供给并不一定增加，社会上总体的货币供给还保持在与稳定物价水平相一致的水平上。除了“窗口指导”以外，中国另一个显著不同于西方国家的事实在于：中央以及各级政府掌握了很大份额的经济资源。政府对于控制投资增长速度有决定性力量。为了控制通货膨胀，能够发挥作用的不仅仅是货币当局，政府其他机构也完全可以通过压缩投资来减轻通货膨胀压力。

综合来看，人民币低估预期会引致投机资本，投机资本所转化的外汇占款增长增加了货币当局在维护货币稳定供给上的操作压力和难度。但是，在资本管制、“窗口指导”或者其他形式的政府干预的保驾护航之下，中国政府有充分的政策空间把物价稳定在可以接受的水平上。考虑到中国政府对于经济资源强有力的控制能力，原则上中国政府可以把人民币汇率定在任何一个它认为适当的水平上，并同时保持国内的物价水平稳定。

传统观点所强调的货币低估的负面影响在中国并没有成为实现，但这是不是意味着货币低估对于中国经济负面影响可以忽略，中国应该继续保持低汇率水平呢?

4.2.2 人民币问题中的重点?

人民币低估会给货币当局造成操作压力，还会带来国际上的压力。但是，这些都不是人民币问题的重点。人民币低估的负面影响，关键在于它对中国经济可持续增长潜力带来的严重负面影响。具体地说，它造成了工业部门中严重的人力、能源、环境等资源耗费和创新能力欠缺，服务业中医疗、教育、卫生、环境、公共服务等供给的不充分，产业结构、国际收支、区域经济等一系列发展失衡现象。

开放经济当中，汇率是当之无愧的“价格之王”。得此美称的原因即在于汇率关系到开放经济中所有商品和金融市场产品之间的相对价格，对于资源配置效率和宏观经济稳定具有重要影响。汇率通过什么渠道影响资源配置呢①？从真实汇率的定义我们知道，真实汇率代表了一个国家贸易品与非贸易品的相对价格。汇率调整，正是通过这个渠道调节一个国家人财物等经济资源在这两个部门之间的配置。通过一个例子，更有助于说明汇率如何调节经济资源配置。

表 4－1　（贸易品部门劳动生产率快速增长下）货币低估造成的国际收支失衡与资源配置扭曲

假设			
8 年前	一台冰箱（中国制造）：80 个单位小时＊10 元人民币/单位小时＝800 元人民币。	一台冰箱（中国制造）：5 个单位小时＊20 美元/单位小时＝100 美元	一次医疗服务：40 个单位小时＊10 元人民币/单位小时＝400 元人民币
8 年后	一台冰箱（中国制造）：40 个单位小时＊10 元人民币/单位小时＝400 元人民币	一台冰箱（中国制造）：4 个单位小时＊20 美元/单位小时＝80 美元	一次医疗服务：40 个单位小时＊10 元人民币/单位小时＝400 元人民币
均衡汇率下的名义汇率与冰箱/医疗服务相对价格	8 年前，人民币兑美元：8∶1；一台冰箱＝两次医疗服务 8 年后，人民币兑美元：5∶1；一台冰箱＝一次医疗服务		
货币低估下的名义汇率与冰箱/医疗服务相对价格	8 年前，人民币兑美元：8∶1；一台冰箱＝两次医疗服务 8 年后，人民币兑美元：8∶1；一台冰箱＝两次医疗服务		
均衡汇率下的国际收支与国内资源配置	国际市场上，中美共同生产冰箱，贸易平衡 国内市场，由于冰箱/医疗服务相对价格变动，经济资源流向医疗服务部门		
货币低估下的国际收支与国内资源配置	国际市场上，美国退出冰箱生产，全部冰箱由中国生产，中国面临贸易顺差 国内市场上，经济资源集中流向冰箱生产部门		

在表 4－1 中，冰箱代表贸易品部门，医疗服务代表非贸易品部门，中国比美国的贸易品部门发生了更快速的劳动生产率进步。从上面的例子可以看到，货币低估是一种价格扭曲，将带来一系列资源配置扭曲。最明显的是

① 对于这个问题一个很有借鉴意义的讨论是 Obstfled 和 Rogoff（2004）关于美元问题的论述。

贸易顺差。由于贸易顺差代表了一个国家国际收支基本面的变化，持续的贸易顺差可能引发短期投机资本大量流入，并带来宏观经济管理上的困难。更重要的是国内经济资源配置的扭曲。在货币低估下，本应该流向非贸易品的经济资源停留在贸易品部门，贸易品部门发展得到过分的鼓励，非贸易品部门发展遭到遏制。

贸易品/非贸易品部门不协调发展，关系到我国整体经济供给面的健康发展。由于制造业多集中在贸易品部门，工业部门中的电力、能源生产供应，以及服务业中的绝大部分集中在非贸易品部门，汇率失衡同时也带来了这些部门之间的不平衡发展。正如我们所看到的，尽管我国在制造业的出口上日新月异，但是在人力资源、原材料、能源、环境上的耗费也非常严重。由于低估的汇率水平，很多原本应该退出的制造业继续停滞在行业当中，在低汇率的保护之下，行业面临的国际市场压力和内部创新动力都受到遏制。更为严重的是在电力、能源、医疗、教育、卫生、环境、公共基础设施建设等方面造成瓶颈。毋庸置疑，这些部门的市场化改革滞缓是造成这些部门效率低下、发展滞后的主要原因。同时，汇率作为这些产品相对价格的关键因素，难以发挥价格杠杆对其发展的调节作用，货币低估对于这些部门的改革和发展构成了严重障碍。

4.3 人民币升值的影响

4.3.1 小幅升值影响如何？

2005 年 7 月 21 日，人民银行宣布我国开始实行以市场供求为基础、参考一篮子货币进行调节的有管理的浮动汇率制度。人民币汇率不再盯住单一美元，形成更富有弹性的人民币汇率机制。美元对人民币交易价格自 7 月 21 日 19 时调整为 1 美元兑 8.11 元人民币。在随后的几个月当中，人民币对美元汇率又做出了非常小的调整，人民币兑美元最高汇率达到 1 美元兑 8.09 元人民币。

人民币如此小幅度的升值，对中国乃至世界经济有什么影响呢？国内外学术机构和商业投资机构普遍认为，这次调整更多地体现了中国货币当局汇率制度改革的愿望和决心，但是非常小幅度的人民币汇率调整对中国与世界经济的影响非常微弱。从汇率调整以后的几个月的市场反应可以看到，人民币升值基本上没有消除人民币离岸远期外汇市场上的人民币升值预期。在实际经济面上看，对于宏观经济中投资、消费、净出口、就业和产出等一系列变量也不构成显著影响；对于重建全球国际收支平衡影响也可谓微乎其微。事实上，过去的经验同样可以证明如此小幅度的汇率调整，不会对中国乃至世界经济造成显著影响。自东亚金融危机以来，尽管人民币/美元之间比较稳定，但人民币对美元以外世界其他货币的汇率波动频繁，人民币实际有效汇率波动的幅度并不微弱，个别年份甚至达到10%。但是，真实有效汇率的调整对于出口和整体国民经济运行并没有构成非常显著的影响。与过去年份人民币的实际有效汇率变动的幅度相比，人民币对美元升值3%之后，人民币实际有效汇率升值的幅度还远远小于这个幅度，对于经济的影响程度可想而知。

很显然，研究人民币升值对于中国经济的影响，重点不在于7月份这次调整以后对中国经济的影响，而是从一个更长期的视角看待人民币升值的影响。在前一部分中的分析我们已经看到，造成人民币升值压力的根本原因在于中国贸易品部门劳动生产率的快速提升。鉴于目前中国与发达国家贸易品部门依然保持非常大的劳动生产率差异①，中国贸易品部门在未来10年甚至更长的时间里都还有充分的学习模仿空间，劳动生产率快速提高还会持续较长时间。在此压力下，人民币升值压力也将是长期的，人民币汇率在未来总的调整幅度将是一个相当可观的水平。我们所要重点研究的，就是人民币汇率面临的这种持续调整过程中，对于中国经济影响如何？

鉴于政策当局在汇率政策制定中非常突出的控制权。细致研究这个问题的重要意义在于看清人民币升值对中国经济的影响是像教科书中所说的那样抑制出口鼓励进口，还是在中国特定的背景下另有别情。只有进一步明确了这些问题，政策制定者才有信心通过适当的汇率水平调整应对中国经济可持续增长的需要。否则，政策当局很可能在传统思维的禁锢下持续维持价格扭曲，牺牲大量的政策空间，结果却保护对经济造成负面影响的扭曲价格。

---

① 在贸易品集中的工业品部门，中国的劳动生产率仅是发达国家10%左右。

过去几年，李建伟和余明（2003）、何新华（2004）、万解秋和徐涛（2004）、范金、郑庆武、王艳和袁小惠（2004）、张曙光（2005）以及德意志银行、中金公司等商业研究机构就人民币升值对中国宏观经济的影响做了大量的实证分析。总的来看，上述研究对于认识汇率调整在短期内对宏观经济的冲击具有借鉴意义。但是，由于大部分计量模型都基于传统认识下的结构性模型，在建立模型时缺乏针对中国问题特殊国情的区别对待。再加上中国在真实汇率、行业数据、宏观数据等方面样本、数据质量的限制，结论局限性较大。鉴于这个问题具有非常重要的政策参考价值和目前计量模型建模上的局限，下面重点讨论以往实证研究中没有给予充分重视、有悖于传统观点但是贴切国情的一些问题。希望通过对这些问题的进一步深入实证研究，加强研究对政策制定的参考意义。

4.3.2 传统观点的遗漏

如果是泛泛而论货币升值的影响，传统观点很简单：货币升值会提高居民购买水平，增加其福利；但是削弱出口竞争力，并引致进口替代国内生产，企业受到不利影响，并祸及就业水平。但是，在中国目前非常特殊的快速经济增长时期，这个普通意义上的答案不仅不能贴切国情，反而很容易模糊公众对于人民币汇率调整的意义所在。

毫无疑问，升值以后的货币对于每家从事出口或者进口替代的企业都会带来压力，因为对于出口商来说出口商品的美元价格不变，但是以美元表示的生产成本却上升了；对于进口替代企业则意味着进口商品价格更便宜，同行间价格竞争会更加激烈。但是，在这个最基本的分析当中有一个关键环节令人怀疑。人民币升值以后出口商品的美元价格还会继续保持不变吗？如果人民币升值仅仅落在了某一家或者某几家企业的身上，这几家企业会面临利润锐减，甚至关门停业；如果所有的中国企业都面临同样的成本上升，那么他们一致的选择更可能是一起涨价，而不是一起坐观利润锐减或者关门倒闭。

放眼当今全球生产网络，还没有哪个国家能在短时期内大范围地替代中国在劳动密集型产品的出口。所以，即使中国商品集体涨价，国外消费者在没有其他更好选择的情况下只能继续购买中国商品。而且，如果中国商品在一定程度上带有吉芬商品的性质（吉芬商品是经济学上的一个术语，指某些廉价商品在价格上涨后消费需求不降反升，其中的原因在于某项廉价商品价格上升后带来真实收入的减少，而收入减少之后刺激消费者更多地购买廉价商品。），国外消费者在中国商品涨价后的反应可能是增加而不是减少中国商品的消费。因此，人民币升值并不必然带来中国出口企业的竞争力下降和利润减少。更有可能出现的情况是国外消费者在更坚定使用中国商品的同时，不得不为中国商品支付更高的价格。在全球范围的利益分配当中，中国受益，外部世界受损。

更为重要地，就算是上述的效应不明显，人民币升值确实减少了出口，挤垮了个别企业，这能算作不利影响吗？对于个别低效率出口企业来说，答案是肯定的。但是对于整个国家的发展来说，答案则是否定的。上文已经提到过，当前中国经济面临严峻的工业/服务业发展不平衡问题，经济资源有待在这两个部门之间调整配置。通过货币升值手段，可以最有效率地把制造业中那些技术含量与附加值低、管理不善的低效率企业挤出制造业，这恰恰符合中国经济产业结构调整的方向，进一步释放中国经济增长的未来潜力。同时，货币升值会引起行业内更加激烈的竞争，激励企业通过技术管理创新增强竞争力，让那些富于创新、有竞争力的制造业企业强者更强。日、德等很多国家国际品牌都是在货币升值过程当中慢慢长大的，他们的成功不得不感谢本国货币的持续升值，因为货币升值让他们看到在低水平上竞争是死路一条，从而不断激励他们创新、再创新，在不断的压力下走向世界知名品牌之路。

如果因为货币升值而减少了出口生产，毫无疑问会殃及这些部门的就业。但是，这能说是对国内就业的不利影响吗？答案也是否定的。出口部门就业的减少并不等同于中国整体就业的减少。上文已经提到过，货币升值有助于提高服务业产品的相对价格。在更有利的价格吸引下，服务业对于就业需求也会扩大。事实上，20世纪90年代末期以来中国新增就业机会几乎全部来自于服务业，服务业在吸纳就业方面的能力远远超出制造业。只要稍微把眼光放的长一点，货币升值对服务业点燃的勃勃生机就会对就业释放出更大的就业空间。

比就业数量更为重要的是就业质量。中国的就业压力，关键在于如何把农村中从事低附加值生产的就业人口转化为城市从事高附加值生产的人口。但是，如果农民进城后从事仅仅是甚至比农活还简单的某一个装配工序，获取的仅仅是维持基本生计的微薄工资，这样的就业就丧失了增加就业的初衷。令人遗憾的是，从20世纪80年代到现在，很多父子两代农民工还都是在最初级的加工工厂里从事着简单得不能再简单的工作，拿到的也仅仅是能够维持生计的工资。作为经济发展的最初级阶段，这种局面不失为一个过渡阶段，但是这种阶段如果持续了接近20年，后果就非常可怕了。这些加工工厂里集中的是我国最宝贵的15－30岁的年轻人力资源，这些资源不仅代表了一个国家未来的希望，而且在总人口中的比例正在飞速减少。珍惜这些宝贵资源，关键要在于退出难以让他们摆脱贫穷的行业或企业，增加其自身的人力资本积累。人民币升值已经向这些企业或者行业发出了强有力的信号：继续从事像农业劳动一样的劳动密集型低端产业要退出；没有能力为企业员工提供合理工资报酬的低效率企业要退出；重视员工人力资源培训，突出员工工作技术含量的企业要胜出。人民币升值，可谓良药苦口利于病。

4.4 人民币汇率制度改革目标

经过长达两年多的热烈讨论，人民币汇率形成机制终于在2005年7月21日迎来了崭新的一天。自2005年7月21日起，人民银行宣布实行以市场供求为基础、参考一篮子货币进行调节的有管理的浮动汇率制度。人民币汇率不再盯住单一美元，形成更富为弹性的人民币汇率机制。在随后的几个月里，人民币汇率出现了小幅度的波动，人民币对美元汇率一度从汇改当天的1美元兑换8.11人民币升值到1美元兑换8.09人民币。市场对汇改之后的看法众说纷纭，有观点认为人民币汇率制度逐步走向真正的有管理浮动；还有观点认为如此小幅度的调整并不足以说明人民币汇率真正走向浮动，人民币汇率形成机制并没有实质性的变化。

上面的两种看法都能够找到一些证据支持。从货币当局在市场上充当超级买家和定价者的地位，并且保持了人民币对美元双边汇率基本稳定的做法来看，后一种观点有一些道理。但是，不得不承认，人民币对美元双边汇率确实出现了前几年未曾有过的更加频繁的浮动，且不论这些浮动是否是按照货币当局宣布的“以市场供求为基础”、“参考一篮子货币”等原则做出调整，人民币对美元汇率的弹性确实增加了。面对这两种截然不同的观点，如何理解汇改后的人民币汇率形成机制变革呢？问题的关键在于对货币当局汇率政策目标和行为约束的理解，现实中的汇率制度变化实际上是货币当局在目标与约束之间的平衡选择。

4.4.1 发挥市场供求对汇率价格形成的作用

在货币当局历次关于汇率问题的发言当中，以市场供求为基础都被放在首要地位提出。开放经济当中，汇率是经济体最重要的价格之一。逐渐放松国家对于汇率价格的制定，让市场供求更多地决定汇率价格水平，已经成为推进中国经济市场化改革的重要内容之一。

坚持汇率形成机制市场化改革的方向，在理论上主要有三方面原因的支持。第一，持续偏离市场供求平衡的汇率价格水平会对宏观经济稳定带来严重挑战。以货币低估为例①，持续保持外部收支顺差意味着本国持有的国外资产不断增加。对于不能以本币进行国际借贷的国家来说，单方面地持续增加持有国外资产会造成市场对本币升值的预期，而升值预期又会进一步加重短期资本投机和外汇市场上供大于求的压力。面对不断增加的外汇资产，货币当局一方面会感到货币供给中外汇占款增加所带来的通货膨胀压力，另一方面，央行在克服通货膨胀过程中也会逐渐失去政策空间。升值压力首先捆住了央行通过提高利率克服国内通货膨胀压力的能力，因为本币利率的提高会进一步加剧本币升值压力，而央行为了维护既定的汇率水平不得不吸纳更多的外汇资产，这会进一步加剧国内通货膨胀的压力。除了利率政策以外，准备金政策与冲销政策②能够发挥的作用也很有限，这些政策虽然采取的形式不同，但是其实质也是从市场上回笼本币，这样做的后果同样会提高本币

---

① 对于大多数发展中国家，汇率面临的主要问题往往是汇率高估，它不仅损害了国内贸易品部门的发展，严重时还甚至会成为货币危机、甚至是金融危机的导火索，这方面问题有大量文献关注。但是，关于汇率低估问题，鲜有人关注，从我们以下的分析可以看到它所带来的危害更加隐蔽。货币低估虽然不像货币高估那样在短期内让人觉察到其危害，但它像是慢性毒药，会蔓延到宏观经济的各个领域，恶化经济结构，削弱经济增长潜力。

② 从理论与实践两方面看，冲销政策都难以达到在长期内稳定国内货币供给的作用。关于冲销政策理论与实证的研究参见 Darby（1980）；Obstfled（1980）；Caballero 和 Krishnamurthy（2000）等。

资产的实际收益，加剧本币的升值压力。准备金政策与冲销政策虽然可以在短期内发挥一定作用，但是无法克服由于外汇占款持续增加带来的持续通货膨胀压力。汇率低估带来的外部失衡使得货币政策无计可施，失衡的汇率水平也无法维持。日本当年在这个问题上有非常深刻的教训（麦金农与大野健一，1999；Koruda，2003）。在20世纪70年代到90年代中期，持续相对进步较快的劳动生产率使得日元面临长期的升值压力。面对日元升值的压力，日本货币当局总希望拖延货币升值，给市场留下的印象是日元总留有升值预期。最后，为了减缓日元升值预期给货币当局带来的压力，同时也是迫于贸易逆差国方面的政治压力，日本政府采取了货币升值，同时还实施了低利率政策（一方面是减少日元升值压力，一方面也是为了在升值以后刺激需求）。不断下调的利率不仅使日本陷入了零利率流动性陷阱，同时还成为了日本90年代泡沫危机的温床①。

第二，持续偏离市场供求平衡的汇率价格水平会对可持续的经济增长带来严重的负面影响。同样以汇率低估为例，汇率低估抬高了贸易品部门产品（主要集中在第二产业）的相对价格，但是压低了非贸易品部门产品（主要集中在第三产业）的相对价格，经济资源更多地流向了贸易品部门。在扭曲的价格下，这种歧视非贸易品部门的资源配置导向违背了市场经济资源配置的原则，价格机制无法将贸易品部门和非贸易品部门引向平衡发展的路径上。中国农业、工业和服务业的产值比率是15:52:33，世界平均的比率是5:31:64；三次产业的就业比率49:22:29，其他国家的普遍规律是第三产业就业是第二产业就业的2–3倍（转引自郭树清，2004）。这两组数据的比较说明，中国目前的第三产业还有着极大的发展潜力，它不仅对于经济可持续增长会做出最重要的贡献，同时也是未来中国就业最根本的保障。发挥第三产业对于中国经济可持续增长的积极贡献，人民币汇率向均衡水平靠拢是不可或缺的保障。

最后，持持续偏离市场供求平衡的汇率价格水平还会对收入分配、社会

---

① 国内有一种很流行的看法，即广场协议之后的日元升值促成了日本20世纪80年代末的泡沫经济和20世纪90年代日本经济的一蹶不振，但鲜有日本学者把这些事件联系起来。除了经济制度方面的因素以外，造成日本20世纪80年代末的泡沫经济最重要的原因在于日本在之前实施了过度扩张的货币政策，而实施扩张货币政策主要原因在于两个方面：第一，保持低利率有助于维护低的汇率水平；第二，货币当局对于当时经济周期的判断失误。因此，与其说是日元升值不如说是对日元升值的干预促成了泡沫危机。

福利、国际关系等一系列问题带来不利影响。还是以汇率低估为例，低估的汇率有利于资本家阶层，但是不利于工人阶层（Klyeuv，2003）；低估的汇率降低了社会总体的购买力水平，降低了社会整体的福利水平；最后，低估的汇率往往伴随着持续的贸易顺差，这必然会引起贸易逆差国的强烈反对，贸易战势必愈演愈烈，破坏对外国际关系。

值得注意的是，发挥市场供求关系对汇率价格的决定作用，并不意味着货币当局把汇率价格的制订完全让渡给市场。实施浮动汇率制度国家的经验表明，完全由市场决定的汇率水平既包含着经济基本面因素，同时也充斥了大量短期泡沫因素，短期内市场上形成的汇率价格水平也不一定是最优的价格水平。因此，包括发达国家在内的货币当局，都要对市场上汇率水平做出合理判断。如果货币当局内部广泛认同市场中的汇率水平已经持续地偏离了经济基本面变化，货币当局会选择适当的方式干预市场汇率水平。

4.4.2 稳定出口国际竞争力与进口成本，降低外部冲击

货币当局在这次汇改中的一个亮点，就是宣布参考一篮子货币因素调整人民币汇率。以下，我们先对一篮子货币做出简明解释，然后由此推断央行汇率制度改革其他的政策目标。

$$
\begin{aligned}
C &= E_{rmb/usd}^{w1} * E_{rmb/yen}^{w2} * E_{rmb/euro}^{w3} \\
&= E_{rmb/usd}^{w1} * (E_{rmb/usd} * E_{usd/yen})^{w2} * (E_{rmb/usd} * E_{usd/eu})^{w3}
\end{aligned}
$$

盯住一篮子货币，意味着公式中 C 为常数，是一个保持固定的汇率价格指数。$E_{rmb/usd}$，$E_{rmb/yen}$，$E_{rmb/eu}$ 分别代表人民币兑美元、日元和欧元的双边名义汇率的指数形式（上升代表升值，下降代表贬值），w1，w2，w3 代表赋予三种货币的权重。

权重的确定，是理解盯住一篮子货币制度的关键。根据不同的政策目标，权重的选择也会不同。周小川行长在讲话当中提到①，人民币所参考的一篮子货币当中，以着重考虑商品和服务贸易的权重作为篮子货币选取及权重确定的基础；适当考虑外债来源的币种结构；适当考虑外商直接投资的因素；适当考虑经常项目中一些无偿转移类项目的收支。总体来看，在一篮子货币权重的确定上以经常项目下的收支稳定为总的目标。

---

① “上海证券报”，2005 年 8 月 11 日。

以贸易的权重作为篮子货币选取及权重确定的基础，客观上达到了通过人民币对美元的小幅度波动，实现贸易加权汇率稳定的目的。将以上公式两边取对数，可以得到：

$$\begin{aligned}\ln(C) &= w1 * \ln(E_{rmb/usd}) + w2 * [\ln(E_{rmb/usd}) + \ln(E_{usd/yen})] + w3 \\ &\quad * [\ln(E_{rmb/usd}) + \ln(E_{usd/eu})] \\ &= \ln(E_{rmb/usd}) + w2 * \ln(E_{usd/yen}) + w3 * \ln(E_{usd/eu})\end{aligned}$$

其中，w1，w2，w3 代表不同美元、日元和欧元在篮子货币中被赋予的权重。$w1 + w2 + w3 = 1$。

$$\ln(E_{rmb/usd}) = \ln(C) - w2 * \ln(E_{usd/yen}) - w3 * \ln(E_{usd/eu})$$

$$\frac{d\ln(E_{rmb/usd})}{d\ln(E_{usd/yen})} = -w2$$

$$\frac{dE_{rmb/usd}}{dE_{usd/yen}} = -w2 * \frac{E_{rmb/usd}}{E_{usd/yen}}$$

考虑到 $E_{usd/yen}$，$E_{rmb/usd}$ 都为指数基期，$\frac{E_{rmb/usd}}{E_{usd/yen}} = 1$

$$\frac{d\ln(E_{rmb/usd})}{d\ln(E_{usd/yen})} = -w2$$

$$\frac{dE_{rmb/usd}}{dE_{usd/yen}} = -w2$$

同理，

$$\frac{dE_{rmb/usd}}{dE_{usd/eu}} = -w3$$

可以看到，在盯住一篮子货币制度下，当世界主要货币之间汇率发生波动时，人民币对美元双边汇率不再稳定。比如，美元对于欧元或者日元的升值，会带来人民币对美元较小幅度的贬值。按照上式进一步推导，还可以得到人民币在这种情况下对日元和欧元较小幅度的升值。总之，在盯住一篮子货币制度下，人民币借助对美元的小幅度波动，实现了贸易加权汇率稳定。

实现贸易加权汇率稳定，反映了货币当局在汇率制度选择上的两重政策目标。首先是贸易加权汇率稳定有助于实现出口国际竞争力与进口成本稳定；另外是贸易加权汇率稳定有助于降低世界主要货币之间的汇率波动给中国经济带来的其他负面冲击。

稳定出口国际竞争力与进口成本作为人民币汇率政策调整的目标之一，

主要是考虑到中国经济增长的独特模式，尤其对外进口、出口在未来中国经济增长中至关重要的战略地位①。2004 年来，对外进出口在 GDP 的比重已经达到了 70%，对外贸易对于我国的经济增长与宏观经济稳定具有至关重要的作用。我国目前正处于新一轮的工业化与产业升级阶段，快速增长的原材料与机械设备进口满足了国内新一轮工业化与产业升级的需要，快速增长的制成品出口则为进口提供了必需的外汇供给，巨额的对外贸易最大程度地帮助中国实现了比较优势，大大提高了中国经济增长的效率。稳定出口国际竞争力与进口成本不仅是中国汇率政策必须考虑的因素，在其他出口导向型经济体汇率调整过程中同样占据突出的重要性。近些年来，许多中小型的新兴市场经济体在汇率制度选择中引入盯住一篮子货币的汇率制度，其核心意义即在于稳定出口国际竞争力与进口成本，进而达到稳定国际收支平衡与宏观经济稳定的目的。

降低世界主要货币之间汇率波动给中国经济带来的其他负面冲击在近些年来的意义特别突出。单一盯住美元的汇率制度之下，人民币贸易加权汇率随美元对世界其他主要货币的波动而波动。美元升值会带来人民币贸易加权汇率升值，美元贬值则人民币贸易加权汇率跟着贬值。2002 年以来，美元对世界其他主要货币大幅度贬值，人民币也跟着美元对这些货币一起贬值。人民币背后的经济基本面与美元背后的经济基本面并不一致，于是，人民币贸易加权汇率跟随美元的贬值在一定程度上成为引发人民币自 2003 年以来升值预期的一个最主要原因。人民币通过盯住一篮子货币，而不是单一盯住美元，有助于减少这种来自世界主要货币之间汇率波动带来的外部冲击。

4.5 人民币汇率制度改革的羁绊

汇率制度改革的两个目标都要求人民币对美元双边汇率频繁调整。但是

① 关于东亚地区投资（增长）、出口与进口之间的互动关系，可以参见 Rodrik（1995）。东亚的这种开放式增长模式并不是依靠出口推动经济增长，出口的关键作用在于提供充足的外汇保证进口的需要，满足进口的需要同时也意味着满足国内投资与经济增长的需要。进出口在东亚经济增长中的确具有非常重要的作用，但是片面强调出口在外需方面对经济增长的推动作用根本就无法解释东亚的经济增长。

就目前国内金融市场发育状况来看，这一点很难在短期内做到。从20世纪90年代末期以来，学术界发现新兴市场经济体在选择汇率政策的时候往往倾向于保持更稳定的汇率水平。学术界将这种现象称之为“害怕浮动”。害怕汇率浮动的国家一般会呈现出三个特征：(1) 拥有大量的国际储备；(2) 汇率的波动性很小；(3) 国内利率的波动性很高（Calvo 和 Reinhart, 2002; Reinhart, 2000）。为什么这些经济体把汇率稳定作为一项突出的政策目标呢？Eichengreen 和 Hausmann (1999) 认为，这主要是由于这些经济体市场经济制度建设方面还很不完善，在金融市场中存在大量道德危险。与发达国家相比，发展中国家以及新兴市场经济体存在制度安排上的“原罪”。由于制度上的缺陷，尤其是金融市场发育的不完全，汇率的波动往往会在较大程度上偏离真实经济基本面，给国内的宏观经济稳定以及金融市场安全带来严重的负面冲击。这样在一定程度上牺牲了国内的利率目标，保证汇率稳定就成为新兴市场经济体的最优政策选择①。

中国非常符合“害怕浮动”新兴市场经济体的三个重要特征，“害怕浮动”的原因也非常类似。中国经济的市场化进程远没有结束，制度依然是中国经济发展最重要的制约因素。尤其在国内的金融市场上，市场最主要的参与主体（国有商业银行以及其他类型的银行和非银行金融机构）距离真正意义上的商业金融机构还有很大距离，市场上相关的配套法律法规也很不完善，各种类型市场的发育还非常不成熟，这从根本上限制了金融市场为汇率制定合理价格的能力②。如果由于市场的缺陷而不能确保其找到合理的汇率水平，浮动的汇率会对国内金融市场安全与宏观经济稳定带来巨大风险和不确定性。

在近期内，中国难以引入对美元高频率浮动的另外一个重要原因在于国内外汇市场的基础设施建设还不足以支持这种汇率制度。如果人民币对美元汇率高频率的浮动（即使是真实经济基本面变化的需要），首当其冲的问题是如何规避由于汇率浮动给企业和居民带来的汇率风险。人民币汇率自1994年并轨以来，人民币对美元一直保持了非常稳定的汇率水平，国内涉外经济交易80%以上采用美元计价，基本不存在汇率风险，国内私人部门

① 对于这个问题更详细的综述研究参见张志超（2004）。

② McKinnon 和 Schanbl (2003) 指出，发展中国国家建立发达的远期外汇市场非常困难，由于这些国家的国内债券市场普遍不够发达，外汇交易商甚至很难为远期的本币制定合理的远期价格。

持有的外汇资产也基本上不存在汇率风险①。如果人民币在短期内引入高频率的汇率波动，一方面国内金融市场难以提供低成本的汇率风险规避工具；另一方面私人部门也不具备规避汇率风险的管理能力与经验。人民币走向更高频率的浮动，需要各种类型的远期外汇市场的发展与支持，而远期外汇市场的发展则依赖于国内金融市场全面建设的推进。

受目前的金融市场乃至各种体制性因素的羁绊，货币当局不得不尽量保持人民币对美元的双边汇率稳定。但是，人民币对美元双边名义汇率保持稳定，并不意味着一定要保持这个汇率不变②，为了达到降低汇率风险的目的，关键在于不能让人民币对美元的汇率非常频繁的、大幅度的波动。

4.5.1 微调成为主旋律

2005年7月21日央行宣布人民币升值2%，就已经向市场表明央行在汇率调整上更加偏爱微调。央行对于微调方式的偏爱至少有以下几方面的原因。首先，在稳定中求发展一直是中国经济市场化改革的智慧结晶，尽量减少汇率制度改革和人民币汇率调整对于宏观经济短期内的负面冲击理所当然地成为汇率改革设计的出发点。在这个出发点下，微调汇率水平更有利于央行把握主动（尽管事实不一定如此）。其次，从国际经验看，即使一个国家汇率偏离均衡汇率水平有较大的幅度，向均衡汇率水平靠拢的调整过程也往往不是一蹴而就，而是在几年甚至更长的时间内渐进完成。美元就是一个鲜

---

① 对于那些非美元计价的交易，由于人民币与美元保持非常稳定的汇率，而美元与世界其他主要货币之间存在发达的外汇市场与金融衍生工具来规避汇率风险，因此，借助盯住美元，人民币也可以低成本地规避与其他世界主要货币之间的汇率风险。

② 在国内近期对人民币汇率研究的各种争论当中，非常常见的一种观点是由于中国金融市场发育不完全，中国经济未来还有很多不确定因素，因此，人民币在长期内面临贬值趋势。从汇率理论文献上看，这种观点难以成立，一个国家的汇率制度的选择（汇率波动的频率）与国内金融市场的发育程度或者是经济体对抗各种外部冲击的能力有密切关系，但是，均衡汇率价值的确定（汇率水平的高低）却取决于另外一系列的经济基本面因素，比如相对劳动生产率、贸易条件、开放程度等（均衡汇率水平的决定因素参见 Montiel，1999）。目前的汇率文献中鲜有文章涉及到汇率价值高低与金融市场发育程度关系的讨论，更没有结论认为金融市场发育程度低，均衡汇率水平也应该低的结论。20世纪60年代至80年代日元对美元的升值就是一个非常鲜明的例子。日本金融市场发育也不完全，但是，日元相对美元还是发生了趋势性的升值，升值的主要原因是日本相对美国快速增长的劳动生产率要求日元必须升值，任何的政府干预都无法阻止汇率升值这一内生趋势。严重的干预只会带来严重的扭曲，加剧国内宏观经济与金融市场的不稳定，同时也危害到了未来经济的可持续增长。

明的例子。早在两年前，学术界就普遍预测美元价值被高估了20%－30%以上，但是美元并没有一次性完成调整，而是在以后较长时间内渐进地朝着均衡汇率水平靠拢。第三，汇率改革关键在于制度建设，人民币汇率必须有波动才能推动汇率形成机制改革。但是，在目前国内远期外汇市场发育较浅，企业和居民规避汇率风险成本较高的客观环境下，微调方式更有利于减轻企业和居民面临的汇率波动损失，降低汇率改革的负面影响；最后，也是最重要的，央行有能力在短期内通过微调方式调整人民币汇率。中国外汇冲销的规模虽然很大，大约占基础货币的20%、GDP的9%，但是与韩国、中国台湾、新加坡、马来西亚等东亚经济体相比，这个比例并不很高，央行的冲销操作还有空间。另外，即使冲销空间萎缩，央行还保持资本管制、信贷控制等多种手段，至少能够在短期内在保持物价稳定的前提下维持汇率稳定或者是微调汇率水平。

4.5.2 提高频率与幅度

如以上所述，货币当局在人民币对美元汇率波动频率问题上面临两难困境。一方面，持续保持当前人民币对美元汇率稳定意味着人民币汇率从盯住前一个水平转向另一个水平，有违汇率形成机制市场化改革的初衷；另一方面，放松汇率波动频率与幅度则意味着企业和居民将承担更多的汇率风险。基于上述原因，贸然引入过于频繁的汇率波动显然无法承受，外汇市场价格发现的功能也受到限制。因此，在短期之内汇率调整频率不会太高。

但是，提高汇率波动频率与幅度并不遥远。央行在2005年7月21日的汇改公告之后，央行工作重点非常集中地体现在了推进远期外汇市场建设方面。2005年8月10日，央行宣布三项举措推进外汇市场发展，主要内容包括：（1）扩大银行间外汇市场交易主体；（2）增加银行间市场交易模式，在银行间外汇市场引入询价交易方式；（3）丰富银行间外汇市场交易品种。这三项措施是外汇市场建设的重大改进，但这仅仅是个开始。为了能够低成本地帮助企业规避汇率风险，诸如外汇期货、外汇期权等一系列金融衍生产品也势必在短期内引入当前外汇市场。随着远期外汇市场建设的快速推进，人民币走向更高频率波动的成本会随之下降，引入频繁汇率波动的时机也逐渐成熟。

4.5.3 间歇性释放升值压力

中央银行是否有可能在微调人民币汇率的过程中突然引入较大幅度的汇率调整呢？如上文所述，在对冲操作和行政力量的双重保护下，短期内央行有充分的政策空间微调汇率水平，引起较大幅度汇率调整的可能性至少在短期内不大。但是，随着时间的推移，这种可能性也会随之增强。央行在汇改中立足稳定，偏爱微调，但是通过微调显然无法释放人民币面临的持续升值压力，而且在持续升值压力的环境下不利于培育和发展外汇市场。人民币远期非交割市场在 2005 年 7 月 21 日汇改公告的表现充分说明了这一点，2%的升值虽然能够降低短期内的升值预期，但是对于期限结构稍长的升值预期无能为力。随着央行在外汇市场建设的全方位推进，央行对于市场上外汇供求方控制逐渐松绑，这也意味着市场对抗央行定价能力的增强。尤其当更多的远期外汇市场金融衍生产品被引入以后，央行面临的市场压力可能更加严峻。为了维持货币政策独立性，央行有动力通过稍大幅度调整间歇性释放汇率升值压力。另外，增加这种可能性更重要的原因在于：通过前一个试验阶段，如果央行发现小幅度的汇率调整对于外贸、就业和总产出水平并没有突出的负面影响，势必会消除央行为人民币重新定价的疑虑，加强央行更大幅度地调整人民币汇率水平的信心。

5

人民币真实汇率：概念、测量与解析

真实汇率（Real Exchange Rate），通常还被称为实际汇率，是汇率问题研究的一个核心实证概念，它几乎是所有与汇率问题相关实证研究的基础。出于解释或说明问题的不同，真实汇率有非常多的分类，国外研究比较常见的有：支出法真实汇率、成本法真实汇率、贸易品衡量的真实汇率以及各种类型的内部真实汇率等。在人民币真实汇率研究中，目前能够得到的仅仅是IMF基于支出法测量的人民币真实有效汇率，以及个别类似IMF计算方法的支出法人民币真实有效汇率（余明等，2003）和用批发价格指数与消费者价格指数计算的内部真实汇率（Zhang，2002）。非常局限的真实汇率分类和测算模糊了对于人民币真实汇率运动趋势的认识，也严重妨碍了诸如均衡汇率、贸易方程、货币需求等一系列与汇率相关的实证研究的可信度与准确性。对人民币真实汇率展开较为详细的分类、说明、测算和解析是进一步深入展开人民币汇率实证问题研究非常重要的基础性工作，本文测算的相关真实汇率数据也将为人民币实证研究提供宝贵的数据资料。

本文主要内容发表于《经济学季刊》2005年第3期。

5.1 真实汇率概念回顾

真实汇率在文献（Hinkle 和 Nsengiyumva，1999a）当中通常被分为外部真实汇率（External Exchange Rate）和内部真实汇率（Internal Exchange Rate）。根据不同的用途，外部真实汇率和内部真实汇率有多种不同计算方法，在满足一定条件下，外部真实汇率和内部真实汇率之间保持等价。以下，我们分别介绍外部真实汇率、内部真实汇率的分类、计算方法和含义，并比较几种外部真实汇率之间的区别以及外部真实汇率和内部真实汇率的区别和联系。

5.1.1 外部真实汇率

我们通常提到的真实汇率往往是指外部真实汇率，它反映了一篮子国内商品和国外商品的相对价格变化，与名义汇率的主要区别在于它在名义汇率的基础上剔除了国内外价格水平差异的影响。外部真实汇率可以区分为双边真实汇率（Bilateral Real Exchange Rate，简称 BRER）和贸易加权真实汇率（Trade Weighted Real Exchange Rate，简称 TWRER），贸易加权真实汇率也就是文献中经常用到的真实有效汇率（Real Effective Exchange Rate，简称 REER）。所谓有效，其实就是根据贸易比重进行加权的意思。双边真实汇率[①]的计算公式如下：

$$BRER_i = (BNER_i * P_d)/P_i \qquad (5-1)$$

其中，$BRER_i$ 代表对于 i 国的双边真实汇率指数。$BNER_i$ 代表对于 i 国的双边名义汇率指数，P_i 代表 i 国的价格指数，P_d 代表国内相对应的价格指数。这里采取的是单位本币兑换外币的间接标价法，指数上升代表本国货币相对价值上升。

真实有效汇率的计算公式如下：

① 注意，与名义汇率不同，真实汇率无法从市场上找到相应的水平值，文献中习惯上用到的真实汇率都采取指数形式，上升代表本国货币相对价值上升。

$$REER = \prod_{i=1}^{m} BRER_i^{w}, \sum_{i=1}^{m} w_i = 1 \quad (5-2)$$

其中，*REER* 代表真实有效汇率指数，w 代表不同国家赋予的权重，根据分析的需要，w 可以根据各个国家在本国进口、出口或者是贸易总额的比重确定，如果考虑到第三国竞争的情况，还可以再行调整。这里采取的是几何加权的方式，与数学加权相比较，几何加权具有对称性和一致性的优点，关于两种加权方式更详细的比较参见 Hinkle 和 Nsengiyumva（1999a）。

根据不同的用途，外部真实汇率有三种主要分类，分别是以相对购买力平价为理论基础的支出法外部真实汇率，以蒙代尔—弗莱明模型为基础的成本法外部真实汇率和以贸易品衡量的外部真实汇率。从计算方法上看，这三种外部真实汇率的区别在于公式（5－1）中采用的价格指数不同。

（1）支出法外部真实汇率

支出法外部真实汇率从支出角度衡量一个国家全部商品（不仅是国内生产和销售商品，还包括进口品；不仅是贸易品，还包括非贸易品）和外国全部商品的相对价格是怎样变化的。计算过程中，采用的价格往往是消费者价格指数（CPI），因为它涵盖了全部商品的支出价格变化。支出法外部真实有效汇率的计算公式如下：

$$EREER = \prod_{i=1}^{m} [(BNER_i * CPI_d)/CPI_i]^{w} \quad (5-3)$$

其中，*EREER* 代表支出法外部真实有效汇率指数，CPI_d 代表国内消费者价格指数，CPI_i 代表 i 国消费者价格指数。

众多价格指数中，消费者价格指数往往是最容易获取而且频率较高的一组数据，对发展中国家来说更是如此。因此，支出法外部真实汇率也比较常见。IMF 公布的发展中国家真实有效汇率指数（REER）就是以消费者价格指数进行调整的支出法外部真实汇率指数。利用消费者价格指数计算外部真实汇率有两个问题需要注意：首先，价格管制、间接税和补贴等因素都会影响到消费者价格指数。当解释以消费者价格指数为基础计算的支出法外部真实汇率时，需要把以上这些因素变动和总体价格水平变动加以区分。第二，不同国家的消费者价格指数的计算依据不同的商品篮子，这在一定程度上破坏了利用支出法外部真实汇率比较不同国家生活标准的用途。

（2）成本法外部真实汇率

成本法外部真实汇率从生产成本角度衡量国内商品生产成本（包括国

内生产和销售的商品和出口品，但是不包括进口品）和外国商品生产成本的相对价格是如何变化的。计算过程中，可以采用产出价格指数（Output Price Index）、生产成本指数（Production Cost Index），最常用的是国内生产总值平减指数（GDP deflators）。成本法外部真实有效汇率的计算公式如下：

$$CREER = \prod_{i=1}^{m} [(BNER_i * GD_d)/GD_i]^w \tag{5-4}$$

其中，$CREER$ 代表成本法外部真实有效汇率，GD_i 代表国内生产总值平减指数，GD_d 代表 i 国的国内生产总值平减指数。

利用成本法外部真实汇率可以较好地反映国内贸易品和非贸易品总生产成本（竞争力）与国外总生产成本的相对变化。但是，它也面临以下缺陷：首先，成本法外部真实汇率计算过程中假定本国出口品价格指数与本国的国内生产总值平减指数一致，本国进口品价格指数（国外出口品价格指数）和国外的国内生产总值平减指数一致，因此，在成本法外部真实汇率变动中无法区分究竟是因为国内外生产成本变化造成的，还是贸易条件变化造成的。比如，对于发展中国家来说，成本法外部真实汇率指数下降，可能是因为贸易条件急剧恶化带来的出口品价格下降造成的，也可能是因为国内技术进步带来的生产成本下降造成的。第二，国内生产总值平减指数频率最多限于季度数据，而且获取的滞后时间较长。比较而言，往往可以及时获得消费者价格指数的高频数据。

(3) 贸易品衡量的外部真实汇率

贸易品衡量的外部真实汇率从贸易品角度衡量本国贸易品和外国贸易品的相对价格。也就是说，对于一篮子贸易商品，国内和国外的相对价格是怎样的。计算过程中，可以采用制造业单位劳动力成本①（Unit Labor Cost）、批发价格指数（Wholesale Price Index）、制造业附加值平减指数（Value - added deflators for manufacturing）、出口单位价值（Export Unit Value）等四种指数对名义汇率进行调整和加权，得到贸易品衡量的外部真实有效汇率。贸易品衡量的外部真实汇率反映了一个国家对外部门的竞争力变化，同时，它也是估计进出口以及其他诸多实证研究中最恰当的相对价格变量。尽管以

---

① 在国际货币基金组织公布的真实有效汇率指数中，对于17个发达国家就是采用了以制造业单位劳动成本对名义汇率进行调整和加权的贸易品衡量的外部真实有效汇率，而不是支出法外部真实有效汇率。

贸易品衡量的外部真实汇率有其独特的优势，但是，其缺陷也非常明显：首先，它主要服务于那些生产多元化产品的发达国家，而对于那些出口大宗同质产品发展中国家来说则没有太多意义。毕竟，这些国家出口的商品在国际市场上基本遵循一个价格，如果不考虑交易成本，用贸易品衡量的真实汇率不会发生变动。第二，计算贸易品衡量的外部真实汇率所需的数据有限，尤其对于发展中国家来说，这些数据更是难以获得。

(4) 几种外部真实汇率之间的比较

由于采用了不同的价格指数对名义汇率进行调整，支出法、成本法以及贸易品衡量的外部真实汇率的经济含义、用途和数值都不相同。支出法外部真实汇率从支出角度出发，更侧重福利含义；成本法外部真实汇率从生产角度出发，更侧重国际竞争力。在数值方面，支出法外部真实汇率所采用的消费者价格指数包括了进口品价格变化，排除了出口品价格变化；成本法外部真实汇率采用的国内生产总值平减指数包括了出口品价格变化，排除了进口品价格变化①。如果贸易条件发生较大变化，支出法外部真实汇率和成本法外部真实汇率就会出现明显背离。比如，如果贸易条件恶化，出口品价格下降，进口品价格上升，其他条件不变，这种变化反映在支出法外部真实汇率上是上升，而反映在成本法外部真实汇率上则是下降。

支出法和成本法下的外部真实汇率概念包含了贸易品和非贸易品的几个变化，贸易品衡量的外部真实汇率则仅仅关注贸易品价格变化，因此，它能够更准确地反映一个国家出口竞争力与进口成本的变化，同时，还可以借助于它区分贸易品部门生产率相对于非贸易品部门生产率快速增长对真实汇率的影响。这一点对于快速经济增长的国家具有非常重要的意义。比如，在一系列国内市场经济制度改革和对外开放政策的推动下，一个国家的贸易品部门（尤其是制造业）经历了显著的生产率快速增长，而非贸易品本身的生产性质决定其生产率增长相对缓慢，贸易品部门相对于非贸易品部门较快的生产率增长决定了非贸易品相对于贸易品价格上升。假定在国际商品套利的作用下该国以贸易品衡量的外部真实汇率保持不变，但是从支出法以及成本法的外部真实汇率来看该国的真实汇率必然上升，因为尽管贸易品价格不变，但是非贸易品价格上升了，因此带动总体价格水平上升和支出法以及成

① 考虑到进口原材料价格对国民生产总值平减指数构成的影响，这里对进口品的排除不是全部的。感谢世界经济研究所统计室何新华女士对这个问题的提示。

本法外部真实汇率上升。

5.1.2 内部真实汇率

以上的外部真实汇率反映了本国和外国商品的相对价格，利用不同的外部真实汇率概念可以判别一国福利水平的变化（支出法外部真实汇率），或者是国际竞争力变化（成本法外部真实汇率或者是贸易品衡量的外部真实汇率）。内部真实汇率则反映了本国贸易品和非贸易品的相对价值，利用内部真实汇率，可以用它判别一个国家对贸易品的生产和消费相对于非贸易品的生产和消费的激励情况，它可以从国内投资、生产和消费的角度解释对外贸易的变化。比如，如果贸易品相对价格上升，贸易品生产利润增加，更多的国内资源从非贸易品部门流向贸易品部门，贸易品（出口品和进口替代品）的生产增加；同时，贸易品相对价格上升还会导致消费从贸易品转向非贸易品，对贸易品（出口品和进口替代品）的消费需求减少。贸易品相对价格上升激励了贸易品供给，减少了贸易品需求，这必然会改善该国的贸易余额。内部真实汇率往往是测算均衡汇率时经常用到的真实汇率变量。内部真实有效汇率的计算公式如下：

$$IRER = P_n / P_T \tag{5-5}$$

其中，$IRER$ 代表内部真实汇率，P_n 代表国内非贸易品价格指数，P_T 代表国内贸易品价格指数。$IRER$ 上升代表本国非贸易品相对价格上升，内部真实汇率上升。

与外部真实汇率一样，内部真实汇率也有支出法和成本法等不同计算方法，在两产品模型（贸易品和非贸易品）和三产品模型（进口品、出口品和非贸易品）中，内部真实汇率的计算方法各异。限于篇幅，这里对内部真实汇率的各种计算方法就不再赘述，有兴趣的读者可参考 Hinkle 和 Nsengiyumva（1999b，1999c）。与外部真实汇率相比，计算内部真实汇率需要的数据更难获得。因此，对于发展中国家的内部真实汇率研究文献当中经常采用国外批发物价指数和国内消费者物价指数之比作为内部真实汇率的代理变量，其计算公式如下：

$$NREER_p = \frac{NEER * EWPI_f}{CPI_d} \tag{5-6}$$

其中，$NREER_p$ 代表内部真实汇率代理变量，$NEER$ 代表名义有效汇率指数，$EWPI_f$ 代表根据贸易比重加权的国外批发物价指数。公式（5-6）

中，用国外批发物价指数和名义有效汇率指数的乘积代表国内贸易品价格指数。用国外批发物价指数和国内消费者物价指数之比作为内部真实汇率的代理变量的前提条件是贸易条件波动很小，否则，内部真实汇率和代理变量的实际差距很大。

5.1.3 外部真实汇率和内部真实汇率

以上分别介绍了外部真实汇率和内部真实汇率的概念及其不同的度量方法。由于设计的理念和计算方法存在很大差异，这两类真实汇率分别可以服务不同的功能，对问题研究可以提供不同视角。比如，无论是贸易品衡量的外部真实汇率，还是内部真实汇率，都能够解释本国贸易余额的变动，所不同的是，贸易品衡量的外部真实汇率更侧重从支出或者国际竞争力的角度解释贸易余额的变动，而内部真实汇率从国内贸易品和非贸易品相对激励措施的角度解释贸易余额波动。从以下的公式中还可以看到，在满足了一定的条件之后，外部真实汇率和内部真实汇率保持固定的联系。

假定本国和国外商品价格总水平都分别是其贸易品和非贸易品的加权平均，用公式表示如下：

$$P_{gd} = P_{nd}^{a} * P_{td}^{1-a} \tag{5-7}$$

$$P_{gf} = P_{nf}^{a} * P_{tf}^{1-a} \tag{5-8}$$

其中，P_{gd}代表国内物价总水平指数，P_{nd}代表国内非贸易品物价指数，a代表非贸易品在全部商品中所占的比例，P_{td}代表国内贸易品物价指数，$1-a$代表贸易品在全部商品中所占的比例，下标f代表国外。

本国外部双边真实汇率可以表示为：

$$BRER = \frac{BNER * P_{gd}}{P_{gf}} \tag{5-9}$$

$BRER$代表外部双边真实汇率，$BNER$代表双边名义汇率。

将（5-7）、（5-8）带入（5-9），可以得到：

$$BRER = \frac{(P_{nd}/P_{td})^{a}}{(P_{nf}/P_{tf})^{a}} \frac{BNER * P_{td}}{P_{tf}} \tag{5-10}$$

P_{nd}/P_{td}正是国内的内部真实汇率，P_{nf}/P_{tf}则是国外的内部真实汇率，而$\frac{BNER * P_{td}}{P_{tf}}$则是贸易品衡量的外部真实汇率。

假定一价定律成立，并且不考虑关税、运输成本，则贸易品衡量的外部真实汇率为 1，(5－10) 可以进一步变化为：

$$BRER = \frac{(IRER_d)^a}{(IRER_f)^a} \qquad (5-11)$$

其中，$IRER_d$ 代表本国内部真实汇率，$IRER_f$ 代表外国内部真实汇率。将 (5－11) 进一步转化为对数形式，可以得到：

$$\widehat{BRER} = a\,\widehat{IRER_d} - a\,\widehat{IRER_f} \qquad (5-12)$$

如果再进一步假定国外内部真实汇率不变，可以得到：

$$\widehat{BRER} = a\,\widehat{IRER_d} \qquad (5-13)$$

上述一系列附加假定和公式转换说明，内部真实汇率和外部真实汇率之间虽保持一定联系，但是二者并不一定都按着一个方向运动。特别地，即使其他条件不变（国外内部真实汇率以及贸易品衡量的外部真实汇率），内部真实汇率变动只会引起（支出法或成本法）外部真实汇率较小比例的变动，比例的大小取决于贸易品在总产品中占据的比重。

5.2 人民币真实汇率测量

根据以上提出的真实汇率分类，这一部分测量人民币支出法外部真实汇率、成本法外部真实汇率、贸易品衡量的外部真实汇率。对于内部真实汇率详细的分类和测算涉及内容非常庞杂。限于篇幅，这里不再展开。对于内部真实汇率的分类测量需要一篇独立的文章单独研究。

5.2.1 数据说明

计算以上诸多分类的外部真实汇率需要以下几方面的数据：(1) 中国和主要贸易伙伴国的双边名义汇率指数（BNER）；(2) 中国和主要贸易伙伴国的消费者价格指数（CPI）；(3) 中国和主要贸易伙伴国的 GDP 平减指数（GDP deflator）；(4) 中国和主要贸易伙伴国的贸易品价格指数；(5) 中国主要贸易伙伴国的贸易权重。

第 1 类数据来自于《国际金融统计》2003 年第 5 期中公布的各个国家

对美元的双边汇率间接计算得到，所有指数的基期为1995年四个季度的平均值，被定为100。第2类数据中，中国主要贸易伙伴国的CPI来自《国际金融统计》2003年第5期，中国的CPI来自国家统计局。第3类数据中，中国主要贸易伙伴国的GDP平减指数来自《国际金融统计》2003年第5期，中国的GDP平减指数来自国家统计局。第4类数据无法直接获得，这里利用生产价格指数（PPI）和批发物价指数（WPI）代替贸易品价格指数，中国主要贸易伙伴国的PPI和WPI来自《国际金融统计》2003年第5期，中国的PPI指数来自国家统计局。第5类数据中，根据《2003年中国统计年鉴》公布的2002年对外贸易流向，选取了美国（0.2362）、加拿大（0.0193）、日本（0.2467）、韩国（0.1072）、中国香港（0.1681）、新加坡（0.0341）、泰国（0.0208）、德国（0.0675）、荷兰（0.0260）、法国（0.0202）、英国（0.0277）和澳大利亚（0.0253）等12个国家作为中国的主要贸易伙伴国，括号后面的数值分别代表根据每个国家和中国总进出口贸易的比重被赋予的权重。

这里采用的全部数据为季度数据，数据样本区间为1994年1季度到2003年1季度。

5.2.2 人民币外部真实汇率

（1）支出法下的人民币外部真实汇率

参照公式（5-1）、（5-2）、（5-3），这里首先计算了中国和各个主要贸易伙伴国的双边名义汇率指数；然后根据中国和贸易伙伴国的CPI指数对名义汇率指数调整，进而得到支出法的（外部）双边真实汇率指数；最后利用几何加权的方式对12个主要贸易伙伴国的支出法双边真实汇率进行加权，得到贸易加权的支出法外部真实汇率（支出法的外部真实有效汇率）。根据中国主要贸易伙伴划分区域，这里还测算了人民币针对北美洲（美国、加拿大）、日本、欧洲（包括德国、荷兰、法国、英国）和东亚国家（包括韩国、中国香港、新加坡、泰国）的支出法真实汇率。在测算针对各个区域真实汇率的时候，选取的权重根据原来各个国家在整体贸易中的绝对权重转换成了该国家在其所分类区域中的相对权重。详细的计算结果见附表1。

（2）成本法下的人民币外部真实汇率

与支出法外部真实汇率计算方法相同，区别在于用GDP平减指数代替了CPI指数。这里同样测算了总的成本法外部真实汇率和根据区域划分的真实汇率，计算结果参见附表2。

（3）贸易品衡量的人民币外部真实汇率

与支出法外部真实汇率的计算方法相同，区别在于用WPI或者PPI代替了CPI指数。这里同样测算了总的贸易品衡量的外部真实汇率和根据区域划分的真实汇率，计算结果参见附表3。

5.3 解析人民币真实汇率

5.3.1 根据名义汇率和国内外价格分解

根据图5-1，无论是根据各种分类方法测算，人民币真实汇率在1994-2002年期间都经历了上升（1995年1月至1997年4月）——下降（1998年1月至1999年4月）——上升（2000年1月至2002年4月）的走势，这个期间内总体上保持了上升的趋势。1998年以前，推动真实汇率上升的主导因素是国内物价上升，名义有效汇率上升对真实汇率上升也起到了一定的推动作用。1998年以后，名义有效汇率上升成为推动真实汇率上升的主导因素。整个期间内，国外物价上升对人民币真实汇率上升起到了一定负面作用，但是无论是与国内物价变动还是名义有效汇率变动相比较，其影响相对较弱。

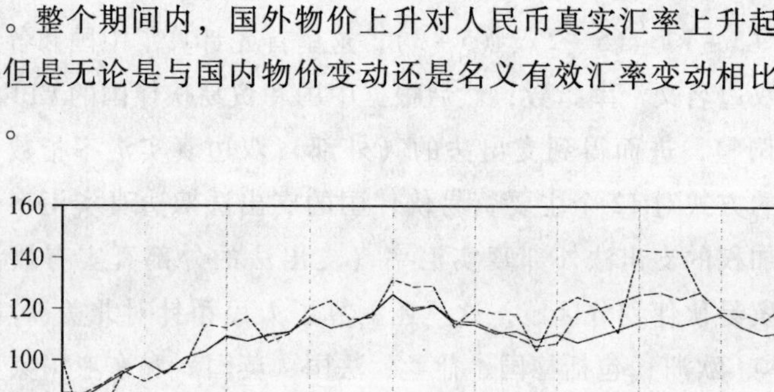

图5-1 支出法真实汇率、成本法真实汇率和贸易品衡量的真实汇率

(1) 支出法人民币真实汇率的价格分解

根据支出法人民币真实汇率计算构成，支出法人民币真实汇率（ERER）变动主要由三方面因素构成：主要贸易伙伴国名义有效汇率指数（NEER）、国内消费者价格指数（CNCPI）和贸易伙伴国加权消费者价格指数（FCPI）。以1994年第1季度为基期，1994年第1季度至2002年第4季度期间，支出法人民币真实汇率上升32%。同期内，国内消费者物价指数上升30%，成为推动真实汇率上升的主导因素，另外，主要贸易伙伴国名义有效汇率上升16 %，也推动了真实汇率的上升；贸易伙伴国消费者物价指数从1999年第4季度至2001年第1季度，期间内上升14%，对人民币真实汇率构成下降方向的影响。图5－2描述了支出法人民币真实汇率、贸易伙伴国名义有效汇率指数、国内消费者价格指数和贸易伙伴国加权消费者价格指数在1994－2002年期间的运动趋势。

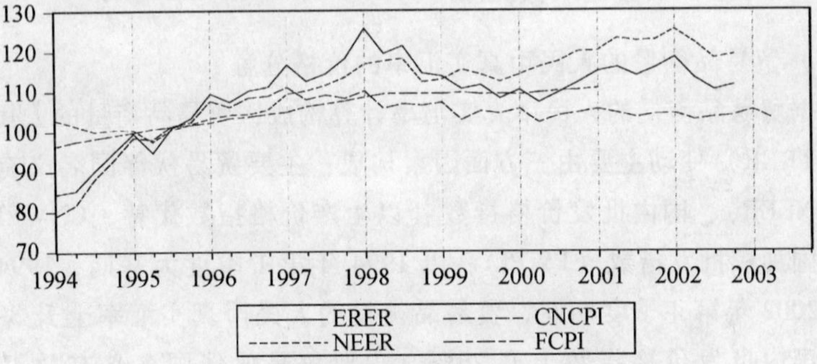

图5－2　1994－2002年期间的支出法人民币真实汇率、贸易伙伴国名义有效汇率指数、国内消费者价格指数和贸易伙伴国加权消费者价格指数

(2) 成本法人民币真实汇率的价格分解

根据成本法人民币真实汇率计算构成，成本法人民币真实汇率（CRER）变动主要由三方面因素构成：主要贸易伙伴国名义有效汇率指数（NEER）、国内GDP平减指数（CNGD）和贸易伙伴国加权GDP平减指数（FGD）。以1994年第1季度为基期，1994年第1季度至2001年第4季度期间，成本法人民币真实汇率上升27%。同期内，国内GDP平减指数上升13%，主要贸易伙伴国名义有效汇率上升16 %，成为推动真实汇率上升的主导因素；贸易伙伴国GDP平减指数从1999年第4季度至2000年第4季度，期间内上升6%，对人民币真实汇率构成下降方向的影响。图5－3描

述了成本法人民币真实汇率、贸易伙伴国名义有效汇率指数、国内 GDP 平减指数和贸易伙伴国加权 GDP 平减指数在 1994－2002 年期间的运动趋势。

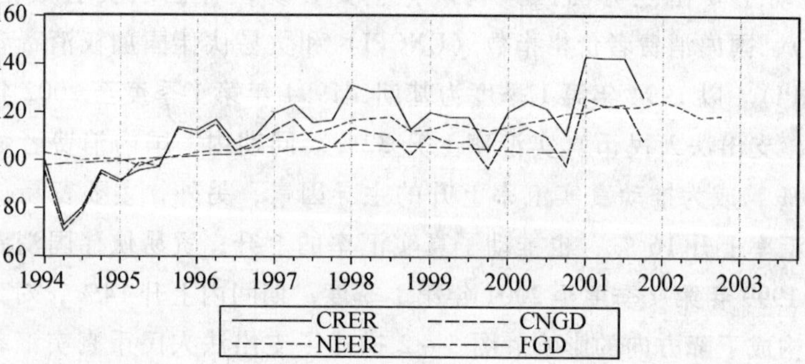

图 5－3　1994－2002 年期间的成本法人民币真实汇率、贸易伙伴国名义有效汇率指数、国内 GDP 平减指数和贸易伙伴国加权 GDP 平减指数

(3) 贸易品衡量的人民币真实汇率的价格分解

根据贸易品衡量的人民币真实汇率计算构成，贸易品衡量的人民币真实汇率（TRER）变动主要由三方面因素构成：主要贸易伙伴国名义有效汇率指数（NEER）、国内批发价格指数（以生产价格指数代替，CNWPI）和贸易伙伴国加权批发指数（FWPI）。以 1994 年第 1 季度为基期，1994 年第 1 季度－2002 年第 4 季度期间，贸易品衡量的人民币真实汇率上升 39%。同期内，国内批发价格指数上升 26%，主要贸易伙伴国名义有效汇率上升 16%，成为推动真实汇率上升的主导因素；贸易伙伴国消费者物价指数从 1999 年第 4 季度－2001 年第 1 季度，期间内上升 6%，对人民币真实汇率构成下降方向的影响。图 5－4 描述了贸易品衡量的人民币真实汇率、贸易伙伴国名义有效汇率指数、国内批发物价指数和贸易伙伴国加权批发物价指数在 1994－2002 年期间的运动趋势。

5.3.2　根据区域分解

除了可以根据价格和名义汇率分解真实汇率，还可以利用各个国家在真实汇率计算中占据的权重分解真实汇率。通过区域分解，可以看到对于日本、东亚的真实汇率上升是推动人民币真实汇率上升的主导因素，中国对北美区域的真实汇率相对低于人民币总体的外部真实汇率上升趋势。

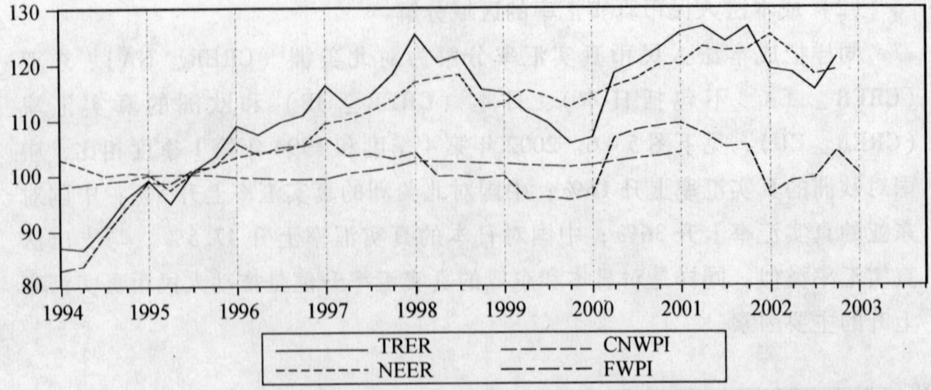

图 5-4　1994-2002 年期间贸易品衡量的人民币真实汇率、贸易伙伴国名义有效汇率指数、国内批发物价指数和贸易伙伴国加权批发物价指数

（1）支出法人民币真实汇率的区域分解

把支出法人民币真实汇率分解为对北美洲（ERER_ NA）、东亚（ERER_ EA，不包括日本）、日本（ERER_ JP）和欧洲的真实汇率（ERER_ EU），见下图 5-5。2002 年第 4 季度和 1994 年第 1 季度相比，中国对欧洲的真实汇率上升 21%；中国对北美洲的真实汇率上升 13%；中国对东亚的真实汇率 34%；中国对日本的真实汇率上升 58%。可见，中国对日本和东亚的真实汇率上升远远超过了加权意义上的真实汇率上升，中国对这些区域的真实汇率上升对总体的真实汇率上升起到了推动作用。

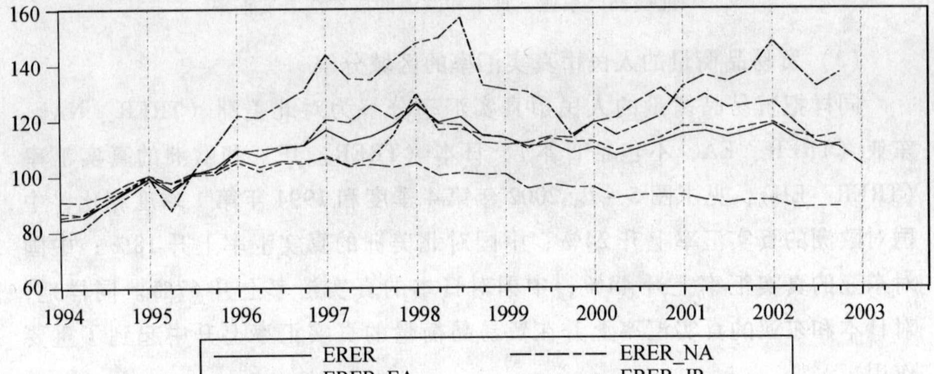

图 5-5　1994-2002 年期间支出法人民币真实汇率：中国对北美洲、东亚、日本和欧洲的支出法真实汇率

（2）成本法人民币真实汇率的区域分解

同样把成本法人民币真实汇率分解为对北美洲（CRER_ NA）、东亚（CRER_ EA，不包括日本）、日本（CRER_ JP）和欧洲的真实汇率（CRER_ EU），见下图5-6。2002年第4季度和1994年第1季度相比，中国对欧洲的真实汇率上升16%；中国对北美洲的真实汇率上升5%；中国对东亚的真实汇率上升36%；中国对日本的真实汇率上升47.5%。与支出法真实汇率类似，同样是对日本和东亚的真实汇率升值是推动人民币真实汇率上升的主要因素。

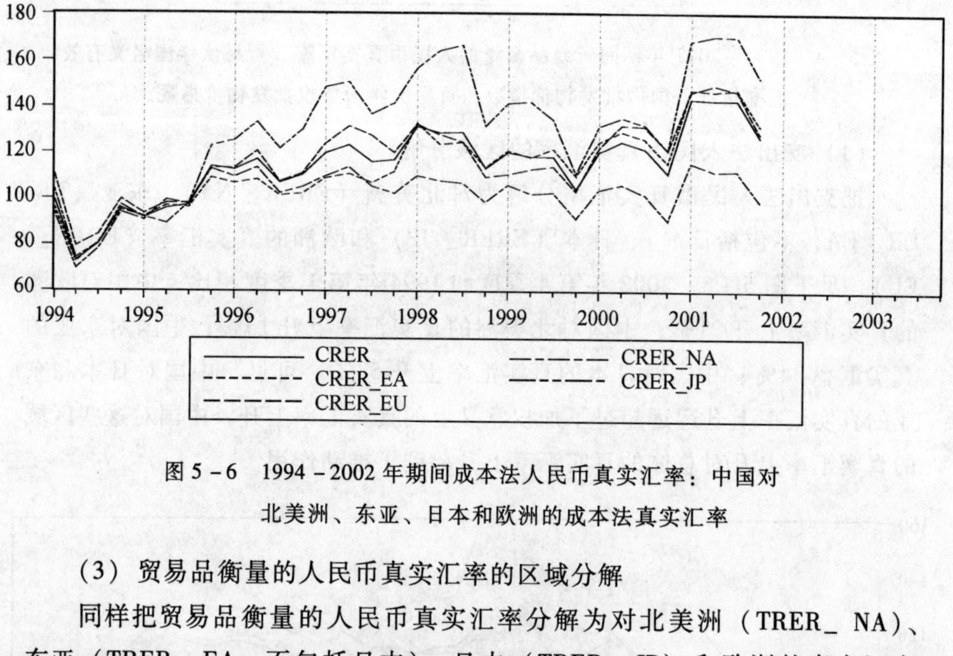

图5-6　1994-2002年期间成本法人民币真实汇率：中国对北美洲、东亚、日本和欧洲的成本法真实汇率

（3）贸易品衡量的人民币真实汇率的区域分解

同样把贸易品衡量的人民币真实汇率分解为对北美洲（TRER_ NA）、东亚（TRER_ EA，不包括日本）、日本（TRER_ JP）和欧洲的真实汇率（TRER_ EU），见下图5-7。2002年第4季度和1994年第1季度相比，中国对欧洲的真实汇率上升24%；中国对北美洲的真实汇率上升18%；中国对东亚的真实汇率上升44%；中国对日本的真实汇率上升67%。同样地，对日本和东亚的真实汇率上升在贸易品衡量的真实汇率上升中起到了重要作用。

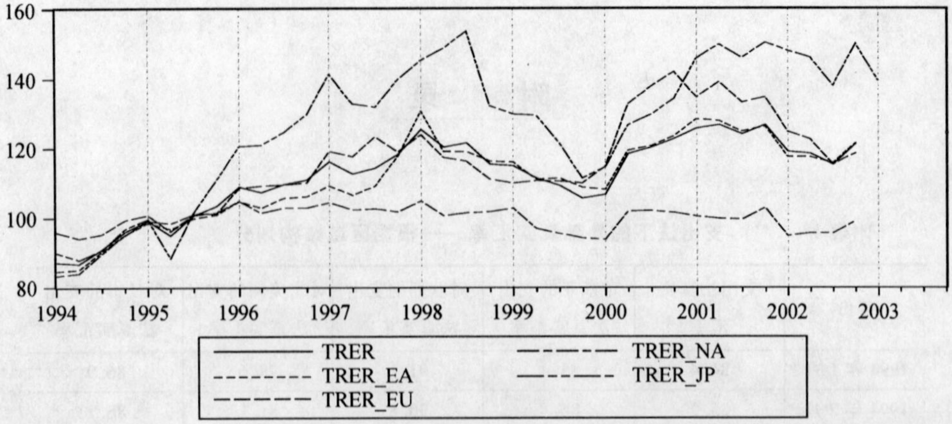

图 5－7　1994－2002 年期间贸易品衡量的人民币真实汇率：中国对北美洲、东亚、日本和欧洲的贸易品衡量的真实汇率

5.4 结　论

我们分别对真实汇率进行了分类、测算和基于价格因素和国别因素的解析。总体来看，1994－2002 年期间，基于各种分类方法的人民币真实汇率都经历了上升趋势，贸易品衡量的真实汇率上升尤为突出。1998 年以前，国内物价上升是推动人民币真实汇率上升的主要因素，1998 年以后，名义有效汇率上升是推动人民币真实汇率上升的主导因素。在盯住美元的汇率制度下，真实汇率上升很大程度上通过借助对日本和东亚国家的真实汇率上升来实现。

本文为进一步展开真实汇率与其他人民币汇率实证研究提供了基础性的数据资料。但是，它仅局限于说明真实汇率变动的情况，并没有挖掘真实汇率变动背后的原因，对于各种不同类型的真实汇率之间的差异也有待于进一步展开分析。

附录

附表1　　支出法下的外部真实汇率——根据区域结构划分

年份	支出法真实汇率	对东亚的支出法真实汇率	对欧洲的支出法真实汇率	对北美洲的支出法真实汇率	对日本的支出法真实汇率
1994年1月	84.4	85.4	91.1	78.6	86.9
1994年2月	85.2	86.4	90.8	81.1	86.1
1994年3月	90.2	91.9	93.3	87.6	90.3
1994年4月	94.9	96.1	97.6	92.9	95.4
1995年1月	99.5	100.5	100.6	98.5	99.8
1995年2月	94.6	97.7	95.6	98.0	87.7
1995年3月	100.9	100.6	101.1	101.4	101.9
1995年4月	103.3	100.7	101.7	102.0	111.1
1996年1月	109.4	105.0	109.0	106.1	121.9
1996年2月	107.3	101.8	109.5	103.4	121.2
1996年3月	110.1	104.7	110.5	105.5	125.9
1996年4月	111.1	104.5	111.2	105.2	130.7
1997年1月	116.6	107.4	120.4	106.7	143.7
1997年2月	112.5	103.9	119.4	103.5	134.9
1997年3月	114.3	106.1	125.5	104.2	134.6
1997年4月	118.1	114.8	120.8	103.2	141.6
1998年1月	125.6	129.5	126.2	104.7	147.8
1998年2月	119.4	116.5	118.8	100.2	149.7
1998年3月	121.3	116.8	118.3	101.1	157.0
1998年4月	114.4	114.8	112.0	100.5	132.5
1999年1月	113.7	113.8	111.1	100.7	131.1
1999年2月	110.5	109.7	111.8	95.5	130.1
1999年3月	111.5	113.5	114.0	97.0	125.2
1999年4月	108.2	112.0	113.6	95.8	114.5
2000年1月	110.2	112.4	119.2	95.9	119.4
2000年2月	107.1	109.0	120.9	91.8	114.6

续表

年份	支出法真实汇率	对东亚的支出法真实汇率	对欧洲的支出法真实汇率	对北美洲的支出法真实汇率	对日本的支出法真实汇率
2000年3月	109.6	111.0	126.8	92.7	118.0
2000年4月	112.1	113.6	131.3	93.0	121.4
2001年1月	114.9	117.7	124.7	92.9	132.0
2001年2月	115.8	117.8	129.1	91.1	135.9
2001年3月	113.8	115.8	124.4	90.0	133.8
2001年4月	115.7	117.8	125.6	91.1	137.5
2002年1月	118.3	119.1	126.6	90.9	148.5
2002年2月	113.2	115.1	119.0	88.4	139.7
2002年3月	110.2	113.5	111.9	88.6	132.0
2002年4月	111.4	115.0	110.0	88.7	136.9

附表2　　成本法下的外部真实汇率——根据区域结构划分

年份	成本法真实汇率	对东亚的成本法真实汇率	对欧洲的成本法真实汇率	对北美洲的成本法真实汇率	对日本的成本法真实汇率
1994年1月	99.3	96.1	110.3	93.8	103.9
1994年2月	72.9	72.3	79.3	69.6	74.1
1994年3月	80.2	80.6	84.3	77.9	80.2
1994年4月	95.6	94.7	99.6	93.8	97.0
1995年1月	91.6	92.0	93.5	90.5	91.7
1995年2月	95.7	96.8	97.9	99.3	89.1
1995年3月	97.1	96.1	97.9	97.5	97.8
1995年4月	113.8	108.9	113.3	112.8	122.7
1996年1月	112.4	106.5	113.0	109.2	125.2
1996年2月	116.9	108.2	120.6	113.4	133.1
1996年3月	106.9	101.3	107.4	102.3	121.5
1996年4月	110.2	102.1	110.9	105.0	130.0
1997年1月	119.7	108.8	123.8	109.7	148.4
1997年2月	123.1	110.7	131.4	113.7	150.6
1997年3月	115.8	106.7	127.4	105.2	136.7
1997年4月	116.7	111.6	119.8	102.1	141.4
1998年1月	131.3	132.8	132.3	109.8	156.6

续表

年份	成本法真实汇率	对东亚的成本法真实汇率	对欧洲的成本法真实汇率	对北美洲的成本法真实汇率	对日本的成本法真实汇率
1998 年 2 月	128.6	123.6	127.8	107.6	164.2
1998 年 3 月	128.8	124.5	124.7	106.7	166.5
1998 年 4 月	113.1	113.5	109.4	98.5	131.6
1999 年 1 月	120.0	120.7	110.5	105.9	141.4
1999 年 2 月	118.2	117.8	112.7	102.0	142.0
1999 年 3 月	118.1	121.5	113.9	102.6	134.3
1999 年 4 月	104.0	109.9	103.2	91.5	110.7
2000 年 1 月	120.2	124.7	122.1	103.8	131.5
2000 年 2 月	124.8	129.1	131.9	106.1	135.2
2000 年 3 月	121.6	125.9	131.4	101.7	132.0
2000 年 4 月	110.9	115.4	121.2	90.6	121.1
2001 年 1 月	143.3	147.3	146.3	115.5	168.3
2001 年 2 月	142.7	146.5	149.2	111.7	170.5
2001 年 3 月	142.8	147.4	146.7	112.0	170.2
2001 年 4 月	126.7	131.7	128.2	98.8	152.4

附表 3　　贸易品衡量的外部真实汇率——根据区域结构划分

年份	贸易品衡量的真实汇率	对东亚的贸易品衡量的真实汇率	对欧洲的贸易品衡量的真实汇率	对北美洲的贸易品衡量的真实汇率	对日本的贸易品衡量的真实汇率
1994 年 1 月	87.1	84.6	95.9	83.3	89.9
1994 年 2 月	86.7	85.0	94.0	84.0	87.8
1994 年 3 月	90.8	90.2	95.3	89.6	90.6
1994 年 4 月	96.0	95.1	99.4	95.1	96.8
1995 年 1 月	99.2	98.5	100.8	99.0	99.6
1995 年 2 月	94.9	96.7	96.2	98.4	88.3
1995 年 3 月	100.7	99.9	100.8	101.0	101.6
1995 年 4 月	103.4	100.9	101.3	101.4	110.8
1996 年 1 月	108.9	104.8	108.6	104.8	120.6
1996 年 2 月	107.4	102.8	109.2	101.5	120.9
1996 年 3 月	109.6	105.7	109.4	102.8	124.6

续表

年份	贸易品衡量的真实汇率	对东亚的贸易品衡量的真实汇率	对欧洲的贸易品衡量的真实汇率	对北美洲的贸易品衡量的真实汇率	对日本的贸易品衡量的真实汇率
1996年4月	110.9	106.1	110.0	102.9	129.6
1997年1月	116.2	109.2	119.1	104.4	141.4
1997年2月	112.6	106.5	117.5	102.2	132.7
1997年3月	114.3	109.1	123.3	102.6	131.8
1997年4月	118.2	117.7	119.0	101.7	139.8
1998年1月	125.4	130.7	123.8	104.8	145.3
1998年2月	120.3	119.1	117.4	100.6	148.7
1998年3月	121.5	119.0	116.3	101.4	153.7
1998年4月	115.4	116.2	111.0	101.8	132.1
1999年1月	114.9	116.0	110.0	102.8	129.7
1999年2月	111.4	111.1	110.7	96.9	129.4
1999年3月	109.3	111.4	110.5	95.4	121.5
1999年4月	105.6	108.7	109.9	94.1	111.3
2000年1月	106.7	108.1	114.7	93.7	114.5
2000年2月	118.3	119.4	132.7	101.9	126.7
2000年3月	120.2	120.6	137.8	102.0	129.6
2000年4月	122.7	123.4	142.0	101.5	134.2
2001年1月	125.7	128.3	134.7	100.4	145.8
2001年2月	126.7	127.8	139.1	99.7	149.8
2001年3月	124.0	124.8	133.1	99.5	146.0
2001年4月	126.7	126.3	134.7	102.9	150.4
2002年1月	119.0	117.5	124.7	94.7	148.0
2002年2月	118.5	117.4	122.5	95.5	146.1
2002年3月	115.3	115.7	115.4	95.5	138.1
2002年4月	121.2	121.4	118.5	99.0	150.0

第二部分

亚洲区域金融和货币合作

6

东亚金融合作框架设计

东亚金融危机的爆发使得本地区在对危机教训经过反思之后得出一个基本共识，这就是迫切需要建立一个本地区更加紧密的互助救援应急机制，以便及时避免短期国际收支失衡引发的金融危机。在上述共识的推动下，各国官方政府和学术界做出了不懈的努力，提出各种地区合作倡议和构筑亚洲金融合作框架的设想。目前已经在一些领域有了实质性的进展。其中最重要的合作，一个是清迈倡议和清迈倡议下的货币互换机制的运行；二是各层次的政策对话机制的建立；三是亚洲债券基金的设立。这些进展构成了东亚地区金融合作框架发展的基础。

然而，目前的这些合作形式仍然是初级形态的金融合作。东亚各国面临的更为迫切的任务是制定一个切实可行的，又具有长远目标的区域金融合作框架。我们在这篇报告中将提出东亚金融合作框架的时间表和实现各个阶段目标的措施方案。

对东亚金融合作框架的设计，我们认为历史经验值得借鉴。第二次世界大战以来，真正具有影响的国际金融合作案例只有布雷顿森林体系下的固定汇率制度以及欧洲货币一体化建设。对这两个案例的历史回顾我们发现，一

本文是中国财政部 2003－2005 年资助课题研究成果的部分内容。感谢倪建明对本文写作的贡献。

项制度安排即使在经济上合乎逻辑且能够带来共同利益，成员国的政治实力和意愿也会在很大程度上决定它是否能够正常而有效地运行。我们在对主要金融合作的成败进行历史考察之后，在第二部分，从政治经济学的角度对区域金融合作进行分析。我们将重点从不同层次金融合作的可行性、稳定性以及国内政治经济的影响角度考察中国与亚洲金融合作的关系，分析中国在东亚金融合作中的根本利益及其所处的地缘政治经济环境。对区域金融合作的政治经济学分析是东亚地区金融合作框架的重要参考因素。第三部分重点对东亚地区现有的各种主要金融合作形式进行评述。我们分析清迈倡议的历史、发展以及目前面临的主要问题。重点介绍日本学界对强化和超越清迈倡议的主要建议的方案。同时也对现有的各层次的政策对话机制和亚洲债券基金的设立进行评析。在此基础上，我们在第四部分提出包括短期、中期和长期方案在内的东亚金融合作框架总体设计方案，以及中国的作用和策略。

6.1 国际金融合作的实践与评述

推动东亚金融合作的意愿不仅仅是因为对 IMF 的失望和不满，也是受欧洲货币一体化进程顺利的刺激。由于拥有欧洲货币体系相对成功的先例，东亚国家普遍对亚洲金融合作抱有憧憬。实际上，自第二次世界大战结束以来，通过一定程度的金融合作，已经成为各国加强经济合作关系、稳定国际经济联系的一种重要形式，并在这方面积累了较多的经验，考察这些国际金融合作的历史案例，对正在铺垫之中的东亚金融合作无疑将是非常有价值的。

本章的主要目的，就是对迄今为止几个影响较大的国际金融合作案例进行历史分析，从中汲取相关的正反两方面的历史经验，为本报告的其他章节提供有益的经验证据和参考。

6.1.1 国际货币基金组织

国际货币基金组织（IMF）是第二次世界大战临近结束时由美国主导的战胜国所建立起来的布雷顿森林体系的主要组成机构之一，总部设在华盛顿，目前拥有 184 个成员国。IMF 的宗旨是推动国际金融合作，促进国际贸易的平衡发展，提高就业水平和增加收入，避免成员国货币的竞争性贬值，向成员国提供所需的临时性贷款援助以设法消除国际收支的严重不平衡。

IMF成立之初，主要工作是保证以美元为中心的固定汇率制度正常运转。在布雷顿森林体系下，美元与黄金直接挂钩，而其他会员国货币与美元挂钩，即同美元保持固定汇率关系。它使美元在战后国际货币体系中处于中心地位，美元成了黄金的“等价物”，各国货币只有通过美元才能同黄金发生关系。从此，美元就成了国际清算的支付手段和各国的主要储备货币。

以美元为中心的布雷顿森林体系的建立，使国际货币金融关系又有了统一的标准和基础，结束了战前货币金融领域内的混乱局面，并在相对稳定的情况下扩大了世界贸易。美国通过赠与、信贷、购买外国商品和劳务等形式，向世界散发了大量美元，客观上起到了扩大世界购买力的作用。同时，固定汇率制在很大程度上消除了由于汇率波动而引起的动荡，在一定程度上稳定了主要国家的货币汇率，这有利于国际贸易的发展。据统计，世界出口贸易总额年平均增长率，1948-1960年为6.8%，1960-1965年为7.9%，1965-1970年为11%；世界出口贸易年平均增长率，1948-1976年为7.7%，而战前的1913-1938年，平均每年只增长0.7%。国际货币基金组织要求成员国取消外汇管制，也有利于国际贸易和国际金融的发展，因为它可以使国际贸易和国际金融在实务中减少许多干扰或障碍。

为保证布雷顿森林体系的正常运转，IMF的另一项职能是从当时的88亿美元基金中向成员国提供贷款，即所谓的“特别提款权”。特别提款权的权数按照成员国的经济规模和贸易地位确定，按照设计，贷款规模越大，得到贷款的难度也就越高。对于一些想获得高额贷款的成员国，只有它们在削减贸易和预算赤字、通货膨胀率方面达到基金组织所规定的一系列条件后，基金组织才会发放连续贷款。

虽然基金组织在维护布雷顿森林体系正常运转方面卓有成效，但布雷顿森林体系下的固定汇率制度却存在着内在而不可调和的矛盾：即美国既要保证美元按固定官价兑换黄金，维持各国对美元的信心，但又只能通过贸易赤字的方式向各国提供足够的国际清偿力即美元，从而导致信心和清偿力发生矛盾：要满足世界经济和国际贸易的增长之需，国际储备必须要有相应的增长，而这必须有储备货币供应国——美国的国际收支赤字来实现。结果是各国手中的美元储备越多，美元与黄金之间的兑换关系就越缺乏信心，并且越要将美元兑换成黄金。这就是著名的“特里芬”悖论，它预言布雷顿森林体系无法维持。

要维持布雷顿森林体系的运转，需要美国与世界其他主要国家之间的协调和配合。例如经成员国协商后调整本国货币对美元汇价（汇率升值），减轻美元压力。20 世纪 60 年代美国国际收支赤字剧增，国内通货膨胀严重，各国均认为应全面调整汇率，而美元应首先贬值。但美国认为美元是基准货币，其他国家有责任维持汇率稳定，美国不能主动调整平价，所以美国要求重要盈余国（日本、西德、法国和荷兰等）主动将其货币对美元升值。各国对这种自损竞争力的政策要求十分不满，且经过近 20 年的发展，主要资本主义国家已经羽翼丰满，并不甘心布雷顿森林体系对美国全球利益的过度倾斜，也有实力将这种不满进行公开化并采取对抗措施。这样，赤字国（美国）不愿贬值，而盈余国也不愿升值，国际协调无法进行，国际收支也就无法顺利调整，失衡程度进一步加剧，最终酿成 20 世纪 80 年代初美元危机的总爆发与布雷顿森林体系的瓦解。

布雷顿森林虽然瓦解，IMF 作为一个国际组织却仍然得以保留并发挥作用至今。但其职能却随之发生了较大变化，从保障以美元固定平价为中心的固定汇率制度变成以维护国际宏观经济稳定，监督发展中国家实施宏观经济结构改革为重点，其重点内容主要包括：（1）就成员国的汇率政策、经常项目支付以及货币的兑换性问题确立行为准则，并实施监督。汇率监督是 IMF 的一项重要职能，其目的在于保证有秩序的汇兑安排和汇率体系的稳定，消除不利于国际贸易发展的外汇管制，避免成员国操纵汇率或采取歧视性的汇率政策以谋取不公平的竞争利益。基金组织反对成员国利用宏观经济政策、补贴或其他任何手段来操纵汇率，原则上反对成员国采取复汇率（包括双重汇率）或任何其他形式的差别汇率政策；（2）向国际收支发生困难的成员国提供必要的临时资金进行融通，以使它们遵守上述行为准则，并避免采取以邻为壑的经济政策；（3）向成员国提供国际货币合作与协商的场所。

从 20 世纪 80 年代以来，基金组织利用自己在人力资源和资金方面的优势，在推动以经济政策自由化为核心的“华盛顿共识”方面不遗余力，在早期拉丁美洲经济自由化改革以及近期亚洲金融危机前后亚洲各国经济结构调整方面，都可以明显感受到基金组织的作用。但是基金组织的实际作用仍然使人怀疑：

第一，基金组织是布雷顿森林体系的产物，历来基金主席均由西方大国中意人选担任，体现了西方大国尤其是美国的战略利益。这样一种政治构架是否能够充分反映发展中国家的利益让人怀疑。事实上，基金组织对待拉丁美洲国家和亚洲国家的态度存在很大差异，由于拉丁美洲向来被视为美国的后院，人们自然有理由怀疑基金组织厚此薄彼事出有因。

第二，基金组织人力有限，而全球经济形势瞬息即变，以基金的有限资源以及高度集中的决策机制，不可能做到防患于未然。实际上，从20世纪70年代末至今，仅大规模的银行危机就发生80多起，货币危机更是数不胜数。尤其是亚洲金融危机发生之前，基金组织还盛赞亚洲国家宏观经济良好，前景光明，云云。基金组织与成员国经济状况之间存在的严重的信息不对称，是对基金组织作用的一大威胁。为了解决这一问题，近年来基金组织在成员国统计资料的透明性和及时性方面做了很多工作，但效果如何仍然有待观察。

第三，基金组织坚持经济政策自由化的理念无可厚非，但是如果将这一理念无条件地意识形态化，不顾各国实际情况的差异，则有可能反而加重受金融危机打击的各国经济的负担。

第四，各国政府对IMF行使超主权国家政府的权力有所保留，这也会限制IMF作为国际宏观经济救火队的作用。

IMF的上述弊端在亚洲金融危机期间表现得非常明显。首先，由于对东亚金融危机的严重程度和可能的后果估计错误，来自IMF的救援不及时而且救援力度太小。更有甚者，IMF在亚洲金融危机发生初期对亚洲国家的困难表现出一种漠不关心态度，从而引起了亚洲国家的强烈不满。其次，在“华盛顿共识”的影响下，IMF对东亚各国金融危机形成的原因做出了具有很大片面性的判断。利用东亚危机国急需救援的机会，IMF为提供贷款提出了实施结构改革的苛刻条件。希望推动危机国家按“华盛顿共识”进行经济改革。从理论上说，为了防止“道德风险”，以进行改革为贷款条件，有其合理性。但是，由于IMF的条件主要是为了维护贷款人的利益（西方发达国家），同时由于IMF的条件具有浓重的意识形态色彩而忽视了危机国的具体国情，许多IMF强加的改革措施不仅没有缓解危机，反而使危机进一步恶化。例如，在建立存款人保险制度之前，IMF匆匆在印度尼西亚关闭了一系列银行，结果引起了金融恐慌。此外，IMF 在印度尼西亚还取消燃油、食品的补贴，使大量民众的生活下降到贫困线以下，从而导致印度尼西亚的政治经济还在长时间内处于混乱状态之中。

亚洲金融危机后的直接后果有两个，一是要求改革基金组织的呼声越来越高，基金组织本身也不得不考虑对基金的效率和工作方式进行改进；另外就是亚洲国家在金融危机阵痛之后开始考虑区域货币合作的问题，从而将本地区金融合作提上了日程。

6.1.2 欧洲货币一体化

正如我们已经指出的那样，早在 20 世纪 60 年代起，部分国家和地区就开始了进行货币一体化的尝试，其中尤以欧洲联盟（欧洲共同体的前身）内的货币一体化进程最为引人瞩目，且相对最为成功。

为了早日实现欧洲的复兴，在美国的催促下，1950 年欧洲支付同盟成立，这是欧洲货币一体化的开始。1958 年欧洲经济共同体各国签署了欧洲货币协定以代替欧洲支付同盟，这促进了西欧国家货币自由兑换的发展。20 世纪 60 年代初期，共同体的决策机构建议成员国货币之间实行固定汇率制，并强调在地区协商和政策协调方面采取更有效的措施，还设想建立一种体系，使成员国出现逆差时，能从其他成员国自动获得信贷方面的帮助。这一提案实际上已经初具货币合作的雏形。

到 20 世纪 60 年代末，欧洲主要大国（特别是德国和法国）已经恢复了元气，经济实力的提高以及相应在政治上的诉求，再加上此时布雷顿森林体系的内在矛盾已经表现无遗，使欧共体在 1969 年举行的首脑会议上提出了建立欧洲货币联盟的概念，并进而在 1970 年的“魏尔纳报告”中提出用 10 年的时间作为建立欧洲货币联盟的过渡期。1971 年欧共体 6 国部长会议通过一项从 1971 年至 1980 年 10 年过渡期内建立货币同盟的协议，分三个阶段实现货币联盟的目标。第一阶段从 1971 年初至 1973 年底，主要目标是缩小成员国货币汇率的波动幅度，着手建立货币储备基金，以支持稳定汇率的活动，加强货币与经济政策的协调，减少成员国经济结构的差异；第二阶段从 1974 年初至 1976 年底，主要目标是集中成员国的部分外汇储备以巩固货币储备基金，进一步稳定各国货币间的汇率，并使共同体内部的资本流动逐步自由化；第三阶段从 1977 年初至 1980 年底，共同体将发展成为一个商品、资本、劳动力自由流动的经济统一体，由固定汇率制度向统一的货币发展，货币储备基金向统一的中央银行发展。

1971年3月22日，货币联盟计划注释开始实施：(1) 在共同体内实行"可调整的中心汇率制"，对内规定成员国货币汇率的波动幅度，对外则实行联合浮动。这一机制显然是批判地借鉴了布雷顿森林体系的优缺点；(2) 建立欧洲货币合作基金；(3) 使用欧洲计算单位。虽然该计划后来因为西方世界经济出现动荡而被暂时搁置，但货币联盟计划的正式实施，正说明了羽翼丰满的欧洲对布雷顿森林体系的不满，这也表明了在美元问题上欧洲国家的不合作态度，正是这种不合作的态度，导致布雷顿森林体系最终无法承受压力而解体。

1973年欧共体提出"欧洲经济一体化与货币统一报告"，建议创设"欧罗巴"，分为几阶段实施：先作为共同体交易的计算单位，然后作为成员国政府间的清算单位与储备货币，再作为与民间交易的法定货币，接着作为一种平行货币与成员国货币一起流通，最终取代成员国的货币，成为共同体各国统一使用的货币。

到20世纪70年代末，欧共体内部各国的经贸联系已经有了更进一步的发展。1979年共同体内部贸易占其贸易额的53.7%，总额达3080亿美元。另一方面，1977年美元危机再度爆发，冲击各国货币汇率的稳定，为了抵御美元波动的影响，并加强在国际金融方面与美国分庭抗衡的实力，客观上也需要加强货币合作。在这种背景下，1978年法德两国提出了建立欧洲货币体系的新创议，在两国的推动下，欧共体决定于1979年成立欧洲货币体系，其目的是制止汇率的剧烈波动，促进共同体国家经济的发展。最初参加的国家有法国、西德、意大利、荷兰、比利时、卢森堡、爱尔兰和丹麦8个国家。虽然英国暂不加入，但英格兰银行却按规定的比例认缴黄金和美元储备，参加了欧洲货币基金，希腊等国则迟至1985年才参加。

欧洲货币体系通过两种机制来稳定成员国之间的货币汇价：(1) 平价网体系。成员国都规定本国货币同欧洲货币单位的中心汇率，并在双边的基础上，确定各参加国相互间货币的中心汇率，各国货币只允许在中心汇率上下各2.5%的幅度内波动[①]。在这一机制中，按"一篮子"货币定值的欧洲

① 一些国家货币较弱，例如意大利里拉，波动幅度可扩大到中心汇率上下6%。

货币单位是基准，各成员国货币对这一基准的波动规定有最大偏离幅度。当汇率达到波动幅度规定的界限时，成员国必须进行干预。（2）干预办法。有三种干预办法，一是通过各中央银行间的相互贷款以干预外汇市场，即抛出强币以减轻对强币的压力，吸收弱币以加强对弱币的支持；二是在国内实行适当的货币政策和财政政策；三是改变中心汇率为最后举措，即在干预难以奏效的情况下，各国就必须重新确定中心汇率，以免整个体系崩溃。事实上，截至1987年1月，中心汇率已经调整过18次。在欧洲货币体系中，由于德国经济的领袖地位，因此德国马克成为联合浮动体系中唯一的强势货币，是这一体系的中心，因此欧洲货币区又被称为“马克区”。

在整个20世纪80年代，欧洲货币体系建设取得了很大成绩，欧共体在1989年对其进行评价时认为，该体系在一定程度上实现了预定目标，总体上是成功的，其作用表现在以下几个方面：一是建立了一个日趋稳定的货币区，有助于成员国控制通货膨胀；二是汇率变化不确定性的降低鼓励了内部贸易的改善；三是对国际金融市场起到了稳定作用。

不过，欧洲货币体系却在20世纪90年代遇到了严峻挑战，并遭遇了重大危机。在1992年的英镑和里拉危机中，英国、意大利一度退出汇率机制，而欧盟也不得不将成员国之间的双边汇率波幅扩大到±15%。

由于欧洲货币体系并没有完成欧洲货币联盟的主要目标，因此于20世纪80年代后期，欧洲货币联盟和创立单一货币的计划再次启动。1992年欧共体成员国签署《马斯特里赫特条约》（《马约》），并于1993年正式生效。《马约》最终确定了建立欧洲货币联盟的具体实施步骤，并为加入欧洲货币联盟的国家制定出可操作的标准，这对于欧洲货币联盟的发展是具有里程碑意义的事件，从此之后，欧共体改称为欧洲联盟（欧盟，EU）。其主要内容包括：为控制通胀率、财政赤字比例规定标准；成立欧洲央行；规定1999年1月起欧元将进入过渡期，2002年欧元正式流通，同期各国货币将退出流通领域。

从2000年欧元开始启动，2002年欧元正式开始流通以来，美元/欧元汇率已经波动，目前欧元呈现稳中有升的态势。欧元已经基本上在外汇市场上站稳脚跟。欧元问世给欧洲带来的好处是显而易见的，例如仅货币兑换的管理成本就节约了将近131－192亿欧元，相当于欧盟GDP的0.4%左右。欧元在整合欧洲统一大市场、增强市场透明度、促进企业兼并和重组、增强企业竞争力方面也预计将会起到很大作用。

欧元的问世对国际经济、金融格局的影响也是相当大的。欧元区现有11个国家，希腊、英国、瑞典、丹麦等国很快也将加入。考虑到其他欧洲国家正在积极谋求加入欧盟，预计在未来10年内，欧元区可能扩展到28个国家。此外，中非和西非的13个CFA法郎区国家通过盯住法郎，实际上间接地盯住了欧元。如果北非和中东的部分国家也选择盯住欧元，那么欧元区可能扩展到50国，总人口超过5亿，总的GDP规模将大于美国。如果在欧洲经济整合进一步成功的推动下，欧元和美元一样成为国际强势货币并非不可能，从而可能对美国的金融霸权造成不小的冲击，这种冲击对于国际金融格局的影响应该密切注意。

欧洲货币联盟对国际金融合作的最大启示是，通过成员国之间的政策协调来实现货币联盟和单一货币、汇率稳定不仅在理论上是可能的，在实际上也是可行的。从欧洲货币联盟的运行机制上看，它具有布雷顿森林体系所完全没有的强有力的、超国家的宏观经济政策协调权（分别由欧洲央行和欧盟委员会承担），这是以欧元为中心的统一汇率制度运行的基本保证。这对立志于实现区域金融一体化的国家是一个暗示。

从欧元诞生到现在，欧元区的宏观运行堪称正常，但是不可过分夸大欧元区的制度成就，正如其他由人类所设想的制度一样，欧洲货币联盟也具有天然的缺陷，并成为欧元区未来的隐患：第一，欧洲货币联盟以法德为轴心，法德两国是推动欧洲货币一体化的中坚力量。这样一种局面是由长期内欧洲经济力量的对比所决定的。为了推动欧洲货币联盟的建立，德法两国在政策决策方面做了许多让步，但这种让步并不代表着这种政策决策制度的稳定性。在现行政策框架下，许多决策权是按照一人一票而不是经济权重的办法进行决定，许多人认为这过分倾向中小国家的利益，并为此深表不满。从实际上看，法德两国的欧洲强权地位并不因为决策权的分散而有所削弱，一旦环境需要，它们仍然将国家利益置于整个欧盟利益之上。例如，欧盟《稳定与增长公约》规定成员国财政赤字占GDP的比例不得超过3.5%，但迄今为止法德两国为了刺激国内需求，已经连续4年超过了这一限制，而欧盟理事会只能对此表示遗憾。显然，核心成员国的机会主义行为得到了两国霸权力量的背书，这对欧盟的制度建设无疑是一个沉重的打击，它的影响只有在长期内才能看到；第二，虽然法德两国出于共同的战略利益加强了两国间在各个领域——包括货币联盟建设里的合作，但是两国争夺欧盟领导权的斗争仍然非常激烈。例如就欧洲央行人选问题法德两国曾一度为此争执。一些著名的观察家和政治家均对欧盟内部法德轴心的稳定性大表怀疑，认为两国争夺欧盟领导权的分歧将最终导致法德轴心的解体甚至战争①。

6.1.3 其他区域性货币合作案例

在布雷顿森林体系崩溃之后，除了欧洲联盟之外，一些特定区域的国家也成立了不少区域性货币组织。比较成型的有西非货币联盟、中非货币联盟、阿拉伯货币基金组织和安第斯储备基金组织等等。与欧元区相比较，这些货币集团尚处于一体化程度较低的阶段，再加上这些区域本身经济规模和实力有限，因而对于国际金融体系的影响有限。这里仅简单介绍一下西非货币联盟以及中非货币联盟。

（1）西非货币联盟

西非货币联盟成立于1973年，成员国有贝宁、布基纳法索、科特迪瓦、几内亚比绍、马里、尼日尔、塞内加尔和多哥。联盟拥有统一货币西非法郎（FCFA）和共同的中央银行，即西非中央银行（BCEAO）。

与西非货币联盟相联系的另一个区域性经济合作组织是西非经济货币联盟。是西非法语区8个国家政府间的经济联盟，以促进区域经济一体化、共同发展为主要目标，同样由西非货币联盟的成员国组成。该联盟自2000年1月1日起正式启动被誉为西非地区骄傲的关税同盟。关税同盟主要由两方面的内容构成：对原产于各成员国的产品免除关税，在联盟区域内自由流通，并取消所有的非关税壁垒；对所有来自于联盟各国之外的产品实行对外共同关税税则。

为了进一步加深西非法郎区的经济联系，2003年在尼日尔的提议下，西非货币联盟和西非经济货币联盟的8个成员国在尼亚美举行政府首脑会议，尼日尔、马里、科特迪瓦、布基纳法索和几内亚比绍的总理出席了会议，塞内加尔、多哥和贝宁派代表参加了会议。会议的宗旨是讨论如何突破障碍加强地区合作促进地区经济，主要有以下议题：西非货币联盟和西非经济货币联盟合并；成员国人员和产品自由流通；成员国之间的合作和地区经

① 持此观点的包括经济学家金德尔博格和前美国国家安全助理布热津斯基等人。

济计划，其中两个联盟的合并是会议争论的焦点。大多数成员国认为两个联盟合并的时机已成熟，但西非中央银行则认为为时过早，理由是联盟的货币机制运行虽然成功，但是经济政策仍有困难，尤其是国家财政和联盟间的贸易，建议在联盟内部的经济联合加强之后再考虑两个联盟的合并。马里、塞内加尔和西非经济货币联盟主席却认为两个联盟的存在有矛盾，应统一和明确。会议最终决定起草两个联盟合并的方案，希望在2004年12月下一届的首脑会议通过。

(2) 中非货币联盟

中非货币联盟是在中非关税和经济同盟（以下简称联盟）的基础上建立起来的。联盟成立于1964年，目前拥有喀麦隆、刚果、加蓬、乍得、中非和赤道几内亚6个成员国，是非洲地区最重要的国际经济组织之一。在建立起中非关说同盟后，于1975年创办了中非国家银行（BEAC），统一了货币和利率，并开始实行共同的金融货币政策，在中非经济货币一体化上走出了重要的一步。不过，中非地区的货币一体化对于中非地区的经济效应作用并不是非常明显，目前联盟成员国主要精力仍然放在完善税收和投资制度上，预算不足也制约了其货币一体化的进展。

正如前文所说的那样，目前全球除了欧元区以外，其他地区的货币一体化成就和影响均十分有限，并且有逐步与大国货币“同化”的趋势。例如中非和西非货币联盟的成员国基本上属于法郎区国家，在欧元区建立后，它们也从盯住法郎变为间接地盯住了欧元。北非国家今后选择欧元的可能性也很大。至于拉丁美洲国家，它们可能对“美元化”更感兴趣，实际上，即使它们成功地建立起货币联盟，非洲的经验也表明这里最终将会是一个“美元区”。

6.1.4 结论

通过对几个国际金融（货币）合作的历史案例的简单分析，可以看出此类措施的成败随具体历史条件的不同而不同，但我们仍然可以从其中归纳出一些共同经验：

一是一般金融合作均在经济贸易联系达到一定程度，或为了促进经贸联系而形成。且对于那些中小国家而言，能够通过金融合作获得稳定的经贸环境是它们的一大收益，并且能够借助大国的力量解决金融合作这一集体行动中搭便车的问题。

二是金融合作作为一项制度安排，大国间的协商一致是解决集体行动中搭便车问题的有效途径。当只存在一个霸权国家，或仅有一两个大国得以结成支配性国家联盟时，大国间的交易成本将大幅度降低，从而有利于达成一致协议。在布雷顿森林体系下，美国扮演了霸权国家的角色，而在欧洲货币一体化进程中，则由法德轴心扮演支配性国家联盟的角色。在缺乏霸权国家或支配性国家联盟的情况下，金融合作尤其是货币一体化将是不稳定的，另外一种选择则是选择区域外强势货币作为交易单位和储备单位。一般那些实力较小的区域性合作组织会选择后一种方案，例如非洲法郎区国家对欧元的采用，以及拉丁美洲国家对“美元化”的兴趣，等等。

三是作为一项制度安排，金融合作首先必须进行经济上的成本—收益对比，经济利益最大化是金融合作能够制度化的必要条件，许多作者也将主要精力用于分析金融合作中经济利益—成本对比。与此同时，金融合作涉及合作中的主权让渡、管理权和决策权的分配、政治认同等敏感问题，因此在很大程度上它也是一个政治问题，它必然要涉及到金融合作中成员国之间的政治、经济利益的分配。

四是从第二次世界大战以来，真正具有影响的国际金融合作案例只有布雷顿森林体系下的固定汇率制度以及欧洲货币一体化建设，前者持续了近30年，后者从发起到欧元正式流通用了近60年，并且这些案例的主要载体是经济发展水平较高的发达国家，可以预计，包括拟议中的亚洲金融合作囊括了发展水平、文化风俗和历史传统均存在很大差异的亚洲国家，其建设过程必将充满坎坷和艰辛。最大的问题是该地区缺乏像美国那样的霸权力量或法德轴心那样的支配性国家联盟，这意味着亚洲金融合作或许至少要等到以上两个条件之一成立时才能有所见效。

当然，与非洲以及拉丁美洲等地区的金融一体化的经验有所不同的是，本地区未来将基本上不存在“欧元化”或“美元化”的可能性，这主要是因为本地区经济实力日趋强大。欧洲的经验表明，当地区经济实力足以和世界其他经济强权成鼎立之势时，区域货币一体化将被提上日程，并且在解决了领导者以及搭便车问题的基础上，区域货币一体化不仅将在经济上可行，在政治上也是可能的。蒙代尔预言10年或更长的时间内，亚元区可以脱颖而出，亚洲国家将因一个更为平等的国际货币体系的出现而受益。究竟这一设想是否具有未来，以及中国在其中应该扮演什么角色，我们将在本报告以下的章节中着重进行分析。

6.2 金融合作中的政治经济学

伴随着贸易、金融全球化浪潮席卷全世界，在欧洲货币一体化和亚洲金融危机的刺激下，是否以及以什么样的方式参与亚洲金融合作，已经成为摆在亚洲国家决策者案头的紧要问题。目前有关亚洲金融合作的各种讨论大多从纯粹经济学的角度出发，通过不同方案的成本—收益的对比判断各种方案的优劣，却在很大程度上忽略了一个事实，即一项有效的国际制度安排不仅涉及绝对收益—成本的比较，也是各个国家内外部政治、经济集团的博弈和利益分配的结果。亚洲地区，尤其是东北（南）亚地区，是目前全球经济增长最快的地区，同时也是各种国际政治、经济矛盾异常集中的地区。该地区各国政治、经济力量的不均衡发展，正导致该地区原有国际政治、经济格局发生着剧烈的变化，影响着地区政治、经济权力重新分配以及政治经济新秩序的形成。国际形势的这种剧烈变动，既意味着新机遇的不断诞生，也意味着地缘政治经济中不确定性的不断增长。这种瞬息即变的国际环境，既有可能催生新的制度安排（需求诱导），也有可能导致新制度安排因为囚徒困境而胎死腹中（供给失败）。

换而言之，一项有效的制度安排（例如潜在的亚洲金融合作方案），不仅仅取决于该方案所能带来的总体政治、经济福利的增加，也取决于该方案可能带来的新增政治、经济福利在各国内外部政治、经济集团间的分配情况。前者涉及绝对利益的增减，后者则涉及利益的具体分配。那些仅仅在经济上有利可图，但因为在政治上分歧巨大而失败的案例不计其数。显然，一项新的国际制度安排最终能否得到认可并建立起来，不仅仅是个经济问题，更是个政治经济问题。

本章正是从政治经济学的角度出发，来分析中国对亚洲金融合作所应持的态度，以及在其中所应扮演的角色、发挥的作用和应采取的对策，进而为未来的决策提供有价值的理论框架和依据。

我们将首先从历史的角度，在政治经济学的框架下，分析几个有影响的国际金融合作制度安排的形成和发展过程，并结合对当前有关亚洲金融合作的背景以及进展的分析，总结出国际金融制度形成的历史经验；其次，在历史经验的基础上，归纳出金融合作的规律性；最后，具体分析中国在亚洲金融合作中的根本利益及其所处的地缘政治经济环境，在此基础上提出中国在亚洲金融合作中所应把握的原则，以及在短、中、长期所应采取的基本对策。

6.2.1 金融合作的历史溯源

（1）布雷顿森林体系

准确地说，以固定汇率制度为核心的布雷顿森林体系是二战后第一个成功的国际金融制度安排。由于种种原因，布雷顿森林体系崩溃了，但包括IMF在内的其主要组成机构却依然得以保留并发挥作用至今。虽然从实际发挥作用（1958年）到崩溃（1971年）只有十余年的时间，但布雷顿森林体系却堪称二战以来第一个国际金融合作制度的典范。

布雷顿森体体系的建立可谓应运而生。第二次世界大战的历史结果之一就是美国的政治经济实力在全球范围内处于无可争议的支配地位。二战刚结束时，美国的产出占全球产出水平的40%，黄金储备更占全球黄金储备的2/3。再加上完整无损的工业以及遥遥领先的军事、技术优势，使美国无可争议地以西方世界领袖的身份建立新的经济新秩序，即布雷顿森林体系。该体系主要致力于稳定汇率，促进平等贸易关系，迅速重建被战争破坏的经济并使穷国恢复发展。其中的核心机制主要体现在两个方面：第一，美元与黄金直接挂钩；第二，IMF其他会员国的货币与美元挂钩，即同美元保持固定汇率关系。布雷顿森林体系实际上是一种国际金汇兑本位制，又称美元—黄金本位制。它使美元在战后国际货币体系中处于中心地位，美元成了黄金的“等价物”，各国货币只有通过美元才能同黄金发生关系。从此，美元就成了国际清算的支付手段和各国的主要储备货币。

按照美国的设想，这样一种以美元为核心的国际金融制度安排将会给包括美国在内的全球经济带来好处：第一，它体现了美国的全球霸主地位。由于美元成为国际支付手段和主要储备货币，使美国可以在全球范围内征收巨额铸币税，理论上可以通过无限货币发行为美国的储蓄缺口进行融资，同时相对于其他国家，保证了美国国内政策的灵活性。这样一来，美元作为国际主要货币的地位使美国可以在全球范围内调配资源。与此同时，由于该体系消除了货币波动，从而能够最大限度地促进贸易和投资，恢复各国的购买力和加速经济复兴，刺激对美国产品的需求。从而达到一举双得的目的。

美国在享受权利的同时也承担了巨大义务，一是美国是唯一准备应外国政府和中央银行的请求将自己的货币兑换成黄金的国家，即必须保持美国的黄金可兑换。这也是导致后来布雷顿森林体系不堪重负并崩溃的直接因素；另外，为了启动该体系，美国除了成为 IMF 的最大出资国外，还必须向西方国家提供巨额资金援助，以加速后者的经济复兴过程。在建立布雷顿森林体系的谈判中，美国代表怀特曾经设想由美国出资建立起国际储备的金额只需 50 亿美元，但实际出资金额远远超出了怀特的估计。例如启动布雷顿森林体系的第一个步骤就是由美国向加拿大和英国提供 37.5 亿美元的长期低息贷款，这在当时是一笔巨款。另外就是为创建欧洲的马歇尔计划注入巨资，为此美国承诺在连续两到三年的时间里，每年提供相当于美国 GNP 的 2% 的援助（按 20 世纪 90 年代初的价格计算为每年 1000 亿美元左右）。另外，向另一个盟国日本以及其他次要盟国所提供的援助也是不计其数。

即使必须承担高额的成本，但美国在权衡新的世界秩序所带来的利弊后，还是不遗余力地推动布雷顿森林体系尽快发挥实际作用。事实上，该体系在成立后的 10 多年内运转稳定并发挥了令人满意的作用：世界贸易额迅速上升，而欧洲和日本也很快恢复并超过了二战前的最高水平，不仅如此，它们的经济增长率在 20 世纪 50－60 年代末大多数时间内都大大超过了美国的经济增长率（图 6－1）。

这种大国间不平衡的经济增长导致二战刚结束时国际经济格局发生了很大变化。在 1955 年，按市场名义汇率计算，日本、法国和德国的 GDP 占美国的 GDP 的比重分别为 6%、12% 和 11%，到 1970 年则分别为 20%、14% 和 18%（图 6－2）。

这种经济力量对比的相对变化对布雷顿森林体系造成了深远的影响：第一，它使布雷顿森林体系的内在缺陷，即“特里芬难题”益发凸现。布雷顿森林体系的运转依赖于人们对美元的信心，只要人们相信持有美元比持有黄金更好，人们就愿意持有美元，布雷顿森林体系就会运转正常。反之则出现问题。在布雷顿森林体系下，美国向世界供给美元的唯一途径就是通过经常项目赤字，然而该赤字越大，对美元的信心越可能动摇。在二战刚结束

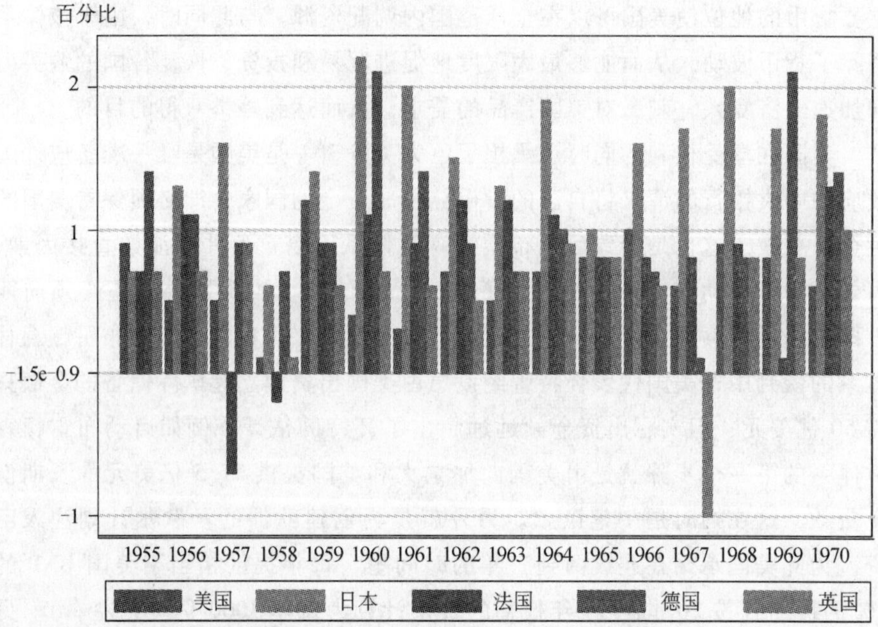

注：经济增长率按名义 GDP 的年度增长率计算。

资料来源：IFS（2003）。

图 6-1　美国和其他主要西方大国间的经济增长（1955-1970 年）

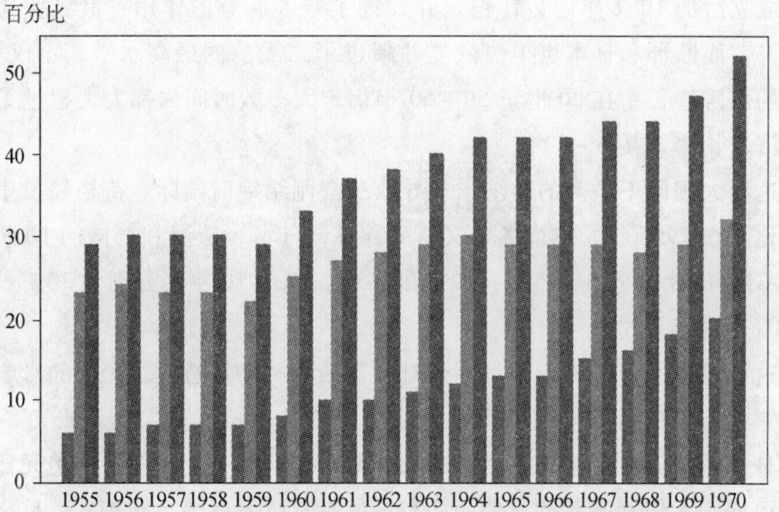

图 6-2　美国、日本和法-德的相对产出比例

时，美国庞大的政治、经济和军事实力使世界对美元充满信心，并且美国并无经常账户赤字之虞。但到20世纪60年代，其他主要资本主义国家无论在产出的增长，还是在保持价格稳定等方面的表现均大大优于美国，这样一来，当1965年美国第一次出现经常账户赤字且规模不断扩大之后，世界对美元的信心也开始承受越来越严峻的考验；第二，伴随着与美国经济相对差距的不断缩小，那些传统意义上的大国对美国独自支配世界政治、经济秩序的不满也越来越明显。随着越战的升级，1965年法国总统戴高乐率先将这种不满公开化，他抱怨“美元体系”给美国提供了“过度特权”，使美国能够自由地在全世界为自己筹措资金，使自己的国际收支逆差不受限制地用美元结清。在联邦德国，虽然作为二战的战败国而不想像法国那样咄咄逼人，但也表示德国由于丧失了货币政策的主权，而导致本国正遭受从美国进口的通货膨胀的威胁，从而表达了要求改革布雷顿森林体系的愿望。而在美国，由于越战的挫折以及欧洲、日本经济的重新崛起，使得美国当局对独自承担维持布雷顿森林体系稳定的义务也怨声载道。显然，在国际政治、经济力量对比发生大变化的条件下，一种严重依赖一国的国际体系的不稳定性也就越来越大。

政治人物的表态使得市场对美元的信心大跌，美元贬值的压力不断升高，而主要欧洲国家拒绝和美元贬值进行联动。终于在1971年美国总统尼克松宣布美元不再和黄金挂钩，不再承担黄金自由兑换的义务。布雷顿森林体系就此瓦解。

布雷顿森林体系的发展史是考察国际金融合作政治经济学的一个极好的案例。该体系在其创立时完全符合了当时国际政治经济形势的特征和需要，正如我们已经指出的那样，布雷顿森林体系在长达十多年的时间里给主要参与国均带来了好处：在一个汇率稳定的国际环境下，工业国家间的贸易额实际年均增长6%，而经济增长率亦达到了相当的水平。例如美国在20世纪50年代和60年代的平均增长率达到了6.6%。但对于其他工业国家而言，美国的市场开放以及它所提供的集体安全远比它们从布雷顿森林体系中所得到的更加重要，布雷顿森林体系崩溃后的历史无疑证明了这一点。换而言之，布雷顿森林体系下的利益和责任分配存在着严重的不均衡，这种不均衡所带来的各国间的矛盾随着欧洲、日本经济力量的恢复而日益尖锐并最终导致了布雷顿森林体系的崩溃。

(2) 欧洲货币体系

在经过第二次世界大战的摧残之后，欧洲国家痛定思痛，普遍认为惟有建立起制度化的合作机制，才有可能使欧洲国家在共同繁荣的基础上和平解决争端，避免重蹈两次大战的覆辙。欧洲的和解与创建符合战后美国的战略利益，为此美国规定通过马歇尔计划提供的资金要以欧洲各国的合作为前提才能获得，这客观上加速了欧洲一体化的速度和进程。继 1948 年成立"欧洲经济合作组织"（经济合作组织的前身）和"欧洲支付同盟"之后，1950 年又成立了"欧洲煤钢共同体"，该组织的成立主要是出于政治上的考虑，它成为法德和解的经济基础，另外，欧盟许多组织机构的前身也可以追溯到欧洲煤钢共同体。但是，直到 1969 年才在沃纳报告中正式提出了推动货币一体化，最终实现固定汇率和共同货币政策的目标。之所以欧洲货币一体化直到此时才被提上议程，主要有两个原因：一是货币一体化是欧洲一体化的高级阶段，在客观条件没有发展到一定程度之前，货币一体化也不会有实质性的进展。第二，到 20 世纪 60 年代后期，由于美欧之间经济差距的缩小，对美元霸权的反对也日益明显，欧洲国家，尤其是法德两国认为对抗美元霸权的最佳途径就是加快欧洲货币一体化进程；第三，到 20 世纪 60 年代末，欧洲经济力量的分布格局已经基本稳定（图 6-3）。图 6-3 显示，从 1971-1998 年，法德两国的 GDP 占欧洲货币联盟国家 GDP 总和的比例一直稳定在 56% 左右，其经济实力在货币联盟成员国中稳居支配地位。

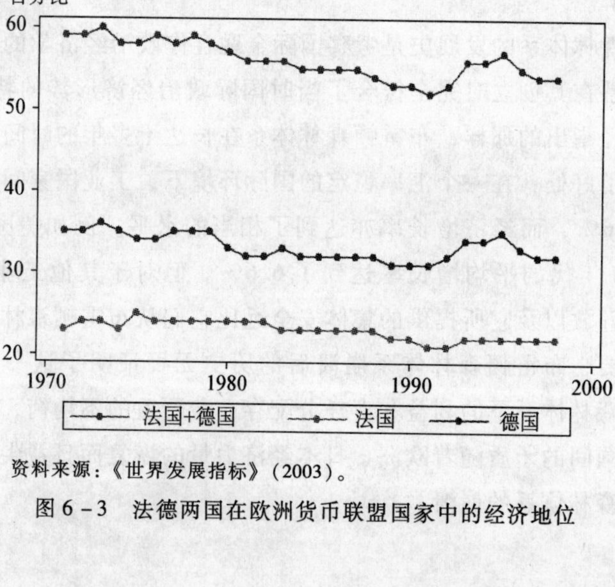

资料来源：《世界发展指标》(2003)。

图 6-3　法德两国在欧洲货币联盟国家中的经济地位

正如二战刚结束时美国的全球经济霸主地位是布雷顿森林体系得以建立的前提和基础，法德两国在欧洲大陆的经济霸主地位同样是欧洲货币一体化的支柱。正是这种稳定的经济格局，使得一种制度安排能够在相当长的时间内维持原有的利益分配关系而不致引发冲突。

20世纪70年代末在法德两国的倡导下，欧洲货币体系与欧洲汇率体制得以建立。除英国外，所有欧洲联盟国家均加入了欧洲汇率体制。在该汇率体制下，每一种货币的汇率都在一个带状区间内按照这两种货币兑换的中心汇率上下波动（最初区间为2.5%）。一旦某种货币的汇率达到区间的边界，有关国家的中央银行就会在外汇市场上进行干预。显然这实际上也是一种固定汇率制度。

欧洲汇率体制在20世纪90年代初因为各种金融危机的冲击而无法完成欧洲货币联盟的主要目标，但欧洲货币一体化的进程并未就此中断。1992年《马斯特里赫特条约》签订，其中规定了向经济与货币联盟过渡的精确程序，成为欧洲货币一体化进程中的里程碑事件。根据《马约》，1998年成立了欧洲中央银行，1999年正式启动欧元，2002年欧洲货币联盟11个成员国的本国货币全部终止流通而由欧元取代，从而完成了欧洲货币一体化。

在法德两国经济力量占支配地位的情况下，欧洲货币一体化仍然花了近40多年的时间，除了各国经济结构存在差异外，对欧洲货币一体化中利益分配的政治分歧也是重要原因之一。首先，欧洲央行的首要目标是维持物价稳定——这实际上反映了德国的意见，但欧洲各国文化、经济条件差异巨大，是否应该为了维持物价稳定而以放弃其他目标为代价并把制定货币政策的权力全部移交给欧洲央行在政治上是非常棘手的问题，短时间内不可能达成一致意见；其次，即使在核心国家之间，也会由于政治经济实力发展的不均衡而在利益分配上存在分歧。例如，鉴于德国经济在该区域内所占的主导地位，德国成为欧洲汇率体制下的支配国家，汇率体制因此也被看作是德国马克区。这意味着德国中央银行开始主导该体制下成员国的货币政策。这引起一些国家尤其是法国和英国的疑虑。由于欧洲货币一体化必须争取到法国的支持，因此德国在这一过程中进行了让步，例如在欧洲央行的决策机制设计上，并不是根据经济力量的相对大小分配决策权，而是根据董事会“一人一票”的原则进行投票。这样，在欧洲历史上拥有更多传统盟友的法国就可以对欧洲央行的决策施加较大的影响力。在欧洲央行行长的任命上，法德两国也曾经出现过激烈的争执。而英国则在欧洲货币一体化上更是态度暧昧，这与英国长期坚持的欧洲大陆均势政策的外交思维是分不开的。

尽管分歧重重，在推进欧洲一体化这一大方向上法德两国的战略利益是一致的——两国均需要更紧密的合作来获得在国际政治、经济中的更高地位。更为关键的是，尽管德国拥有经济上的霸权，但由于是二战的战败国，其政治上的影响力受到限制，必须在重大问题上得到法国的支持；而法国则希望通过法德联合主导欧洲内部事务，并以此作为在国际上拥有更大发言权的筹码。在法德两国任何一方均不具备完全压倒性优势的情况下，联合与合作则成为最佳策略。而法德一旦联合，包括货币一体化在内的欧洲一体化也就大局已定。

欧元诞生至今已经将近5年有余，从政治经济学的角度来看，只要法德两国目前的政治、经济力量对比不发生大的变化，且在联合主导欧洲事务以应对美国霸权上仍然意见一致，那么欧元的运行仍会大致平稳。否则，欧元乃至欧洲一体化形势出现逆转也并非是不可能的事情。

(3) 亚洲金融合作

虽然目前亚洲金融合作还没有一个成熟的框架，但各国官方和学术界对亚洲金融合作均倾注了巨大的热情。首先是日本在1998年提议由亚洲国家建立一个亚洲货币基金组织（AMF）来协助国际货币基金组织（IMF），当亚洲出现危机时，由亚洲货币基金组织首先进行救援。这一方案虽然一经提出便夭折，但却将亚洲金融合作的议题提上了日程。接着在200年5月亚行年会之后召开了第一次同行意见会议，讨论的主题是加强东亚的金融合作。与会者一致同意加强政策对话和区域合作，包括对资本流动的监管、建立自助和支持机制、促进国际金融改革。同期在东盟10+3会议上，各国财政部长在泰国达成清迈协议，在双边货币互换以及建立货币风险早期预警系统等方面达成一致意见。从而在亚洲金融合作上迈出了标志性的一步。

亚洲金融合作问题之所以备受关注，除了亚洲金融危机的刺激和区域经济一体化进展的要求之外，本地区政治经济力量与地区民族主义的崛起也是一个重要的因素。亚洲地区尤其是东北亚地区是近20年来经济发展最快的地区，再加上本地区曾经饱受西方列强欺凌的历史，因而经济的复兴很容易伴随着民族主义的苏醒，并进而兴起挑战和改变世界现存经济秩序的冲动。尽管动机各有不同，但加强金融合作却是挑战现存世界经济金融秩序的一个可选择的途径。

考察亚洲金融合作的可行性以及中国在这一过程中所应扮演的角色和采取的对策是本章的核心内容。在以下的分析中，我们将结合布雷顿森林体系以及欧洲货币一体化发展过程中的历史经验，从政治经济学的角度出发，对中国与亚洲金融合作的有关问题进行探讨和解答。

6.2.2 金融合作中的政治经济

从对20世纪两个影响最大的国际金融合作案例的历史回顾可以得出以下结论：

第一，一项国际经济、金融制度安排，不仅仅是个经济问题，同时也是个政治问题。一项制度协议即使在经济上合乎逻辑且能够带来共同利益，成员国的政治实力和意愿也将在很大程度上决定它是否能够正常而有效地运行。换言之，如果缺乏政治意愿并相互协调与配合，在现实中很可能就会出现囚徒困境，即建立在理性基础上的博弈最终将导致非最优甚至是糟糕的结果。

第二，要使参与国相互之间在政治上达成一致，就参与国内部而言，主张达成一致的利益集团的博弈就会成为主流意见，例如美国国内精英对建立二战后国际经济、政治新秩序，法德两国精英就法德和解与共享欧洲主导权等关键性问题能够达成一致。就参与国之间而言，应具备两个基本条件：(1) 主要参与国的经济政治实力应在整个体系内占据支配地位。要么一个主要国家在其中享有霸权地位（如二战刚结束时的美国），要么主要国家之间的联合实力占垄断地位（例如法德两国联合实力在欧洲货币联盟之中所占的地位）。这种力量对比能够保证现有利益分配格局得以按照主导者的意志建立起来；(2) 其政治、经济实力的对比在相当长的一段时间内不会发生本质性的变化，换言之，原有的主导性力量在足够长的时间内不会受新力量的挑战，从而使现有利益分配格局不致受到新力量崛起的威胁，从而保持整个体系的稳定性。美国自二战后世界经济霸主的地位直到20世纪60年代三驾马车的格局出现后才第一次受到威胁，尽管如此，对原有体系下利益分配格局的不满使得欧洲国家拒绝与美国协调行动，保证原有美元－黄金平价关系的稳定，从而导致布雷顿森林体系失败。对于欧洲货币一体化则正好相反，法德两国在占据欧洲经济力量的主导地位后，开始正式推动欧洲货币一体化进程，由于政治力量对比在数十年的时间内都没有发生变化，使得欧洲货币一体化终于在2002年修成正果，发行了欧元并进行流通。

这种力量对比与制度稳定之间的关系，其大致思路与政治学中的霸权周期理论相似。该理论认为，所谓霸权，就是一国有能力为全球经济建立规则的秩序安排。例如英国和美国分别在19世纪和20世纪40年代强大到足以创造和加强自由国际经济秩序和规则（罗伯特·基欧汉，1984）。沃勒斯坦（1988）认为，一个国家取得霸权，就是它有能力最大限度地在经济、军事、外交甚至文化上把它的意愿和规则强加于他国。但是，维持这种霸权需要付出代价，一旦这种代价超过霸权所带来的利益，霸权国家的净收益就会减少甚至消失，新的挑战力量就会产生，对原霸主形成威胁进而取而代之，从而催生新的国际经济秩序。在这一过程中甚至有可能导致国际冲突和战争。

与霸权周期论不同的是，在霸权周期论中，霸权国家为维护霸权的成本超过霸权给霸权国家所带来的收益是霸权国家相对于其竞争对手衰落的内在原因。但在我们的分析中，霸权国家的相对衰落更多的是新兴国家内在经济发展规律作用的结果。经济理论证明，在自由竞争环境下，后发国家将因为资本—劳动边际回报更高而获得更高的经济增长率，从而赶上先进国家。目前有资格构成美国竞争对手的，均强调市场规律和自由竞争。这其中并非偶然的现象在很大程度上说明了力量对比的变化更多地来自对内在经济规律的遵循，而不仅仅取决于国际秩序的利益—成本对比。实际上，国际秩序本来就是对霸权国家利益的最大化，认为它会带来霸权国家的衰落是不合逻辑的。正因为新兴国家主要通过自身力量追赶霸权国家并改变了力量对比，才有资格对现存利益分配格局表示不满，才会有改变现有国际秩序的动机和动力，以争取新的经济秩序下有利于己的利益分配格局。新兴国家挑战霸权国家的方式和方法（即新秩序挑战旧秩序的方式和方法），以及霸权国家对此的反应，将最终决定新旧国际秩序更迭的方式以及成功与否。换言之，挑战方式和方法的多样性，有可能使得所谓的“和平崛起”成为可能，而不再只能通过战争重新进行利益分配。

显然，如果一项国际经济制度安排在成立之初弹性较小，即仅仅考虑霸权国家的利益，那么如果该体系下力量对比发生不利于霸权国家的变化，原有制度安排将会因为新兴力量的崛起而变得不稳定甚至无以为继。换言之，一项制度安排本身是否具有足够的稳定性，从根本上来讲应具备三个条件：

一是该体系下是否存在霸权国家（联盟）；二是该体系下政治经济力量的对比是否在足够长的时间内不会发生本质变化；三是在力量对比发生变化的条件下，原体系是否有足够的弹性考虑并反映这种力量对比的变化。布雷顿森林体系的崩溃，在于原有霸权国家力量的相对衰弱且无法兼顾后来居上者的利益；而欧洲货币一体化迄今为止相对成功的关键则在于法德轴心的牢固以及该轴心经济实力一直在欧洲联盟中处于支配性地位。我们在分析亚洲金融合作以及中国对此的态度和作用时，亚洲地缘经济、政治力量的动态变化将成为我们分析的基本出发点以及划分长中短期的基本标志。

另外，考察金融合作的政治经济，同样必须重视国内政治经济因素的作用和影响。毕竟，目前全球化和区域化的基本构成单位仍然是各主权国家。因此，首先，各主权国家将会在加入某国际经济协定之前权衡综合利弊，包括主权让渡、保留文化传统、发挥在国际体系中的政治影响等方面的内容；其次，主权国家国内利益将通过国内各利益集团之间的实力对比和相互博弈反映出来。按照奥尔森的集体行动理论，利益集团的能力不仅仅表现在人数和经济实力上，还表现为它们的组织和谈判能力。如果随着形势的发展，国内利益集团的力量对比发生变化，鉴于国际体系对它们的影响及其程度均有所不同，它们对参加国际体系的态度可能有异，这种国内政治经济形势的变化也会对国际体系的稳定性产生影响。最好的例子就是法德两国最近在其预算赤字方面的举动。按照欧洲货币联盟《稳定与增长公约》中的规定，成员国预算赤字占 GDP 的比重不能超过 3%。但德国的预算赤字在 2005 年达到了 3.5%，估计 2006 年将达到 3.8%。而估计法国的预算赤字占 GDP 的比例在 2005 年则超过了 4%。而估计它们在 2006 年仍将无法达到《稳定与增长公约》的相关规定。法德两国作为欧盟的核心国家带头违反制度规定，给欧洲货币联盟的稳定性投下了一丝阴影。其主要原因在于近年来法德两国增长率偏低，失业率升高，通货紧缩的威胁上升，国内要求增加政府开支以扩大有效需求的呼声越来越高，强大的政治压力导致两国选择以国内利益为优先考虑目的。

总之，考察金融合作的政治经济学，必须将金融合作的成本和收益以及利益分配统筹考察，以分析金融合作的可行性与稳定性，同时，鉴于国内政治经济是各主权国家决定是否加入金融合作的基本出发点，在接下来的分析中我们将重点从不同层次的金融合作的可行性、稳定性以及国内政治经济的影响角度出发考察中国与亚洲金融合作的关系。

6.2.3 中国与亚洲金融合作的政治经济分析

(1) 中国在亚洲的地缘政治与经济背景

①国际格局的基本特点

冷战结束后，国际格局的基本特点就是一超多强。美国在冷战、海湾－巴尔干－阿富汗－伊拉克战争中接连获胜，并结合20世纪90年代其“新经济”的推动，已成为世界上名副其实的超级大国。欧盟的建立使得欧洲在经济总量上超过美国，但由于欧盟仍然是个主权国家联合体，在外交上还远远没有达到用一个声音说话的地步，英国作为欧洲传统大国，是美国在欧洲的坚定盟友。原苏联集团各国例如波兰、捷克等国对美国、欧盟的态度也是首鼠两端，并且欧洲的防务在很大程度上依靠美国，因此欧洲作为一个整体在可预见的将来，想要在政治上和美国平起平坐还不太可能，这自然会影响到欧盟在世界事务中的发言权。目前欧盟就是否解除对中国的武器禁运问题进行酝酿。美国对此必然施加压力进行反对。因此最终结果如何可以看作是欧洲外交、防务是否独立于美国的一个试金石，也是中美欧三方实力在外交领域的展现。

与欧美相比，亚洲的情况显得更为复杂一些。一方面，亚洲潜力巨大，这里聚集了世界60%的人口，该数字在本世纪中期将达到2/3。根据世界银行的统计，亚洲GDP在世界GDP中所占的比例已从1950年的19%上升到1998年的33%，到2025年将达到55%至60%。而到2002年底，全球外汇储备有58%掌握在亚洲国家手中，其中日本、中国分别占19.3%和11.3%。可以说，经过几十年的发展，亚洲的整体经济力量已经与美欧不分上下，由于亚洲地区同时是世界经济增长最快的地区，在经济总量上超过美欧也是迟早的事情。但同时，亚洲力量却相当分散，除了东盟外，亚洲并没有形成有效的经济联合体。另一方面，亚洲地区也是全球潜在冲突风险最高的地区，朝鲜半岛－台湾海峡－中亚地区－克什米尔－中东地区都是潜在冲突的蛰伏地区。亚洲也是多种族、民族、宗教和文化的汇集地，并且在有关历史问题上的见解也没有达成一致。所有这些因素决定了亚洲在一体化方面还存在着相当大的障碍需要克服。

这样一种国际格局决定了：第一，美国在本地区还存在着相当大的影响力。事实上，本地区在出口、安全保障等问题上均对美国存在着不同程度的依赖，在构建亚洲政治、经济新秩序，包括在亚洲金融合作问题上不得不顾及美国的态度，而欧洲在这方面的发言权则相对有限；第二，亚洲力量的分散性和令人担忧的安全态势使得该地区在一体化进程中步履蹒跚，但这还并不是问题的关键，问题在于该地区迄今为止无法找到类似美国那样的霸权力量，以及像法德轴心那样的支配性联盟，从而导致了构建该地区政治、经济新秩序的不确定性和不稳定性。这一点，我们将在对中国—亚洲地缘政治、经济的分析中予以详细讨论。

②中国的亚洲地缘政治经济环境

中国处在一个非常复杂的地缘政治经济环境中。一方面，中国周边汇集了全球增长最强劲的国家和地区，包括传统的四小龙以及新兴的东南亚小虎，具有深厚潜力的印度，经济实力排名世界第二的日本以及具有丰富自然资源的中亚国家以及俄罗斯远东地区。图 6－4 给出了该地区一些主要经济体的经济增长率。另外一方面，正因为该地区几乎所有经济体都处于经济起飞阶段，而日本显然由于种种原因限制而无法充当地区领袖的角色，这就造成了该地区处于缺乏霸权国家这样一个典型的霸权不稳定状态。而这一权力空白却由非本地区的美国来填充。

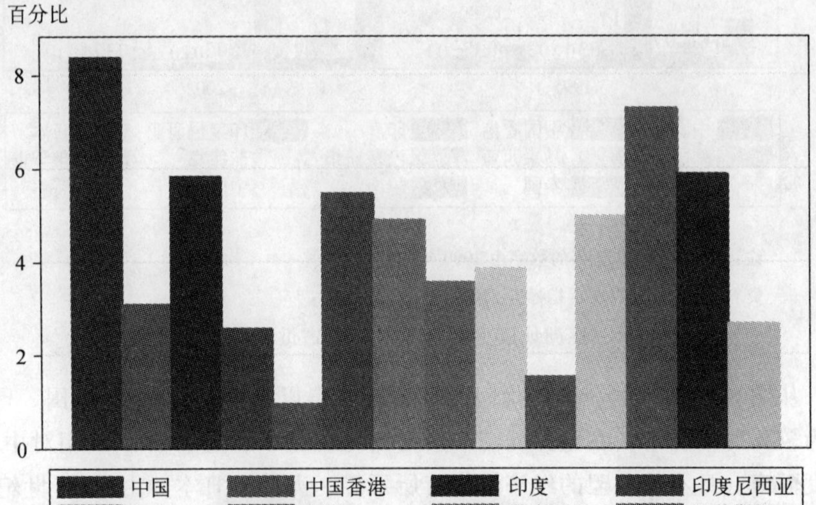

资料来源：《世界发展指标》（2003）。

图 6－4　亚洲地区主要经济体 GDP 的增长率（1995－2002 年的均值）

从图 6－4 看出，亚洲主要经济体（包括俄罗斯）均取得了相当的发展速度，其中中国大陆、中国台湾和印度分别以年均 8.4%、5.9% 和 5.5% 的成绩位列前 3 位。这种速度上的优势通过占世界总产出比例的上升反映出来（图 6－5）。1995 年－2002 年，以 GDP 衡量的中国产出占世界总产出的比例从 2.4% 上升到 3.8%，印度从 1.2% 上升到 1.5%，而日本则从 17.9% 下降到 12.3%，东盟六国（马来西亚、印度尼西亚、菲律宾、泰国、越南、新加坡）则从 2.1% 下降到 1.8%。

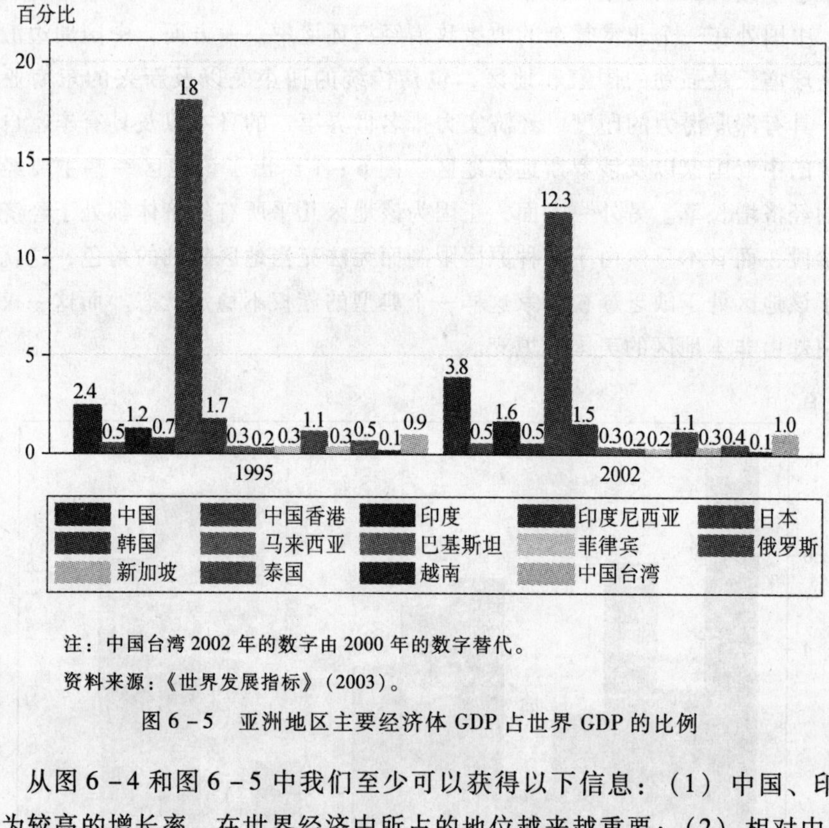

注：中国台湾 2002 年的数字由 2000 年的数字替代。

资料来源：《世界发展指标》（2003）。

图 6－5　亚洲地区主要经济体 GDP 占世界 GDP 的比例

从图 6－4 和图 6－5 中我们至少可以获得以下信息：（1）中国、印度因为较高的增长率，在世界经济中所占的地位越来越重要；（2）相对中国、印度而言，日本和东盟的经济地位有所下降，尤其是日本，由于 20 世纪 90 年代经济停滞不前，占世界产出的比重竟然下降了近 5 个百分点；（3）尽管如此，日本仍然在亚洲经济中位居前茅，其总量是中国的 3 倍有余；（4）这种经济发展的不平衡意味着亚洲经济乃至政治版图将会继续发生大的变化和波动。如果各国经济增长继续保持目前的平均速度，那么在 2025－2030 年左右中国的经济总量将赶超日本位居亚洲第一，在2050年左右将赶超美国成为世界第一。

根据本章第二节关于国际体系稳定性的分析，一个有效的制度安排，必须在存在霸权国家和支配性国家联盟的前提下才能够建立起来，然而这两个条件在目前的亚洲并不具备：首先，从经济总量上来看，中国只有日本的1/3，但日本由于各种因素的限制，其综合影响力并不比中国更为强大，因此，可以认为该地区并不存在一个像美国那样的霸权国家。其次，在缺乏霸权国家的情况下，在短时间内建立起像法德轴心那样的支配性国家联盟也希望渺茫，这不仅是因为中国目前经济总量和日本还有较大的差距，而且两国之间的互信和结盟的紧迫感远没有达到二战刚结束时法德那样的水平，且两国在意识形态上也相差甚远。并且中日绕开任何一方而和其他国家之间建立支配性联盟关系可行性也较低。

在这种情况下，亚洲处于一种所谓的霸权空白区，在这段期间，任何建立整个地区性的政治、经济新秩序的企图可以说都不会取得成功。只有到中国的经济总量超过日本从而使得日本愿意和中国结成支配性国家联盟，或者中国经济总量大大超过日本，甚至成为世界最大经济体，从而成为亚洲霸主国家，一个亚洲性的国际政治、经济新秩序才能够有效地建立起来。这一判断，对于我们进一步认识中国在亚洲金融合作中应该扮演什么样的角色至关重要。

③两岸三地（大陆、中国香港和中国台湾）的地缘政治经济关系

从总量上来看，大陆、中国香港和中国台湾总产出占世界产出的比例从1995年的3.8%上升到2002年的5.3%[①]。已经接近日本经济总量的一半。两岸三地的经贸联系也不断增强，中国香港已经在考虑通过某种形式和大陆经济进一步联为一体（例如正在评估中的粤港经济区），而中国台湾对大陆的直接投资也达数百亿美元之多，大陆更是中国台湾的第一大贸易顺差来源以及最大的贸易伙伴。从经济意义上来看，两岸三地的经贸往来对彼此之间形成更紧密的制度化合作关系提出了要求。但是，两岸之间的政治关系却总是不能令人满意，尤其是中国台湾当局已经决定在本年度3月20日举行所谓的和平公投，更是给两岸关系投下了阴影。

① 由于中国台湾是2000年数字，因此2002年的两岸三地产出份额应该更大。

尽管如此，两岸三地的经贸合作乃至金融合作并不是不能有所作为。第一，两岸三地是真正的同文同种，在文化、历史上的关系比其他任何国家和地区都要紧密得多，如果不考虑政治上的人为干扰，两岸三地是天然的经济一体化良场；第二，即使大陆和中国台湾之间存在政治上的纠葛，但中国台湾涉及几大强国之间的战略利益，不可能以弹丸之地挑战几大国际强权的战略利益，以中国台湾几个政客或党派的利益危及国际和平更是不会为国际强权所允许。这也是全球主要国家和地区对中国台湾公投表示疑虑甚至反对的原因所在。在这种情况下，几个政客的叫嚣实在是选举前的做秀。不可能也不应该对两岸之间的进一步经贸、金融合作造成大的损害；第三，即使中国台湾政客在有关统一问题上玩弄小动作，只要不触及大陆在对中国台湾关系白皮书中所提到的对台动武底线，大陆仍然应该一如既往地推动两岸进一步的经贸、金融合作。目前，两岸双边经贸合作已经达到一定程度，仅仅这种双边往来已经不能充分传达大陆在两岸关系上的诚意和善意，应该进一步提出将两岸经贸、金融合作制度化的提案（例如可以考虑把中国台湾也纳入清迈倡议的框架之中），在两岸关系上向国际社会，也是向中国台湾当局和民众释放足够的信息。实际上，考虑到政策效应，如果能赶在3·20之前在大陆对中国台湾公投表示严正关注的同时，将有关合作信息释放出去，能够更好地把握主动权；第四，在这一过程中，中国香港应该积极发挥其作用。中国香港作为一国两制的试验基地，保持了自己在政治上一定的独立性，由中国香港作为两岸三地的中间者和调解人应该是比较合适的。一些合作方案，在适当的条件下，由中国香港提出并推动或许会更适当一些。

④中日韩地缘政治经济关系

日本作为本地区最大的经济实体，对涉及本地区地缘政治和经济关系的重大问题均有发言权和一定的影响力，对充当地区经济事务领头人（例如建立日元区）的热情也从无到有，这一方面是为了扩大日本在地缘政治经济上的影响力，另一方面也是出于对20世纪90年代以来日本经济陷于停滞、中国迎头赶上之势的压力日益明显的担忧所做出的紧迫之举。

如前所述，由于中国经济的迅速崛起，在不久的将来将至少在总量上与日本持平，并在此基础上赶超日本。在这种情况下，日本不顾即将发生的巨变而执意建立倾向日本的地区性政治、经济秩序的举动当然不会获得积极的回应和效果。日本建立日元区的最佳时机当在日本经济如日中天的20世纪

80年代，如今时机已逝，却在中国经济赶超之势日益明显之时提出不合时宜的提案，的确在某种程度上透露了日本的急迫感。近年来日本在有关地区合作问题上的举措要么不被国际强权所认可（例如1998年建立亚洲基金的提案），要么屡屡落后中国（例如中国抢先与东盟宣布建立自由贸易区），这实际上反映了亚洲地区经济实力格局的变化。更重要的是，随着中国经济实力的变强以及中日两国经贸关系的加深，中国对日本的重要性也越来越大，今年日本出口的扩大在很大程度上是通过对中国的出口来实现的，一些观察家认为中国已经开始扮演拯救日本经济的角色。果真如此的话，日本唯一可行的选择就是加强与中国的进一步协调与合作，而不是幻想建立一个倾向日本的亚洲政治、经济秩序。这样的制度安排注定是不稳定而且没有生命力的。最后，即使抛开中国因素，日本希望亚洲国家建立盯住以日元为主的货币篮子提案也不可行，鉴于日元对美元汇率波动巨大，而美国又是本地区国家重要的出口市场，在日元汇率稳定之前，类似的提案显然也没有任何吸引力。

对于韩国，中国已经成为其第一大贸易伙伴，经贸关系日益加深，在朝鲜半岛问题上，韩国也要依赖中国的影响力和帮助。从历史上看，在大多数时间里，韩国都是中国的盟友而非敌人。最重要的是，在亚洲经济竞争格局中，韩国不可能扮演像日本那样的作为竞争者的角色。因此，中韩合作的空间要更为广阔。因此，在未来的亚洲金融合作过程中，在不违背本国利益的前提下，可以根据需要而对韩国的一些倡议进行支持，同时，在10+3合作框架中，中国要尽量争取韩国对中国的支持。

⑤中国—东盟地缘政治经济关系

中国与东盟的政治经济关系在20世纪90年代中期以来发展迅速。对于东盟国家而言，它们已经认识到了中国必将成为区域性强权国家的事实，由于它们并不像日本那样具有大国野心，因此对中国这种地位的态度也就更加客观。在这种认识下，东盟加快了与中国的合作步伐，通过了和中国建立自由贸易区的协定。随着中国经济实力的扩大，东盟将会在有关问题上进一步倾听并尊重中国的意见，但为了保证东盟的利益，东盟国家将会进一步扩展10+3合作框架并尽力维持和本地区其他大国以及同美国之间的关系。可以预见，在中国发展成为本地区具有支配性力量的强国之前，东盟的这种合作之中兼顾平衡的对华态度将基本不变。

⑥中国－中亚－俄罗斯远东的地缘政治经济关系

无论如何不应该低估中亚和俄罗斯远东地区在中国未来经济发展中的重要地位。中国未来的经济发展和庞大的经济规模决定了中国对包括石油在内的能源需求将会有爆炸性的增长。预计中国今明两年的石油需求增长量将占全球石油需求增长量的1/3。而根据国际能源机构的预测，到2010年，中国的石油进口量将增加一倍，达到每天400万桶。到2003年，预计中国每天将进口1000万桶，相当于美国现在的石油进口量。这样中国的石油供需缺口将越来越大。

中国目前的石油进口有一半来自中东地区，由于该地区是美国的势力范围，使得中国的能源安全受到很大威胁。中国必将加大保证石油供应来源多元化的努力。在这方面，中亚和俄罗斯远东是比较理想的供应渠道，这是因为：第一，从地理上来看，中亚和俄罗斯远东均与中国接壤，且均属经济发展相对落后，人口密度相对稀少的地区，相对于其他地区（例如中东、南美、非洲等石油产区），中国在发挥地缘政治经济影响方面具有相对优势；第二，目前各大国与中亚国家主要发展的是军事和政治关系，经贸联系发展相对较弱，这给中国留下了较大空间。为此，中国应该加大与该地区的经贸联系，在此过程中应该鼓励该地区使用人民币进行交易和结算，长期目标应该是使人民币成为该地区的储备货币，从而使中国能够最大限度地调用该地区的资源；第三，对于俄罗斯远东地区，应该奉行和中亚地区的相似战略，即鼓励边境交易用人民币进行结算；第四，考虑到中亚和俄罗斯远东地区商品供应匮乏，用人民币进行交易可以满足其需要。因此以上战略是可行的。

⑦中国－印度地缘政治经济关系

尽管目前印度的经济实力远逊于中国，但从长远来看，印度的经济增长潜力巨大，是亚洲地区和日本并列的两个中国最值得关注的竞争对手。随着中印两国边境谈判取得实质性进展，中印两国大规模的经贸、金融合作也应该随之展开。从地缘政治的角度来看，中印两国之间的合作所带来的战略利益应该大大超过中国—东盟合作所能带来的战略利益，这是由中印两国的地理位置以及印度的发展潜力所决定的。在合作中，中国应该充分利用自己改革开放的历史经验，外汇储备更多的优势，为印度的开放提供咨询和帮助，并打消印度在开放中对来自外部冲击所持有的疑虑。另外，从长远来看应该把中印两国之间的接近纳入整个亚洲经济、金融合作的框架中来，以体现亚洲未来新秩序的包容性和弹性。

⑧中国—美国—欧盟之间的地缘政治经济关系

美国不属于亚洲地区，但美国超级大国的影响却遍及亚洲。美国同日本缔结了军事同盟，在东南亚、中亚设有军事基地，在太平洋、印度洋和波斯湾拥有舰队游弋。美国也是各亚洲国家重要的出口市场和外资、技术来源，美元是本地区的国际结算货币，在很大程度上体现了华盛顿意志的布雷顿森林体系机构——世界银行、国际货币基金组织和国际清算银行等国际组织在亚洲各国的经济改革和政策制定方面发挥着重要作用。

美国的这种超级大国地位决定了它在本地区政治、经济事务中享有广泛的发言权，尤其在本地区缺乏霸权国家和支配性国家联盟的情况下，美国的这种大国地位就越发明显。例如本地区最大经济实体日本不得不在很多问题上听从美国的意见。美国的这种地位决定了在重构亚洲政治、经济新秩序问题上，中美两国之间的博弈是一种零和博弈，即一方所得为另一方所失。这和欧元的诞生对美元国际强势货币地位形成挑战的道理是相同的。相对于日本而言，由于中国赶超美国的难度更大，因此在中短期内，矛盾将主要由中日之间的争夺而体现出来，但在长期，随着中国经济总量开始赶超美国，这种争夺亚洲主导权的竞争将更多地在中美两国之间进行。如何在这一过程中保证中美两国的和平竞争，实现中国的“和平崛起”将是对中美两国执政者的一大考验。对这一点，我们将在下一节有关亚洲金融合作的对策上予以进一步的分析。

欧盟虽然在经济总量上已经超过美国，但在欧盟完成外交和防务一体化之前，欧盟在欧洲以外的影响力仍然是非常有限的，并且随着亚洲经济的迅速崛起，亚洲留给欧盟的空间也相对狭小得多。在这种情况下，欧盟将不会在亚洲政治、经济新秩序的建立中起到很大作用。但作为发达经济体，欧盟在一定程度上可以提供美国技术和资金的替代品，另外，欧盟也可以向亚洲国家提供欧洲一体化的正反两方面的经验教训。

（2）中国参与东亚金融合作的政治经济策略

在短期内（2003－2009年），中国仍然属于低收入国家，主要精力应该放在深化国内改革与发展。在亚洲金融合作中的作用应体现在完善现有金融合作安排，落实已达成的各项金融、贸易协定，进一步紧密同东盟以及其他亚洲重要国家之间的经济和政治关系；该阶段可以考虑进一步推动两岸三地的贸易、金融联系；与此同时尊重现行国际秩序。

在中期内（2010－2018年），此时中国已经基本完成工业化和现代化，可以也应该在亚洲和世界舞台上有更大的作为。这一阶段中国在亚洲金融合作中所起的作用是：第一，在全面落实中国—东盟自由贸易区建设的同时，可以通过向其他亚洲国家进一步开放市场以加强同亚洲国家（尤其是印度、中亚和俄罗斯远东地区）之间的经贸联系，集中精力推动亚洲统一大市场的建设，为进一步发展金融合作打下基础；第二，利用两岸三地的联合优势，在大中华经济圈筹建区域金融中心，发展地区金融市场，并优先鼓励人民币在中亚和俄罗斯远东地区的使用；第三，应尽量争取日本与中国的联合，说服日本放弃建立日元区的企图，转而构建包括人民币和日元在内的亚洲货币篮子，作为未来亚洲货币的发行基础；第四，在这一过程中应充分考虑东盟国家和韩国的利益，同时应该在更广泛的基础上将印度也拉进亚洲金融一体化的建设过程中。总之，这一阶段将成为决定亚洲金融合作未来走向和成效的关键阶段。

在中长期内（2019－2027年），中国将成为亚洲第一大经济实体，新的亚洲政治、经济新秩序应该在这一阶段完成重构过程，为此中国的作用应该体现在：第一，应该成为亚洲地区经济的发动机和领头羊，为亚洲国家的出口和经济增长提供市场和动力，推动亚洲经济、金融一体化进程；第二，应该使人民币或者以人民币为主要权重的亚洲货币成为亚洲国家主要储备货币和交易单位。

在长期内（2028－2067年），中国将赶超并成为世界第一经济强国，此时中国的作用范围应该超越了亚洲区域范围，而在全球框架下谋求改革原有国际政治、经济秩序，以使国际格局反映全球实力对比的新变化。

从2004－2067年还有相当长的时间，其间世界形势究竟会发生什么变化并不为人所晓，但作为一项长期的战略规划与设想，中国在这段时间内至少应当采取如下策略，以保证中国在每一阶段的战略利益：

第一，符合地缘政治、经济的要求，首要完善并深化同周边国家的关系，积极推动两岸三地的经济和金融一体化，稳定同美国、日本的关系。

第二，应该充分吸取布雷顿森林体系的失败和欧洲货币一体化相对成功的历史经验。历史经验表明，从长远来看，集体联盟要比单个霸权国家支配下的国际秩序更具稳定性和灵活性。在相当长的时间内，中国的经济总量仍将低于日本和美国，以人均收入水平来看更是将长期处于相对较低的阶段，因此，在金融合作中应该充分联合本地区大国，争取日本、印度等国的合作，以建立起类似法德轴心的支配性国家联盟。

6.3 对现有东亚地区金融合作框架的评析

东亚金融危机的爆发使得本地区在对危机教训经过反思之后得出了几个基本共识，这些共识包括：（1）本地区的金融危机具有较强的传染性；（2）尽管本地区在经济发展水平、金融市场发育等诸多方面存在较大差异，但在事实上通过不断加深的贸易投资往来，本地区的经济联系日益加深；（3）国际货币基金组织（IMF）作为最后贷款人的作用十分有限，在货币危机发生后无法提供及时和充足的国际流动性支持，东亚国家不能完全依赖IMF；（4）迫切需要建立一个本地区更加紧密的互助救援应急机制，以便及时避免短期国际收支失衡引发的金融危机；（5）东亚国家普遍对美元存在严重的依赖；（6）东亚国家国内的金融体系普遍存在脆弱性，尤其反映在对银行体系的过分依赖以及不发达的债券市场。

在上述共识的推动下，各国官方政府和学术界做出了不懈努力，提出各种地区合作倡议和构筑亚洲金融合作框架的设想①。目前已经在一些领域有了实质性进展。其中最重要的合作，一个是清迈倡议（CMI，下同）的实施；二是各种层次的政策对话机制的建立；三是亚洲债券基金（ABF）的设立。本章将对现有东亚地区的主要金融合作框架的发展进行评价，并分析未来可能的发展方向。

6.3.1 清迈倡议

（1）清迈协议沿革

①东盟互换协议（ASA）

1997年8月，东盟五国（印度尼西亚、马来西亚、菲律宾、新加坡和

① 详细分析见 Kawai（2002）；Kruda 和 Kawai（2002）；Kawai（2004）；Ito（2003）；Ogawa 和 Kawasaki（2003）；Oh 和 Park（2003）。

泰国）的中央银行行长签署了一份有关东盟货币安排互换（ASA）的谅解备忘录，目的是对成员国在出现收支问题和面临暂时流动性短缺时提供短期的互换支持[①]。当时 ASA 的总金额为 1 亿美元，每个成员各国出资 2000 万美元。到 1998 年，ASA 总额扩展到 2 亿美元，每个国家出资 4000 万美元。

2000 年 3 月，东盟各国财长决定将东盟成员国扩大到包括文莱、柬埔寨、老挝、缅甸和越南。同年 11 月，东盟 10 国签署备忘录，将 ASA 成员国扩大到所有的 10 个国家，同时将其总金额扩大到 10 亿美元。除了原有 5 个东盟创始国和文莱各出资 1.5 亿美元之外，其他国家各出资从 6000 万美元到 500 万美元不等。在 ASA 框架下，成员国可以用本国货币与主要货币（美元、日元和欧元）进行互换，互换额度可以两倍于出资额度，期限最长为 6 个月。事实上 ASA 具有多边化的特点，当成员国出现危机时，居于主导地位的中央银行能起到协调作用，将国际流动性提供给危机国家。

②马尼拉框架组（MFG）

亚洲金融危机之后，日本率先提出亚洲货币基金（AMF）构想，以此作为对 IMF 在危机防范和处理功能的补充。但是美国和 IMF 都以可能带来道德风险以及与 IMF 功能重复为由反对这一设想。在 AMF 构想失败之后，1997 年 11 月，东亚部分经济体，加上美国、加拿大、澳大利亚和新西兰达成协议，建立马尼拉框架组（MFG），其目的是为恢复和加强区域金融稳定建立协议框架，具体包括：建立一个新的区域监督机制以对 IMF 的全球性监督进行补充；增强经济与技术合作，尤其要加强国内金融体系和管理能力；加强 IMF 对金融危机反映的能力；发展区域性金融合作安排以对 IMF 资源进行补充。由于缺乏合作意愿，马尼拉框架组已经寿终正寝。

③清迈倡议（CMI）

2000 年 5 月 6 日，在泰国清迈举行的"ASEAN + 3"（东盟和中、日、韩）财长会上，各参会国签署公告，提出 ASEAN + 3 框架下 CMI 金融合作的主要内容。其中主要包括：

第一，扩展原有的 ASA 总额规模。将 1977 年东盟 5 个主要国家之间建立起来的 2000 万美元的互换安排扩展到东盟全部 10 国，总额扩大到 10 亿美元[②]。

---

① 详细分析见 Kawai（2002）和 Kuroda 和 Kawai（2002）。

② ASA 自 1977 年建立以来，由于数额有限，仅启动过四次。1997 – 1998 年的东亚金融危机期间，也由于数额太小并未申请起动。

互换方式为以本币为抵押，对方提供国际上的三种主要货币中的任一种货币，利率为 LIBOR 平价，最大互换额度为出资额的两倍，期限半年，展期不超过 1 年，目的是提供国际收支的短期流动性支持。

第二，建立东盟成员与中、日、韩之间的双边货币互换网络（BSA）。这是 CMI 的核心，最初由日、韩提出在中、日、韩三方金融合作框架下建立，最后在中国的引导下推广到 10 + 3 框架下实施。BSA 与 ASA 的共同目标都是旨在提供国际收支的短期流动性支持。不同之处在于最大提款额将由双方逐一磋商，共同出资确定。在提出提款申请后，一个提供贷款方将负责协调各双边磋商和集体行动事宜。提款额的 10% 可以自动拨付，而其余 90% 的提款额必须有 IMF 的宏观经济和结构调整监督规划才能启动。此外，期限为 90 天，可展期 7 次，利率为 LIBOR 加 150 个基本点，每展期两次增加 50 点，最高不超过 LIBOR + 300 点。

第三，建立双边国债回购协议网络（Repo）。这一项主要由韩国推动而成，其目的是以美国国债或签约方政府债券为抵押，增加短期流动性来源。

2001 年 6 月在北京召开的 10 + 3 财长副手会议上，各方就实施细则中主要条款达成一致后，互换协议的双边磋商各自展开。到 2005 年 1 月 25 日，中、日、韩与东盟主要 5 国（印尼、菲律宾、马来西亚、泰国和新加坡）之间已经签署了 16 份双边货币互换协议，总规模为 375 亿美元（其中不包括日本与韩国、日本与马来西亚在宫泽计划下分别建立 50 亿和 25 亿美元的互换安排）。

CMI 成员国从 2004 年 5 月开始对 CMI 进行评估。评估包括救援资金数额、形式以及 IMF 贷款条件性的关联问题。一个重要的发展是，2005 年 5 月 4 日，ASEAN + 3 财长会议宣布几项旨在强化 CMI 的重大举措：将目前的 395 亿美元互换资金扩大到 790 亿美元；将 CMI 下互换资金的启动与 IMF 贷款条件性联系，由原来的 90%，减少到 80%；改变以往由各成员国自行决定提供援助与否为共同决定的模式。

（2）对清迈倡议的评价

作为一项融资安排，最初 CMI 的建立具有明显的象征意义（Eichengreen, 2002）。然而，经过从 2004 年 5 月到 2005 年 5 月一年的评估和讨论，2005 年 5 月 4 日，ASEAN + 3 财长会议宣布的几项旨在强化 CMI 的重大举措实际上标志着 CMI 已经进入到向具有实质性意义的区域货币基金过渡的

表 6－1　10＋3 货币互换磋商的进展（截至 2004 年 2 月 4 日）

	互换双方	互换币种	签约日期	签约数额（美元）
1	日本－韩国	美元/韩元	2001 年 7 月 4 日	20 亿
2	日本－泰国	美元/泰铢	2001 年 7 月 30 日	30 亿
3	日本－菲律宾	美元/比索	2001 年 8 月 27 日	30 亿
4	日本－马来西亚	美元/林吉特	2001 年 10 月 5 日	10 亿
5	中国－泰国	美元/泰铢	2001 年 12 月 6 日	20 亿
6	中国－日本	人民币/日元	2002 年 3 月 28 日	30 亿等值
7	中国－韩国	人民币/韩元	2002 年 6 月 23 日	20 亿等值
8	韩国－泰国	美元/泰铢	2002 年 6 月 25 日	10 亿
9	中国－马来西亚	美元/林吉特	2002 年 10 月 9 日	15 亿
10	韩国－马来西亚	美元/林吉特	2002 年 7 月 26 日	10 亿
11	韩国－菲律宾	韩元/比索	2002 年 8 月 9 日	10 亿等值
12	日本－印度尼西亚	美元/印度尼西亚卢比	2003 年 1 月	30 亿
13	中国－菲律宾	人民币/比索	2003 年 8 月	10 亿等值
14	日本－新加坡	美元/新元	2003 年 11 月	10 亿
15	中国－印度尼西亚	美元/印度尼西亚卢比	2003 年 12 月 30 日	10 亿
16	韩国－印度尼西亚	谈判中	谈判中	（估计 10 亿）

关键时期。

第一，以往可用资金数额不足的问题得到了充分的认识，并决定双倍扩大规模。一个普遍的认识是，未来东亚国家面临的危机很可能源自资本项目的危机，与 1997－1998 年所发生的金融危机相似，而非 20 世纪 80 年代拉丁美洲国家爆发的由于经常项目逆差而导致的主权债危机。由于资本项目危机往往伴随巨额的资本流动和大规模的投资资金的流动，任何对危机的救助都要有充足的援救资金支持。比如 1997－1998 年的东亚金融危机中，印度尼西亚、韩国和泰国的外部融资额达到 200 亿美元到 600 亿美元之巨。尽管 CMI 是一个区域性的短期流动性救助机制，但与未来可能的资本项目危机所需要的救助金额相比，BSA 下的可用资金远远不够。在这一共识的基础上，2005 年 5 月，ASEAN＋3 财长会议宣布，将目前的 395 亿美元互换资金扩大到 790 亿美元。这是加强 CMI 下货币互换机制迈出的可喜的一步。当然，即便两倍于原来的规模，与未来可能的资本项目危机所需的救助金额相比，作为区域性短期流动性救助机制，BSA 下的可用资金仍远远不够。

第二，各成员国在 CMI 对 IMF 的过度依赖问题上达成共识的基础上，2005 年 5 月，ASEAN +3 财长会议同时决定将 CMI 下互换资金的启动与 IMF 贷款条件性的联系，由原来的 90%，减少到 80%。这是 ASEAN +3 国家为提高危机援助的及时性，以及充分体现 CMI 区域性融资安排的特性而采取的重要步骤。但是，80% 与 IMF 贷款条件性相连，仍是一个过渡性的权宜之策，这主要由于在当前的 ASEAN +3 框架下缺乏一个有效的监控机制。在这种情况下，CMI 只能依赖具有相对独立性的和具有相对完善的监控手段的国际性监控机制来保证救助贷款的有效使用。

第三，目前 CMI 下的互换协议都只是双边性质，不同的双边协议有着不同的安排，没有一个标准的样本。这意味着如果一个国家想要从多项协议中获取足额资金，必须分别与不同互换协议伙伴谈判。这在相当程度上增加了融资安排的交易成本，同时使得该国家获得救助资金的及时性大打折扣。

第四，投票权问题。2005 年 5 月，ASEAN +3 财长会决定将以往由各成员国自行决定提供援助与否，改为共同决定的模式。但如何决定各国投票权的比例，仍是一个悬而未决的问题。

（3）推动 CMI 的一些方案和评价

自 ASEAN +3 成员对《实施〈清迈倡议〉的基本原则》重新审查以来，各项强化 CMI 的方案纷纷出炉。我们主要对由日本国际通货研究所（IIMA）牵头组织日本学界资深的国际金融、区域金融合作和汇率问题学者联合提出推动 CMI 的下一阶段方案以及超越 CMI 的设想进行评价。日本方案主要包括建立中央银行参与 ASEAN +3 机制、建立区域性的紧急信贷防线（CCL）、设立 ASEAN +3 秘书处、邀请 IMF 和 ADB 以及世界银行等国际金融机构参加 ASEAN +3、鼓励私人部门参与以及建立区域指定功能安排（earmarking arrangement）等。

①强化 ASEAN +3 机制

首先，中央银行应参与 ASEAN +3 机制。目前 ASEAN +3 机制主要由各国财长参与，各国中央银行并没有正式参与机制的合作。但事实上各国中央银行在提供流动性方面起着很大的作用，特别在一些成员国中，汇率政策和外汇储备管理不是财政部的职能，而是中央银行的职能，而在另一些成员国中的情形则相反，因此，IIMA 认为中央银行参与 ASEAN +3 机制能够使这一机制更加完善。作为一个过渡形式，各国中央银行行长可以先作为非选举权代表（non－voting guests）参加ASEAN＋3财长会议。然后可以进一步发展成为正式具有选举权的成员代表。其次，加强区域监控。一个有效的区域监控机制要更注重技术分析并为成员国坦率的政策辩论创造良好的环境。同时，提供充分的激励使成员国愿意参加这一监控机制。为实现这一点，IIMA主张建立区域性的紧急信贷防线（CCL），对于那些具有良好经济状况的成员国在发生危机时有资格获得流动性支持。再次，设立监控与融资秘书处。为了提高监管效率和有效地在危机发生后提供适时的流动性支持，IIMA建议成立ASEAN＋3秘书处。这一秘书处将为ASEAN＋3财长和中央银行行长提供高质量和有深度的经济评论和估计，及时发现对区域经济具有影响的新问题和出现的脆弱性，并能提供有效的政策建议。IIMA认为这一秘书处应建立在一个政治经济稳定、社会设施良好，并对国际专家具有较大吸引力的国家。在初期，这一秘书处可以不采取官僚机构的形式，随后根据需要可以演变为一个正式的机构。因此，作为过渡阶段，日本、中国、韩国可以建立一个秘书处。最后，邀请国际金融机构和私人部门参与。IIMA强调邀请IMF和ADB以及世界银行等国际金融机构参加ASEAN＋3机制的重要性，特别在初期对CMI机制的有效运转十分有利。同时，私人部门的参与，比如借鉴OECD的商业与工业顾问委员会（BIAC）成立ASEAN＋3的私人部门顾问委员会（PSAC），进一步推动私人部门在区域经济活动中的作用。

②建立区域融资安排：指定功能安排

为了扩大CMI流动性，并将CMI进一步多边化，IIMA建议建立一个中期金融支持机制，在这一机制下，每个成员国当局必须明确承诺在危机发生时，在CMI现有条款之外共同提供一定数量的流动性。这一定数量的流动性是以外汇储备形式以指定功能形式存在的一种中期流动性支持。这种以承诺形式存在的指定功能安排是形成正式的储备汇集安排（reserve pooling arrangement）的前期形式。在这一安排下，ASEAN＋3秘书处将最终演变为一个更为正式的机构，提供监控报告的起草融资条件性报告。如果能够做到这一点，可以考虑与IMF条件性脱钩的问题。当然，如何减少道德风险仍然是这一机制能否有效运转的重要前提。

③汇率政策协调

IIMA建议作为区域汇率合作的一个过渡形式，可以在本区域采用G－3

篮子汇率安排。根据这一安排，东亚国家可以共同盯住由美元、日元和欧元组成的货币篮子。采用这一安排主要有两个好处。其一，与目前大多数国家采用的事实上盯住美元的汇率制度相比，盯住 G-3 货币篮子汇率安排可以稳定亚洲国家的实际汇率。根据 Ito、Ogawa 和 Sasaki（1998）的研究，如果亚洲国家采用盯住 G-3 货币篮子的汇率制度，并采用最优盯住权数，亚洲国家的实际有效汇率就能够更加稳定，从而避免对贸易平衡带来的大幅度冲击，保持贸易竞争力。其二，与事实上盯住美元的汇率制度相比，采用盯住 G-3 货币篮子制度可以避免资本过渡流动（Ogawa 和 Sun，2001）。

在采用 G-3 篮子货币汇率安排的同时，IIMA 还建议设立地区共同的计价单位——亚洲货币单位（Asian Monetary Unit，AMU）。AMU 将由 ASEAN +3 成员国的 13 种货币组成。正如 1979 - 1998 年间在欧洲货币体系（EMS）之下的欧洲货币单位（ECU）一样，每种货币在 AMU 中的权数应反映成员国的相对经济规模和经济业绩。AMU 可以用来衡量成员国汇率与地区平均水平的偏离程度，同时东亚各国应公布本国货币与 AMU 之间的汇率，并将 AMU 作为调整汇率政策的参照。由于各国在稳定地区间汇率波动时将本国货币与 AMU 之间的汇率作为参考，这就使得各国的汇率目标具有更大的波动区间。这样一种安排同样会避免区域内竞争性贬值，有利于区域内汇率的稳定。除了官方用途之外，AMU 也可以通过作为贸易投资的计价货币，以及包括股票和债券等金融资产的交易货币在私人部门广泛应用。

事实上，上述汇率合作建议短时间内在东亚国家之间很难达成共识。其中核心的问题是对于那些事实上采用盯住美元的汇率制度的国家是否有必要放弃单一盯住美元制度，改用一项共同的盯住汇率安排。对于发展水平和金融市场发育程度等存在较大差距的国家来说，尤其对于那些仍然存在资本管制的国家来说，采用这一区域共同的汇率安排则存在更大的障碍。

（4）清迈倡议及其后续行动在东亚金融合作中的地位和作用

东亚金融合作框架建立的必要性不仅体现在 IMF 等国际社会提供资本项目危机所需资金的时效性较差，地区融资安排成为必要补充，还主要体现为在全球化浪潮推动下各国面临金融开放和汇率体制向更灵活机制的转移，从而在区域层面上要求以稳定汇率为目标的合作愿望更加强烈。而一项以稳定汇率为目标的货币安排如果没有必要的政策对话作为合作条件，就可能名存实亡。从这个意义上说，CMI 对于长远的东亚金融合作至少具有以下两方面的作用：一是通过清迈倡议的后续行动，有望将CMI演化为促进金融稳定、防止区域内金融市场过度动荡的中期流动性安排或东亚货币基金；二是由此建立起来的高层对话合作机制将为今后的汇率政策协调创造必要的合作平台。

6.3.2 政策对话和监控

建立地区内各国的政策对话和经济监控机制是区域金融合作的一个重要组成部分。与此同时，经济监控不仅仅包括成员国宏观经济金融条件和政策分析，还包括对经济中存在的种种脆弱性的辨别并提出适当的对策。

(1) 现有政策对话和经济监控机制

现有的东亚国家参与的政策对话和经济监控机制呈现出多层次的特点。具体表现为三个层次：第一，全球性多边机制，如IMF、OECD、世界银行和国际清算银行等；第二，泛区域论坛，如APEC、SEANZA、EMEAP、ASEM和ADB；第三，区域性机制，如ASEAN和ASEAN+3 ERPD。每一个层次的论坛和机制都有其不同的目标和实现目标的运行机制。现有的主要泛区域和区域层次的政策对话和监控机制主要包括8个区域性财政部部长和中央银行行长论坛（表6-2）。

①ASEAN监控机制

ASEAN监控机制建立于1998年10月。这一机制的建立第一次实现了在一个区域内由发展中国家组织建立起信息交换、政策对话和对可能出现的不利于成员国家经济的变动和事件提供政策建议。根据这一机制安排，ASEAN财长每年就政策协调会晤两次，财政部和中央银行副手将为其做准备工作。这一机制包括两个组成部分，一个是对主要经济与金融指标出现的各种非正常变动提供早期预测的监控机制；另一个是提供应对政策建议的互相检查机制。ASEAN监督协调单位（ASCU）对成员国最新的经济和金融形式进行分析，并出版《ASEAN监控报告》。与此同时，亚洲开发银行（ADB）还出版《ASEAN经济展望》和专题研究报告，并提供技术支援来协助ASEAN监控程序的运行。

②马尼拉框架组

马尼拉框架组（MFG）是在IMF、世界银行、ADB和国际清算银行（BIS）的共同支持下的一个具有高层次监控对话机制的区域性合作论坛，

表 6－2　主要泛区域和区域性财政部和中央银行论坛

	财政部和/或中央银行				中央银行			
	ASEAN 10	ASEAN +3 13	MFG 14①	APEC 21	ASEM[a] 25	SEANZA[b] 20	SEACEN[c] 11	EMEAP 11
成立年份	1996. 8	1999. 4	1997. 11	1994. 3	1997. 9	1956	1966. 2	1991. 2
中国		▲	▲	▲	▲	▲		▲
日本		▲	▲	▲	▲	▲		▲
韩国		▲	▲	▲	▲	▲	▲	▲
中国香港			▲	▲		▲		▲
中国台湾							▲	
新加坡	▲	▲	▲	▲	▲	▲	▲	▲
文莱	▲	▲		▲	▲			
柬埔寨	▲	▲						
印度尼西亚	▲	▲	▲	▲	▲	▲	▲	▲
老挝	▲	▲						
马来西亚	▲	▲	▲	▲	▲	▲	▲	▲
缅甸	▲	▲					▲	
菲律宾	▲	▲	▲	▲	▲	▲	▲	▲
泰国	▲	▲	▲	▲	▲	▲	▲	▲
越南	▲	▲		▲	▲			
蒙古						▲	▲	
中国澳门						▲		
巴布亚新几内亚				▲		▲		
澳大利亚、新西兰			▲	▲		▲		▲
尼泊尔、斯里兰卡						▲	▲	
印度、伊朗、巴基斯坦、孟加拉国						▲		
美国、加拿大			▲	▲				
智利、墨西哥、秘鲁				▲				
俄罗斯				▲				
欧盟－15					▲			

注：a：ASEM＝亚欧会议；b：SEANZA＝东南亚、新西兰和澳大利亚；c：SEACEN＝东南亚国家协会。

资料来源：Kuroda 和 Kawai（2002）。

① MFG 于 2005 年终止活动。

主要由财政部和中央银行副手参与。尽管 MFG 为区域高层次政策提供了平台，但没有任何常设秘书处和自身资金来源，从 2003 年以来，会谈的频率从一年平均两次减少到一次。2005 年 MFG 正式停止了活动。

③中央银行论坛 – EMEAP

EMEAP 建立于 1991 年，由日本银行和澳大利亚储备银行统领建立。论坛的主要目的是促进区域监控和信息交换，以及促进金融市场的发展。它的主要活动包括中央银行行长的年会，副行长的半年会，以及三个工作组。由于没有常设秘书处，论坛的组织运作由成员中央银行轮流执行。从 1997 年以来，EMEAP 中央银行政策对话演变为 ASEAN 中央银行论坛。

④ASEAN +3 经济评论和政策对话

1997 年 12 月，ASEAN 10 国和中、日、韩第一次会谈，共同商讨地区和平、稳定和安全问题。1999 年 4 月，ASEAN +3 财长达成共识，即通过 ASEAN +3 框架来加强东亚地区的自助机制，并推动 2000 年 5 月建立 ASEAN +3 经济评论和政策对话。在这一机制下，ASEAN +3 财长举行年会，讨论政策问题和互换信息，财政部和中央银行副手为年会做准备。ASEAN +3 ERPD 机制关注的重点问题包括在东亚地区协调宏观经济风险的管理、监测区域资本流动、增强银行业和金融体系、改革国际金融框架以及提高自助机制。与 ASEAN 监控机制相似，由于没有独立的、专门的组织形式来为分析和评估工作做准备，ASEAN +3 ERPD 的运作缺乏效率。

（2）对政策对话和经济监控机制的评价

总体而言，东亚地区现有的各种政策对话机制普遍比较松散。比较来看，ASEAN +3 框架下的监控机制具有相对的优势。首先，从成员国覆盖范围来说，其他监控机制，如 APEC 包括了 21 个成员；ASEM 包括 24 个成员；SEANZA 包括了 20 个成员。这些论坛成员覆盖广，集体行动成本很高。而且这些论坛还包括亚洲区域之外的国家，不是严格意义上的东亚区域论坛。从这个意义上讲，ASEAN +3 框架，包括了主要东亚国家，最能够反映东亚国家的区域性利益，反映东亚国家进行区域性金融合作的意愿。其次，从组织结构来看，ASEAN +3 对话机制包括四个层次的组织形式：政府首脑峰会、财长会谈（AFMM +3）、财政部和央行副手会谈（AFDM +3），以及工作组（WGs）。ASEAN +3 对话机制在组织形式上包括各国金融政策要员的参与，更重要的是，首脑高峰会谈使得各国政治领袖直接参与对话当中，这实际上成为整个东亚金融框架的重要的政治意愿的保障。事实上，CMI 和自由贸易区等都是在 ASEAN +3 框架下推进的。因此，尽管 ASEAN +3 框架下的政策对话和经济监控机制存在许多问题，但我们认为它仍然是各种对话机制中最具有发展潜力的机制。目前来看，ASEAN +3 机制面临的最大挑战是如何提高运作效率，是否需要进行制度化。

6.3.3 亚洲债券基金的建立

亚洲各国提出建立亚洲债券市场的倡议，表明地区金融合作已经从建立象征性和临时性危机防范应急安排，发展到了更根本性的旨在建立长远区域金融合作市场基础的本源上来。

（1）推动区域债券市场动力

在推动区域债券市场的动力方面，东亚主要国家在如下几个方面达成了共识：第一，快速发展的区内贸易和投资需要一个深度的、一体化的区域金融市场以及良好的金融基础设施。第二，1997 年爆发的亚洲金融危机充分表现出亚洲国家国内金融体系的脆弱性：对银行体系的过度依赖，以及大规模的以外币计值的短期外债。发展区域债券市场在一定程度上可以解决这些国家对外债务中存在的期限配错和币种配错的问题，同时可以帮助国内部门减少对银行过度的依赖。第三，发展区域债券市场有助于在本区域内吸收各经济体大规模的外汇储备，这是因为本区域大量的外汇储备投向美国和欧洲市场，而回流到本地区的储备往往以股票等风险资产的形式投到本地区市场。第四，发展区域债券市场可以鼓励在本地区贸易和金融交易中使用本地区货币。事实上，没有本地区货币参与的金融市场不是真正意义上的本地区市场。

发展地区债券市场的主要障碍是本地区大多数国家国内的债券市场不发达，而且在一些低收入国家普遍存在资本管制。因此，发展地区债券市场的路径实际上应该包括两条：一个是发展国内的债券市场；另一个是发展区域债券市场。两者之间的关系是互相促进的，特别对于那些国内金融市场处于初期发展阶段的国家来说，应将发展国内市场的计划纳入参与区域市场发展之中。

（2）各种倡议

近年来，发展亚洲债券市场各种倡议层出不穷[①]。日本、泰国、新加坡

① 详见 Park（2003）；Oh 和 Park（2003）。

和韩国在亚洲债券市场合作中十分活跃。例如，在2003年2月东京"ASEAN+3加强亚洲债券市场"非正式副手会上，日本、韩国、泰国和新加坡提出了加强亚洲债券市场的具体建议。日本提出建立"ASEAN+3"工作组，在以下方面加强亚洲债券市场的研究：第一，亚洲各国如何提高各国债券市场的流动性；第二，如何鼓励跨国公司和国际金融机构到本国发行本币债券；第三，推动资产担保证券；第四，在亚洲发行一篮子货币计值的债券；第五，建立"亚洲区域担保便利"，为各国以资产为抵押的债券打包后发行的亚洲债券提供担保、货币掉期等便利。同时，积极利用ADB和日本已有的担保机制，为亚洲债券提供信用担保；第六，推动清算、结算、会计、信息披露等债券基础设施建设。

尽管对各种建议的讨论十分热烈，但绝大部分建议尚缺乏可操作性。迄今为止只有中国香港提出的ABF进入了实施阶段。目前第二阶段的ABF（ABF2）即将推出，主要内容是筹资各方用外汇储备资金建立母基金，与私人资本一道购买子基金的份额，将各国子基金分别投资于单个亚洲国家的本币债。ADB提出研究建立某种形式的统一的亚洲支付结算体系，或实现各国支付结算体系互连。

（3）亚洲债券基金（ABF）的实施

2003年6月2日，东亚及太平洋地区中央银行行长会议组织（EMEAP）宣布与国际清算银行（BIS）合作建立亚洲债券基金。该基金初始规模为10亿美元，由国际清算银行（BIS）按特定基准进行被动式管理。该基金由EMEAP各经济体从其官方储备中出资建立，投资于EMEAP成员（除日本、澳大利亚和新西兰以外）8个经济体发行的一篮子主权和准主权美元债券。

建立ABF的目的主要是提高本地区金融的稳定性。这一目的可以通过两个机制来实现：

一是在政策层面上，ABF是一个具有象征性意义的机制，即亚洲地区各中央银行通过设立共同参与投资的基金，向市场传递一个明确的信号，表明他们进一步推动和加强地区金融合作的决心。在ABF发展的初期阶段，由于市场规模、流动性等多种不足的存在，这种象征意义尤其重要。

二是在经济层面上，通过推动亚洲地区债券市场的发展，减少亚洲地区对银行体系的过度依赖，从而减少金融体系的脆弱性。亚洲国家金融体系的弱点之一是对银行体系的过度依赖，这表现为国内信贷占GDP的比重较高。比如，1996年，泰国、韩国和新加坡的国内信贷与GDP的比分别高达157%、134%和114%，中国的数字是96%，远远高于拉丁美洲的智利、墨西哥、巴西和阿根廷，以及除了英国以外的主要发达国家，例如美国、法国和意大利等。由于对银行的过分倚重，容易产生银行体系的系统性低息贷款，从而刺激信贷的过度增长。这种信贷过度增长会因在一个开放的资本项目环境下被进一步放大，从而使信贷质量难以保障。同时，由于资本市场相对落后，银行业并没有在一个充分竞争的环境中发展，国内银行往往缺乏竞争力。一旦本国银行业对外开放，外国银行进入本国市场时，脆弱的本国银行业很容易就被击垮。这种脆弱性在金融危机中表现得相当明显。由于亚洲债券基金立足于扶持本地区债券市场的发展，发展直接融资，可以改变这一地区对银行业过度依赖的状况，有利于金融体系的稳定。

当然，对于亚洲债券基金的设立到底能在多大程度上稳定地区金融，还要拭目以待。目前的资金规模只有10亿美元，相比之下，在亚洲金融危机爆发后，IMF的援助资金就达600亿美元，其中，400亿提供给韩国，150亿提供给印度尼西亚。因此，从目前ABF的规模来看，它对稳定金融的实际作用有多大很难判断。再有就是通过发展直接融资减少金融体系对银行的过度依赖，这只是一个间接的渠道。除非银行业改革同时进行，否则各国不能从根本上解决银行体系的问题。

从BIS参与对基金发展的意义来看，BIS一直被视为各成员国中央银行的中央银行，一直为被看作是投资组合消极管理者，即多年以来管理各中央银行固定收入债券。在亚洲地区的作用，主要是通过1998年建立的亚洲部来促进这一地区中央银行之间的合作，提供对中央银行的银行业服务。ABF的推出，使得BIS进一步扩大了在亚太地区的活动空间，为其扩大在亚洲金融事务中的作用提供了契机。BIS参与的意义，目前来看，会积极促成亚洲本地区的进一步货币合作，同时，BIS介入ABF的创建与发展，事实上对IMF构成压力。IMF一直参与维护亚洲金融的稳定性，比如为这一地区金融危机提供紧急贷款援助等，但是IMF提供援助往往附加代表美国等发达国家意志的条件，而且，从IMF的一贯立场来看，它不愿意看到亚洲地区摆脱其影响力。因此，从目前看，BIS的参与，可能一方面促进亚洲本地区合作向更高层次发展，另一方面会在一定程度上减少IMF对这一地区的影响力。

6.4 东亚金融合作框架路径选择

东亚金融合作的根本目标，是以高度的经济一体化、紧密的政策协调、一致的政治承诺为基础而建立起来的东亚货币联盟或东亚货币区。为实现这一长远目标，在阶段目标设计和路径选择上应遵循如下原则：(1) 贸易投资合作在先，金融合作在后；或两者并行；而要谨慎对待金融制度安排先于贸易投资制度安排的模式。(2) 区域金融合作框架要具有稳定性，区域合作的推进要具有可持续性，这就要确保实现最大限度地满足区域内各主要经济体根本的金融利益，保护各方参与改革与合作的积极性，愿意付出相当的转换成本改变本地区国际金融格局不合理现状。(3) 在推进东亚货币联盟的建设中，政策设计和政府意愿推动与私营部门的客观需求同样重要。换言之，一方面，要有制度安排和政府意愿推动合作，另一方面，需要引导和利用实际经济部门，顺应金融系统发展的自然过程。(4) 由于存在这样的事实，一方面美国和美元在东亚地区的特殊地位和影响，另一方面中国和中国的人民币的巨大潜力，东亚未来金融合作框架设计中的一个重要内容将是如何减少美元的影响，同时增加"中国因素"的影响力。根据上述原则，我们提出了推动东亚金融合作的短期、中期和长期方案，以及中国的作用和策略。

6.4.1 短期方案

(1) 目标

在对东亚金融危机进行反思以及在对各种现有的东亚金融合作框架进行评估之后，我们认为，构筑东亚金融合作未来框架最可行的基础，是目前的 ASEAN +3 框架，尤其对短期目标和路径的设定，可以在 ASEAN +3 框架内展开。在短期内，东亚金融合作的目标，一是继续防范危机扩散和为危机提供短期流动性支持，以增强本地区金融的稳定性；二是进一步推动本地区金融市场的一体化。

(2) 路径

为实现上述目标，我们认为比较可行的短期路径有三个①：

①采取措施推进CMI向区域性货币基金过渡。

在2004年开始对CMI进行评估之初，CMI在当时面临三个选择：(1) 是否将CMI货币互换网络停留在目前这种仅具象征意义的合作？(2) 或者任其随着合作动力的减弱而逐渐消逝？(3) 或者寻求新的发展动力，使其走向更加成熟、更加实用的流动性支持机制？我们乐观地认为，存在着进一步强化CMI的驱动力，这一驱动力的来源，在于对CMI所要实现的中长期目标的确定：即在中长期内CMI将演变为区域货币基金，并成为以稳定汇率为目标的区域性货币安排的重要合作平台。事实上，经过一年多的评估和各成员国之间反复的讨论的协商，使CMI走向更加成熟、更加实用的流动性支持机制在成员国间达成共识。在2005年5月ASEAN+3财长会公布的一系列推动强化CMI的举措的基础上，我们认为，在未来的近期，CMI将仍然主要行使危机防范和救助职能，但是，可以进一步采取如下措施推动CMI向真正的区域性救助机制甚至过渡为区域性货币基金：

一是将目前的双边互换协议多边化。通过将目前的互换协议多边化，可以：第一，降低各国为获得救助资金的交易成本；第二，提高互换机制启动的实效性；第三，自动扩大了资金的额度。实现多边化有助于使互换机制演变成为真正意义上的区域性多边机制，从而强化CMI的危机救助功能。

二是将CMI机构化。作为机构化的第一步和重要的环节，可以在ASEAN+3框架下建立一个常设的政策对话和经济监控机构，或称为"ASEAN+3秘书处"。这一秘书处的主要职能，在初期集中在如下几个方面：

第一，确立经济监控的范围。我们建议，初期阶段在ASEAN+3框架下，经济监控的主要范围是外部金融的脆弱性、对短期资本流动和对金融部门稳定性的监控。至于对各国宏观经济的监控，可以放在监控机制发展的中后期阶段，这是因为宏观经济监控的复杂性，比如对各国汇率政策、货币政策和财政政策协调性的监控有一定的难度。

---

① 针对东亚金融合作框架的建设，2004年3月16日在菲律宾的马尼拉召开的由主要ASEAN国家、中国、日本和韩国央行、财政部官员和研究机构学者共同参加的联席研讨会上，提出各种短期方案和设想。

第二，负责为区域信息交换提供便利。目前首要的工作是负责建立区域的统计基础设施。建立区域性信息和统计基础设施是实施区域性经济监控的必要前提。没有可靠的、独立的、及时的经济数据，就不可能有正确的经济分析，就不可能有正确的政策建议。目前在本区域内不是所有国家都愿意提供本国的数据，特别是在一些国家中，提供本国信息和数据仍被视为具有政治的敏感性。因此，建立区域性的统计基础设施成为加强区域政策对话和经济监控的当务之急。如何建设统计基础设施，这包括：第一，通过促进各国信息披露、政策透明度和采用国际会计准则等，提高统计数据和信息的收集能力；第二，将目前在 ASEAN +3 范围内的一些短期资本流动信息的双边交换变成多边交换机制；第三，设立测定金融脆弱性和金融部门稳定性的工具，比如东亚区域早期预警系统（EWS）和金融脆弱性指标体系等。

第三，负责金融稳定性和金融部门发展的日常监控。

第四，为 ADFM +3 提供定期的有深度的经济分析和评论报告。

第五，提供政策建议。

值得指出的是，ASEAN +3 秘书处的功能要与现已存在的全球性和地区性的机构，如 IMF 和 ADB 等相协调。这是因为，一个富有争议的问题是，东亚地区任何一个新的区域性经济监控机制都可能与 IMF 职能重复。尽管 IMF 从事的是全球范围内的经济监控，对东亚地区来说是一个“外来者”的角色，但由于 IMF 拥有相对完善的监控手段和经验，在东亚地区不存在本地区自身经济监控机制的情况下，东亚国家只能更多地依靠这一“外来者”监控本地区金融体系的脆弱性。这也是为什么目前 CMI 不得不与 IMF 挂钩的原因。

②推动地区债券市场发展，为减少本地区对美元的高度依赖、增加本地区货币的载体功能建立微观基础。

作为短期加强东亚金融合作的具体方案之一，发展地区债券市场得到本地区的共识。发展地区债券市场的动力主要是区域内对投资贸易便利需求的日益加强。随着区域内经贸关系的日益紧密，各经济体对加强区内经贸合作，建设和稳定区内金融市场（包括长期资本市场和短期货币市场），促进金融服务对区域内投资贸易便利的需求日益加强。在建立健全区域内金融基础设施，将金融服务引入自由投资贸易安排的相关合作动力将日益凸现，其中包括对于双边支付结算安排、网络跨境联网、金融工具跨境交易和使用等的需求明显增加。推动地区债券市场发展的债券市场分成两个阶段：第一个阶段，区内发行的美元债券、欧元或其他可兑换币种的政府和准政府债券，条件成熟以后本地区公司债券加入。在此阶段内，发行美元等主要币种债券，主要目的是阻止区域内外汇储备的外流；同时它还有另外一个作用，那就是通过对这些债券的交易结算安排，逐步提高其流动性，将有助区域内债券交易结算系统的建立和完善，降低交易成本，为今后区域内币种计值债券的发行交易打下金融设施基础。第二阶段，发展区域内货币计值的主权债、高评级投资级公司债券。此阶段的金融基础设施条件是，区域内主要经济体之间总额实时结算系统，实现跨境联网及支付结算标准协议的建立，形成区域内统一长期资本市场。这两个阶段都可以在短期内实现。

③通过强化区域内主要经济体之间的基础投资贸易联系，包括投资便利、贸易往来和生产要自素的自由流动，创造区域内金融工具基础需求，为中期实现更大稳定性的汇率协调机制以及实现区域内货币市场与资本市场联网建立基础。

6.4.2 中、长期方案

(1) 目标

在短期目标能够顺利实现的前提下，中期内，在东亚金融合作框架下可以实现的目标有三个：一是形成区域流动性支持机制；二是实现更大程度的区域汇率稳定性；三是形成包括货币市场和资本市场在内的较为发达的区域金融市场。

(2) 路径

第一，构建机制化多边化的区域货币基金。如果 CMI 的后续问题得以顺利解决，特别是一个制度化的、有效的、独立的经济监控实体能顺利建立起来的话，CMI 的多边化和减少与 IMF 挂钩比率甚至与 IMF 脱钩的问题将会更加顺利地推进。这样在中期内，CMI 有望演变为区域性货币基金。在这一过程中，一个核心的环节是强化经济监控实体的功能，将短期设计成立的“ASEAN +3 秘书处”推进成为一个有效的政策对话和经济监控实体，或称为“ASEAN +3 政策对话和经济监控单位”。这样，区域性的金融监控和流动性机制基本形成。

第二，在汇率合作方面有两种可能性：一是，在对区域性货币安排过渡形式，例如美元、日元、欧元构成的货币篮子安排没有形成共识的情况下，更可行的选择是各经济体采用不同形式的过渡安排。各国可以根据本国的特点，以适当的形式减少美元在各货币定值中的比重。二是，建立只有本地区货币参加的区域货币联动机制，在更大程度上实现区域的汇率稳定性。这其中一个重要的步骤是推动以人民币为主导货币之一的区域货币联动机制。这是因为，在中长期内，中国将成为对其他东亚区域经济体最具影响力的经济体。鼓励东亚区域内其他国家货币与人民币保持联动，有利于减少区域内经济体各种对外经济活动的汇率风险，同时有利于摆脱对美元的依赖。从长期来看，形成东亚单一货币区是可能的。

第三，培育本地区的载体货币，逐渐削弱美元在东亚地区的影响力。目前美元在东亚地区成为事实上的载体货币，即美元成为本地区最主要的贸易计值、资产交易和储备货币，以及成为各经济体汇率安排中主要的盯住货币。美元的这一地位的确有其历史原因：第一，布雷顿森林体系奠定了美元载体货币地位；第二，在布雷顿森林体系崩溃后，美元又得益于美国的政治、军事和经济实力；第三，目前没有一种亚洲货币像美元一样满足高流动性、低交易成本和低信用风险条件；第四，载体货币两种正反馈机制也会进一步强化美元地位。一方面，基础贸易需求急剧扩大，流动性成本降低，进一步刺激市场需求。另一方面，投机和套期保值需求还形成了一个加倍扩张的正反馈循环：一个单位的基础贸易将引发数十倍的套期保值交易、投机交易。最后，高技术的支付结算支持美元作为载体货币的高流动性和低交易成本需求。

如何削弱美元影响，如何形成东亚地区载体货币？亚洲地区 27 个国际货币基金组织成员，理论上可能需要 351 种直接交易结算方式①。在交易额不大的情况下，每种交易的交易成本都很高。在两种货币间存在载体货币时，虽然交易过程变为两步交易，但交易成本可能随着交易数额的增大而下降。如果载体货币交易额足够大，两步交易成本将低于一步交易成本；如果有多种可选的载体货币，交易成本最低的一种将胜出，成为同业外汇市场上“货币的货币”。比较一种货币交易成本的高低，需要综合考虑多种因素②。

---

① 如果市场上有 n 种货币，那就有 $C_n^2 = n!/(2(n-2)!)$ 种双边交易可能。

② 这些要素包括：(1) 可以用卖入卖出溢价来表征的流动性成本；(2) 考虑以此货币作为储备货币的财务投资成本；(3) 考虑结算费用、违约风险，以及 Herstatt 风险等因素的结算成本；(4) 考虑资本开放程度、政府管制程度、仲裁和法规是否健全等因素规章制度成本。

只有具备足够的流动性，较低的流动性成本，并保持币值稳定，才可能成为可以作为储备并用于干预外汇市场的载体货币①。

在现实中，培育东亚货币成为载体货币，首先，通过扩大贸易投资和金融交易对货币的基础需求扩大亚洲货币间的交易量，从而降低流动性成本；第二，建立高度发展的交易品种齐备的债券市场，减低投资成本；第三，统一各国交易规章制度，减少使用本地区货币的交易成本；第四，部分低收入经济体要适时放松资本管制，因为货币的可兑换性是成为载体货币的基本前提；最后，我们不能忽视转换成本阻碍新载体货币的形成。这种转换成本表现为一种适应性和习惯，比如，许多交易一直在沿用使用英语的规范和美元交易机制基础上进行的，改用新的货币作为载体货币，需适应新的语言规范、操作习惯和运作机制。

从各种地区货币的潜质来看，日元仍缺乏相应的基础。比如，日本国内市场狭小；多数亚洲国家的日元交易市场不存在；日元在银行间外汇市场流动性成本高；日元币值稳定性差；日元短期金融工具不足，且缺乏流动性；由于税收等方面原因，日元国债并不吸引外国投资；日本与亚洲国家的交易也是以美元计值；日元贸易信贷的增加，只不过增加了作为交易载体的美元的交易量。在中长期内，人民币理应成为地区载体货币的最佳选择。这是因为中国具备成为区域货币的潜质：大市场容量；日益增强的区域内贸易、投资和金融联系；区域内政治优势；等等。但是人民币成为东亚地区载体货币同样存在种种障碍，例如中国欠发达的金融市场和基础设施、资本管制、人民币不可兑换性以及金融工具的匮乏等。

第四，形成以本地区货币为交易主体的东亚债券市场。届时，区域内货币计值的主权债、高评级投资级公司债券将日益被本地区乃至区外投资者接受，成为主要的市场交易和投资保值工具。同时，积极为实现货币市场合作与债券市场合作的最终融合继续建设基础设施。

---

① 从结局看，一种货币要成为载体货币，必须：（1）成为银行间交易（同业外汇市场）最活跃的交易对象和交易工具；（2）该货币将最普遍地用作贸易票据和资本市场的计值货币；（3）币值稳定并可用作官方外汇储备干预外汇市场。反过来看，最普遍地运用于银行间外汇市场的货币，也将用作计值和储备，成为被大量用来进行银行间外汇交易的货币。如果市场选择了一种常用的货币作为票据计值货币，则由于它是银行间同业市场最普遍的交易币种，将具有较小的买入卖出差价，使汇率相对稳定。相反，如果用那些不常用货币作为票据和计值货币，则由于该货币一般会有一个较大的买入卖出差价，意味着汇率可能大幅度波动，使其具有较高的流动性成本。

(3) 政治承诺和妥协的重要性

区域范围内的政治承诺和妥协在实现东亚金融合作长期目标中尤为重要。欧洲一体化的真正推动力正是来源于共同的政治利益。可以说欧洲一体化初始于欧洲国家的政治一体化的需要；而东亚地区的情形不同。亚洲的合作动力主要来源于金融危机的冲击，来源于预防和应付危机的传染性这一共同的经济利益。当金融合作推进到一定程度，尤其进入货币合作阶段，各国面临是否放弃货币主权的时候，共同的政治利益起着确定性作用。因此，东亚国家能否真正达成政治承诺是实现东亚金融合作框架长期目标的关键。

6.4.3 推动人民币作为亚洲载体货币

推动人民币成为亚洲载体货币，对中国和亚洲地区经济社会的长远发展具有重大意义。首先，它将增加人民币需求，美元将不再具有从各国变相掠取铸币税并由此影响别国的货币政策的优势。其次，减少汇率风险。盯住美元易招致美国等西方对冲基金的投机炒作，采用人民币作为载体货币将更易于监管和控制。最后，还有助于减小流动性风险。以美元作为载体货币时存在 Herstatt 风险①，需进行两步交易，采用人民币作为载体货币，将会为将来的亚洲货币市场消除这种风险。

如何推动人民币作为亚洲载体货币？

(1) 创造人民币作为亚洲载体货币的基本条件

培育和发展人民币成为亚洲货币市场的载体货币，需要首先培育以下几个条件：

第一，培育载体货币使用的基础条件。增加亚洲货币间的直接交易。本地区经济体区域内贸易及其非美元投资贸易额正在增加，计值、储备货币正呈现多极化趋势，这说明亚洲货币作为载体货币已经具备一个基本的基础投资贸易条件，这是外汇银行增设相应的亚洲货币直接交易部门的基础。通过鼓励本币结算和交易，减少对美元的依赖，亚洲货币交易也将逐步活

---

① Herstatt 风险是跨境风险中的一种，也称为不同币种结算风险。它是指由于两种货币结算体系之间存在时差，使外汇交易的一方履行了交付一种货币的责任，但却未收到交易对手交付的另一种货币造成的风险。这种风险最初得名于 1974 年，当时德国的一家私人银行（赫斯塔特银行）在一笔马克/美元交易中，由于收、付未能在美元和马克两个结算体系同时进行而导致破产。

跃起来。对人民币而言，在人民币全面放开以前，港币首先应为此争取先机。

第二，发展和丰富金融债券市场。以一个经济体的本币作为地区性载体货币，一个基本条件就是该经济体具有有效运作的金融市场，从而可以提高其流动性，降低财务和投资成本。要做到这一点，必须放开金融管制，发展国库券和其他货币市场，使持有该介质货币者可以随时变现。近年来在周遍地区，人民币和人民币债券具有极好的信誉，为人民币的区域化提供了现实的可能。

第三，充当载体货币的货币市场必须具备畅通的信息网络。信息充分是市场发展的基本条件，货币市场尤其如此。交易者必须既了解本币市场状况又关注交易货币对方的市场状况。这就要求充当地区载体货币的经济体必须能给市场参与者及时提供经济、金融、政治和社会状况方面的变化情况。中国整体信息产业增长速度非常快，相对而言，真正的制约因素反而是金融经济信息网络。

(2) 采取政策措施培育人民币作为亚洲载体货币

即便上述基本条件均已具备，人民币也未必能够作为亚洲载体货币如期出现并被市场接受。市场选择一种载体货币，关键是看其交易成本，而交易成本又主要取决于交易额的大小。由于在外汇市场交易额主要由投机交易造成，与实际贸易需求并不直接相关。因此，在实际需求不变的情况下，也可以使交易额大增，从而降低交易费用。这就意味着可以考虑通过改善政策措施，如在可控制的某个区域内放开金融交易管制，提供便利的交易结算服务等措施激励降低交易成本。在监管能力逐步提高和经贸实力不断增强的情况下，逐步扩大该市场的范围，利用正反馈循环增强该载体货币的地位。几个可能的政策选择包括：

第一，逐步放开人民币资本项目。资本项目的开放是降低规章制度成本，获得人民币流动性的基本前提。但是，在资本项目没有完全开放以前，并非没有推动其成为载体货币的事情可做。相反，建立自由贸易区，推行以人民币进行区域内贸易结算，鼓励人民币债券在区域内的跨境交易等措施，将为人民币的全面开放提供宝贵经验。

第二，改变以美元为单一盯住货币的一篮子汇率制度。盯住美元在外汇市场上的重要作用是减少银行间外汇市场上与美元进行交易时的交易成本，但是这也容易受到投机商冲击。放弃盯住美元意味着大规模减少对美元的需求，从储备到交易放弃对美元的全面依赖，将使美元失去前面所述交易的正反馈优势。

第三，降低结算风险。建立现代化支付结算体系。在总额实时支付系统（RTGS）平台上的异种货币对付系统[①]（PVP）将有效地降解结算风险，使得银行间外汇交易结算成本降到最低。采用 RTGS 平台还将大规模释放现有支付体系下的在途资金占用，有效地帮助货币当局提高监管能力。可见，RTGS 系统的建立，将使国内和区域内人民币货币行间交易额迅速扩张，交易成本和交易风险极大程度地降低。建立 PVP 系统的前提条件是建立 RTGS 网络。先建网和先联网的 RTGS 系统将优先占有交易便利，从而优先增加交易量，降低交易成本，使市场长期将其选择为载体货币。

最后，提高债券流动性。在支付结算和债券交易系统联网的基础上，推动人民币—港币债券的联动发行和交易。在中、港、台、澳大中华投资贸易圈内，鼓励以人民币计值的投资贸易及其支付结算；探索发行和交易人民币债券，扩大人民币和人民币债券的交易额和流动性，降低交易成本。

（3）以自由投资贸易区为基础发挥和利用正反馈机制

在理论上存在两个正反馈机制巩固和强化已取得的载体货币的地位。尽管这种正反馈机制作用的发挥还有赖于许多其他因素，但一旦交易超过一定数额，这种正反馈机制就将发挥作用。

一个正反馈机制是银行间外汇交易市场的正反馈机制。银行间外汇市场是最主要的货币交易场所，对确立载体货币地位作用巨大。交易量越大，交易成本越低。对该种交易货币而言，意味着其市场流动性增强，买入卖出价差减少，流动性成本降低。流动性成本越低，将越加刺激市场采用该货币进行交易，使该货币交易额增大，如此往复。人民币要确立载体货币地位，就必须利用这一机制，扩大人民币交易量，降低交易成本。

另一个正反馈机制是基础需求和投机交易之间的正反馈效应。虽然银行间外汇市场交易额的巨大变化与实际基础贸易量的变化无特别大的关系，但在同等交易环境下，增加基础贸易额，将导致投机贸易额的增加。对一种货币投机交易的增加，将提高以该种货币在资本交易中作为票据面值货币和其

---

① PVP 是利用联网的 RTGS 系统，将两种货币交易时收、付指令自动匹配，同时进行的货币交易系统。

他计值货币的程度。其结果是增加了该种货币的基础贸易需求。换句话说，基础需求和投机贸易二者之间存在着一种正反馈机制。这种正反馈发生作用的原因在于银行间外汇交易是外汇交易额大小的决定因素，由此形成的汇率是最终形成客户市场汇率的基础。由于投机交易导致交易额增大和流动性成本降低，并使其汇率趋于稳定，从而促使基础贸易采用该种货币。

充分利用上述两个正反馈机制，制度安排和技术推动必须同步进行。在制度安排上，一是，建立自由投资贸易区（例如中南半岛、西北亚、中北亚地区、南海地区），区域内人民币有限制地逐步开放；二是，加速进行基于 RTGS 的全国支付结算体系建设①。在此基础上，商业银行统一交易结算项目，实施 RTGS 和 PVP、DVP 跨境联网。在区域性合作的自由投资贸易区内，首先建立区域性的汇兑、支付结算服务体系和人民币债券发行、交易系统，在便利区内基础投资贸易的同时，鼓励使用人民币进行投资贸易的支付、计值和结算；开发债券工具，健全和发展人民币债券市场；在加强金融监管的同时，鼓励套期保值和对冲避险等投机交易，提高人民币和人民币债券的流动性，推动人民币的区域化。

在东北亚地区，中俄、中韩之间不仅具有极大的经贸合作潜力，更具有全球地缘战略意义。中俄边贸曾辉煌一时，证明两国具有极强的互补性。然而，由于缺乏对投资贸易必要的金融服务手段，加之法律、仲裁等配套措施欠缺，交易成本高昂，边贸不仅未能健康地向产业化方向发展，反而出现了质量、信誉等问题。银行结算机制、仲裁和出口信用担保成了中俄经贸关系的三大瓶颈。对此，金融合作安排和技术支持的欠缺难免其责。

在中南半岛地区，中越、中缅边贸活跃，人民币在此区域具有相当的地

---

① 中国现代化支付系统（CNAPS）是一项中国金融基础设施赶超世界先进水准的重大举措。根据系统设计，它将包括上下两层服务功能，上层用于中央银行操作和监管，并通过商业银行向企业和其他金融机构提供支付和最终清算；下层用于商业银行及其他金融机构向它们的客户提供支付结算服务，并可实现本行系统内部清算。CNAPS 应用系统包括基于 RTGS 的大额实时支付（HVPS），以及小额批量处理（BEPS）、清算账户处理（SAPS）、金融信息管理等子系统，并可在此基础上建立 DvP、PvP、E－Business 等服务功能。它的建成将实现全国银行业支付结算、金融信息系统管理的全面现代化。该系统 1995 年国家计委批准立项，并得到世行和亚行的贷款支持。预计全面建成约需 6－8 亿美元。自 1997 年 6 月开工建设以来，目前一期试点工程已近结束。然而，遗憾的是由于种种原因，该系统建设未能尽快建成，四大商业银行开始各自建网，清算账户未能统一。从社会经济发展需要提供高效便捷金融服务迫切需求，到金融监管和中国金融业自身对外开放与国际合作的严峻挑战，都为此系统的尽快建成造成了极为紧迫的压力。

位。湄公河将区域内六国连在一起，湄公河次区域开发区为本地区合作提供了一个良好的契机。中国对本地区合作不仅具有地缘优势，还将对与东盟的关系产生深远影响。扩大人民币在本地区的地位有多种途径，比如通过发行人民币债券可以为湄公河次区域开发提供融资，提供人民币出口信贷，鼓励人民币汇兑和支付结算，同时丰富人民币债券等多种投资工具及其交易网络，完善债券市场，提高人民币及人民币债券的流动性等。如果其他配套措施能够相应跟进，就有希望在活跃本地区贸发展的同时，逐步降低人民币和人民币债券的总体交易成本，使人民币首先被区域内经济体所接受，逐步推动人民币成为本地区载体货币。

6.5 结　论

东亚金融合作的根本目标，是以高度的经济一体化、紧密的政策协调、一致的政治承诺为基础而建立起来的东亚货币联盟。然而，从目前的合作形式来看，东亚国家距离实现这一长远目标还有很长的路要走。CMI 的建立无疑是东亚金融合作良好的开端，而 ABF 的推出，则为东亚金融合作培育更为坚实的市场基础。但是，仍然存在一系列障碍因素，而且这些因素会随着合作程度的加深而越发突出。比如：历史、文化、宗教、政治体制、经济体制和经济开放程度的差距；东亚金融联系更有全球导向，从而愿意在全球市场范围内平滑汇率风险等。

中国大国的独特地位，使得“中国因素”一方面在整个区域金融合作中的影响力增强，另一方面，特别是中国欠发达的金融市场、对资本项目的管制，以及人民币汇率制度的调整等，将成为中国参与东亚金融合作，进而成为推进区域金融合作的不确定性因素。

更为根本的障碍因素是东亚地区目前缺乏领袖国和共同的政治愿望。很明显，东亚地区不存在像西半球中具有领袖地位的美国，也不存在具有对称合作性质的国家联盟，如欧洲的德法联盟。此外，共同的政治承诺和妥协是东亚金融合作长期目标能否实现的关键。欧洲一体化的真正推动力来源于共同的政治利益。可以说欧洲的一体化初始于欧洲国家的政治一体化的需要；

而东亚地区的情形不同。亚洲的合作动力主要来源于金融危机的冲击，来源于预防和应付危机的传染性这一共同的经济利益。当金融合作推进到一定程度，尤其是进入货币合作阶段，各国面临是否放弃货币主权的时候，共同的政治利益将起决定作用。因此，东亚国家能否真正达成政治承诺是实现东亚金融合作框架长期目标的关键。

7 东亚区域货币合作的中国视角

在上篇文章中，我们结合最优货币区理论当中提出的众多标准检验了东亚经济体是否构成一个最优货币区，并得到了一个方向性的结论：鉴于东亚区域内密切的贸易与投资关系，东亚经济体将有希望成为一个最优货币区。但是，正如前言中所提到的，东亚是否构成最优货币区的实证研究仅仅是东亚货币合作的一个必要条件，一个更重要的充分条件是东亚区域的主要经济体参与货币合作的收益大于成本。只有满足了这个条件，东亚区域的主要经济体才有动力共同推动更紧密的东亚区域货币合作。

从国别的研究视角出发，选择区域货币合作是一种强调区域内货币之间保持相对稳定的汇率制度安排，意味着该国现存汇率制度的转变。加入区域货币合作，可能降低了该国汇率制度选择的约束，通过合作形成了以前无法做到，但是更加有利的汇率制度安排；也可能是增加了该国汇率制度选择的约束，该国陷入了更糟糕的汇率制度安排；当然，还有一种更大的可能是合作带来的利弊兼备，是否应该加入区域货币合作需要结合发展的国情，澄清利弊。在本文中，我们从中国视角出发，研究加入东亚区域货币合作是否构成相对当前人民币汇率制度更优越的汇率制度安排。

7.1 当前人民币汇率制度的优点、缺陷与改革方向

这部分主要分析当前人民币汇率制度的优点和缺陷，指出人民币汇率制度安排在未来发展当中需要完善的地方。这部分内容可以帮助我们从中国视角评价各种东亚货币合作方案对中国的成本与收益，它也是提出中国视角东亚区域货币合作方案的依据。

7.1.1 当前人民币汇率制度的优点

自 1994 年人民币汇率并轨以来，我国实行了有管理浮动的人民币汇率制度，但是在实施过程中，除了 1994 - 1996 年期间人民币和美元双边名义汇率由 1 美元比 8.45 元人民币升值到 1 美元比 8.3 元人民币以外，1997 年以后，人民币名义汇率和美元保持了 1 美元比 8.28 人民币的双边名义汇率超稳定，学术界普遍认为人民币在事实上实行了固定单一盯住美元的汇率制度。当前这种汇率制度主要面临以下几方面的优点：

(1) 有利于中国贸易商和外部经济体的贸易和投资结算，规避了对外贸易和投资过程当中的汇率风险。美元是当前世界贸易和投资的主要计价单位，对于中国对外贸易来说更加突出，人民币和美元保持固定比价，有利于最大程度地方便贸易和投资，减少交易当中的汇率风险。如果选择更加灵活的汇率制度，比如一篮子盯住汇率制度，美元对欧元或者日元汇率变动的时候，人民币对美元的双边名义汇率也会相应调整，对于出口商或者进口商来说，由于合同大多采用美元计价，他们不可避免地会承担人民币和美元双边名义汇率变动带来的汇率风险。采取单一盯住美元的汇率制度，不必担心汇率风险问题，也不存在规避汇率风险的费用，对于促进中国对外贸易与投资的发展发挥了非常重要的保障作用。

(2) 稳定了国内私人部门（金融部门和居民）持有的外汇资产价值，最大程度地降低了这些资产的汇率风险。目前国内私人部门（金融部门和居民）与国家货币当局持有的绝大部分国外资产都是美元计价资产，如果

采取更加灵活的汇率制度，必然给这些美元资产价值带来汇率风险。比如，如果选择盯住一篮子货币的汇率制度，美元和欧元或者日元汇率变动的时候，人民币对美元的双边名义汇率也会相应调整，私人部门持有的美元资产虽然美元价值不变，但是兑换成人民币的价值变了，对于国内美元资产持有者来说意味着汇率风险。

（3）借助美元的国际货币地位，推进人民币的国际化进程。美元是国际清偿力的代名词，在世界经济范围得到普遍认可，通过固定单一盯住美元，人民币更容易得到国际社会认可。在中国香港、新加坡、东南亚其他地区，甚至是欧洲一些国家，人民币成了随处可见的"硬通货"。这离不开人民币和美元之间的超稳定的价值比率。

（4）有助于稳定中国和东亚地区（日本除外）的货币相对价值，进而稳定区域内的贸易和投资。与中国一样，东亚地区（日本除外）的很多国家也都在事实上采取了盯住美元的汇率制度①（McKinnon 和 Schnabl，2003）。尽管在东南亚金融危机以后一些国家放弃了盯住美元，但是在随后的经济恢复时期又逐步恢复了盯住美元的汇率制度（Kawai 和 Akiyama，2000；Hernandez 和 Montiel，2001）。中国和东亚国家一起盯住美元，其结果是美元像一条链子稳定了人民币和这些国家和地区货币的相对价值。这对于稳定区域内的贸易和投资都起到了积极作用。同时，它还有助于防止以邻为壑的货币竞争性贬值。

（5）有助于稳定国内物价水平。发展中国家选择盯住美元，或者采取更极端的货币局制度甚至是美元化，主要是因为希望利用美元作为名义锚，稳定国内物价。通过成功盯住美元，国内的贸易品物价水平逐渐向国际物价水平靠拢，有助于遏制国内通货膨胀和经济稳定。中国虽然目前没有面临这类的问题，但是，通过利用盯住美元稳定国内物价和经济稳定是固定单一盯住美元制度的一个重要优点。

7.1.2 当前人民币汇率制度的缺陷

尽管固定单一盯住美元的汇率制度有以上诸多优点，但是，缺陷也十分突出，主要表现在以下两个方面。

---

① 或者是盯住一篮子货币，但是美元具有较大权重。

一方面，无法反映国内经济发展对汇率调整的需要，不利于维护宏观经济的内部均衡和外部均衡，不利于国内经济中长期的可持续健康发展。与经济基本面保持一致的均衡汇率水平取决于潜在的经济结构和国际经济环境的变化（Montiel，1999），汇率需要根据这些基本面因素的变化做出调整，否则，汇率不仅不能成为一个有效的资源配置价格，长时间的汇率扭曲也将破坏宏观经济内部均衡和外部均衡，给经济带来一系列负面影响。

1994年我国汇率并轨以来，我国的经济结构发生了显著的变化，尤其是劳动生产率取得了快速的提升，但是人民币与美元的比价却基本保持不变，汇率刚性与经济基本面的迅速变化形成了强烈反差，汇率失调在所难免。Szirmai等（2002）关于中国制造业的劳动生产率的研究表明，中国1993－1999年期间制造业劳动生产率增长速度是1980－1992年期间的两倍，同时还至少高于同期美国制造业劳动生产率增长速度1.5个百分点，而美国在同期与其他主要工业国家相比保持了非常高的劳动生产率增长速度。对于进步如此快的相对劳动生产率，均衡汇率必然面临一个持续的升值趋势[①]。但是在当前事实上的固定单一盯住美元的汇率制度下，人民币和美元保持联动，人民币汇率被动跟着美元走，无法根据国内经济结构变化反映进行调整。巨额外汇储备的不断积累是人民币汇率失衡的一个显著标志，它不仅意味着中国经济的外部失衡，也意味着中国经济内部贸易品部门和非贸易品部门发展的失衡。在开放经济当中，汇率是一个最重要的资源配置价格。汇率失衡不仅破坏了经济的外部平衡，也破坏了内部平衡，对国内宏观经济稳定和可持续的经济增长带来了一系列不利影响。详细讨论汇率失衡带来的影响超出了本文的研究范围，有兴趣的读者可以参阅张斌（2004）。

另一方面，固定单一盯住美元不利于稳定人民币的名义贸易加权汇率（名义有效汇率），不利于对外贸易竞争力和投资的稳定。单一盯住美元只是盯住了人民币和美元双边名义汇率，如果美元和世界其他主要货币汇率发生调整，人民币和美元双边名义汇率稳定，但是和世界其他主要货币的双边名义汇率变动很大，这等于是把美元和日元、欧元等世界主要货币之间的波

① 从均衡汇率决定理论来看，供给（比如相对劳动生产率）、需求（比如投资占GDP比重）、外部经济环境（比如贸易条件、世界总需求）、开放程度等都会影响均衡汇率，但是，中国的需求、外部经济环境、开放程度等因素在中长期内上下起伏，并没有趋势性的运动趋势（参见张斌，2003a），中长期内，决定中国均衡汇率最重要的因素还是相对劳动生产率。

动吸纳到人民币名义有效汇率（或称“贸易加权汇率”）当中。2002 年第四季度和 1994 年第一季度相比，尽管人民币对美元价值很稳定，但是伴随着美元对日元和欧元的升值，人民币对日元和欧元也出现强劲升值，人民币名义有效汇率升值 16.6%，期间的最高升幅达到了 22.5%。人民币名义有效汇率的巨大波动直接影响到了中国进出口商品在国际市场上的竞争力，对于投资者来说，也意味着成本的巨大变化。

7.1.3 如何改善当前的人民币汇率制度

鉴于当前人民币汇率制度的特点，未来改善汇率制度关键在于三个方面：

（1）缓步引入浮动机制，建立适合中国大国经济特征的人民币汇率制度安排。尽管目前国内的金融市场发育还不完善，尤其是外汇市场发育程度很浅，还不足以支持高频的①一篮子盯住或者浮动的汇率制度，但是，引入浮动机制是人民币汇率制度改革最终的目标。我国前一个发展时期当中，对外贸易和投资在我国经济发展中占据非常重要的地位，采取固定单一盯住美元的汇率制度有力地保障了对外贸易和投资，同时也对中国经济发展做出了重要贡献。但是，随着中国经济的不断壮大，像中国这样一个经济大国不可能在未来还是靠对外贸易和投资推动经济增长。美国、日本等一些经济大国的经验表明，对外贸易和投资在 GDP 中所占据的比重很有限，未来中国经济增长主要还是要靠国内经济，而不可能主要依赖对外贸易和投资。

如果逐渐把发展的重心从对外贸易和投资转向国内，与此相适应的必然是逐渐放弃固定单一盯住美元的汇率制度。只有引入浮动汇率机制，才能把国内的宏观经济政策从维护汇率稳定的约束中解脱出来，更专注地服务国内经济需要。只有引入浮动汇率机制，才能让汇率更充分地反映经济基本面变化，最大程度地避免由于汇率失调带来的内部失衡和外部失衡，最大程度地促进宏观经济稳定与可持续增长。

（2）浮动必须在管理下进行，一篮子盯住是短期内的重要参照标准。引入浮动，并不意味着货币当局完全对汇率波动听之任之。国外采取浮动汇率制度的经验表明，浮动汇率制度下名义汇率波动浮动非常之大，而且也会

---

① “高频”是相对于“低频”而言，“高频”浮动是指调整的时间间隔较短，汇率每天、每星期或者每月发生频繁波动，而“低频”浮动下汇率调整的时间间隔较长。

发生持续的汇率失调（即偏离均衡汇率）。美国金融市场发育完善，加之监管有方，美元还经常被质疑持续偏离了均衡水平。考虑到中国金融市场中参与者、监管者的发育程度，完全意义上的浮动汇率制度难以确保人民币价格会完全由市场力量调整到均衡水平上。对浮动汇率的管理过程中，一篮子盯住稳定了短期的贸易加权的名义汇率（即名义有效汇率），避免了正常贸易和投资受汇率波动的影响，是某些特殊时期内管理浮动的一项重要参照依据。必须指出的是，盯住一篮子货币仅仅是汇率调整管理过程中的特别时期的重要参照依据，决非中长期的参照依据。一篮子盯住稳定的仅仅是贸易加权的名义汇率，而贸易加权的名义汇率稳定并不意味着它向均衡汇率的方向靠拢。比如，如果一个国家均衡汇率保持持续升值趋势，采取持续的一篮子盯住虽然稳定了贸易加权的名义汇率，但是贸易加权的名义汇率和均衡水平的名义汇率差距越来越大，汇率还是处于失衡状态。

（3）树立国内货币政策和汇率政策之间的主从地位。制定宏观经济政策的时候，必然面临的一个问题是汇率政策与其他各种宏观经济政策之间孰轻孰重，孰先孰后。无论是理论还是经验，都支持大国应该首先保持独立的货币政策，汇率出于相对次要的位置上。日本和德国在经济迅速崛起时期的经验①表明：德国以国内物价稳定为政策重心，马克汇率出于相对次要的位置上，结果德国物价和产出都保持了相对稳定；日本总试图利用货币政策减少日元升值压力，或者减少汇率升值给经济带来的冲击，结果，非但没有成功阻止日元升值，反而引发了20世纪70年代中期的通货膨胀和20世纪80年代末期的泡沫危机。中国作为一个新崛起的经济大国，维持国内物价和产出稳定是宏观经济政策的首要任务，而汇率作为经济增长过程当中的内生变量，最终也无法由政策所主导，持续违背市场供求关系的干预只会带来更多的负面效应。在选择汇率制度的时候，在有管理的浮动的同时加上通货膨胀目标②，从全局角度确立了汇率政策的地位和目标，把汇率制度选择融入到宏观经济整体决策当中。

总体来看，未来的人民币汇率调整要兼顾向均衡汇率靠拢、名义有效汇率稳定、人民币与美元双边名义汇率稳定等三个目标。向均衡汇率靠拢是为

① 参见张斌和何帆（2003）。

② 这其实也是当前汇率制度研究中比较流行的“有管理浮动加（Managed Floating Plus）”的新汇率制度模式。

了维护国际收支的基本均衡，同时也是为了保证国内货币政策更专注于服务国内经济；名义有效汇率稳定是为了保证对外进出口贸易国际竞争力与投资的稳定；人民币与美元双边名义汇率稳定则是在目前国内金融市场不发达的情况下，最大程度地为微观经济个体规避交易当中的汇率风险。这三个目标在实施过程当中可能存在冲突，比如，过去时间里为了保持人民币对美元的双边名义汇率稳定就不得不牺牲前两个目标。如何协调这三个目标之间的冲突呢？关键在于管理浮动的技巧。在当前国内金融市场，尤其是远期外汇市场发育还比较浅的情况下，人民币对美元不能有非常高频率的波动，但是即使是低频率的调整，也足以保证人民币汇率向均衡水平靠拢，同时兼顾名义有效汇率的稳定。这三个目标都不是绝对的，尤其是均衡汇率，只要在期间上保持稳定，避免持续的汇率失调就达到了目的。因此，一个较为可行的折衷方案是人民币与美元保持低频率的调整，调整过程当中兼顾均衡汇率与人民币名义有效汇率稳定。

7.2 中国参与东亚货币合作的成本与收益——不同方案的比较

东亚金融危机以后，经济学家提出了许多种东亚区域内的货币合作方案，最具影响力的是一篮子盯住的货币合作方案（Williamson，1999；Ogawa和Ito；2001；Kawai，2002）、类似欧洲货币体系的亚洲货币体系（Wyplosz，2002；Oh和Harvie，2001）以及日元区（Ohno和Shirono，1997；Dornbusch和Park，1999）和美元化（McKinnon，2001）等。这些方案的提出大多从区域视角出发，并没有从国别视角展开分析。在这一部分中，从中国视角分析以上各种方案是否符合人民币汇率制度发展的需要，是否构成符合中国经济发展需要的新汇率制度安排形式。

7.2.1 区域内盯住一篮子货币

（1）内容

区域内盯住一篮子货币的合作方案有两种形式，一种是Williamson提出的区域“共同一篮子区间爬行盯住”方案（Williamson，1999），一种是日本经济学者倡导的“软一篮子货币盯住方案”。Williamson 提出的共同一篮子盯住（Common Basket Peg）方案主要包括以下内容：第一，东亚经济体实行盯住美元、欧元和日元一篮子货币的汇率制度。第二，各个国家或地区不能根据自己的对外贸易比重选择盯住的权重，而是应该根据整个区域对外贸易的比重来确定区域内各个国家盯住主要货币的权重。第三，区域内每个国家宣布一个盯住一篮子货币的中心平价水平（Central Parity），并单边确定平价浮动的范围。第四，每个国家或地区依然可以保持原有的汇率制度。比如，中国香港依然保持货币局制度、印度尼西亚保持爬行盯住、韩国保持有管理的浮动汇率制度。第五，根据 Mckinnon 提出的“重建规则（Restoration Rule）”，只要可以令人信服地把汇率重新调整到旧的或者新的均衡水平，受到大规模货币投机性冲击的国家可以暂时中断盯住汇率。第六，鉴于各个经济体的经济基本面变化和相应的汇率失调（Exchange Rate Misalignment）是难以避免的，可以允许区域内成员根据经济基本面变动调整中心平价水平或者平价波动范围。第七，建立一个类似于欧洲短期融资安排（Very Short Term Financing Facility，简称 VSTFF）的融资机制帮助成员国家抵御货币投机。

日本学者提出的“软一篮子货币盯住方案”和 Williamson 方案的最主要区别在于各个国家在选择盯住货币篮子的时候，不是像 Williamson 方案那样对美元、欧元和日元采取固定的权重，而是可以根据自己国家对外贸易的分布情况，选择自己对各种世界主要货币的盯住权重。相对 Williamson 方案，“软一篮子货币盯住方案”更注重于稳定各个国家的贸易加权名义汇率，Williamson 方案则更强调东亚区域所有货币和一个共同的加权货币单位保持固定联系，它更有利于区域内货币之间的稳定，更有利于推动区域内货币向单一货币过渡。对于两种方案更详细的比较可以参见 Park（2002）。

（2）优点

无论是 Williamson 的方案，还是日本学者的方案，强调的都是放弃目前单一盯住美元的汇率制度，采取盯住一篮子货币的汇率制度形式。对中国而言，放弃盯住美元，转而在东亚区域内共同推行一篮子盯住方案会带来以下几方面的收益：（1）减少了世界主要货币波动给人民币贸易加权汇率带来的外部冲击，更有利于稳定人民币贸易加权汇率。（2）区域内一篮子盯住方案不需要太多的政治协调，参与合作的国家或地区仅仅是改变一下盯住货币的范围，而不必从根本上改变现有的汇率制度，合作成本相对较低。(3) 如果采取 Williamson 方案，中国和东亚区域内其他国家之间的货币之间保持超稳定，有利于推进区域内贸易和投资，降低汇率以邻为壑，竞相贬值的危险。即使是采取日本学者的“软盯住”方案，各个国家的汇率变动也更具有可预测性，东亚区域内货币之间也较目前更加稳定。

(3) 缺陷

①盯住一篮子货币仅仅是稳定了人民币的贸易加权名义汇率，从本质上看还是一种固定汇率制度，它无法从制度上帮助人民币汇率向均衡水平靠拢[①]。单一盯住美元和盯住一篮子货币的区别仅在于从盯住单一货币转向盯住多种货币，这种机制不足以确保人民币汇率向均衡水平靠拢。比如，如果中国相对区域内其他国家发生了比较严重的通货膨胀，人民币贸易加权名义汇率虽然不变，但是贸易加权的实际汇率急剧升值，可能造成外汇市场失衡。如果是有管理的浮动汇率，这种情况下人民币名义汇率将会相应贬值，以稳定贸易加权的实际汇率，将人民币重新向均衡水平靠拢。如果是盯住一篮子货币的汇率制度，人民币名义汇率就无法调整。再比如，如果中国经济的迅速发展要求人民币升值以保持中国经济的外部平衡和内部平衡，但是一篮子盯住要求的是人民币贸易加权名义汇率的稳定，因此无法在制度上帮助人民币实现向均衡汇率水平的靠拢。从单一盯住转向一篮子盯住，没有真正解决当前人民币汇率制度改革的核心问题。

②盯住一篮子货币意味着人民币对美元的双边名义汇率频繁变化，在当前外汇市场发育不完善的情况下，就会给对外贸易和投资带来巨大风险。当前国内的对外贸易和投资结算大多使用美元，国内企业和居民持有的外汇资产也多是美元资产，人民币与美元之间频繁的汇率波动会给对外贸易、投资带来巨大外汇风险。目前国内外汇市场发育非常有限，远期外汇市场、外汇期权市场、外汇期货市场或者是非常有限，或者根本还没有建立，因此，市场上还不能够充分提供规避对外贸易和投资汇率风险的金融工具。面对突如其来的巨大外汇风险，如果再没有充分的风险对冲工具支持，无疑会对国际贸易、投资和国内金融市场的稳定带来巨大威胁。

---

① Williamson 方案中的 F 款允许区域内国家根据自身情况单独对自身货币价值的调整，但这种调整往往是被动的，而且在实施过程当中需要区域内国家的政策协调。

③一篮子盯住货币方案当中，都是根据贸易权重确定盯住货币的权重，虽然可以稳定贸易加权汇率[①]，但是忽视了国内经济对一篮子盯住中各种货币权重选择的诉求。一篮子盯住货币权重的选择方法有很多种，如果目的仅在于保持对外贸易的国际竞争力，所盯住各种货币的权重可以根据贸易分布确定；如果一篮子盯住的目的是多重的，比如既要保持国际竞争力，又要稳定国内物价，那么盯住货币的权重需要相应调整，而不仅仅是根据贸易比重来确定。目前在选择一篮子货币权重的理论研究还处于探索阶段，没有较完善的理论框架指导权重的选择，对于这个问题的进一步研究参阅张斌(2003)，姚枝仲（2004)。

(4) 综合评价

尽管一篮子盯住货币的汇率制度有利于减少世界主要货币之间价值波动对区域内国家贸易加权名义汇率的冲击，稳定区域内货币之间的相对价值，但是，在目前东亚国家多采用盯住美元的汇率制度下，区域内一篮子盯住相对单一盯住美元的货币制度在稳定区域内货币价值上能够发挥的作用有限。

盯住一篮子货币方案还是一种固定汇率安排，不能从制度构建上形成人民币向均衡水平靠拢的汇率调整机制。另外，鉴于中国绝大多数的对外贸易、投资和国外资产均用美元计价，而且中国外汇市场发育很不完善，短期内采取一篮子盯住货币制度会给对外贸易、投资和美元资产带来难以对冲的巨大汇率风险。综合评价，至少在短期内，一篮子盯住货币制度并不能对当前人民币汇率制度构成根本意义上的改善，而且会给国内企业和居民带来更多的汇率风险。但是，鉴于一篮子盯住稳定贸易加权名义汇率的作用，可以在人民币汇率调整过程中作为一个重要的短期参照指标。

7.2.2 亚洲货币体系

(1) 内容

鉴于欧元区的成功经验，一些学者（Oh 和 Harvie，2001；Wyplosz，2001）认为东亚可以效仿当前欧洲货币体系（EMS）的做法，建设亚洲货币体系（AMS）。Oh 和 Harvie（2001）提出的亚洲货币体系合作方案主要

---

① “软盯住”可以根据每个国家自身的贸易分布确定盯住货币的权重，进而起到稳定人民币贸易加权名义汇率的作用；而 Williamson 方案的一篮子盯住需要根据区域的贸易分布确定各种盯住货币的权重，甚至不能稳定人民币贸易加权名义汇率。

包括以下内容：第一，建立类似于欧洲货币体系中欧洲货币单位（ECU）的亚洲货币单位（ACU），它根据区域内货币合作成员国的一篮子货币加权得到，亚洲货币单位将作为区域内各个成员国单一的货币篮子目标。第二，亚洲货币单位中各种货币的权重根据各个成员国家或地区在区域总贸易占据的比重来确定①。第三，各个成员可以在一篮子货币中心平价的上下15%浮动，这类似于1993年以后欧洲货币体系的“软”欧洲货币体系②。一篮子货币中心平价不能单边决定。第四，建立一个类似于欧洲短期融资安排（Very Short Term Financing Facility，简称VSTFF）的最后贷款人机制帮助成员国家抵御货币投机。第五，建立类似于欧洲货币机构（EMI）的亚洲货币机构（Asian Monetary Institute）管理亚洲货币体系，并帮助成员国或地区之间共同达成协议和实施监管政策。第六，各个成员国家有义务将各自的汇率水平保持在汇率目标区内。

（2）优点

与盯住一篮子货币相比，亚洲货币体系是一种更具有约束力的货币合作形式，它要求区域内国家或地区放弃原有的汇率制度，共同盯住一个由区域内货币组成的亚洲货币单位，同时还要求区域内各种货币之间围绕亚洲货币单位保持目标区内的波动。亚洲货币体系的货币制度安排将对中国经济带来以下几方面的收益：（1）有利于中国与东亚区域内其他国家的货币之间保持稳定，有利于推进区域内贸易和投资，降低汇率以邻为壑，竞相贬值的危险。（2）有利于增强人民币在区域内的地位。鉴于中国在东亚地区较大的贸易份额，如果东亚国家从盯住美元（或者在盯住一篮子当中美元占据较大比重）转向由区域内货币组成的一篮子货币，人民币将在一篮子货币占据重要地位。这有利于进一步推进人民币在周边国家的使用。

（3）缺陷

亚洲货币体系的缺陷主要包括：（1）在亚洲货币体系下，盯住区域内货币组成的一篮子货币从本质上看还是一种固定汇率制度，它无法从制度上帮助人民币汇率向均衡水平靠拢。与盯住一篮子货币的货币合作方案相同，当人民币价值需要对国内经济变化做出反应的时候，盯住区域内货币组成的一篮子货币同样无法从制度上完成人民币价值的调整。因此，亚洲货币体系

---

① 在欧洲货币单位的确定中，对一篮子货币权重的确定则是任意的。

② 如果效仿欧洲货币体系1993年以前的安排，则仅能在一篮子货币中心平价2.5%上下浮动。

的合作方案难以对当前的人民币汇率制度构成实质性改善。（2）在亚洲货币体系下，人民币对美元价值将频繁变化，进而对当前的贸易、投资和美元资产带来巨大外汇风险。这一点与上述的一篮子方案相同，这里就不再赘述。（3）区域内某些国家的货币容易受到投机性冲击。在欧洲货币体系建立过程中有非常多的类似教训，当马克相对美元强劲升值的时候，投机者怀疑欧元区内其他国家是否能够继续将本国货币维持在相对欧洲货币单位的波动范围以内，进而发动对欧元区其他货币的投机性冲击。货币体系形式的合作把区域内货币之间的相对价值相对固定地联系起来，这其实也抹杀了区域内各个经济体经济基本面相对变化对相互间货币价值调整的需要，因此，这种制度安排本身就蕴含着投机冲击的危险。（4）亚洲区域货币体系改变了东亚国家原有的各种汇率制安排，同时还需要区域内经济体为保持相互间的货币价值稳定做出承诺，合作成本相对较高。如果中国参与到亚洲货币体系当中，不可避免地要在一定程度上牺牲国内经济政策以维护亚洲货币体系的稳定。

（4）综合评价

亚洲货币体系虽然也有利于稳定区域内货币之间的相对价值，同时还有助于推进人民币的国际化，后一点是亚洲货币体系相对盯住一篮子货币合作方案更加有利于中国的地方。但是，相对于当前的人民币汇率制度，亚洲货币体系并不能形成人民币对中国经济基本面变化做出积极调整的机制，同时还会给当前的对外贸易、投资和美元资产引入巨大外汇风险。另外，亚洲货币体系要求区域内各个经济体有义务维护区域内各种货币之间相对价值的稳定，这同时也意味着中国要牺牲一定的国内经济政策维护亚洲货币体系的稳定。

总之，至少在短期内，亚洲货币体系是一种合作成本相对较高而且对当前人民币汇率制度难以带来实质性改善的汇率制度安排。

7.2.3 日元区和美元区

（1）内容

McKinnon（2001）倡导的美元区方案与 Kwan 倡导的日元区方案并没有像以上两种货币合作方案那样明确提出区域货币合作的具体安排。Kwan 号召东亚经济体国家更多地盯住日元，而 McKinnon（2001）则号召东亚经济体的美元化。

(2) 对美元区的评价

鉴于中国目前实施的是固定单一盯住美元的汇率制度，McKinnon 提出的美元区方案对当前的人民币汇率制度并没有太多改变，它所带来的优点和缺陷与当前人民币汇率制度面临的缺陷大致相同。

需要特别指出的是，如果东亚区域内国家或地区与美元保持更加稳定的价值，尤其是日元对美元的价值更加稳定，客观上有助于帮助人民币贸易加权的名义汇率更加稳定，也有助于东亚区域内其他经济体贸易加权的名义汇率稳定。在短时期内，东亚经济体频繁波动的重要原因是因为日元与美元之间价值的频繁波动，美元相对日元升值（贬值），往往意味着东亚区域各个经济体货币相对日元升值（贬值），这些货币的贸易加权名义汇率升值（贬值）。如果日元能够稳定与美元的汇率，对于中国和东亚其他经济体的贸易和投资都会带来重要稳定作用。

(3) 日元区的评价

相对于美元区，日元区更不可行。毕竟，当前东亚经济体结算货币大多采用美元，持有的外汇资产也大多用美元标价。如果中国从盯住美元转向盯住日元，中国对美元的汇率将会频繁调整（除非日元对美元保持稳定），这将对中国的对外贸易、投资和中国持有的外汇资产带来巨大的汇率风险。另外，相对美元，日本的宏观经济面更不稳定。对一个名义锚来说，美元显然优于日元。

7.3 中国如何参与东亚合作

从最优货币区理论的多数实证研究出发，区域货币合作对东亚区域内具有潜在利益，但是，在中国视角的研究中，目前的几种东亚货币合作方案对于中国当前的人民币汇率制度并不构成实质性的改善。至少在短期内，由于欠发达的国内金融市场，贸然采取东亚货币合作的新的汇率制度安排，会给国内贸易、投资和宏观经济稳定带来巨大的汇率风险。中国参与东亚货币合作，必须结合东亚其他经济体与中国国情，制定能够为中国和区域经济谋取共同利益的长、中、短期方案。

7.3.1 短期方案

(1) 呼吁日元与美元保持稳定，维护东亚区域内各种货币之间相对价值的稳定

日元与美元之间的剧烈波动是造成东亚其他经济体贸易加权名义汇率不稳定的根源。解决问题的方法有两种：一种是像第二节提出的东亚货币合作方案那样，在区域内推动一个共同盯住的货币篮子；还有一种是号召日元与美元之间保持稳定。比较而言，前一种方案至少在近期对于东亚经济体难以承受，后一种方案是中国与其他东亚国家合作努力的方向。

不仅是中国，东亚经济体（日本、新加坡、中国香港等一些较发达的经济体除外）的一个共同特征就是国内金融市场发育不完善，多处于初级阶段。选择盯住美元（完全固定或者低频率盯住，完全盯住或者在一篮子盯住货币中占据较大比重）其实是国内货币当局在一定程度上牺牲国内经济政策，帮助微观经济个体规避对外贸易、投资和美元资产中的汇率风险。对外贸易和投资是推动东亚经济增长的重要力量，因此，区域内货币对美元价值的相对稳定对于区域内的经济增长和宏观经济稳定非常重要。尽管盯住美元存在其缺陷，但是至少在短期内，从盯住美元转向盯住一篮子货币的货币合作方案难以被东亚经济体接受。

号召日元对美元保持更加稳定的价值是整个东亚区域都将受益的方案。对于不包括日本的东亚经济体，当前汇率制度的一个重要缺陷就是日元与美元价值波动时直接造成了他们贸易加权名义汇率的波动，进而不利于贸易和宏观经济稳定。如果日元与美元能够保持更加稳定的价值，能在很大程度上改善当前东亚其他国家的汇率制度缺陷。对于日本，更加稳定的日元同样有助于日本国内的宏观经济稳定。东亚区域汇率的稳定还有助于东亚区域内产业分工链的进一步深化，有助于日本经济在区域内获得更多的增长机遇。

(2) 将名义有效汇率稳定作为人民币价值调整的一项重要参考指标（即在人民币价值调整中考虑一篮子盯住）

2003 年以后的一段时期内，美元很难再像 20 世纪 90 年代那样继续走强，人民币也不可能借助美元升值实现自身的升值。为了能够反映基本经济结构变化对汇率调整的要求，人民币价值调整势在必行。未来人民币价值的

调整，一方面是为了让人民币价值更充分地反映经济基本面变化对汇率调整的要求，同时还要尽量保障人民币名义有效汇率的稳定。一篮子盯住是解决后一个问题的关键，可以作为人民币价值调整过程当中的一个重要参考指标。

在调整人民币价值的时候考虑盯住一篮子货币并不等于采取盯住一篮子货币的汇率制度，二者有本质差别。人民币价值调整，最终的目的还是服从于中国基本经济结构变化的需要，是为了逐渐向均衡汇率靠拢，而不是将汇率固定在一个水平上。盯住一篮子货币，仅仅是人民币机制调整过程当中需要考虑的一项因素。通过部分引入盯住一篮子货币的汇率调整机制，有助于中国和东亚地区保持更加稳定的名义汇率，有利于推进区域内贸易和投资的蓬勃发展。

(3) 推进人民币成为周边地区贸易和投资交易的关键货币

中国是东亚区域其他经济体密切的经贸合作伙伴，而且相互间的经贸往来保持快速增长的势头。这为推进人民币成为周边地区贸易和投资交易的关键货币奠定了经济基础。在区域内经济活动中更广泛地利用人民币作为结算工具，有利于减少经贸活动当中的汇率风险，有利于进一步推动区域内经济一体化程度的进一步提高。无论是中国还是东亚其他经济体，推进人民币在周边地区的使用是区域内经济逐步摆脱美元影响，树立区域内货币主权的开幕曲。

人民币多久能够成为区域内主导型的关键货币最终还要取决于中国的经济实力，取决于中国对周边国家和地区的影响，取决于中国金融市场的完善程度。因此，推进人民币成为东亚区域的关键货币需要循序渐进。在短期内，推动人民币在与周边国家贸易与投资环节的流通涉及规模和风险相对较小，不会对国内货币政策带来大的冲击，更不会威胁到国内的金融安全，是一项相对稳妥，而且能够带来明显收益的方案。

7.3.2 中期方案

(1) 推动以人民币为主导的区域货币联动

中国在区域内独特的大国经济地位决定了中国在未来必然会成为区域内的关键货币。结合中国目前的发展趋势和潜力，中国今后在区域内的贸易、投资都会大大超过日本和美国。中长期内，中国将成为对其他东亚区域经济体最具影响力的经济体。鼓励东亚区域内其他国家货币与人民币保持联动，有利于减少区域内各种经济活动的汇率风险，有利于深化区域内的经济一体化，有助于东亚经济整体在世界上的谈判地位。

（2）推动人民币成为东亚区域内资产交易的关键货币

人民币是否能够成为区域内的关键货币，不仅要看贸易和投资环节中是否以人民币计价，更重要的是人民币资产是否成为区域内经济体较多持有的资产。从货币的职能来看，仅仅成为区域内重要的流通工具还远远不够，只有当人民币成为区域内经济体重要储备手段的时候，人民币才能成为真正意义上的区域内关键货币。

目前来看，推动人民币成为区域内资产交易的关键货币既有优势，也有劣势。优势在于人民币在未来必将成为一个逐渐升值的货币，这将增强人民币资产在国际上的吸引力；人民币在贸易和投资环节的更多使用也会从客观上激励区域其他经济体持有更多的人民币资产。劣势在于中国的国内金融市场还很不发达，监管机制也不完善，大量投机性人民币资产的跨境交易有可能破坏国内的金融稳定，严重时还可能引发货币危机甚至金融危机。因此，推动区域内的人民币资产交易，必须在严格有效的管制下进行，宁可把进展的速度放慢，也不要在时机不成熟的时候贸然推进。

7.3.3 长期方案

推动货币合作的长期目标就是推动东亚区域内的人民币化，或者是建立人民币主导的区域性国际货币。作为一个崛起的经济大国，必然有相对应的国际货币地位。无论效仿当年美元崛起的经历，还是效仿德国马克推动欧元的经历，人民币必然会伴随中国经济在世界经济中的崛起而成为与美元、欧元平行的世界货币。

7.4 结　论

从中国视角研究东亚区域货币合作，关键在于什么样的货币合作形式有助于改善当前的人民币汇率制度。当前，人民币汇率调整需要兼顾向均衡汇率靠拢、名义有效汇率稳定、人民币对美元双边名义汇率稳定等三个目标。遗憾的是，当前的东亚区域货币合作方案仅仅有助于实现名义有效汇率稳定，而无法兼顾其他两个目标。考虑到中国逐渐凸现的大国经济特征，向均衡汇率靠拢必然是未来人民币汇率调整最重要的目标之一，决不可放弃；考虑到目前国内欠发达的金融市场，人民币对美元双边名义汇率稳定短期内不能放弃，人民币汇率即使调整，也仅允许低频率的波动，而不可能承担一篮子盯住方案下人民币对美元的高频波动。综合来看，目前提出的东亚货币合作方案不符合中国的国家利益，中国需要在东亚货币合作中另辟蹊径，推动更有利于中国利益的东亚货币合作方案。

加入东亚货币合作，符合中国中长期利益的目标是推进人民币的国际化，推动人民币成为亚洲乃至世界的主要国际货币之一。人民币在东亚经济体影响的扩大，不仅有利于维护东亚区域的货币价值稳定，同时也是中国经济在东亚经济占据重要地位的客观要求。东亚地区更广泛地推广人民币，符合中国利益，也符合东亚区域整体经济的利益，是打破目前全球世界货币霸权的突破口。人民币走向国际化，首先是人民币在亚洲的广泛影响，借助东亚货币合作有助于推动这一进程。短期内，号召日元与美元稳定，把人民币名义有效汇率稳定纳入人民币汇率调整的政策目标之内，将有利于人民币的名义有效汇率稳定，这对于中国和东亚其他国家的宏观经济稳定都会发挥积极作用。

8

亚洲货币单位是否对中国具有吸引力

东南亚金融危机以后，东亚区域内金融与货币合作被视为增进东亚区域经济稳定的重要手段，得到了区域内政府和学术界的高度重视。近几年来，区域内金融领域合作在清迈协议、亚洲基金、各种区域政策对话机制等方面取得了一些进展，在区域内汇率合作方面也提出了了多种倡议（Williamson，1999；Ogawa 和 Ito，2000；Park，2002；McKinnon，2001；Kwan，2001；Kawai 和 Takagi，2001）。但总的来看，区域内经济体在汇率政策合作方面难以达成共识，合作的进展不显著。

与进步迟缓的汇率货币合作形成鲜明对照的是东亚区域贸易顺差的不断扩张。截止 2005 年，东盟 10 + 3 国家对美国贸易顺差已经上升到了接近 3500 亿美元，占美国当年贸易逆差的 45%，东亚贸易顺差已经成为全球贸易不平衡的一个重要环节。过去关于全球贸易不平衡的研究当中，涌现了大量关于美国贸易逆差不断扩张的可持续性和潜在风险方面的研究，学术界对此还得到了不尽一致的结论。但是如果站在持续创造贸易顺差的东亚来看，无论太平洋东岸美国的贸易逆差是否可以持续，东亚区域贸易顺差不断扩张所带来的后果非常不利，主要体现在以下几个方面：首先，也是最重要的，

本文（英文）发表于“World Economy and China”2006 年第 1 期。

不断扩张的贸易顺差意味着东亚储蓄的持续流出，意味着东亚经济在内部贸易品/非贸易品的产业结构方面面临着严重扭曲以及由此带来一系列不利影响，尤其不利于资源配置效率的提高和东亚经济的可持续增长。以中国为例，张斌和何帆（2006）在一个贸易品/非贸易品两部门理论模型中证明，与持续贸易顺差相伴的是内部产业结构的失衡，工资与利润分配的扭曲以及由此带来过高的投资/消费率，就业机会的丧失等等。其次，不断扩张的贸易顺差对东亚各国的宏观经济稳定，尤其是货币政策操作带来严峻挑战。为了应付贸易逆差和热钱流入的冲击，区域内经济体的货币当局在利率政策方面受到限制，同时还不得不采用大量冲销手段稳定货币供给。最后，东亚不断扩张的贸易顺差是在全球贸易不平衡的背景之下，一旦全球贸易不平衡以一种比较激烈的方式调整，比如美元的大幅下跌和美国利率的大幅度上调，不仅对美国经济带来严峻挑战，东亚经济也将因为外部经济环境的急剧恶化而面临严峻挑战。在不断加剧的区域贸易顺差面前，东亚区域亟待加快区域货币合作，尤其是区域汇率政策方面的协调，通过平稳的方式调整东亚区域相对区域外的汇率水平，以减少，至少是遏制东亚区域贸易顺差的持续快速扩张和降低全球国际收支失衡。东亚需要总结过去诸多汇率合作提议难以达成共识的经验教训，并在此基础上提出新的汇率政策合作模式。

由亚洲开发银行提出的亚洲货币单位是近两年推进东亚区域货币合作的一项新提案。根据亚洲开发银行的介绍，ACU 根据东亚货币汇率指数加权计算得到，用于反映作为东亚货币相对区域外货币的变动情况，同时，还可以将 ACU 作为区域货币锚，监测区域内某种货币相对 ACU 的价值变动。与日元区、美元区、亚洲货币机制、共同盯住 G－3 货币等以前东亚区域货币合作方案相比较，ACU 的提出说明亚洲开发银行希望效仿当初欧洲货币合作的经验，并通过编制区域货币单位推进区域内的货币合作。亚洲开发银行行长特别助理河合正弘指出："We are able to present a clear goal of regional integration by running up the flag of an Asian currency"。"If Asian countries continue to coordinate economic policies, using the acu as a reference, they will eventually agree to contain the fluctuations of their currencies within a certain range"。（国际先驱导报，2005 年 11 月 5 日）。

这是东亚区域货币合作的一种新的尝试，但是这种尝试是否能够切实达到推进东亚区域货币合作，取决于东亚经济体能否对以亚洲货币单位为中心展开的区域货币合作达成共识。以下，我们首先介绍了亚洲货币单位的编制方法，并以中国为例，分析亚洲货币单位对中国的吸引力，在最后一部分就未来的亚洲货币合作提出了我们的建议。

8.1 AMU 计算方法简介①

8.1.1 计算方法

日本学者 Ogawa 和 Shimizu（2005）在日本产业经济研究所发布了他们关于 AMU 的计算方法和结果。AMU 与 ACU 在计算理念上相同，但是二者在货币权重选择、货币选择方面可能有所差异。在 ACU 没有正式发布之前，AMU 是理解 ACU 的一个很好的替代。以下，我们首先对 AMU 的编制作简单介绍，并结合 AMU 以中国为例判断亚洲货币单位的吸引力如何。

亚洲货币单位的计算参照了欧洲货币单位，通过区域内各个国家汇率的加权平均计算得到。亚洲货币单位包括了东盟 10 +3（中日韩）的 13 种货币。计算亚洲货币单位涉及到两个加权过程，其一是区域内货币的加权；其二区域外货币的加权。在区域外货币的加权上，Ogawa 和 Shimizu（2005）在计算中选取的是根据东盟 10 +3 经济体对区域外贸易的比重，分别赋予美元 65% 和欧元 35% 的权重。选定了这个权重以后，就可以明确计算区域内每个经济体的货币相对于美元、欧元加权货币的相对价值。比如，如果单位美元/人民币 =0.123；单位欧元/人民币 =0.1；美元欧元加权/人民币 = $0.65*0.123+0.35*0.1=0.11495$。

下一步工作是区域内货币的加权，也就是将区域内货币相对区域外货币（0.65 美元 +0.35 欧元）汇率加权。每种区域内货币所赋予的权重可以是

① 正如在 Ogawa 和 Shimizu（2005）所指出的，两位作者提议在东亚创建亚洲货币单位（AMU）和 AMU 乖离指标。可以期待，此项措施将有利于协调东亚货币汇率政策，同时也将对提高金融当局的互相监管机能做出贡献。欧盟（EU）在引进欧元之前，计算出在欧洲货币制度（EMS）下采用的欧洲货币单位（ECU），亚洲货币单位（AMU）可参照欧盟的方法，计算出作为东亚货币的加权平均值。东亚各国货币的 AMU 乖离指标是测定各国货币相对于 AMU 从各自的基准率偏离了多少。http：//www. rieti. go. jp/users/amu/en/detail. html。

该经济体在区域内贸易的权重①，或者是购买力平价下的GDP权重，或者是名义价格下的GDP权重，或者是外汇储备权重。权重的选择可以根据目标的不同进行调整。Ogawa采取了贸易额和购买力平价下的GDP加权（各赋权重50%）每种区域内货币的权重。如表8-1所示，中国的对外贸易在区域内的比重是21.65%，购买力平价下的GDP在区域内的比重为47.93%，二者加权得到人民币在亚洲货币篮子中的权重是34.79%。

表8-1　　东亚货币在AMU中的权重

东亚货币在AMU中的权重					
	贸易额(%)	购买力平价下的GDP(%)	加权(%)(a)	基期汇率(b)	AMU权重(a)/(b)
文莱	0.41	0.41	0.41	0.5912	0.0069
柬埔寨	0.19	0.21	0.2	0.0003	7.4235
中国	21.65	47.93	34.79	0.1256	2.7711
印度尼西亚	4.67	5.56	5.12	0.0001	452.7871
日本	27.31	28.3	27.8	0.0091	30.5681
韩国	12.86	6.65	9.76	0.0009	113.1459
老挝	0.09	0.08	0.08	0.0001	5.95
马来西亚	8.85	1.83	5.34	0.2735	0.1953
缅甸	0.38	0.38	0.38	0.1598	0.0239
菲律宾	3.12	2.74	2.93	0.022	1.3347
新加坡	11.9	0.81	6.36	0.5912	0.1075
泰国	6.6	3.56	5.08	0.0246	2.063
越南	1.96	1.53	1.74	0.0001	243.0432

资料来源：Ogawa和Shimizu（2005）。

注：Ogawa和Shimizu计算的AMU是亚洲货币篮子相对于区域外货币相对价值的指数。

在以上工作的基础上，AMU的计算公式是：

$$\frac{(\text{美元} * 0.65 + \text{欧元} * 0.35)}{\text{亚洲货币单位}} = \sum \left[\frac{(0.5 * \text{贸易权重} + 0.5 * \text{GDP权重})}{\text{基期汇率}} \right] * (\text{当前汇率}) \quad (8-1)$$

① 可以根据进口额确定的权重，也可以根据出口额确定的权重，或者更一般地进出口额总和确定的比重。Ogawa在日本产业经济研究所网站和世界经济与政治研究所提交的演讲论文中（Ogawa，2005），使用的是购买力平价下的GDP与贸易额加权的权重。

其中，基期（当前）汇率指区域内货币相对于欧元、美元加权货币的相对价格。在 Ogawa 的文章中，把（0.5 * 贸易权重 +0.5 * GDP 权重）/基期汇率解释为每种货币赋予的权重，用这个权重乘以当前汇率，然后再加总 13 种货币，就得到了当前的亚洲货币单位。对上面的公式更直观的理解是：

$$\frac{美元 * 0.65 + 欧元 * 0.35}{亚洲货币单位} = \sum [(0.5 * 贸易权重 + 0.5 * GDP 权重) * (当前汇率/基期汇率) \qquad (8-2)$$

在上式中，前一个括号内代表了每种货币被赋予的权重，后一个括号则是每种货币汇率相对于基期汇率的指数。将 13 种货币加权，就得到了亚洲货币单位。

根据以上计算公式，计算得到 2005 年 11 月 11 日和 2000 年 1 月 3 日相比，亚洲货币单位相对于美元欧元贸易加权值贬值了 10.5%；相对于美元贬值了 6.1%，相对于欧元贬值了 18.6%（参见图 8－1）。

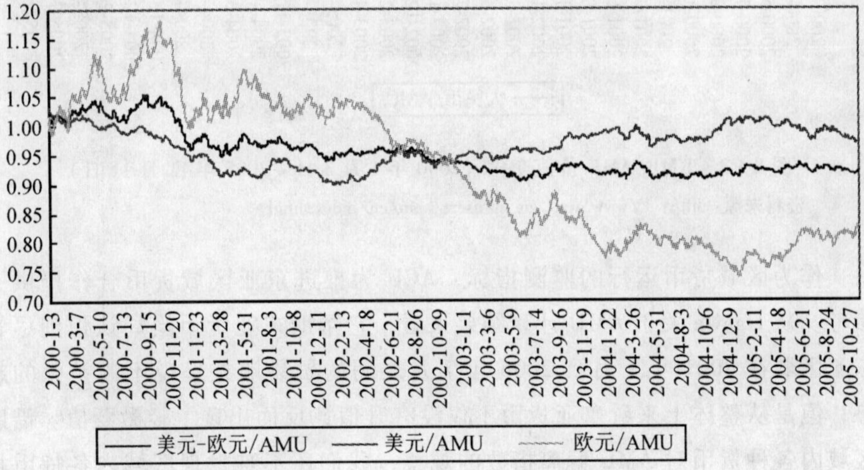

图 8－1　AMU 价值变化（2000 年 1 月 3 日－2005 年 11 月 11 日）

资料来源：http：//www. rieti. go. jp/users/amu/en/index. html。

8.1.2　人民币/亚洲货币单位的汇率变化

利用 AMU 相对于美元、欧元加权的相对价值和区域内货币对美元、欧元的双边汇率加权的相对价值，不难计算出区域内货币相对于 AMU 的相对价值。

$$\frac{RMB}{AMU}=\frac{RMB}{0.65*USD+0.35*Euro}*\frac{0.65*USD+0.35*Euro}{AMU} \quad (8-3)$$

根据以上公式，人民币相对于亚洲货币单位在2005年11月11日到2000年1月3日期间内，出现了升值（2000年1月至2002年2月）——贬值（2002年2月至2004年11月）——升值（2004年11月至当前）的运动趋势。前后两个时间点相比较，RMB/AMU升值8.36%。人民币相对于AMU升值的原因显而易见：AMU相对于美元和欧元加权值贬值10.5%，而人民币保持与美元的相对稳定。

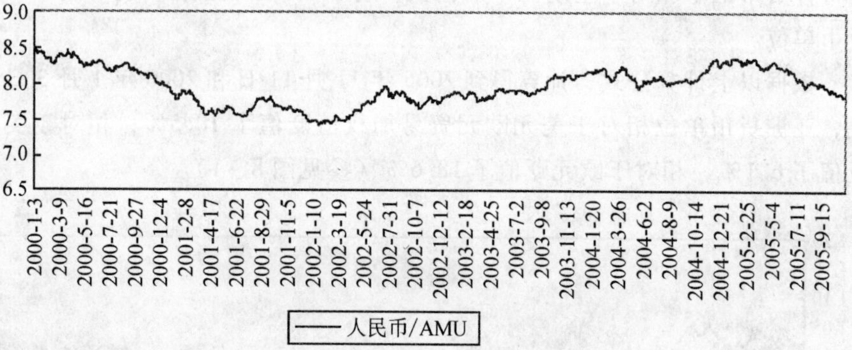

图8-2 RMB/AMU价值变化（2000年1月3日-2005年11月11日）

资料来源：http：//www.rieti.go.jp/users/amu/en/index.html。

作为区域货币运行的监测指标，ACU为推进东亚区域货币合作提供了参考。从Ogawa关于AMU计算结果来看，它帮助东亚货币当局认识到尽管东亚区域在2001年1月到2006年7月之间的贸易顺差呈现不断扩张的趋势，但是从整体上来看东亚货币不仅没有升值，反而出现了轻微贬值。借助区域内各种货币对AMU偏离指数的观察，我们还不难发现区域内各货币相对亚洲货币单位的变动情况，这对于判断区域内货币失调也有一定的帮助。

但是，单独依靠区域货币单位来推动区域货币合作还远远不够。正如当年欧洲经验所揭示的，欧洲货币单位仅仅是为欧洲区域汇率政策协调提供了一个可供参照的标准，但是这远非维护区域货币合作的关键。欧洲货币合作之所以能够获得成功，是建立在各成员国关于区域汇率联动的承诺，以及对区域内货币失调进行联合干预的基础之上。亚洲开发银行提出的ACU并不附带任何区域内经济体关于汇率政策协调的约束机制。如果ACU寄希望于亚洲货币单位在推动区域货币合作方面发挥更大的作用，关键看 ACU 对于区域内货币的吸引力。更具体地看，是在没有一个以维护区域汇率稳定为目标并采取联合干预方式予以保障的前提下，保持本国货币与亚洲货币单位的相对稳定所带来的影响。以下我们以中国为例，说明亚洲货币单位的吸引力。

8.2 亚洲货币单位对中国的吸引力

8.2.1 评判的标准

张斌和何帆（2005）对人民币汇率政策目标曾做过总结：维护中国经济内外均衡、保持出口竞争力与进口成本相对稳定以及减少居民和企业面临的汇率风险是人民币汇率政策调整的三项目标。为了保持宏观经济的内外均衡，人民币汇率的形成需要考虑市场供求关系，均衡汇率是人民币汇率调整必须参考的指标；由于对外贸易在中国经济增长中举足轻重的地位，出于对稳定出口竞争力和进口成本的考虑，货币当局不得不考虑贸易加权汇率（名义贸易加权汇率）的稳定；受到目前金融市场，尤其是国内外汇市场发育的限制，居民和企业很难在短期内有效地规避由于人民币/美元双边汇率波动带来的风险，出于帮助居民和企业规避汇率风险的考虑，货币当局在操作中尽量减少了人民币/美元汇率的较大波动，保持人民币/美元双边名义汇率相对稳定。

当然，贴近均衡汇率、名义贸易加权汇率稳定和人民币/美元双边汇率相对稳定本身就面临着冲突，货币当局需要在不同目标之间达成妥协。因此我们也不能期望人民币保持对亚洲货币单位的相对稳定能够同时满足上述三项目标。问题的关键在于与现行的人民币汇率形成机制，或者是与其他东亚区域货币合作方案相比较，人民币如果保持与亚洲货币单位相对稳定在上述三项目标的表现如何；结合中国货币当局在上述目标上的偏好，人民币盯住亚洲货币单位的汇率形成机制能否胜出其他汇率形成机制。

从 2005 年 7 月 21 日号中国货币当局宣布人民币汇率制度改革以后的人

民币汇率表现来看，人民银行更看重人民币/美元的双边名义汇率稳定，而以市场供求为基础和参考一篮子货币则是今后汇率形成机制改革的方向，在近期的人民币汇率形成机制当中还没有充分体现出来。鉴于此种情况，我们可以把人民币固定盯住美元作为近期内人民币汇率制度的替代①，并把它作为参照与盯住亚洲货币单位进行比较。另外，考虑到盯住美元、欧元、日元一篮子货币在以往东亚区域汇率合作方案中得到的普遍重视，这里也将它作为一个参照进行比较。

8.2.2 盯住亚洲货币单位是否能够稳定人民币贸易加权汇率

我们观察在人民币单一盯住美元、人民币盯住 AMU，以及人民币盯住日元、欧元、美元货币篮子的三种汇率体制下，人民币贸易加权汇率的变动情况。

人民币贸易加权汇率指数可以表示为：

$$\begin{aligned}\log(NEER_{rmb}) = & w_{us} * \log(usd/rmb) + w_{jp} * \log(yen/rmb) \\ & + w_{eu} * (euro/rmb) + w_{kr} * \log(won/rmb) \\ & + w_{asean}\log(asean/rmb) \qquad (8-4)\end{aligned}$$

这里，汇率均以指数形式表示，$NEER_{rmb}$代表人民币贸易加权（或名义有效汇率）指数，w_{us}，w_{eu}，w_{jp}，w_{kr}，w_{asean}分别代表美国、欧盟、日本、韩国、东盟在中国对外贸易中的权重。为了分析的方便，我们这里假定中国的贸易伙伴由美国、欧盟、日本、韩国以及东盟组成，东盟10国的货币不再一一单独列出，以 asean 代表。以上公式中，

$$(w_{us} + w_{jp} + w_{eu} + w_{kr} + w_{asean}) = 1。$$

(1) 盯住美元

人民币与美元保持稳定，意味着：$\log(usd/rmb) = 0$。带入（4），可以得到：

$$\begin{aligned}\log(NEER_{rmb}) = & w_{us} * \log(usd/rmb) + w_{jp} * \log(yen/rmb) + w_{eu} * \\ & (euro/rmb) + w_{kr} * \log(won/rmb) + w_{asean}\log(asean/rmb) \\ = & w_{jp} * \log(yen/usd) + w_{eu} * \log(euro/usd) + w_{kr} \\ & * \log(won/usd) + w_{asean}\log(asean/usd) \qquad (8-5)\end{aligned}$$

---

① 后面内容有对现行汇率制度进一步的讨论以及与其他盯住汇率制度的比较。

(2) 盯住 AMU

人民币与亚洲货币单位保持稳定，意味着：

$$\log(amu/rmb) = \log[(amu/usd) * (usd/rmb)] = 0 \qquad (8-6)$$

其中，amu 代表亚洲货币单位。

$$\log(amu/usd) = w_{cn}^{acu}\log(rmb/usd) + w_{jp}^{acu}\log(yen/usd) + w_{kr}^{acu}\log(won/usd) + w_{asean}^{acu}\log(asean/usd) \qquad (8-7)$$

其中，w_{cn}^{acu}，w_{jp}^{acu}，w_{kr}^{acu}，w_{asean}^{acu} 分别代表人民币、日元、韩币、东盟货币在亚洲货币单位中的权重。

将公式（8-7）带入公式（8-6）：

$$\log(rmb/usd) = [w_{jp}^{acu}/(1-w_{cn}^{acu})] * \log(yen/usd) + [w_{kr}^{acu}/(1-w_{cn}^{acu})] * \log(won/usd) + [w_{asean}^{acu}/(1-w_{cn}^{acu})] * \log(asean/usd) \qquad (8-8)$$

将公式（8-8）带入公式（8-5），可以得到人民币盯住 AMU 下的人民币贸易加权汇率：

$$\begin{aligned}\log(NEER_{rmb}) &= w_{us} * \log(usd/rmb) + w_{jp} * \log(yen/rmb) + w_{eu} * (euro/rmb) \\ &\quad + w_{kr} * \log(won/rmb) + w_{asean} * \log(asean/rmb) \\ &= \log(usd/rmb) + w_{jp} * \log(yen/usd) + w_{eu} * \log(euro/usd) \\ &\quad + w_{kr} * \log(won/usd) + w_{asean} * \log(asean/usd) \\ &= w_{eu} * \log(euro/usd) + [w_{jp} - w_{jp}^{acu}/(1-w_{cn}^{acu})] \\ &\quad * \log(yen/usd) + [w_{kr} - w_{kr}^{acu}/(1-w_{cn}^{acu})] * \log(won/usd) \\ &\quad + [w_{asean} - w_{asean}^{acu}/(1-w_{cn}^{acu})] * \log(asean/usd) \qquad (8-9)\end{aligned}$$

（三）盯住 G-3 货币篮子

盯住日美欧三种货币组成的货币篮子，意味着：

$$\begin{aligned}& w_{us}^{G-3} * \log(usd/rmb) + w_{euro}^{G-3} * \log(euro/rmb) + w_{jp}^{G-3} * \log(yen/rmb) \\ &= w_{us}^{G-3} * \log(usd/rmb) + w_{euro}^{G-3} * \log[(euro/usd) * (usd/rmb)] + w_{jp}^{G-3} \\ &\quad * \log[(yen/usd) * (usd/rmb)] \\ &= \log(usd/rmb) + w_{euro}^{G-3} * \log(euro/usd) + w_{jp}^{G-3} * \log(yen/usd) = 0 \qquad (8-10)\end{aligned}$$

其中，w_{us}^{G-3}，w_{euro}^{G-3}，w_{jp}^{G-3} 分别代表美元、欧元和日元在盯住一篮子货币中的权重，$w_{us}^{G-3} + w_{euro}^{G-3} + w_{jp}^{G-3} = 1$

将公式（8-10）带入公式（8-4），得到：

$$\log(NEER_{rmb}) = \log(usd/rmb) + w_{jp} * \log(yen/usd) + w_{eu} * \log(euro/usd) + w_{kr} * \log(won/usd) + w_{asean}\log(asean/usd) - [\log(usd/rmb) + w_{euro}^{G-3} * \log(euro/usd) + w_{jp}^{G-3} * log(yen/usd)] = (w_{eu} - w_{euro}^{G-3}) * \log(euro/usd) + (w_{jp} - w_{jp}^{G-3}) * \log(yen/usd) + w_{kr} * \log(won/usd) + w_{asean}\log(asean/usd) \quad (8-11)$$

利用过去的数据，并对上面提到的相关权重做出假定，不难模拟在三种汇率决定模式下人民币贸易加权汇率的变动，并由此判断三种模式当中究竟哪种模式更有利于人民币贸易加权汇率的稳定。但是考虑到未来中长期内人民币汇率调整将大大改变过去10年中人民币汇率对美元超级稳定的局面，基于过去经验的总结对未来参考价值有限。这里，我们通过一个更加具体的例子，观察三种不同汇率形成机制下人民币贸易加权汇率和人民币对美元双边汇率的变化情况。

专栏8-1 人民币贸易加权汇率和人民币对美元双边名义汇率变化的模拟

基本假定：

欧元对美元升值10%，日元对美元升值15%，韩元对美元升值10%，东盟货币对美元升值15%。

在中国对外贸易中，欧盟与美国各占25%，日本20%，韩国15%，东盟10国15%。

在亚洲货币单位中，人民币权重35%，日元28%，韩元10%，东盟货币27%①。

在美元、欧元、日元组成的一篮子货币当中，权重分别为0.4，0.3，0.3。

根据以上假定，并结合以上公式计算得到：

名义贸易加权汇率		
盯住美元	盯住亚洲货币单位	盯住G-3
-9.40%	5.60%	3.80%
人民币对美元双边名义汇率		
盯住美元	盯住亚洲货币单位	盯住G-3
0.00%	14.20%	8.40%

① 这里权重的选择来自于Ogawa和Shimizu（2005）中AMU计算中给出的各种货币赋予的权重。

结合贸易加权汇率决定公式和上面这个例子，不难看到，在外部经济体货币之间相对价值变化的冲击下，盯住亚洲货币单位相比盯住美元在稳定人民币贸易加权汇率方面具有一定优势，但是比盯住日美欧三种货币篮子并不具备优势。其中原因在于，在单独盯住美元的汇率制度下，美元/欧元、美元/日元、美元/东盟货币或者美元/韩币等汇率的变化都会根据其贸易权重反映到人民币贸易加权汇率变化；在盯住亚洲货币单位的汇率制度下，美元/欧元汇率变动对人民币贸易加权汇率影响仍然取决于贸易权重，但是，美元/日元、美元/东盟货币或者美元/韩币等汇率变化对人民币贸易加权汇率的加总影响被大大削弱了；在盯住日美欧三种货币篮子的汇率制度下，美元/欧元、美元/日元兑人民币贸易加权汇率的影响均被大大削弱，美元/东盟货币或者美元/韩币对人民币贸易加权汇率的影响也依然由原来的贸易权重所决定。考虑到美元/欧元、美元/日元汇率波动浮动相对频繁，而且幅度也较大，人民币保持与日美欧等一篮子货币相对稳定可能更有利于贸易加权汇率稳定。

8.2.3 盯住亚洲货币单位是否能够帮助人民币汇率向均衡水平靠拢

尽管上述三种汇率形成机制并不能根据中国外汇市场供求基本面决定人民币汇率水平，不能在制度上达到人民币向其均衡汇率水平靠拢的需要。但是比较而言，三种汇率形成机制在帮助人民币汇率向其均衡水平靠拢的影响上存在差异。

(1) 盯住美元

选择盯住美元的汇率制度，美国经济基本面像对外部经济基本面变化决定了美元贸易加权汇率的变动，同时在很大程度上也决定了人民币贸易加权汇率的变动。1995－2002 年期间，美元对外部货币普遍升值，人民币也跟随美元一起经历了贸易加权汇率升值，这个期间内的中国经济基本面变化也造成了人民币均衡汇率升值，这样，盯住美元下的人民币贸易加权汇率变动方向正好与人民币均衡汇率变动方向一致，单一盯住美元的汇率制度客观上帮助了人民币向均衡汇率水平靠拢。2002 年以后，美国经济基本面的调整带来了美元的趋势性下跌，人民币如果继续盯住美元，也意味着人民币贸易加权汇率的下跌，这与人民币均衡汇率变动的方向截然相反。这同时也成为 2002 年以后人民币升值预期愈演愈烈的主要推动因素之一。受贸易逆差的影响，如果中长期内的美元汇率走势将继续保持下跌趋势，人民币继续保持盯住美元的政策非常危险，因为中国快速变化的经济基本面要求的是货币升值，而不是贬值，因此，盯住美元的汇率制度对人民币向其均衡汇率水平靠拢非常不利。上面的例子也说明了这个问题，在美元相对其他货币较大贬值的假定之下，如果人民币盯住美元，人民币也要对其他货币经历较大的贬值，这完全违背了中国经济基本面变化对人民币汇率调整的要求。

（2）盯住亚洲货币单位

选择盯住亚洲货币单位的汇率制度，东盟10+3其他经济体对区域外经济体汇率的变化会反映到亚洲货币单位相对区域外经济体的汇率变化，同时也反映到人民币相对区域外经济体货币的相对价值变化。考虑到近期内主要东亚经济体普遍经历着外部顺差的增长和货币升值压力，人民币选择盯住亚洲货币单位将实现人民币对区域外货币的升值，这与人民币均衡汇率变动方向一致。从上面的模拟中也可以看到，在盯住亚洲货币单位的汇率形成机制下，人民币贸易加权汇率实现了最大幅度的升值。从中长期来看，如果亚洲货币单位能够像欧元那样，对外自由浮动，市场能够对它有效定价，亚洲货币单位的汇率变动基本反映区域内经济体经济基本面的变化，那么盯住亚洲货币单位将更有助于人民币向其均衡汇率水平靠拢。但是，考虑到类似欧洲模式的区域货币合作在东亚无论是在政治层面还是在经济层面还面临着很大的困难，合作前景还很不明确。这里就不再详细讨论。

（3）盯住G-3货币篮子

由于日美欧在世界经济中占主导地位，盯住G-3货币篮子较好实现了人民币贸易加权汇率稳定。在美元中长期内贬值，欧元已经经历了较大的调整，下一轮调整将集中在东亚地区的大背景下，盯住G-3货币篮子不会像盯住美元那样带来人民币贬值，但同样也不会带来盯住亚洲货币单位那样的升值。考虑到中国经济基本面变化所要求的货币升值压力，盯住G-3货币篮子在帮助人民币向均衡汇率靠拢的表现上好于盯住美元，但是不如盯住亚洲货币单位。

8.2.4 盯住亚洲货币单位是否能够稳定人民币/美元双边名义汇率

盯住美元最大程度地降低了人民币/美元汇率波动给企业和居民带来的风险。而在盯住亚洲货币单位的情况下，结合公式（8-11），不难发现人民币对美元双边名义汇率的波动主要受到日元/美元、韩币/美元、东盟货币/美元的汇率波动影响，各种汇率变动的影响分别取决于区域内各种货币在亚洲货币单位中的权重。每种货币自身所占权重越大、变动幅度越高，对人民币/美元汇率影响越大。

盯住亚洲货币单位与盯住美元相比，人民币/美元汇率必然会经历更加频繁和较大幅度的波动，但是与盯住 G－3 货币篮子相比，结果不太确定。根据公式（8－10），盯住 G－3 货币篮子下的人民币对美元双边名义汇率的波动主要受到欧元/美元汇率和日元/美元的汇率波动的影响。各种汇率变动的影响分别取决于欧元和日元在篮子货币中的权重。盯住亚洲货币单位与盯住G－3货币篮子相比较，人民币对美元的汇率波动不受欧元/美元汇率波动的影响，但是增加了韩元/美元、东盟货币/美元汇率波动的影响。正如我们在模拟中显示的那样，如果欧元对美元汇率波动相对较小，而韩元、东盟货币对美元汇率有较大浮动的调整，人民币对美元双边汇率在盯住亚洲货币单位的汇率制度下会经历更大的调整。

8.2.5 三种盯住方案与当前人民币汇率制度的比较

三种盯住方式下的汇率制度效果可以总结如下表 8－2。三种盯住方案在完成不同汇率政策目标方面各种优劣，哪种方案构成吸引力取决于货币当局对不同汇率政策目标的偏好。2005 年 7 月 21 日，人民银行发布公告称中国开始实行以市场供求为基础、参考一篮子货币进行调节的有管理的浮动汇率制度。在改革后的人民币汇率制度下，货币当局在调整人民币/美元双边汇率上非常谨慎，不愿面临由于汇率较大调整可能对中国经济带来的短期负面冲击。这说明，保持人民币/美元的双边稳定依然是目前货币管理当局非常看重的因素。与此同时，改革后的人民币汇率制度加入了一些波动因素，无论这些变化出于市场供求变化的需要，还是稳定贸易加权汇率的需要，说明货币当局加强了对均衡汇率变化需要和贸易加权汇率稳定的考虑，这将是未来人民币汇率制度改革的方向。

短期内，在中国货币当局依然非常看重人民币/美元双边汇率稳定的前提下，无论是盯住亚洲货币单位还是盯住 G－3 货币篮子的吸引力都相对有限。在现行的有管理的浮动人民币汇率制度下，货币当局在货币政策方面具有更大的自主性，可以根据国内宏观经济形势的需要自主调整人民币汇率。

表 8－2

	对外贸易稳定目标（贸易加权汇率稳定）	外汇供求基本平衡目标（贴近均衡汇率）	降低汇率风险目标（人民币/美元双边名义汇率稳定）
盯住美元	+	+	+++++
盯住亚洲货币单位	+++	+++	+
盯住 G－3 货币篮子	++++	++	++
现行的人民币汇率制度	++	+	++++

注：以上比较是基于以下假设之下：（1）人民币均衡汇率面临中长期升值趋势；（2）东亚货币会经历欧元对美元更大的升值。

当然，现行汇率制度并非没有代价。为了避免由于汇率波动所带来的短期冲击，缺乏调整规则的宏观经济管理当局会更倾向于拖延汇率调整；另外，宏观当局对人民币汇率的干预缺乏明确的规则，不利于市场对人民币汇率调整形成明确的预期。

在中长期内，随着中国货币当局对汇率调整经验的积累和信心的提高，再加上外汇市场发育程度的进一步提高，盯住亚洲货币单位的吸引力会增强。但是，对于比较强调经济自主性的中国来说，选择完全意义上的盯住亚洲货币单位或者 G－3 货币篮子可能性不大，更有可能的是货币当局在调整人民币汇率过程中更多参考东亚区域内汇率变动。

8.3 总结与建议

不足以吸引将其货币盯住亚洲货币单位的不仅仅是中国，东盟 10＋3 经济体中的其他国家同样会在盯住亚洲货币单位面前遇到困难。作为区域中的主要经济体，很难想象日本会放弃当前的自由浮动汇率机制，转向盯住亚洲货币单位。同样，盯住亚洲货币单位对于韩国的吸引力也很有限，虽然中国选择盯住亚洲货币单位在短期内可能更加有助于人民币向其均衡汇率水平靠拢，但是如果韩国也同样选择盯住亚洲货币单位，韩国很可能因为亚洲货币单位的调整带来韩国货币的超调。

反思过去各种区域汇率合作方案，教训有很多，最主要的教训是立足于稳定区域内货币相对价值的区域汇率合作方案至少在短期内很难在各国达成共识。尽管区域内不断加强的贸易与投资关系使得区域内货币相对价值的稳定更具有吸引力，但是，合作面临的障碍更多。尤为突出的两点是：稳定区域内货币相对价值意味着在一定程度上牺牲国内其他经济政策目标，势必将会遭到国内的一些反对；稳定区域内货币相对价值的好处更多地体现在中长期，而各国宏观经济管理当局往往更关心的是短期经济目标，这势必降低国内宏观经济管理当局对区域汇率政策合作的关注程度。过去的经验表明，由于这些困难的存在，推进区域货币合作举步维艰。

把当前的区域汇率政策合作目标定位于扭转当前东亚不断加剧的贸易失衡局面，将会大大增强区域汇率政策合作对区域内经济体的吸引力。进一步推进东亚区域货币合作，需要各个经济体达成共识，需要让区域内经济体认识到合作会给大家带来共同利益，不仅是中长期的利益，同时还有足以吸引货币管理当局的短期利益。这就要求区域内货币合作方案的前提是解决当前区域内经济体面临的共同问题，各个经济体都有足够的动力去解决这个问题。很显然，东亚区域对外贸易不平衡的不断加剧正是东亚大部分经济体共同面临的问题，也是困扰各国宏观经济管理当局的主要问题之一。在这个共同目标之下，东亚经济体有更大的积极性以协商的方式推进区域汇率政策合作。就目前阶段而言，东亚区域货币合作最关键的不是某种形式的名义锚，或者是推进区域货币一体化的承诺，而是更有针对性地解决区域整体的贸易失衡问题以及在这个问题之下非常规的汇率政策协调合作。

亚洲开发银行将其设计的亚洲货币单位定位于反映区域内货币价值的变化，而没有直接呼吁区域内经济体围绕亚洲货币单位展开区域汇率合作，进而为东亚其他的区域货币合作形式留下了空间。如果区域内经济体能够走到一起共同解决区域贸易失衡问题，并在汇率政策协调上采取行动，亚洲货币单位作为综合反映区域内货币价值相对区域外货币相对价值变化的指标将对区域内的汇率政策协调带来参考意义。当然，如果区域汇率合作的目标不再是稳定区域内货币的相对价值，而是解决区域贸易失衡或者其他目标，亚洲货币单位在各种货币权重设计方面还需要修正。

9 日本在区域金融合作中的作用和影响

1997 年发生的亚洲金融危机已经过去将近十年。在这十年中，亚洲学者对亚洲金融体系稳健性的反思从来没有停止过，亚洲社会就加强亚洲金融合作的呼声和动议也从来没有间断过，而且其中也有一些不乏具有一定可行性的具体方案。从冷战时期开始的欧洲一体化经过 30 多年才最终建立统一货币的经验使我们不难想象，要在经济、政治和文化差异更大的亚洲实现区域金融一体化更不是一朝一夕的事情。事实上，在东亚新兴经济体之间，很久以来更多地是把彼此当作出口竞争的对手而不是潜在的合作伙伴，而第二次世界大战的历史给各国留下的心理阴影也时常带来现实的刺痛。因此，尽管金融危机以后大家开始意识到区域合作的必要性，但是在过去的十年间给人的总体感觉是讨论多而行动少，动议多但效果小。日本作为亚洲重要的国家和亚洲金融合作的主要推动者在这个过程中究竟发挥了什么样的作用和影响？究竟应该如何深化亚洲金融合作？推动区域金融合作的障碍主要有哪些？

9.1 区域货币基金：应对危机的最初反应

从20世纪90年代以来出现的几次典型货币危机期间外汇市场的表现来看，货币投机的规模常常远远超过受到危机冲击的国家的外汇储备水平。政府难以在外汇市场上进行有效干预甚至通过少量交易来向市场参与者传递政策信号是外汇市场迅速失控的一个重要原因。在1997年泰国最先爆发的货币危机中，这个特点同样非常明显。而且更为重要的是，当泰国的货币危机开始向区域传递的紧要时刻，国际货币基金组织的援助却明显滞后，以至最终使不少东亚国家和地区相继受到金融危机冲击。面对这样的情况，东亚国家最直接的一种反应就是参照国际货币基金的模式建立区域货币基金，以便在必要时借助制度化的组织机制，在区域范围内快速达成共识，迅速采取共同措施来防止危机的蔓延。正是在这种背景下，1997年9月，日本政府最先提出了由各国使用部分外汇储备，建立高达1000亿美元的“亚洲货币基金”的东亚货币合作框架建议。

亚洲货币基金方案中的日本色彩虽然比此前就已经提出的日元区的概念①更加隐含，但是，考虑到当时亚洲各国的经济实力对比，如果亚洲货币基金真的成立，那么日本在其中必然占有较大的份额，从而具有很强的话语权并主导亚洲货币基金的运作，因此并没有得到亚洲国家的积极呼应。更为重要的是，由于这个方案可能危及美国及其主导的国际货币基金组织在全球金融中的主导地位，他们以机构重复的理由提出明确的反对意见而很快胎死腹中。

然而，当1998年亚洲金融危机的负面影响开始波及到俄罗斯和南美，

---

① 日元区最初在1995年就被许多学者同时提出，例如Jeffrey Frankel和Shang Jin Wei (1995)。日本学者关志雄在1995年出版的《日元区的经济学》中也从稳定贸易关系的角度提出了在亚洲建立日元区的思路。亚洲金融危机爆发以后，又有一些学者提出了类似的观点，如Ohno和Shirono (1999)。关志雄也进行了一系列深入研究，在其最新出版的《亚洲货币一体化研究：日元区发展趋势》中，系统阐述了日元在亚洲金融合作中的地位和作用，实际代表了日本学者对亚洲货币合作的看法，具有较大的影响。

甚至造成了美国 LTCM 危机，从而对世界金融稳定产生一定影响的时候，日本再次提出了建立总额为 300 亿美元区域援助基金的新宫泽计划（New Miyazawa Initiative），向东亚 5 个严重的危机受害国（韩国、印度尼西亚、马来西亚、泰国和菲律宾）提供援助[①]。日本政府援助机构（海外经济协力基金，即日本国际协力银行的前身）和日本进出口银行作为主要执行机构，通过收购受援国家发行的国债，或者用这些国家的贷款提供担保来发放援助，鼓励私人资本回流，从而缓解危机的压力。宫泽基金大部分都是以国际货币基金组织、亚洲开发银行和世界银行共同集资的形式提供的，由日本首先向当地开发银行提供贷款，而后再由这些银行贷给公司。此外，日本的私人机构如东京—三菱银行计划参与协助亚洲国家进行某些金融改革。新宫泽计划受到东南亚危机国的欢迎，而且由于美国政府和国际货币基金组织的支持而得到实施。应该指出的是，在新宫泽计划中，日本通过资金优势主导区域货币合作的色彩开始有所收敛，但是对亚洲国家的资金援助在一定程度上还将加强日本在东亚的影响。

其实，早在 1990 年，马来西亚总理马哈蒂尔就根据亚洲经济的发展特点提议东亚国家应当联合起来，建立东亚经济委员会（EAEC）这样一个区域性的经济金融合作组织，但是在当时也是由于美国的公开反对而流产。在新宫泽计划提出的前后，马哈蒂尔也开始与一些东南亚国家进行沟通，提出在区域贸易中以本地货币取代美元作为清算手段的初步设想。具体方式可以是各国规定本币兑换美元的汇率，虽然以美元标价，但是用各自的货币交割，也可以直接使用一种货币作为地区货币，各国货币与之挂钩。毫无疑问，这种设想是要通过逐步减少亚洲对美元的依赖，缓解货币危机中资本大量流出造成的贬值压力，指出了东亚货币合作的新方向，并且触及到国际货币体系的一个根本问题，即美元作为国际货币对东亚经济造成的不利影响[②]。1999 年 10 月，马哈蒂尔再次建议设立东亚货币基金，以便在必要时提供本地区经济援助，摆脱经济危机，促进东亚地区在货币方面的合作。在此前后，针对危机中暴露出的问题，东亚各国通过东盟“10 + 3”机制、亚太经合组织、东亚及太平洋地区中央银行行长会议、马尼拉框架会议等许多

① 按照新宫泽计划，150 亿美元用于满足遭受危机的国家中长期资金需求，150 亿美元用于满足其短期资金需求，这样做实际已经与国际货币基金组织的贷款有所区别了。

② 这个问题实际也是一种货币错配的表现。

区域和跨区域多边合作机制，在各种论坛上积极探讨加强区域货币合作。同年11月，就在“欧元”正式诞生前不久，新加坡总理吴作栋代表东盟正式向中国、日本及韩国提出成立东亚自由贸易区的建议。这显然是亚洲领导人从欧洲的经历受到鼓舞。此后，东亚金融合作进程在东盟国家的推动下开始加速并且逐渐成为一种区域共识。

早在日本提出亚洲货币基金提议前的1997年8月，东盟5国（印度尼西亚、马来西亚、菲律宾、新加坡和泰国）的中央银行之间就建立了东盟货币安排互换（ASA），以便在成员国出现货币危机时提供短期流动性互换支持。当时ASA的总金额为1亿美元，每个成员国出资2000万美元。到1998年以后总额又进一步扩展到2亿美元，每个成员国出资4000万美元。到2000年5月，东盟10国+中日韩财长就开展东亚金融合作的具体内容及其形式进行了商议，在原来的ASA框架下提出建立东盟成员与中、日、韩之间的双边货币互换网络（BSA），并在以双边货币互换为核心的紧急融资框架下达成清迈倡议（CMI），允许随时以增发的本国货币作为担保进行货币互换。这即符合区域合作精神，在事实上也是亚洲货币基金思想的具体实践。

几年来，“清迈协议”的精神逐渐落实，并且已经取得了一些进展。目前，东盟国家与中、日、韩之间已经签订一系列双边货币互换协议，总金额已经超过300亿美元，亚洲各国携手共同处理突发性金融危机的决心和力度不断增强。但是，由于种种原因，这种互换协议一直被局限在双边协议上，而且数额非常有限，期限一般也大多数集中在90天左右，最多可以展期7次，也就是延长到2年①。这些都大大限制了危机援救的力度，而且一般被视为对国际货币基金组织的一种补充措施②。因此，CMI常常被看成是区域合作的象征性框架，而对其危机援救的实际效果并没有过高的期望（Eichengreen，2002）。

---

① 利率为伦敦银行间隔夜拆借利率（LIBOR）加150个基本点，每展期两次增加50点，最高不超过LIBOR+300点。

② CMI规定危机成员国提款额的10%可以自动拨付，但是其余90%的提款额必须有IMF的宏观经济和结构调整监督规划才能启动。也正是由于这一点，CMI后来被广泛视为国际货币基金组织贷款援助的一种补充而逐渐远离作为区域货币基金可以迅速决策的本意。

9.2 区域汇率安排下的货币合作：一个需要研究的长期目标

然而，在东亚金融合作中出现了一个非常值得注意的现象，就在区域货币基金发展相对缓慢而仅仅被视为象征性标志的情况下，日本学者却率先开始从亚洲货币单位角度在学术上进行了一系列的研究，并且将这个问题拿到国际学术界展开讨论。

毫无疑问，单纯意义上的亚洲货币基金仅仅是应对危机的事后救援措施。正如国际货币基金早已经将工作重点放在对各国经济基本面的研究和政策协调上一样，亚洲的最优汇率安排应该是使区域贸易波动最小化的汇率安排，而建立在经济一体化和宏观政策协调基础上的货币一体化则不仅是区域经济稳定的要求和保证，也是预防金融危机的最有效途径，从理论研究的角度来看，以区域内各国贸易量作为权重的区域货币篮子则可能是建立区域货币的一个最直接的操作方案。但是问题在于，仅仅从区域贸易密切联系的角度、而不顾及亚洲还远远没有建立各国宏观政策交流和实质性协调机制的情况下，就直接提出并深入探讨建立区域货币问题的确让人感到非常大胆和突兀。

Ogawa 和 Ito（2000）在美国 NBER 发表了详细探讨亚洲货币篮子安排的工作论文以后，他们又对以亚洲主要经济体的货币组成的亚洲货币单位的概念进行了一系列详尽的研究。这些研究的基本理论出发点是，尽管目前国际资本流动的金额远远超过贸易金额，但是判断资本流动是否造成汇率偏离正常水平的标准依然它是否造成了贸易失衡。因此，这些研究一般都以区域贸易大体平衡年代的贸易权重作为货币篮子中贸易权重的基准。Ogawa 和 Kawasaki（2003）的研究发现，以美元、欧元和日元构成的货币篮子对于中国和东盟来说是一个比较好的货币锚。而 Ogawa 和 Shimizu（2005）又分别以美元和欧元作为货币锚，发现在以外汇储备、名义 GDP、购买力平价换算的 GDP 和贸易额作为权重的亚洲货币篮子中，以购买力平价换算的 GDP 和贸易额作为权重的亚洲货币单位对货币锚的波动方差最小。Williamson

（2005）也指出亚洲经济体对汇率的干预是担心他们丧失在区域出口市场上的竞争力，而盯住美元仅仅是一种次优选择，盯住一个共同的货币篮子才可能是最好的。

从表面上来看，这些研究大多具有很强理想化倾向的学术性，但是值得注意是这些学者或者当时就具有很强的官方色彩，或者此后不久就出任了重要的职务，因此事实上与一般的学术研究还是具有明显的差异，并最终催生了由日本主导的亚洲开发银行于2005年提出了设立亚洲货币指数的建议，从而最终表明了日本对亚洲金融合作未来发展的看法。

我们必须看到，区域货币合作作为一种层次非常高的区域合作，不仅需要区域经济的高度一体化，而且需要各国政府在货币政策方面的协调甚至妥协，让渡部分经济主权，因此，实际建立区域货币制度比单纯的经济合作要复杂的多。欧洲即使在冷战的压力下，虽然首先有了政治和经济上的双重认同，也是经过30多年的不懈努力，通过协调和约束各国的宏观经济政策、在铸币税问题上达成协议，停止发行本国货币以后，才最终得以建立统一的区域货币制度。显然，在政治、经济和文化差异更大的亚洲，区域货币发展的进程肯定会更加漫长。作为区域金融合作的一个长远目标，对区域货币的深入研究固然无可厚非，但是更为重要是应该脚踏实地的推进区域合作，必须寻找更具有可行性的启动方案。

9.3 亚洲债券市场：一个看上去可行的区域金融合作起点

一方面，由于在清迈协议框架下的双边货币互换协议进展缓慢，数量不足，既缺乏直接的经济基础，难以在短期内达成更高层次的区域货币合作，建立完善的区域危机预防体系。另一方面，随着对金融危机研究的深入，人们发现造成亚洲金融危机的原因不仅仅是外部冲击和内部宏观经济的失衡。亚洲各经济体中存在的以双错配为特征的脆弱的金融结构是导致危机发生的一个更深层次的原因。因此，扭转亚洲以银行为主的金融体系，特别在以投资支撑经济增长的条件下，建立和发展一个有效的的亚洲债券市场既是健全和稳定区域金融体系的必须，而借助债券市场的建设来整合区域金融市场的基础设施也是促进区域金融合作的一个重要基础。

表9－1　部分经济体外部融资总量（占GDP的百分比，2001年）　单位：%

经济体分类	金融中介率	银行信贷	股票市值	债权证券			
				公司部门	公共部门	金融机构	总额
新兴市场	1.86	90.21(48.48)	56.87(30.56)	5.76	24.96	8.28	39.00(20.96)
亚洲：	2.52	131.91(52.29)	75.56(29.95)	9.27	23.52	12.00	44.79(17.76)
中国	2.24	140.59(62.89)	45.21(20.23)	0.90	25.04	8.80	37.74(16.88)
中国香港	4.80	141.98(29.61)	310.81(64.81)	3.07	11.78	11.90	26.75(5.58)
马来西亚	3.87	156.23(40.41)	135.92(35.15)	50.40	36.57	7.54	94.51(24.44)
新加坡	2.96	102.95(34.78)	138.25(46.71)	6.71	34.16	20.61	54.77(18.51)
韩国	2.35	110.37(47.03)	54.97(23.42)	27.84	18.32	23.20	69.36(29.55)
泰国	1.75	112.03(63.95)	31.67(18.08)	4.96	26.17	0.35	31.48(17.97)
拉丁美洲：	1.12	41.21(36.70)	38.70(34.46)	1.73	26.12	4.53	32.38(28.84)
阿根廷	1.23	37.13(30.28)	71.62(58.41)	2.71	9.11	2.04	13.86(11.31)
巴西	1.58	59.19(37.41)	37.06(23.43)	0.56	51.99	9.40	61.95(39.16)
智利	2.18	76.74(35.13)	89.28(40.87)	8.82	29.76	13.86	52.44(24.00)
墨西哥	0.59	24.69(41.51)	20.49(34.45)	1.52	12.10	0.68	14.30(24.04)
中欧：	0.90	42.48(47.21)	16.04(17.82)	1.23	29.32	0.92	31.47(34.97)
捷克	1.14	51.84(45.55)	16.22(14.25)	4.79	36.35	4.61	45.75(40.20)
匈牙利	1.06	49.54(46.65)	19.80(18.65)	1.53	35.31	0.00	36.84(34.70)
波兰	0.77	37.34(48.22)	14.85(19.17)	0.00	25.26	0.00	25.26(32.61)
发达经济体	4.56	194.13(42.53)	122.92(26.93)	20.55	85.18	33.64	139.37(30.54)
日本	5.82	308.67(53.02)	92.10(15.82)	16.48	104.45	15.94	181.42(31.16)
美国	4.49	160.56(35.78)	137.48(30.63)	23.90	83.53	43.32	150.75(33.59)
欧洲	3.58	121.30(33.87)	156.25(43.63)	8.05	44.12	28.44	80.61(22.50)

资料来源：按照Eichengreen（2004）中的数据进行整理和重新计算。债券市场市值是公司部门、公共部门和金融机构发行债券的总额。第2、3、7栏中括号中的数字分别是银行信贷、股票市值和债权证券所占比例。金融中介比率是全部金融资产（银行信贷、股票市值和债券市值）对DGP的比例。

表9－1描述了2001年底部分亚洲、拉丁美洲、中欧和发达经济体的外部融资情况。就金融中介比率来说，尽管这些亚洲经济体比发达经济体更

低，但是在新兴市场中它们却是最高，说明它们的金融部门相对比较发达。与此同时，这些亚洲经济体的债券市场的比例在这4组中却是最低的，而银行部门所占的比例却是最高的。按照戈德史密斯的研究结论，如果仅就金融相关率来说，这些亚洲新兴经济体的金融结构显然已经进入到了发达经济体的水平，但是如果从银行在整个金融资产中举足轻重的地位来看，距离成熟的金融结构依然有着明显的差距。

债券市场作为一种将储蓄转化为投资的长期融资手段，对于经济增长是至关重要的。而恰恰是在经济高速增长的亚洲，过度依靠银行融资和不发达的债券市场意味着金融体系的失衡和期限错配。由于缺乏长期资本市场，大量亚洲的资金不得不流入欧美发达国家的债券市场，成为美国的经常项目融资手段，甚至绕道欧美长期资本市场回流亚洲①，形成货币错配。而当亚洲经济出现问题以后，又会迅速撤离引发亚洲金融危机。

表9－2　截止2004年底东盟5国和中国、日本、韩国与美国国内债券市场规模

经济体	公司债券		其他融资工具占GDP的比例		
	十亿美元	占GDP的比例	国内信贷	股票市值	政府债券
中国	195.9	10.6	154.4	33.4	18.0
印度尼西亚	6.8	2.4	42.6	24.5	15.2
马来西亚	49.7	38.8	113.9	140.8	36.1
菲律宾	0.2	0.2	49.8	37.5	21.8
新加坡	21.7	18.6	70.1	211.4	27.6
泰国	31.9	18.3	84.9	67.1	18.5
韩国	355.6	49.3	104.2	74.7	23.7
日本	2002.0	41.7	146.9	76.9	117.2
美国	15116.6	128.8	89.0	138.4	42.5

资料来源：从Gyntetherg、Ma和Remolona（2005）有关数据整理。

① 这种情况与20世纪70年代出现的石油美元情况有些相似，只不过后来石油美元以银团贷款形式投到拉丁美洲，而最终这些石油美元的回流问题出现在拉丁美洲债务危机问题上。欧美金融机构吸取了拉丁美洲债务危机的经验，转而依赖组合投资。这样，当亚洲经济出现问题的时候，资金可以迅速回流使欧美金融机构避免损失，但是却引发了亚洲的金融危机。

这样，亚洲各国逐渐达成这样的共识[①]：快速发展的区域内贸易和投资需要一个深度的、一体化的区域金融市场以及良好的金融基础设施。而鉴于亚洲对银行体系的过度依赖以及对以外币计值的短期外债的依赖，发展亚洲债券市场可以解决对外债务中存在的期限配错和币种配错，有助于完善金融体系，能够将本地储蓄安全有效地转化为长期投资用于经济发展，减少亚洲金融体系的脆弱性，防范金融危机。因此，通过发展亚洲债券市场，也有助于推进亚洲金融合作的深化。

2002 年 10 月，泰国政府率先提出建立亚洲债券基金，而且一开始就是以促进区域金融合作，加速区域金融市场基础设施的整合为目标。此后，又有人进一步明确指出了这个亚洲债券不是指在亚洲发行和交易的，以美元或欧元计值的债券，甚至也不是以亚洲某种货币计值，外国投资者在理论上可以持有的债券。事实上，这样的债券市场在亚洲早就已经存在了。这样的市场是亚洲债券市场国际化和整合市场基础设施的第一步，但是却不是我们在此讲的特定含义的亚洲债券。真正的亚洲债券应该是以亚洲某种货币还本付息，在亚洲范围内跨境交易，甚至被组合为亚洲基金的政府债券或公司债券[②]。由此我们可以看出，这个特定意义的亚洲债券不同于一般意义的离岸金融市场概念，而从一开始就被当作一种整合亚洲金融市场基础设施，促进区域金融合作的标志性起点和手段来看待的。

应该看到，推进亚洲债券市场的建设正逢其时。亚洲各国在金融危机以后已经开始意识到债券市场落后，长期融资渠道匮乏给金融体系稳健性造成的问题，因此正准备加快国内债券市场的建设，需要参考国际经验。更重要的是，由于亚洲国家，特别是东盟国家经济规模比较小，国内债券市场的规模也非常有限，不足以吸引国外投资者，也难以达到活跃市场流动性的基本规模[③]，因此在客观上也需要开展区域合作，建立区域市场以扩大市场规模，保证市场深度和流动性，从而真正发挥债券市场的作用。因此，推进亚洲债券市场的建设也是东南亚国家发展国内债券融资的一个必要条件。

就在亚洲债券市场的概念提出以后不久，日本财政部立即在 2002 年 12 月

---

① 这些共识在 2003 年的清迈倡议中得到了完整的阐述。

② 这一点是非常重要的，也是 ABF2 的核心。将不同国家的政府债券或公司债券组合为投资基金和投资指数，既要求各国市场基础设施的高度整合，也标志着区域金融市场事实上的一体化。

③ 针对亚洲债券市场规模和市场流动性的研究非常多，例如 Mohanty，M S（2002）、Guorong Jiang 和 Robert McCauley（2004）以及 McCauley，R 和 E Remolona（2000）等。

从扩大市场供给的角度提出了亚洲债券市场提议（ABMI），旨在通过扩大亚洲债券的发行来切实地推动亚洲债券市场的发展。从此后日本就此展开的主要工作来看，其核心目的则是要对各国债券市场基础设施的建设提供技术支持。

到了2003年6月，EMEAP则从提供有效市场需求的角度宣布建立亚洲债券基金（ABF），从各国外汇储备中取出小部分组成投资基金，编制亚洲债券市场投资指数，并依据外汇储备投资以稳健为主的原则进行投资亚洲债券指数产品。显然，ABF的实质是借助债券市场建设，直接推动区域债券投资工具，培养区域投资者，促进跨境交易，最终达到整合区域市场基础设施的目的。迄今为止，尽管ABF已经进入到实际操作阶段，并且成立了8个国家基金，展开了实际投资，但其实际影响却远不及看起来只有一个发展框架的ABMI。进入第二阶段的ABF2虽然开始进行区域货币计值债券的投资，但是本来初始规模就很小，而且经过将近两年的市场运作以后，增值虽然很快①，但是还远不能成为影响市场发育的力量。

从理论上说，当亚洲各国都意识到自己在金融结构方面存在的潜在问题，致力于从零开始发展国内债券市场的时候，也正好为整合区域金融市场基础设施提供了一个绝好的机会，似乎找到了为推动未来区域金融合作而建立市场基础的一个现实起点。而ABF和ABMI的推出以后，也是试图在一个统一的目标下从供给和需求的不同角度建立和完善亚洲各国的债券市场，因此是走向区域债券市场的一个出发点。事实上，在ABMI框架下组成的6个国际研究组也是分别以创造新的证券化债权融资工具（泰国）②、信用担保和投资机制（中国和韩国）、外汇交易和清算（马来西亚）、扩大由多边发展银行、外国政府机构和亚洲跨国公司发行国别货币计值的债券（中国）、信用评级和信息整合（新加坡和日本）以及技术支持合作（印度尼西亚、菲律宾和马来西亚）等方面来整合区域内各国债券市场基础设施的不同角度来展开的③。

---

① 到2006年年中，ABF2的市场增值已经达到30%左右。

② 很显然，与日本相比，泰国的债券市场发展不论在规模、经验还是基础设施方面都有相当大的差距，甚至需要接受日本在债券市场发展方面的技术援助，因此，由泰国负责亚洲债券市场的证券化研究应该说是不具备基本的市场条件和市场经验，分工可能更体现了国家主权方面平衡的结果，最终很可能日本还要间接的在这方面发挥作用。

③ 2005年4月的伊斯坦布尔会议上，根据各工作组的进度将ABMI框架内的国别工作组进行了调整，名义上减少为4个，实际依然是6个。

毫无疑问，从上述6个市场基础设施方面来推动亚洲债券市场的发展是非常重要的，但是，在进行了更具体的研究、思考和行动之后，人们突然发现，当亚洲货币合作的思路从直接的货币合作具体化到整合区域金融市场基础设施以后，推动区域金融合作的重点绕了一个圈子，又回到了以区域汇率协调为内容的区域货币合作课题上来了。

很显然，区域债券市场的发展需要便利的跨境交易，而便利的跨境交易不仅需要亚洲各国开放资本项目下的交易和便捷的外汇清算和交割等相应的市场基础设施，更需要各国在汇率政策上的协调！只有这样，市场参与者才可能有效地规避汇率风险，可以方便地进行跨境投资和融资。本来要通过发展区域债券市场的初衷是要从一个具体的领域深化区域金融合作，为下一步的货币合作奠定基础，结果却发现依然无法绕开货币合作。而且，对亚洲各国市场基础设施的深入研究还发现，各国不仅由于经济结构和经济发展水平的差异导致在汇率协调问题上困难重重，而且即使在金融市场基础设施的整合中，由于各国在法律体系方面的差异而在担保体系、信用评级和信息披露方面造成障碍更是难以在短期内消除的。

9.4 跨境上市：从股票市场来推动区域金融合作的可能性

推动亚洲债券市场发展的初步尝试使我们发现，即使从一个最基础的市场整合角度来为区域金融合作奠定基础，也很难绕开货币互换和汇率合作。事实上，只要我们涉及市场化的区域金融合作，只要区域市场的发展需要吸引跨国投资者，一种正式的或者非正式的区域货币互换和汇率合作安排就是一个必须的、无法回避的前提条件。不同方案之间在前提条件上的差距可能也仅仅是程度上的。

在亚洲存在明显的经济发展水平和制度差异的情况下，要推进高层次的货币合作在初始阶段只能停留在学术探讨和建议的层次上，后来从债券市场合作的角度展开的实质性操作虽然得到了各国政府的呼应和认同，实质性操作的结果最终却依然受制于区域货币互换和汇率合作安排的匮乏而难以深入。但是，从亚洲各国调整金融结构的迫切需要出发来寻找实质性启动区域金融合作的思路却被证明具有政策可行性。

从表 9-1 我们就已经发现，在宏观经济分析的层次上，亚洲金融结构的主要问题在于外部融资方式的高度失衡。这一方面表现为债权融资工具是亚洲金融工具的主体，而另一方面，在债权融资工具盛行的情况下，银行融资又占据了绝大部分的比重。由于银行负债在本质上具有较高的流动性，而亚洲作为重要的新兴市场，项目投资贷款又成为银行的主要资产，因此银行作为金融结构的主体，其负债和资产之间的期限错配问题就必然会非常严重。一旦宏观经济形势出现不利的情况造成公司经营水平整体下降，银行危机就不可避免，从而导致整个金融体系的严重动荡。这种情况在亚洲金融危机中，不论在日本，还是在东南亚国家表现得都非常明显。

在微观经济分析的层次上，亚洲在过去很长时间内形成的以债权融资为主的金融结构有着其存在的必然性。在不少亚洲国家，即使在一些规模较大的公司，家族持股的色彩非常明显。为了维持家族在公司内部的控股地位，这些公司在进行外部融资的时候也必然选择以债权融资为主的资本结构，从而在公司规模扩张的同时保证原有的股权结构。而且在不少亚洲国家，受到政府的隐含担保和政府政策的鼓励，银行也倾向对大公司提供贷款①。相对欧美公司在很大程度上依靠存留利润进行内部融资的发展模式来说，在债权融资为主的金融结构中，亚洲在二战以后迅速成长起一批大型公司，带动经济快速增长。然而在公司规模迅速上升的同时，公司内部的股权结构却变化不大，其直接结果就是公司治理结构没有根本性的改进。在股权高度集中，并且控股股东直接掌控公司经营决策的情况下，过度投资效应逐渐显现。结果，这种本来在国有控股公司中经常出现的问题在很多亚洲的私营公司表现同样明显。与过度投资相对应的过度融资，特别当这些过度融资主要是依靠银行债权融资的情况下，金融危机对整个金融体系和宏观经济稳健性的冲击是非常巨大的。

在亚洲金融危机之后不久，以世界银行经济学家为主，就市场主导的金融体系和以银行主导的金融体系的比较研究发现（Demirguc - Kunt 和 Levine，1999；Demirguc - Kunt 和 Maksimovic，1999），在长期内，不同金融结

① 从理论上说，由于大公司市场占有率高，可以作为贷款抵押的实质资产比较多，加之相对小公司在财务制度上的完善，信息不对称程度较低，银行也倾向对大公司提供贷款。

构对经济增长的影响并不是最关键的因素。相反，投资者法律体系的健全与否，进而公司的治理结构对长期经济增长的影响更重要。事实上，不少欧洲国家的经验也证明，在公司治理结构没有重大缺陷的情况下，银行主导的金融结构也可以是相当稳健的。在这个意义上说，在决定一个国家或地区金融稳健性的因素中，宏观的金融结构可能只是一个前提条件，微观公司治理水平是否完善才是影响金融稳定的基本面因素。事实上，在亚洲金融危机以后，人们对危机根源的反思也是从国际收支、宏观政策和金融结构逐渐深入到公司治理层面的。

从现代公司融资理论的发展来看，由于股权融资和债权融资背后代表着不同的公司治理，因此公司治理结构在很大程度上也就取决于公司的资本结构。也正是由于这个原因，中国近年来的国有企业改革，特别是国有银行的改革也是通过股权融资和公开上市，通过引进战略投资者的方式来优化公司治理结构的。而在过去20年中，以银行为主的亚洲金融结构所发生的最大变化恰恰也正是股权融资的繁荣和股票市场的发展。尽管从法系上来说，亚洲各国分属不同的法系，对投资者的保护程度也不同，但是在信息披露方面大多没有发达市场及时和规范，因此在以公司债券为代表的完全市场化的债权融资中，投资者受到的保护程度相对最低①。相比之下，尽管亚洲公司普遍存在比较严重的家族控制，但是中小股东面临的信息不对称性可能会比债权人小一些。因此，相对市场化的债券融资而言，亚洲公司的股权融资对投资者的吸引力相对就会大一些。

这就给了我们一个启示：既然亚洲国家银行融资比重过高造成了期限错配；既然股权融资比公司债券融资同样可以帮助亚洲国家解决金融结构失衡的问题；既然相对债权融资而言股权融资对投资者更有吸引力；既然发达的区域股票市场与发达的区域债券市场一样有助于催生区域汇率合作和区域货币；既然亚洲国家在进行跨境股票发行、上市和交易的经验比进行跨境债券发行、上市和交易的经验要丰富一些，市场基础设施也相对更完善一些；既然跨境股票发行、上市和交易比跨境债券发行、上市和交易对完善亚洲公司的治理结构水平具有更直接的促进作用，从而能够从基本面因素上增强金融体系的稳健性，提高抵御外部冲击的能力，实现亚洲的金融稳定，那么从发

---

① 也正是由于这个原因，在债权融资中，只有作为机构的银行能够借助自身在信息收集和整理方面的优势得到发展，而以投资者市场化融资为主的债券融资就受到了抑制。

展区域股票市场入手比从发展区域债券市场入手来推进亚洲金融合作可能是一个更好的起点。

当然，区域股票市场的发展和区域债券市场的发展一样，也离不开一个稳定的汇率环境和开放有效的货币互换市场，也就是说依然绕不开市场整合和汇率合作并行的问题。尽管如此，在股权融资与债券融资功能相比功能相近甚至更全面，且各国经验相对丰富，市场基础设施相对完善的情况下，通过发展股票市场来推进区域金融合作至少会比发展债券市场来推进区域金融合作具有更大的优势和可行性。

9.5 推进亚洲债券市场建设中的一些趋势：扩大影响

在ABMI规划的框架中最初确定的6个工作组里面，中国主要协调由国际机构在国内发行本币计值的债券的第四工作组。这个工作组的任务就是通过相互交流和理解，评估各个国家和地区现状和发行前景，借鉴日本、澳大利亚、中国香港和新加坡的经验，促进实际的发行。事实上，这个由国际机构在国内发行本币计值的债券也是中国当前发展国内债券市场的一个即定策略。世界银行集团国际金融公司和亚州开发银行在中国发行熊猫债券虽然使中国债券市场的基础设施建设开始与国际接轨，实际上却是深化了中国金融市场的对外开放。经过几次国际研讨会，除了中国发行的熊猫债券之外，马来西亚、泰国、新加坡、中国香港和菲律宾或者着手，或者已经完成了类似的计划，并努力吸引离岸投资者，带动了上述经济体债券市场的发展。到2005年，经过各方评估，认为ABMI第四工作组的预定任务圆满完成。中国开始集中与韩国进行信用担保和投资机制的分工工作①。

日本在ABMI框架内分工负责的债券资信评级系统属于市场基础设施整

---

① 与此同时，ABMI框架下的6个工作组也进行了相应的调整，增加了一个技术支持合作组（印度尼西亚、马来西亚和菲律宾）和特定支持组（韩国和老挝）。前者事实上仍由日本主导，这些协调国实际是接受技术支持的主要国家，后者则主要负责亚洲债券在线网站为核心的信息交流和共享。

合的重要方面，将对未来东亚市场基础设施的发展具有非常重要的影响。他们工作的核心目前是提高各国评级机构的可信性和透明度，同时增加他们评级结果的可比性。而从日本政府部门的国内分工来看，日本银行负责 ABF 事务虽然顺理成章，但是实际进展缓慢，影响也不大。相反，由实权很大的财政部直接负责 ABMI 就不仅值得琢磨，而且他们在 ABMI 的基本框架还不是非常成熟和明确的情况下开展活动的实际影响却是不容忽视的。

一方面，日本在 10 + 3 框架内就推动事关 ABMI 发展的长远规划方面的成果甚微，这种情况多少有些蹊跷。因为按照常理，如果是以发展区域债券市场为目的，那么在为东南亚国家债券市场发展提供技术支持的时候，就应该首先有一个关于未来亚洲债券市场发展，特别是有关市场基础设施建设的整体框架设想和建议。因为只有这样才可能从对东南亚国家进行发展援助的一开始就使各国的债券市场发展向着一个既定的、统一的区域市场基础设施的标准靠拢。但是目前的情况却是 AMBI 的基本定义甚至诸如什么是亚洲债券尚无明确结论，更没有一个明确的区域规划和标准。而另一方面，就是在这样的情况下，日本财政部却在 AMBI 的框架指引下，以充足的资金为后盾，在提供技术援助的名义下在东南亚国家快速行动，例如为东南亚国家（主要在印度尼西亚、马来西亚、泰国、越南、柬埔寨和菲律宾）的债券市场发展提供技术支持①，以及在东南亚国家（主要在泰国）发行本币债券。这些活动在客观上提高了日本对东南亚国家金融市场基础设施建设的影响力。

从本意上来说，ABMI 是从促进供给的角度来推动亚洲债券市场的发展，在具体实施过程中，则首先要借发行具有跨境交易债券的机会，在完善各国市场基础设施的过程中来促进区域市场的整合。而在这个过程中，特别在各国债券市场基础设施非常薄弱的情况下，为了更有效地整合各国的市场基础设施，实施 ABMI 首先就要在充分调查和协商的基础上对区域债券市场基础设施提出建议性的框架，而且在具体实施中引导各国按照统一的市场基础设施建设框架发展和完善各国的债券市场。为此，各国必须保持密切的交流和合作，区域性国际金融机构也应该发挥更大的作用。

---

① 截至 2006 年秋季，上述 6 个国家已经基本完成以调研和确定路线图为主的第一阶段工作，相继进入以部分实施第一阶段规划的第二阶段工作。到 2006 年，开始着手在这些国家促进跨境交易的准备工作。

但是，在向东盟国家提供技术援助的具体实施过程中，如果某一个国家已经有了一个非常详细的债券市场发展规划，则日本的技术支持将服从于这个规划的要求。只有在没有详细的债券市场发展规划的国家，野村证券的技术支持才可能向一个理想的区域市场规划和标准靠拢。固然，这样的妥协可能是因为涉及到了一些国家主权的因素，但是这样的技术支持却在事实上造成了各国债券市场基础设施建设渐行渐远的可能性。因此，这样的技术援助与其说是为了帮助各国建设债券市场——一开始就以建设统一的区域市场为目标，倒不如说是通过技术援助，在事实上强化了日本在这些国家的影响力。

这种客观影响力在日本国际协力银行在泰国发行泰铢债券的过程中表现的更加明显。从发展亚洲债券市场的角度来看，由国外机构在一个国家发行本币债券，首先要解决货币互换市场的问题，以便吸引区域内的投资者，促进跨境交易，促进当地市场设施的区域化过程。我们在前面已经指出，本来要绕开比较复杂的区域货币合作而试图通过区域债券市场建设整合区域金融市场基础设施，为日后开展区域货币合作提供市场基础的设想在实际实施过程中却发现区域债券市场的建设还是绕不开区域货币合作问题。日本国际协力银行在泰国发行本币债券的过程中就发现他们在实际操作中面临的困难就具体表现为3点：缺乏有效的货币互换市场来吸引国际投资者、在采用什么样的资信评级标准和会计标准问题上面临的选择困难。而在实际操作中，不管是处于什么样的客观条件，也不管由于什么客观原因，日本国际协力银行的解决办法却非常耐人寻味。

首先针对货币互换的困难，日本国际协力银行的做法是通过延长债务期限来降低国际投资者在货币互换方面的困难，以便达到吸引国际投资者的目的。这样做固然可以在短时期内顺利地实现债券发行，但是对于区域市场未来发展所必须的市场基础设施建设来说却并没有直接的推动，在统一区域市场的基础设施方面也没有直接的改善。因此，日本通过在泰国发行以泰铢计值的公司债券，距离建立和发展区域债券基础的目标尚远。而有意思的是，为了成功地发行泰铢债券，日本国际协力银行在日本政府的支持下可谓用心良苦：日本财政部和日本国际协力银行分别在不同环节向投资者提供双重担保，再将获得的资金通过当地银行贷给在泰国的日本公司。但是在事实上，这些日本公司并不是真的资金缺乏到必须在泰国发行债券进行融资的程度，也就是说融资并不是日本国际协力银行在泰国发行泰铢债券的主要目的，而且对于本来发展区域债券市场必须要解决的问题还采取了回避和拖延态度，却又为此进行了周密的安排，承担了相应的风险，其真正动机的确值得琢磨。

在采用何种会计标准的问题上，虽然同样也面临类似维护国家经济主权的问题，但是在这里日本国际协力银行却没有采取回避和拖延的办法。在确定发行泰铢债券采用的会计准则和信息披露标准方面，日本国际协力银行用日本公司20世纪70年代在欧洲金融市场发行债券融资时所采用的欧美会计标准，而同时在国内沿袭使用日本会计标准的经验说服了泰国，使他们参照日本的做法，在发行债券的时候引入欧美会计标准，但是在国内日常的会计管理中则沿用泰国自己的会计准则。在发行泰铢债券的资信评级问题上，日本则说服泰国采取了一条相对折中的路线，即没有采取泰国的评级机构，也没有沿用日本的评级标准，而是引入欧美的第三方机构，采用欧美的标准进行资信评级[①]。

毫无疑问，在日本在泰国发行泰铢债券的过程中所涉及市场基础设施建立和完善的一些细节安排和解决方案上，特别是通过日本在ABMI框架下对东南亚国家开展的技术援助，至少在客观上可以肯定的一个结果就是这些活动明显增强了日本对东南亚国家债券市场基础设施建设的影响力。因此，在ABMI框架下对东南亚国家进行的技术援助和发行泰铢债券与其说是为了发展区域债券市场，倒不如说是在实际上促进了亚洲金融市场基础设施的国际化和日本在东南亚国家的影响！

9.6 区域经济合作中的主导权：从区域视角到全球视角

一个国家通过控制国际金融或区域金融来获得潜在收益的例子屡见不

① 事实上，由于日本在ABMI分工中正是负责资信评级的工作，因此相比其他国家更有机会和理由借助在泰国发行债券的机会推动统一区域评级标准的工作，恰恰不应该为了尽快完成债券发行而简单地引入一个第三方评级机构。

鲜，而且机遇并不多见。美国利用二战以后国际金融重建建立了自己的霸权，欧元的创立事实上强化了德国的地位，在目前的亚洲金融合作中也不会例外。

亚洲金融危机以后，日本作为亚洲第一经济大国为推动亚洲金融合作做出了巨大的努力，提出了不少建议，提供了不少援助。但是可以肯定的是这其中一定也包括借亚洲金融合作的潮流来扩大自己在亚洲和国际金融领域的影响力的现实考虑，谋求在亚洲金融领域的主导权。联系亚洲金融危机以前出现的亚洲日元区的建议以及更早以前有关日元的国际化的战略，不管是从日本经济战略的需要还是即使推进亚洲金融合作的具体路径发生变化，日本也不会因此放弃推动日元国际化的努力，而且一定还会继续利用自身在经济实力和制度安排方面的优势，在亚洲金融合作中继续谋求自身利益的最大化。

由于经济发展水平、制度差异、国家主权等各种原因，面对亚洲债券市场推进中出现的种种困难，实际进展一直非常缓慢。从目前的种种迹象来看，日本政府在感到推动亚洲债券市场的难度以后，可能迟早会放弃推进建设亚洲债券市场的努力。目前在 AMBI 框架中，推动亚洲债券市场建设的长远规划少而扩大日本在亚洲金融领域的实际进展多。在亚洲债券基金的问题上，ABF2 进展同样缓慢，而且也看不到继续深入完善和发展或者推出 ABF3 的意向。尽管相对 ABF 而言，日本对 ABMI 的关注更高，但是从目前对亚洲货币单位问题的研究角度来看，大部分则是围绕在推进 ABMI 过程中如何设计 ACU 的角度展开的。虽然我们可以将日本对亚洲货币单位的研究看作是为推进亚洲债券市场所做的准备，但是不论从理论还是从现实来看，亚洲货币单位作为亚洲金融合作的较高阶段，目前应该做的是借助亚洲债券市场的建设来推动亚洲金融市场基础设施的整合，降低各国在亚洲货币合作中的政策协调难度，而不是反过来通过亚洲货币单位的创立来推动亚洲债券市场的发展。如果说日本对创建亚洲货币单位的热心源于扩大日元在亚洲和国际金融的影响力，那么合乎逻辑的推理就是日本积极推动 ABMI 进程真正的直接目的也不一定全是为了促进区域金融合作，而更可能是为了为扩大日元的国际化做铺垫。按照这个判断，我们也可以通过日本在 ABMI 框架下实际行动中的策略选择略见端倪。

按照我们前面的分析，当亚洲债券市场建设的顺序陷入怪圈以后，推进亚洲货币单位建设，或者说日元的国际化的具体举措可能是鼓励亚洲国家的公司到东京证券交易所上市。事实上，与利用日本的经济实力来主导亚洲货币单位的方式相比，通过扩大日元作为区域证券计值货币的作用来达到推动日元国际化的目的可能更直接，也更简便易行。事实上，在过去的十多年间，东京证券交易所也通过包括跨境上市等各种方式促进过亚洲国家资本市场的发展和市场基础设施的建设。利用日本相比其他亚洲国家在资本市场基础设施和市场规模①方面的优势，通过股票市场，借助东京证券交易所以直接扩大跨境上市的方式来推进以日本为中心的区域市场融合可能更具有可行性。

另外，扩大亚洲国家公司在东京证券交易所的跨境上市，不仅可以通过扩大亚洲国家对日本在资本市场监管和运行制度方面的了解，从而提高日本在整合亚洲资本市场基础设施方面的影响，也不排除在条件成熟以后，在东京证券交易所率先发行采用以亚洲货币单位计值的证券进行融资，然后借势进一步推进亚洲区域金融一体化的可能性。另一方面，扩大东京证券交易所的上市公司，也是日本在全球化情况下防止美国的主要证券交易所在面临欧洲资本市场有力竞争的压力下进军亚洲，兼并东京证券交易所的一个预防措施。而一旦日本的主要证券交易所被美国的证券交易所兼并，日本要在亚洲和世界范围内提高日元作为国际货币的地位就将会变得非常困难。

随着欧洲证券市场的不断发展，以欧元计值的金融工具不断增加，欧元金融市场不断扩大，欧元作为一种抗衡美元的国际货币地位和趋势逐渐得到加强。正是在这种背景下，从去年开始，美国纽约证券交易所挟持其品牌优势，能够在出价相对较低的情况下击败德意志证券交易所的竞购，合并泛欧证券交易所目前已经基本成为定局。纽约证券交易所是世界上最大的，主要以美元计值的证券交易所，而泛欧证券交易所则是欧洲最大的，以欧元计值的证券交易所，这两家交易所合并不仅成为全球在规模上绝对领先的证券交易所，而且也是把世界上美元、欧元和日元三种最主要货币中的以美元和欧元计值的最大的证券市场。与此同时，美国纳斯达克证券交易所试图通过要约收购对欧元区之外欧洲最大的证券交易所伦敦证券交易所完成绝对控股，

---

① 与建立跨境交易的亚洲债券市场一样，组建亚洲债券市场的原理在于扩大债券市场规模，从而增加市场流动性，提高亚洲债券市场对国际投资者的吸引力一样，由于日本股票市场比其他亚洲国家股票市场规模大很多，因此日本股票市场也比其他亚洲国家的股票市场具有更大的流动性，从而对国际投资者也具有更大的吸引力。

也明显表现出不同寻常和势在必得的强势姿态[①]。一旦这两个收购尘埃落定，即使欧元真的成为无可争议的国际货币，即使欧元真的在相当程度上取代了美元作为国际货币的地位，美国对国际金融的控制力不仅不会因此受到动摇，而且还会得到进一步加强。当然，控制欧元证券市场自然也就不会是美国的最终目的。纽约证券交易所集团管理层就明确表示过合并泛欧证券交易所之后的下一个目标就是进军亚洲。尽管同时也表示了对中国和印度证券交易所的兴趣，但是毫无疑问，东京证券交易所自然成了他们在亚洲首当其冲的一个目标。

表 9－3　　2005 年世界和亚洲主要股票市场的规模　　单位：亿美元

美国证券交易所	207775	欧洲主要证券交易所	61226
日本证券交易所	75427	中国证券交易所	4019
韩国证券交易所	7180	中国香港证券交易所	10550
新加坡证券交易所	2573	澳大利亚证券交易所	8040

注：美国股票交易所包括美国证券交易所、纳斯达克证券交易所和纽约证券交易所；欧洲主要证券交易所包括雅典、西班牙、意大利、德意志、泛欧、爱尔兰、卢森堡、维也纳证券交易所，而不包括不是欧元区中的英国伦敦证券交易所和瑞士证券交易所；日本证券交易所包括大阪和东京证券交易所；中国证券交易所包括上海和深圳证券交易所。

资料来源：根据《2006－2007 年世界经济黄皮书》中统计资料部分的有关表格数据整理。

表 9－4　　2005 年世界和亚洲主要债券市场的规模　　单位：亿美元

美国证券交易所	9680.3（16.57，6.5）	欧洲主要证券交易所	91071.1（3.6，77.0）
日本证券交易所	95384.6（0.3，0）	中国证券交易所	1843.2（10.4，0）
韩国证券交易所	7142.9（14.9，0.03）	中国香港证券交易所	554.6（17.4，41）
新加坡证券交易所	2454.6（…，…）	澳大利亚证券交易所	858.6（45，0）

注：美国股票交易所包括仅纽约证券交易所；欧洲主要证券交易所包括雅典、意大利、爱尔兰、卢森堡、维也纳证券交易所，而不包括不是欧元区中的英国伦敦证券交易所和瑞士证券交易所；日本证券交易所包括大阪和东京证券交易所；中国证券交易所包括上海和深圳证券交易所。括号中的数字分别为国内私人部门和国外部门所占比重。

资料来源：根据《2006－2007 年世界经济黄皮书》中统计资料部分的有关表格数据整理。

---

① 最近，纳斯达克证券交易所虽然通过要约收购伦敦证券交易所失败，但是不排除一年以后继续进行要约收购的可能性。退一步说，如果纳斯达克放弃收购伦敦证券交易所，在其他地方寻找收购的可能性就会更大，而亚洲的可能性相比最大。

在这种情况下，加速推进日本证券交易所的发展就成了当务之急。即使东京证券交易所的规模不足以迅速扩大到阻止被纽约证券交易所兼并的程度，至少也能够达到提高要价的目的。当然，正如美资控股的欧洲证券交易所可能也不会对欧元作为区域货币甚至国际货币的地位产生明显影响一样，如果美资控股日本的证券交易所可能也不会对日元作为区域货币甚至国际货币的地位产生明显影响。而且在这种情况下，日本通过推进亚洲金融合作来实现日元国际化的目的，由于日本证券交易所实际可以得到美资的支持，在吸引其他亚洲国家公司到日本证券交易所跨境上市的优势就会更加明显。

但是，日本证券交易所也存在一个天然的劣势，那就是由于目前日元的国际化程度还不高，日元资产还主要是由日本国内的投资者持有，另外，尽管日本经济规模已经位居世界第二，但是由于投资者天然具有本地偏好(home - bias)，因此国外公司在日本证券交易所上市的股票和债券还非常少，远远不及作为国际金融中心的中国香港[①]，并且在日本的债券市场上依然以政府债券为主，公司债券比例也很低。这些都构成了影响日本证券市场发展为区域金融市场的障碍。

9.7 结　论

总之，日本作为亚洲和世界的经济大国，在推进亚洲金融合作的过程中自然具有更大的优势和动力，也的确投入了大量的人力和物力。毫无疑问，一个国家借助区域金融合作的机会来扩大自身的影响本来也是一个不可回避的事实，但是只要这种合作是建立在对日本和区域合作都有利的基础上，那么就是无可厚非的。真正的问题在于，如果在这个过程中发现推进区域合作的难度很大而舍本逐末，将区域内的多边共赢变成一系列相互独立的双边双赢关系，肯定就会有违通过推进区域合作增强区域金融稳定的初衷。

---

① 当然，如果仅以债券市值来说，在泛欧证券交易所上市的外国债券最多，与中国香港一样，体现出区域市场的特点。但是与香港联合证券交易所相比，在泛欧证券交易所上市的公司债券比例则要低得多。

10

培育亚洲债券市场：探讨与实践

不完善的债券市场是亚洲各国金融体系的薄弱领域之一。尽管亚洲储蓄率达到了世界最高水平，外汇储备超过万亿美元，但是由于亚洲地区的储备与投资需求不匹配，融资结构中过度倚重银行贷款，亚洲的储蓄一般必须经由欧美金融市场才能形成对亚洲企业的直接投资，这样，亚洲金融资本市场就面临着双重风险，即银行体系以短期存款支持长期项目融资的期限错配（Maturity Mismatch）和外币借款支持本地项目融资的币种错配（Currency Mismatch）。双重错配已经成为亚洲各国金融体系不稳定的重要风险来源。在这一点上，亚洲主要国家已经达成共识，并且在学术界纷纷提出各种培育亚洲债券市场的方案，在实践中，亚洲债券基金（ABF）于2003年正式推出。对亚洲国家来说，建立发展本地区的债券市场已经成为构建本地区金融合作框架的重要一环。

10.1 关于发展亚洲债券市场的两项方案

1997－2002年，除澳大利亚、新西兰和日本以外的亚洲本币债券市场增长了1倍。截止到2002年底，该市场扩大到1.2万亿美元，约相当于该地区GDP的50%（见表10-1），这为亚洲债券市场的发展奠定了良好的基础。但是，与欧美成熟的债券市场比较仍存在巨大差距。主要表现是，由于亚洲各国本币债券市场总体规模、发行量和换手率各不相同，致使市场流动性存在差异（BIS，2004）。

表10-1　　亚太地区部分经济体（亚太央行行长会议成员国）本币债券市场（2002年）

单位：10亿美元、百分比

经济体	债券市场		其中包括			
			政府债券		公司债券	
	总额（10亿美元）	占GDP的百分比	总额（10亿美元）	占总额的百分比	总额（10亿美元）	占总额的百分比
澳大利亚	208	53	71	34	58	28
中国	465	38	243	52	10	2
中国香港	68	42	15	22	5	7
印度尼西亚	56	31	54	96	2	4
日本	6735	161	4838	72	753	11
韩国	381	76	96	25	151	40
马来西亚	83	87	34	41	38	46
新西兰	18...	29	18..			
菲律宾	26	34	25	97	1	3
新加坡	53	60	33	62	3	5
泰国	47	38	29	61	7	14
合计	8140	115	5456	67	1027	13
除日本以外的合计	1405	48	618	44	274	19
除澳大利亚、日本、新西兰以外的合计	1179	48	528	45	216	18
参照：						
印度	156	34	154	99	2	1
中国台湾	107	38	61	57	33	31
美国	16324	156	4537	28	2421	15

注：公司债中未包括金融机构发行的债券。

资料来源：BIS Quarterly Review，June 2004。

为降低亚洲债券市场面临的风险，如何通过亚洲区域内各种对话框架推进债券市场的发展，成为亚洲区域内金融合作的重要课题。到目前为止，在亚洲区域性金融合作领域内提出的关于发展亚洲债券市场的方案共有两项，一是由东盟+3财政部长和中央银行行长会议提出的“培育亚洲债券市场倡议”（ABMI）；二是由东亚及太平洋地区中央银行行长会议提出的创建“亚洲债券基金”（ABF）的建议。

“培育亚洲债券市场倡议”最初是韩国在2002年11月东京召开的东盟+3非正式财政部长代理和中央银行行长副手会议上的提议。2002年12月清迈会议上，在东盟+3的非正式会谈中日本提出了培育亚洲债券市场的倡议。2003年2月28日到3月31日，就建立亚洲债券市场问题，在东京举行了东盟+3的非正式会谈和高层研讨会。2003年4月在汉城举行了工作小组的第1次会谈，研究利用证券化方式开发新的金融商品和完善信用担保机制的问题。2003年6月16日东盟+3财长会议上，具体划分了6个工作小组，由6个议长国分别主抓培育亚洲债券市场的不同问题。2003年8月7日召开的东盟+3财政部长会议正式承认了“培育亚洲债券市场倡议”。2004年5月在韩国济洲岛召开的东盟+3财长会议，再一次重申了提高债券发行体和债券市场透明度的重要性。

2003年6月2日，由亚洲及太平洋地区中央银行行长会议（EMEAP）宣布与国际清算银行（BIS）合作启动亚洲债券基金，该基金是由EMEAP各经济体从其官方储备中出资建立的一个总额为10亿美元的共同基金，该基金投资于EMEAP成员（日本、澳大利亚、新西兰除外）发行的“一篮子”主权和准主权美元债券，以带动其他投资者进入亚洲债券市场。

总之，近年来，亚洲区域高层研讨活动，就完善亚洲债券市场的对话机制，达成合作意向发挥了重要作用。

10.1.1 “培育亚洲债券市场倡议”（ABMI）

为动员亚洲区域内资金为亚洲区域内投资服务，“培育亚洲债券市场倡议”将工作重点放在如何完善债券发行市场和流通市场上，具体涉及以下2个领域共12个方面的问题，同时，将东盟+3框架内的国家划分了6个工作小组，由不同国家分别担任议长国主抓工作[①]。

---

① “The Asian Bond Markets Initiative（ABMI）”日本财政部网站：http：//www.mof.go.jp/jouhou/kokkin/frame_2.html

第一个领域在于培育债券发行体和债券商品，通过丰富债券市场的参加者和交易商品，活跃债券的发行和流通两大市场。因此，建议亚洲国家应避免轻易地发行外债或者依赖国际开发机构的借款，而是要积极推动本国国债的发行，以此形成本国资本市场的基准利率，这对于亚洲国家债券市场的发展是非常重要的。进而推动国际机构或国际企业在亚洲发行债券，并促进资产担保债券的发行，以带动民间企业能够广泛深入地参与债券市场。具体包括以下内容：

（1）促进各国主权债的发行，以形成债券市场的基准利率；

（2）为筹集资金，推动亚洲国家的政府金融机构在亚洲发行债券；

（3）创建资产担保证券市场（包括债务担保证券 CDO）；

（4）促进国际金融机构以及亚洲国家政府机构在亚洲发行债券；

（5）为筹集在亚洲各国进行直接投资的资金而在亚洲地区发行债券；

（6）增加本币计值债券的种类，引进货币篮子债券。

第二个领域是，为培育亚洲债券市场必须完善债券市场的基础条件。为使亚洲债券市场发展为一个高效率的、有深厚基础的市场，必须完善市场环境，以便使债券发行体和投资者都能够积极加入这个市场。为此，必须要进一步强化信息披露制度，培育亚洲债券评级机构，完善担保机构，为实现债券种类和发行手续的标准化奠定基础。因此，需要研究的问题有：

（1）通过积极发挥已有担保机构的作用，并组建亚洲的信用担保机构，为亚洲国家提供信用担保；

（2）研究如何提升亚洲信用评级机构的职能作用，并研究是否可能组建亚洲信用评级理事会，由此进一步强化亚洲的评级体系；

（3）建立债券发行体和评级机构的信息发布机制；

（4）研究如何促进外汇交易和结算问题，为跨国交易服务；

（5）为促进成员国之间的政策对话和人才培养，进行市场调查和技术支援，通过这些项目，进一步扩大市场容量；

（6）研究如何完善包括公司法、证券交易法、税法在内的法律和相关制度。

10.1.2 “亚洲债券基金”（ABF）

2003 年 6 月 2 日，EMEAP 提出了建立亚洲债券基金方案（Ⅰ），即建立一个总额为10亿美元的共同基金，将亚洲各经济体外汇储备的一部分投资于EMEAP成员（日本、澳大利亚、新西兰除外）发行的“一篮子”主权和准主权美元债券，其主要目的是为了将EMEAP经济体本币计值的政府债券和公司债券带入亚洲债券市场。

2004年4月15日，EMEAP亚洲债券基金方案（Ⅱ）出台，目前，进入讨论阶段的有两种具体方案：一是发行“泛亚债券指数基金（Pan－Asian Bond Index Fund：PAIF）”，二是建立“债券基金的基金（Fund of Bond Funds：FoBF）。前者PAIF是一个独立结构基金，投资于向亚洲债券基金直接出资的EMEAP各经济体本币计值债券；FoBF则是一个双层结构基金，由母基金向EMEAP经济体组建的中间层基金投资，投资对象是EMEAP各经济体的本币计值债券（EMEAP，2004）。

这两种具体设计方案的目的，都是为刺激投资者对亚洲债券市场的投资兴趣，为投资者提供分散、高效的投资手段。

10.1.3 两种方案的比较

就上述培育亚洲债券市场的主要方案分析，ABMI的重点在于完善亚洲债券的发行市场和流通市场，可以说是一个着眼于债券发行和流通领域问题的设计方案，是区域金融合作的重要内容。ABMI的特点是，短期目标将兼顾东盟＋3框架内经济贸易合作进程，与该区域内的自由贸易协定形成互动关系，通过不断完善与贸易活动密切相关的企业融资担保机制，为债券市场的发展提供基础条件。中期目标将重点推动国债市场的发展以及债券基准利率体系的建立。而在区域内实现本币篮子计值的债券发行和流通体系则是其长期目标。

而ABF则是在东亚与太平洋地区的中央银行范围内，动用各相关经济体外汇储备的一部分进行债券投资的方案，目的是将投资者的目光吸引到亚洲债券市场上来，使基金成为击活亚洲债券市场的点火器，与“培育亚洲债券市场倡议”比较，后者是立足于债券投资者角度的设计。EMEAP经济体中央银行几乎均有各经济体半数以上外汇储备，ABF从这一事实出发，力图帮助各经济体中央银行为外汇储备寻找新的投资出路，同时增强国际金融业界对亚洲债券市场的投资意识。ABF的特点是，通过真实存在的EMEAP经济体外汇储备的盈余部分，形成一个投资者可以利用的投资市场。

近期目标在于建立这样一个市场，中期目标则是能够降低 EMEAP 经济体中央银行外汇储备成本，提高外汇资金的利用效益。尝试在以美元为核心的国际货币体系之外建立一个相对独立的长期资金供给渠道，应该是 ABF 的长期目的。

10.2 围绕两方案的探讨与实践

“培育亚洲债券市场倡议”和“亚洲债券基金”出台后，理论界和债券实务领域都在不断探索其发展方向并进行着各种具体尝试，以便将这些纲领性方针转化为实际债券市场的成长步骤。

10.2.1 探讨

(1) 伊藤 ABC 构想①

从理论探讨的视角来看，最有代表性的是伊藤 ABC 构想。伊藤隆敏教授对亚洲债券的定义包括四大要素，他认为所谓亚洲债券，就是亚洲居民发行者在亚洲金融市场上，主要向亚洲投资者发行的以亚洲货币计值的债券。亚洲债券作为一种金融商品，主要作用是为弥补现存亚洲储蓄转化为亚洲投资途径的弊端，旨在开辟一条不经由银行中介，特别是欧美金融中心的中介，而直接由亚洲区域内的投资者向亚洲企业投资的渠道（伊藤隆敏，2003）。

伊藤 ABC 构想的主要内容是，在亚洲离岸市场创建亚洲债券发行、担保公司，这是一家亚洲篮子货币单位公司（Asian Basket Currency Unit，ABC)，由该公司购买以亚洲各国本币计值的债券。该公司将购买的债券为资产（担保）发行 ABC 的亚洲债券”。ABC 亚洲债券是具有货币篮子性质的债券。由于该公司本身能够保证负债与资产的币种和期限构成基本相同，所以理论上可抵消风险。同时，通过篮子货币也可以减轻汇率风险，获得较

---

① 指日本东京大学教授，原日本财政部财务官伊藤隆敏（ITO TAKATOSHI）提出的关于创建“亚洲篮子货币单位债券”的构想。伊藤隆敏教授是学术界研究亚洲债券市场和亚洲货币合作问题的重要代表人物。

高的收益。

伊藤 ABC 构想计划在篮子货币中组合更多亚洲国家的国债，因此，最终将成为亚洲货币合作的基础即实现亚洲篮子货币单位。假定篮子国债可形成亚洲债券市场的基准利率（benchmark），就可组合亚洲优秀企业的本币公司债，发行“亚洲篮子货币单位（ABC）的公司债基金”。甚至还可以考虑将中小企业的货款债权证券化。对于评级较低的国债和公司债，可在规定时限的基础上，给予信用补充。

我们可以将伊藤 ABC 构想归类为对“培育亚洲债券市场倡议”中第一领域问题（6），即“增加本币计值债券的种类，引进货币篮债券”的深入研究，我们期待产生有价值的结论，能够引领亚洲债券市场不断发展。

(2) 山上 ABS 构想

培育亚洲债券市场，理论研究固然是一个重要方面，但目前更为需要的是解决具体以何种形式能够将融资困难的亚洲企业拉入债券市场发行债券的问题，即解决培育亚洲债券市场的可操作性问题（陈虹，2004）。日本东京三菱银行的山上秀文提出，可通过培育资产担保证券（Asset-Backed Securities，ABS）发行体系将亚洲企业的贷款债权转化为债券流通，增强亚洲企业的融资能力，这是一个具有典型意义的实务性方案，即山上 ABS 构想。我们可将其视为对“培育亚洲债券市场倡议”中第一领域问题（3），即创建资产担保证券市场（包括债务担保证券，CDO）的操作设想，这是推动企业转换融资手段的尝试，可引导企业逐渐从倚重银行借款过渡到债券发行上来。

该构想主张根据亚洲国家资金和债券市场的现状，充分重视各国商业银行可以发挥的职能作用，建议培育以民间企业为主体，各国政府出资援助的资产担保证券发行体（山上秀文，2003），构想的具体措施是：

第一，由亚洲各国当地银行筛选出对本土企业的贷款以及本土企业的公司债作为对象资产，将其中达到了统一的资信审查监管标准的资产作为合格债权卖出。

第二，亚洲各国分别根据本国的法律建立特殊目的公司（SPC）[①]，由特殊目的公司进行资产的管理或托管。可首先在破产法、担保权法、特殊目的

---

① 特别目的公司（SPV：Special Purpose Vehicle）的职能作用是吸收资产，提供担保、阻隔破产。

公司法和会计规则比较健全的国家或地区试行，例如新加坡、韩国和中国香港。

第三，在亚洲区域内建立一个资产担保债券的发行体，该发行体可接收各国特殊目的公司转让的、由各国货币计值的债权。如果交易资产与资产担保证券出现币种错配或利率差，则在该发行体和各国中央银行之间，通过货币利率掉期方式冲抵。

第四，资产担保证券发行体通过发行当地货币计值的公募高级债券、私募债券以及次等债券筹集资金。

第五，假设的投资者是：购买高级债券的投资者是资产评级在 AA 级别以上的当地的金融机构等机构投资者、当地大型事业法人、当地个人投资者。

该构想设计的主要发行体是民间企业，各国政府或国际机构只负担部分风险，以出资的形式支持民间企业，帮助这些企业进入债券市场。如果能够在条件具备的 2－3 个国家或地区进行试点，可以尝试建立亚洲区域内的债券交易所、开设资信筛选审查事务所和评级机构，并促进各国国内市场的公开化和标准化。

10.2.2 实践

在“培育亚洲债券市场倡议”框架内，除了就如何发行篮子本币债券和资产担保债券外，由国际开发机构发行或担保发行亚洲本币债券的实践活动也非常活跃。

（1）国际开发机构发行亚洲国家本币债券

为避免美元债券筹集资金时存在的汇率风险，减轻还款时因汇率变动造成的损失。亚洲开发银行和世界银行等国际机构积极推动亚洲当地货币债券的发行，将这些资金用于本地的项目融资。2004 年 3 月，亚洲开发银行在印度发行了首次以印度货币卢比计值的本币债券，债券期限为 10 年，发行规模为 50 亿卢比（约合 1 亿 1000 万美元），主要用于印度的输电系统和保健事业。

目前，亚洲开发银行正就发行本币债券问题分别与泰国、中国、菲律宾、印度尼西亚进行协商。2004 年 4 月泰国政府首次批准国际金融机构在泰国发行泰铢债券，同年 5 月，将有发债资格的批准对象扩大到政府金融机构。

在中国发行人民币债券的计划，同时也在国际开发机构的酝酿之中，现阶段，有关发债的规模、方式、利率、期限以及税收问题都在进行研究和协商，而投资者则为机构投资人。如同美国的“扬基债”和日本的“武士债”一样，人民币债券应该有一个中国化的名字，因此，有人预测人民币债券可能被命名为“熊猫债”。

另外，菲律宾也已开辟了筹集比索计值的长期资金的渠道，目前仍在继续完善发债条件。

（2）政府与企业合作，为企业债发行提供担保

2004年6月23日，日本财政部与韩国财政经济部达成合作协议，共同为韩国的中小企业提供所需资金，在海外发行韩国债务抵押证券（Collateralized Bond Obligations，CBO）。负责选择和管理抵押债权的是韩国中小企业银行（Industrial Bank of Korea，IBK）和韩国中小企业振兴公团（Small Business Corporation of Korea，SBC）共同组成的信用委员会，抵押债权是经过筛选的中小企业借款和企业债组合。韩国政府通过IBK为优先债提供全额担保，特定目的公司买进次级债券。日本协力银行为韩国提供补充信用担保①。

此次发行的为日元计值的韩国债务抵押证券，韩国中小企业可以筹集到本币低息资金，投资者则可以购买到高于日本国债利息的日元债券，首次发行规模为100亿日元，预计2004年秋季开始实施。

日本三菱商社和五十铃汽车公司将在泰国发行企业债券（总额40亿泰铢，约合120亿日元）。在亚洲投资的日本跨国公司为规避外汇风险，也需要用当地货币融资，但由于所在地区债券市场欠发达，即使是著名的跨国公司也难以顺利发行公司债券。为解决这些企业筹集当地货币资金的问题，日本国际协力银行将为这些跨国公司在亚洲地区的子公司发行本地货币债券提供担保。

同时，日本国际协力银行还将为资信很高，但在当地知名度较低的大型高增长企业发行公司债提供担保，这些企业发行债券所涉及的国家包括菲律

① 见“日韩两国致力于亚洲债务担保证券市场的培育”，日本财政部：http://www.mof.go.jp，2004年6月23日。

宾、马来西亚和泰国①。

上述各种实践活动的意义在于，尽管亚洲国家债券市场的基础条件仍很薄弱，但是，完全可根据不同国家的发展水平设计不同的操作方案，将近期课题和中长期课题结合起来，将培育亚洲债券市场的倡议具体化。通过在债券市场的实际操作，不断丰富培育市场、发展市场的经验。

10.3 结　论

关于如何培育亚洲债券市场发展的两项方案，分别代表了以政府和中央银行为主导的发展路线和以“官民合作”推动债券市场不断完善的发展路线。近年来，就这一问题的探讨，不仅停留在分别提出两项方案的东盟+3财长会议和东亚及太平洋中央银行行长会议层次上，而且，还成为亚洲欧洲会议（ASEM）、APEC财长会议和亚洲开发银行年度大会的主要议题。今后，随着债券发行规模的扩大、债券种类的增加以及债券期限结构的多样化和合理化，亚洲债券市场将不断发育并走向成熟。

我们相信，随着亚洲国家或经济体资本市场基础条件日益完备，政府部门为主导的债券市场发展趋势将逐渐为以民间部门为核心的市场发展趋势所代替，最终形成与亚洲经济发展规模相匹配的、稳定高效的债券市场。

① 日本协力银行北京代表处提供的“亚洲债券市场动态”资料，2004年5月24日。

第三部分

金融风险防范

11

金融风险早期预警系统的理论与应用

近20年来全球经济所面临的一大挑战就是金融危机的爆发越来越频繁，所涉及的国家范围也越来越大，并对各国的金融制度、实体经济产生了程度不同的冲击和损害。据一项统计，从1980年到1995年，共计65个国家经历了银行危机，在此期间，仅发展中国家的政府为挽救银行所支付的成本就高达2500亿美元，有近12次银行危机导致救助成本超过危机发生国GDP的10%。在1997年的亚洲金融危机中，为银行重新注资所花费的成本更加巨大，按公共部门为救助银行所花费的金额占GDP百分比计算，印度尼西亚为58%，泰国为30%，韩国16%，马来西亚为10%（世界银行，2000）。

除了导致极大的财政成本外，金融危机还对实质经济造成了打击。金融危机使得金融系统汇集储蓄、鉴定投资项目、传递货币政策的功能出现紊乱，因此金融危机后，大多会出现产出下降，失业率和通货膨胀率急剧上升的现象。而实质经济运行混乱反过来又可能进一步加重金融危机的持续范围和时间。国际货币基金组织（IMF）对31个发展中国家金融危机的考察结果是，当金融危机所造成的累计产出损失达到12%时，需要至少3年左右的时间才能使产出恢复到危机前的水平。表11－1给出了几个亚洲经济体在亚洲金融危机前后实质经济的增长情况。

表 11－1　　1996－1998 年亚洲新兴国家的经济增长　　单位:%

国家	1996	1997	1998（1997 年 5 月的预测）	1998（实际水平）
印度尼西亚	7.8	4.9	7.5	－13.7
泰国	6.4	－1.3	7	－8
韩国	7.1	5	6.3	－5.8
马来西亚	8.6	7.8	7.9	－6.7
菲律宾	5.7	5.1	6.4	－0.5
中国香港	4.9	5.3	5.5	－5.1

资料来源：IMF，《2000 年世界经济展望》。

除此之外，金融危机还可能引发政治动荡和社会冲突。亚洲金融危机中的印度尼西亚和 2001 年爆发金融危机的阿根廷都是这方面的反面教材。

总之，金融危机有可能引起巨大的经济成本和社会成本，而金融危机所引致的成本越高，构建一个能够监督金融风险并进行预警的早期金融风险预警系统（EWS）的效益就越大。有效的 EWS 可以使管理当局尽可能早地发现潜在的金融风险并作出正确的反应，从而降低金融风险或者把金融危机可能造成的损失降至最低。

近年来学术界和有关管理当局对建立 EWS 的兴趣之所以大增，除了金融危机导致的经济、社会成本越来越大外，原有的被投资者所看好的传统预示市场风险的两大指标，即利率溢差（interest spread）和信用评级（credit ratings）在最近对货币危机和银行危机的预警上并没有起到令人满意的作用。例如一项对三个月离岸证券的利率溢价的研究表明，该指标并没有反映出印度尼西亚、马来西亚和菲律宾的货币风险，只对泰国的货币贬值风险有微弱的预示（Eschweiler，1997）。由穆迪等国际商业机构所推出的主权信用评级的表现也同样差强人意。经济与合作发展组织（OECD）的一项研究表明在亚洲金融危机中，主权信用评级并没有起到预示市场价格走势的作用①。正

① 传统预警指标之所以效果不彰，除了市场信息不完全以外，投资者对政府充当最后贷款人以救援问题机构的预期也可能是原因之一。在这种情况下，利率溢价反映的是担保者的信用而不是借款者的信用。例如许多对亚洲金融危机的研究均发现，外资流入亚洲新兴经济的一大原因正是隐藏在这些新兴经济背后的政府隐含担保。1994 年的墨西哥金融危机也存在类似情况，投资者估计墨西哥加入了北美自由贸易协定，预计美国不会对墨西哥袖手旁观，从而引发道德风险。

是在这一背景下，开发更有效的 EWS 因而成为顺应市场需求的产物。

但是 EWS 毕竟是 20 世纪 90 年代的新生事物，因此即使从整个国际学术界的范围来看，对 EWS 的研究也是一个新兴的领域。最早刺激学术界开发 EWS 兴趣的事件是 20 世纪 90 年代早期欧洲汇率体制（ERM）的崩溃以及 1994 年爆发的墨西哥金融危机。由于传统的判断金融风险的最重要的指标如利率溢价和信用评级在其中并没有起到多少作用，随后的亚洲金融危机也进一步证实了这两项传统指标作用有限。从而进一步凸显了开发新的 EWS 的重要性和必要性。

目前国际学术界对 EWS 的研究按其所使用的方法可以划分为三大类：

第一类方法是“提炼信号法”（Signal Extraction）。Kaminsky，Lizondo 和 Reinhart（1998），Kaminsky 和 Reinhart（1999），Berg 和 Pattillo（1999a，1999b）对这类方法做出了开创性的贡献。这类方法首先选取一个经历了多次金融危机的时间段和样本国家，并将整个时间段划分为平静期和危机期，同时对样本国家在该时间段内宏观经济指标进行分析，将这些指标在危机前 24 个月内的表现与在平静期的表现进行比较。在此基础上对每个指标选取一个阈值，如果某指标数值在某时刻超过了这个阈值，则被认为发出了一个“危机信号”。在信号发出接下来的 24 个月内，如果真的出现了危机，则被认为是一个正确的“信号”，否则被视为一个“噪音”。这里选取阈值的标准，就是使得指标的“噪音/信号比”（Noise - to - Signal）最小。为了比较各个指标在预警危机方面的绩效，则需要进一步地比较每个指标的噪音/信号比、第一类错误（Error Type I）和第二类错误（Error Type II）概率以及危机在指标报出信号后的确发生的条件概率。由于在任意时间有可能多个指标同时发出预警信号，因此研究者需要在现有指标基础上再构造一个综合指标，该指标可以是加权或者是未加权的。判断金融风险和金融危机爆发的可能性最终通过对这一综合指标的判断来下结论。

第二类方法是所谓的“概率分析法”。与“信号提炼法”不同的是该方法主要通过构建计量模型进行 Probit 或者 Logit 分析，以此来判断金融危机爆发的概率。国际货币基金组织以及世界银行等国际组织使用类似的系统来监控金融风险并发布金融危机预警。除此之外，概率分析法和信号提炼法并没有很大的区别，对指标的选取和预警绩效的判断同样遵循信号提炼法相似的思路。但这种方法有个好处就是它可以同时控制住不同的解释金融危机发生的因素，并能对比不同因素在促发金融危机上的贡献度。另外，这种方法也为将制度变化因素纳入分析提供了可能。

第三类方法是所谓的“金融机构脆弱性评级法”。Demirguc – Kunt 和 Detragiache（1998）讨论了这种方法并用这种方法来分析银行体系的脆弱性。这种方法是建立在第二种方法基础之上，即首先通过 Probit 或 Logit 模型估计出各个解释变量的系数大小，并估算出发生金融危机的概率，由于估计出的概率都是大于 0 小于 1 的数值，因此这种方法将区间［0，1］进一步划分为若干个子区间，估计概率将落入各个子区间，每个子区间按数值大小赋予等级指数，最后通过等级指数来判断金融风险的大小。这种方法的好处在于它因为不用决策者在两类错误中进行选择而显得较为简便，但同时由于没有一个客观标准来划分子区间而显得具有较大的主观性。

从理论上来讲，这三种方法实际上都建立在现代金融危机理论基础之上，例如不仅吸收了第一代和第二代金融危机理论关于外部宏观经济冲击引致金融危机的结论（用实际汇率、贸易条件、通货膨胀率、世界利率水平等等指标作为解释变量），同时也吸收了第三代金融危机理论关于信息不对称在金融危机中所起作用的观点（以实际利率水平、是否采用名义汇率锚等等作为解释变量）。因此尽管建模方法不同，但所选取的指标都基本类似。

从方法论上来看，所有上述三种方法一般都遵循同样的建模程序，首先，需要定义一个符合直觉同时又能通过数量准确刻划的金融危机定义，包括银行危机和货币危机的定义，以及如何在银行危机和货币危机间赋予权重，等等。Kaminsky，Lizondo 和 Reinhart（1998），Goldstein，Kaminsky 和 Reinhart（2000）对此进行了讨论。其次，划分所考察的国家与时间范围。建立预警系统必须依赖以前的信息，因此一个重要步骤是合理选取样本国家和时期。例如在“信号提炼法”中，样本国家在考察期内必须至少产生过一次危机。但“概率分析法”对此要求就要相对宽松，没有发生危机的国家也可以包括其中。在选取时期时，可以考虑是选取高频数据还是低频数据。再次，选择合适的指标。指标的选取要考虑两个因素，一是经济理论，二是数据的可获得性。换而言之，指标的选取既要基于理论上的认识，也要考虑在实际操作中能否及时有效地获得，二者缺一不可。最后，建立预警模型，并调试模型。模型在根据上述三类方法建立起来以后，必须进行调试，即必须变换覆盖的国家范围或样本期来测试模型的稳定性，同时还要根据样本期（in - sample）的模型去对样本期外（out - of - sample）的危机进行预警，以此来判断模型的准确性和适用性。

根据上述方法和程序建立起来的预警模型在金融风险的预警方面效果还是不错的，例如根据信号提炼法建立的预警模型在对墨西哥金融危机和亚洲金融危机的预警方面获得较好的效果（Edison，2000；Kaminsky，Lizondo 和 Reinhart，1998），概率分析法和信用评级法对20世纪90年代金融危机的预警也取得了较好的成绩（Demirguc - Kunt 和 Detragiache，1998）。不过上述方法也同样存在明显的缺陷：

一是在选取指标时，主要从标准宏观经济学和信息经济学的角度出发作为指标选取的理论基础，这样就较少考虑各个国家的政府干预、制度结构、经济体制以及法律体系等方面的影响和差异，然而，近年来无论经济学的研究还是实践经验均说明，这些被遗漏掉的因素恰恰可能是导致金融危机的最重要的因素，因此，现有预警模型在理论基础上存在巨大的缺陷。之所以存在这种缺陷，主要在于以下原因：首先如何刻划政府干预是一个技术难度相当大的工作；其次，关于制度方面的指标获取也同样难度颇大。并且，像制度变迁这样的行为一般是缓慢的，如何在预警模型中体现制度变迁的影响也需要较高的技术技巧；最后，这与预警模型本身的技术特性有关。例如信号选取模型根据其建模方法，实际上能考虑制度因素的空间就很小。在这方面，概率分析法倒是具有很大的改进余地。

二是现有的预警方法将大部分精力都用来考虑指标统计上的特性对模型的改进，却较少考虑管理当局根据模型发出的预警信号进行行动所需要付出的成本（Kaminsky 和 Reinhart，1999；Demirguc - Kunt 和 Detragiache，1998）。预警模型发出预警信号，管理当局会据此采取行动，使可能发生的危机成本最小。然而，预警系统本身也有可能发出错误的信号，即当危机即将出现却没有发出足够引起注意的预警（第一类错误），或者不会产生危机却发出了危机即将来临的信号（第二类错误）。而管理当局据此采取行动就会导致无效成本。因此，一个有效的预警系统不仅应该准确刻画出危机产生的概率大小，并且要把发出错误信号的成本降至最低。然而现有研究基本上都忽视了后一点。

三是现有的研究都无法回避所谓的“卢卡斯批判”。所有的预警系统都依赖于历史信息，反映了过去的经验和结构特征。但是，在新的历史条件和经济结构下，原有的预警模型不一定会有效，这样，利用过去的信息来对未来事件进行预警的有效性在方法论上就存在很大的问题。尤其是所谓的新兴国家，这些国家无论是经济体制还是经济结构都处于迅速变化的过程中，因此“卢卡斯批判”就显得更加尖锐。

与国际学术界的进展相比，国内在 EWS 方面的成果乏善可陈。这一方面是由于 EWS 本身是一个较新的事物，另一方面也同国内对 EWS 的处理技术相对落后，甚至同对 EWS 在理论上的误解相关。总之，国内对 EWS 的研究和开发与国外相比仍处于一个刚刚起步时期，无论是从理论上还是从实践上都没有一个理想的结果。

正因为 EWS 兴起的时间还不长，使得我们完全有可能在理论上尽快吸收国外学者已经取得的成就，并在此基础上进行进一步的改进。例如现有 EWS 在建模中几乎都忽略了发展中国家的政府干预以及结构特征，鉴于金融危机主要出现于发展中国家，因此现有 EWS 的缺陷可以说是致命的，而我们完全可以在这方面做出自己的贡献，并且这方面的工作将使我国学者在 EWS 的研究中处于国际领先的水平。

EWS 的应用价值也是显而易见的，它不仅可以用来判断一个国家所面临的金融风险高低，而且由于我们在模型中将考察管理当局的偏好和成本，因此可以为管理当局选择什么样的备选方案提供支持。另外，考虑到中国已经加入了世界贸易组织（WTO），金融开放已经是时间问题，在这一背景下，一个有效的 EWS 对于中国在新的国际、政策环境下如何防范并降低金融风险的作用也是不言而喻的。

因此，本研究的主要目的，就是在现有金融风险早期预警系统研究的基础之上，针对现有研究的缺陷，进一步予以发展和改进，并力图使所开发的预警系统对逐渐走向金融开放的中国的金融风险具有较好的应用价值。具体而言，我们的主要思路包括：

1. 综合对比信号提炼法和概率分析法，以更好地对预警结果和效果进行判断和选择；

2. 我们将在开发的预警系统中考虑管理当局根据预警信号采取行动所带来的成本，即计划构造管理当局根据预警信号采取行动的成本函数，并将这一函数指标化，与预警系统相结合，同时考虑预警信号的准确性以及政策执行成本的大小，努力在准确性和成本最小化之间寻找到一个合适的均衡。

3. 我们将进一步考察一个经济（国家）制度、结构特征及其变迁对EWS的影响，换而言之，我们不仅要把现有预警模型所忽略的经济制度、法律体系、政府公共部门所提供的质量等制度因素考虑进来，而且还要考察这些制度因素的变迁所产生的动态效应。例如，就某国而言，可以考察它所实行的汇率制度、汇率制度的变化，等等；还可以考察该国是否存在资本项目的管制，以及对资本项目管制的力度和有效性，等等。另外，一国金融监管的力度和有效性也是我们所重点考察的对象。

4. 我们计划在新的预警系统中还要考察各个国家的金融发展水平以及金融结构特征。最近金融经济学的研究表明，一个国家的金融发展水平和金融结构特征不仅反映了这个国家的金融体系在经济发展中的作用，同时也反映了该国金融安全度的高低。尤其是该国金融结构是否与发展阶段和要素禀赋特征相吻合，更是对金融安全具有相当重要的意义。而在现有预警系统中，几乎都忽略了金融发展水平和金融结构特征。

5. 存在政府干预几乎是所有发展中国家（包括所谓的新兴市场经济国家）都具有的共性。政府干预不仅有可能导致一个扭曲的宏观经济政策环境（例如压低利率、向优先发展的产业部门提供优惠贷款，等等），而且还有可能直接干预企业的微观经营，从而影响银行或企业的经营绩效，并进一步影响金融安全。因此，如何刻画政府对经济的干预就成为一个非常关键的问题。而在新开发的预警系统中将政府干预因素考虑进来，无疑将大大提高系统预警的精度和有效性。

6. 在上述内容的基础上，我们将进一步利用新开发的预警系统对一个从金融封闭向金融开放的经济体的金融风险进行各种模拟，以此来为各个正在逐步走向金融开放的国家提供政策上的依据和支持。

7. 我们将在以上内容的基础上，就中国在未来金融开放条件下如何防范并降低金融风险提出具有战略性的政策建议。

11.1 金融危机的理论发展与综述

从20世纪70年代中期开始，发展中国家陆续开始推行结构性的经济自由化改革和宏观经济稳定化计划，以试图打破传统体制的僵化，并保持国内通货的稳定。但所有的这些尝试都未曾在短期内达到预期的效果，反而引起了一系列的宏观经济问题，这些国家的宏观经济绩效、国际收支状况与国际外部经济环境之间表现出日趋复杂的关系，特别是金融危机的频繁爆发。金融危机最开始表现为固定汇率的瓦解，或者称为货币危机，而后则呈现出外汇市场、银行、房地产市场、股票市场同时出现崩溃的复杂症状。为什么追求经济自由化和宏观经济稳定的政策框架反而导致了金融系统的危机呢？金融危机理论由此应运而生，其研究的主要范例包括20世纪80年代初拉丁美洲的债务危机、1994－1995年的墨西哥危机和此次的东亚危机。与此同时，发达国家也同样难逃货币危机的厄运，特别是欧盟各国之间所组成的最优货币区时常受到投机商的攻击，而频频告急。发展中国家的金融危机与欧洲货币危机有着怎样的区别和联系呢？政府又应该分别采取何种应对措施呢？

类似这样的问题在一个更广泛的层次上，引起了经济理论界的注意，本文对迄今为止的形形色色的学说进行概括，其中较有影响的理论解释主要有五种：它们是 Salant 和 Henderson（1978）提出的金本位下的黄金投机理论，并由 Krugman（1979）应用到固定汇率体系，最后为 Flood 和 Garber（1986）加以完善的所谓货币危机的第一代模型；Dooley（1997），Krugman（1997）和 Makinon（1997）等人针对亚洲国家银行、企业和政府之间特殊关系而提出道德风险模型；由 Obstfield（1994，1996）等人就 1992－1993年欧洲汇率机制解体而提出的所谓货币危机的第二代模型；Sachs（1998）等人就墨西哥和亚洲金融危机提出的银行挤兑和流动性危机模型；Banerjee（1992），Calvo 和 Mendoza（1996）等提出的羊群行为（herding behavior）模型。根据金融危机是否由实际经济基础的变化所导致的这条原则，本文把上述几种模型分为两大类，一是实际经济决定的危机理论，二是与实际经济基础无关的危机模型（危机的多重均衡模型），上面五种模型中的前两个就属于前者，后三个属于后者。从某种意义上讲，理论的进展也就在于每次危机的具体特征各不相同。

11.1.1 货币危机的第一代模型

这类模型认为货币危机的发生是因为政府宏观经济管理政策失当导致实际经济基础恶化，投资者根据实际经济基础的变化情况，在预计到现有的固定汇率体制难以维持的情况下对其货币发动攻击，从而引起固定汇率体制的解体。这类模型的根本特点就是强调实际经济基础的变化决定了货币危机的发生，而且危机的发生是可以预见的。

(1) 基本模型

第一代货币危机理论的产生源于墨西哥（1973－1982）和阿根廷（1978－1981）等国家所发生的货币危机。通常危机发生前，这些国家国内的宏观经济政策有过度扩张的趋向。第一代模型阐明了固定汇率政策和国内经济的过度扩张之间的矛盾，以及力图从这种政策矛盾中获利的私人部门是如何将整个汇率体系推向危机之中的。假定一个开放的小国将其货币与一个较大的外部贸易伙伴的货币的汇率固定，固定汇率的责任由小国的国内货币管理当局承担。国内货币市场的均衡由下式给出：

上式是货币市场均衡的对数表达形式，m 为国内货币供给，i 是利率水平。国内货币供给由

$$m-p=-\alpha\ (i),\qquad \alpha>0 \qquad (11-1)$$

中央银行资产中的国内货款和国内储备构成，其对数形式分别以 d 和 r 表示：

$$m=d+r \qquad (11-2)$$

假设国内货币利率和价格水平满足国际套利的条件，价格水平满足购买力平价条件：

$$p=p*+s \qquad (11-3)$$

其中 P^* 为国外价格水平的对数，假定它的值保持不变，S 为以国内货币表示的外国货币的价格的对数，即汇率的对数。国内利率和国外利率之间满足无抛补的利率平价条件：

$$i=i^*+\dot{s} \qquad (11-4)$$

其中 i^* 为国外货币的利率，$\dot{s}$ 表示预期和实际汇率的变化率。

$$r+d-p^*-\bar{S}=-\alpha\ (i^*) \qquad (11-5)$$

假定不存在不确定性且汇率固定，$s=\bar{s}$（固定），$s=0$，$i=i^*$。假设政府的赤字融资要求国内贷款以一个稳定的速度 μ 增长，且 i^*、p^* 保持不变。将（11－2）、（11－3）、（11－4）式代入（11－1）式可得，

$$\tilde{S}=\alpha\mu+d \qquad (11-6)$$

$$d-\tilde{s}=-\alpha\ (\dot{\tilde{s}}) \qquad (11-7)$$

由上式可以看出，当国外价格及利率水平固定的情况下，d 以 μ 的速度增长会使 r 以相同的速度下降。显然，该国将最终耗尽其外汇储备，其固定汇率也会最终解体。

假设投机者购买了政府的国际储备，政府由此不得不放弃固定汇率制度而让汇率自由浮动。为了找到固定汇率解体的时间，我们必须引进影子汇率的思想，即投机过后外汇储备耗尽时货币市场达到均衡的汇率。投机后外汇市场满足以下条件：

假定投机的规模为 Δr，在投机攻击的过程中其值为负值。根据等式（11－6），在投机过后汇率会以的 μ 速度上升，因此利率平价就会使国内货币的利率上升 μ。在一个可预见的投机攻击过程中，国内货币的利率会上升以弥补预期的货币贬值。因此在攻击发生时货币市场上会出现两种情况：（1）高能货币的供给会下降，下降的幅度等于攻击的大小；（2）国内货币的需求会因为利率由于贬值的预期上升而下降。在攻击发生时，货币市场的余额要求货币供给量的下降正好与货币需求的下降相匹配。因此，$\Delta r = -\alpha\mu$。由于国内贷款遵从 $d_t = d_0 + \mu_t$，国际储备符合 $r_t = r_0 - \mu_t$，在攻击发生的时刻 T，储备将降为零，那么攻击发生时条件变为 $-\Delta r = r_0 - \mu T = \alpha\mu$，整理可得攻击的时间为，

$$T = \frac{r_0 - \alpha\mu}{\mu} \tag{11-8}$$

式（11－8）表明，初始储备的数量越大，信贷扩张的规模越大，固定汇率体系崩溃所需的时间越长。

在20世纪90年代的历次危机中储备损失的货币供给效应都被冲销，从而使货币的增长速度在整个投机攻击的过程中保持稳定的增长。设模型中的货币供给保持不变，当汇率固定时，货币市场的均衡如下：

$$m = \bar{m}$$

$$\bar{m} - p^* - \bar{s} = -\alpha\ (i^*) \tag{11-9}$$

假设投机攻击之后，汇率体系转向浮动，货币供给的增长速度为 $\mu > 0$，在这种情况下，浮动汇率也将以 μ 的速度上升，利率平价条件将确保国内利率为 $i = i^* + \mu$，货币市场的均衡为：

$$m - p^* - \tilde{s} = -\alpha\ (i^* + \mu) \tag{11-10}$$

由（11-9）、（11-10）式可得：

$$\tilde{s}-\bar{s}=\alpha\mu>0 \tag{11-11}$$

式（11-11）表明无论货币管理当局将固定汇率设定为多少以及持有多少外汇储备，影子汇率都大于固定汇率。这意味着如果货币管理当局计划对货币攻击采取冲销政策且投机者预料到这个政策之后，任何固定汇率体系都会遭到投机者的攻击而崩溃。

然而，在实际操作中为维持固定汇率而进行冲销操作是很普遍的事情。考虑到冲销通常涉及到公开市场业务操作，Flood，Garber 和 Kráreer（1996）做了进一步的研究。除对货币攻击进行冲销之外，其余假设与上面的模型一样，国内信贷仍以 μ 的速度增长并且不以投机的发生而改变。此时 UIP 条件变为了下式：

$$i=i^{*}+\dot{s}+\beta(b-b^{*}-s) \tag{11-12}$$

式中 $\beta(b-b^{*}-s)$ 为债券的风险溢价，其中 β 为大于零的常数，b 为私人手中国内政府债券的数量，b^{*} 为私人手中外国债券的数量。信贷以 μ 的速度增加促使私人资产组合发生调整，并最终使国际储备落入私人部门手中，这些储备都以生息的外国证券的形式存在且随着政府储备的减少而上升。在考虑到私人储备的积累之后，政府储备的变化率就变成了 $\dot{r}=-\mu/(1+\alpha\beta)$。当投机攻击发生时，汇率并没有发生跳跃，货币供给的突然变化正好与货币需求的突然变化相匹配。在央行采用冲销政策的情况下，由于货币市场均衡利率不变，汇率的贬值由债券风险溢价上升来维持。

（2）修正的第一代模型

前述模型是一个完全可预见的货币攻击模型，这样的简化处理可使我们看清私人部门对宏观经济政策不一致所做出的反应。但在现实的经济中，市场参与者很难确定什么时候会发生货币攻击，以及由此对汇率造成的影响程度。在不确定性的条件下，固定汇率体系在有可能遭受攻击的情况下实际是向投机者免费提供了看涨权，其中固定的汇率则相当于实施价格，而外汇储备则相当于标的数量。

Flood 和 Marion（1996）在完全冲销和存在风险溢价的条件下建立了一个模型。假定货币供给保持不变，风险溢价由预期效用最大化产生。在这个环境下，利率平价关系就变成了下式：

$$i=i^{*}+E_{t}\tilde{s}_{t+1}-\tilde{s}_{t}+\beta_{t}(b_{t}-b_{t}^{*}-\tilde{s}_{t}) \tag{11-13}$$

上式和（11－12）式有两个不同之处：一是式（11－13）是一个离散的随机等式而不是连续的；二是 β_t 不再是常数而是可变的。特别地，如果市场主体的预期效用随财富的预期值而增加，随财富的方差而减少时，那么 $\beta_t = z\text{Vart}(s\sim_{t+1})$，$Z$ 为由偏好确定的常数，$\text{Vart}(s\sim_{t+1})$ 为预期下一期影子汇率的条件方差。此模型是非线性的，从而可能存在着多重均衡。如果私人市场主体预期将来汇率的不确定性增加（即 $z\text{Vart}(s\sim_{t+1})$ 增加），那么它就通过 UIP 来影响影子汇率，进而影响货币需求，并使固定汇率体系解体之后汇率的变动更加剧烈。因此，预期的变化可改变相关的影子汇率从而决定某次攻击是否有利可图及攻击的时间。在随机风险溢价随时间的变化而变化的情况下，政策的不一致性仍可能产生货币危机。但与确定情况不同之处在于，在一定的基本经济状况下，关于汇率风险的自我实施的行为预期也可产生汇率危机。这意味着经济体系可以从一个无攻击的均衡变化到另一个易遭投机攻击的均衡。

11.1.2 金融危机的道德风险模型

在信息不对称的情况下，资本借款市场上可能存在着道德风险。但是，如果政府向金融市场中借贷交易一方或双方免费提供了还款保险，那么在信息对称的情况下道德风险也可以存在，因为免费保险的存在减轻了投资者风险承担的水平，由此诱发投资者投资于大于社会最优水平的风险项目。道德风险会引起银行和外汇市场的双重危机。

Krugman（1998）认为由政府免费提供的保险可能是一些国家，特别是亚洲国家发生金融危机的原因。他认为在金融中介具有免费保险且又监管不严的情况下，金融中介机构具有很强的扩张倾向而很少考虑投资项目的贷款风险。在国内机构无法从国际资本市场融资的情况下，国内投资需求过度只会造成国内利率的上升，而不至于引发投资过度。但如果资本项目放开，国内的金融中介机构可以在世界资本市场上自由融资，那么由政府保险引发的道德风险就可能导致经济的过度投资。Corsetti 等（1998）也认为道德风险是亚洲金融危机发生国家出现过度投资、对外过度借款和大量经常项目赤字的原因。只要能从将来政府的拯救行动中得到弥补，外国投资者就会向国内的因过度投资导致的资金缺口提供资金。因此，在由道德风险引发的金融危机中，危机发生前不一定要存在着的高额的财政赤字。国外贷款人拒绝再为其国内机构提供资金的可能性就可能迫使政府介入，为其国内部门的未偿外债提供担保。由此可能使政府不得不求助于铸币收益，预期的通货膨胀就可能引发危机。

M. Dooley（1997）在一个更广的时代背景下研究了，新兴市场化国家的政府为其国内机构提供免费保险是如何引发外资的涌入和迅速流出，从而导致金融危机。Dooley 的模型也是建立在政府政策的不一致性上，不过政策冲突源自于信贷受到约束的政府为自我保险而持有外汇储备，与政府为其居民的金融债务提供保险的愿望，后者使投资者产生了获得政府储备的激励。在政府提供了免费暗含保险的情况下，国内机构的败德行为将会使其投资项目的预期回报率高于市场回报率，从而使国内机构获得了额外的收益。而国内机构之间发行外国债务的竞争会使它们与国外投资者分享一部份额外的收益，这将具体表现为国内机构发行外债的市场期望收益率在一个可预见的时期内（在政府因免费保险而产生的或有债务小于其外汇储备的这段时间内）会有所提高。这种收益差诱使外国私人资本的流入，只要国外投资者还可以获取高于市场的收益率，就不存在攻击政府储备资产的激励。投资者会持有国内机构发行的高收益债券，并允许政府增加国际储备。当免费保险给政府带来的或有债务刚好等于政府的储备资产时，投资者就会行使保险期权。在投机攻击后的均衡点上，政府的净国际储备又回到了零。国际储备的损失可能会使政府放弃其管理汇率的承诺。Dooley 还认为，新兴市场化国家吸引国际私人资本流入进而引发投机性货币攻击需要三个基本条件：第一，政府必须拥有正的净国际储备，以保证投机攻击中拥有可供支出的净储备资产；第二，政府用这些净储备为国内居民的债务提供隐蔽或公开的保险合同的承诺必须值得信赖；第三，私人投资者能够参与因政府免费保险而产生损失的交易。

首先，那些拥有相当多外债存量的中等收入国家之所以没有受到攻击，是由于它们没有足够的资产存量以支持一个可信的保险承诺。1989 年之后，国际利率水平的下降一方面导致国际资本流向发展中国家，另一方面使许多负债的发展中国家产生了资本利得，从而产生了其向国内企业提供免费保险的基金。另外，新兴市场化国家在转向市场化的过程中，国际援助、财政改革、债务重组和私有化等都成功地增加了政府的保险基金。

其次，大多数的新兴市场化国家都对固定汇率体制的稳定具有很强的信用承诺。这就意味着政府更有可能选择为其或有债务承担义务，而不是利用通货膨胀或违约的办法减少或有债务的价值。如果市场预期政府会选择通货膨胀或直接违约等方法的话，那么就不会发生资本流入和货币危机了。

最后，在一个受到严格控制的金融体系中，政府的免费保险很难被国内外投资者所利用。东亚和墨西哥等一些新兴市场化国家的金融自由化改革使国外投资者能够自由买卖国内的金融资产，并使现有管制架构的有效性下降。

11.1.3 金融危机的多重均衡模型

这类模型认为，对应着同样的实际经济基础具有多个均衡的金融资产价格，当某些负面的消息使外国投资者情绪或预期发生变化时（例如贬值的预期增加），投资者抛售其持有的金融资产可以导致金融资产的市场价格由一个无危机的均衡跳跃到一个存在危机的均衡上去。这类模型的基本特点就是危机的发生不是由实际经济基础的变化引起的，危机的发生具有自我实施性（self – fufilling）。由于投资者无法根据实际经济的变化来预计货币攻击的发生，而投资者整体的情绪和预期又具有易变性，因此危机的发生很难预测。

（1）货币危机的第二代模型

1992 – 1993 年的欧洲货币危机与以前发生的货币危机不同，这些欧洲国家的信贷并没有快速扩张，而且在危机发生两年后，这些国家的货币币值又恢复到了危机发生前的水平。这表明货币危机在基本实际经济状况健康的情况下也能发生。基于对这一现象的认识，Obstfeld（1994，1996）等人提出了货币危机的第二代模型。

在标准的第一代模型中，政府和私人部门的行为都是线性的。前者表现为一个固定速度增长的信贷政策，后者则表现为一个固定的货币需求函数。这两种线性行为和投机产生的可预见获利机会一起，决定了一个可预见的投机攻击时刻。第二代模型的一个特性就是引入了政府或私人行为的非线性，具体而言就是研究了政府政策对私人行为变化的反应，或政府在汇率政策和其他政策目标之间进行权衡时所发生的情况。一些最近的模型表明，即使政府政策与固定汇率目标一致时，一些视市场状况而定的政策也会引发投机性的货币攻击，还有模型表明市场预期的变化也能改变政府的目标权衡并导致自我实施性的危机。新模型还承认经济体系可以长期处于一个无投机攻击的均衡上，此时虽然投机者观察到了获利的机会，但没有去寻求这个获利机会。在此情况下，任何能够协调投机者预期或行为的事情都可突然引发一场货币危机。

这类模型强调了政府行为的非线性所产生的多重均衡，这种非线性可表现为多种情况。Obstfeld（1994）给出了两种这类情况：一是私人投资者对汇率的预期恶化了政府对失业和通货膨胀的权衡；另外一个例子是，通货膨胀的预期增加了政府债务偿还的负担。在前一种情况下，私人部门的贬值预期提高了通货膨胀的预期和产生了工资上涨的要求，而政府为了避免由此造成失业率上升而不得不向这些要求屈服而让其货币贬值。在后一种情况下，更高的利息增加了政府的未偿还债务，引起了政府将会求助于通货膨胀政策的担心。在以上两种情况下，私人部门的预期都具有一定的自我实施性。当然，危机的发生与否与外汇市场的结构有关，如果投机商的规模较小且合作程度不够，则央行仍有能力捍卫固定汇率。如果货币市场中存在着一个大交易商攻击固定汇率，那么整个经济体系就会遭受到攻击。不过，第二代货币危机理论没有说明投机者行动的协调机制是怎样形成的，下文的两个模型则为此提供了相应的描述。

（2）银行挤兑和流动性危机模型

Radelet 和 Sachs（1998）认为，东南亚国家的实际经济还不足以导致其金融市场的崩溃，危机的发生是由于国际金融市场具有内在的不稳定性。为了说明这种危机与实际经济无关，他们强调了流动性困难（illiquidity）和无偿还能力（insolvent）之间的区别。所谓无偿还能力是指企业的净值（即企业的未来收入）不足以偿还其未来的债务；而流动性困难是指企业缺少现金来履行其偿债义务，虽然从长远来看企业具有偿还债务的净值。如果借款人有偿还债务的能力，但缺乏相应的流动性资产而且无法从金融市场上筹集新资金来偿还到期债务，那么它就会发生流动性危机。问题的关键在于资本市场不能或不愿向处于流动性困难的企业提供新贷款。

假设每个债权人的规模太小而不能独自提供处于流动性困难中的债务人所需的全部借款。如果债权人作为一个整体来提供这样的贷款，债务人就能摆脱困境，但如果只有一个债权人愿意提供贷款而其他人都不借款，那么流动性危机就会发生。在这样的市场均衡中，没有一个人愿意向处于流动性困难中的企业借款，原因是每个贷款人都会理性地预期到没有其他贷款人愿意提供这样的贷款。这可以用一个简单的例子来加以说明。设某个债务人欠很多债务人的债务总额为 D，这项债务要求债务人在第一期归还本息 θD，在第二期归还 $(1+r)(1-\theta)D$。另假设债务人拥有一项回报为 Q 但只能在第二个时期才能收回的投资项目，$Q/(1+r)$ 大于债务偿还金额的现值 $\theta D+[(1+r)(1-\theta)D]/(1+r)=D$。很显然，由于其投资项目所产生的现金流和债务偿还的现金流在期限上不匹配，因此在第一个时期末，债务人将会由于缺少偿还债务的现金流 θD 而面临流动性困难。如果此时因为债务人违约而引发其他债权人同时要求偿还债务，那么债务人的投资项目就可能因为缺乏资金而被迫放弃，项目的残值 $Q'<D$。

在通常的情况下，这个具有偿还能力但陷于流动性困难的债务人就会在第一个时期新借入 L 的贷款，用它偿还第一个时期的应付债务 θD 并在第二个时期偿还 $(1-\theta)D+L$。因此，在 $L=\theta D$ 的情况下，第二个时期应偿还的总债务为 $(1+r)\theta D+(1+r)(1-\theta)D=(1+r)D$，根据假设这个值小于 Q。然而如假设每个贷款人所能提供的贷款 $\lambda<<D$（这个贷款限额可能来源于每个银行的审慎性标准，目的在于限制它们对某一特定客户的风险暴露）。此时如果只有一个或很少贷款人愿意在第一个时期提供贷款，那么这个借款人将会因为在第一个时期不能偿还债务而被迫违约。此时，如果那个贷款人在第一个时期向债务人借款 λ，那么他将马上蒙受损失。如果要使借款人在第一个时期不发生违约的情况，至少需要有 $n=\theta D/\lambda$ 个贷款人。

这样，对应着不变的实际经济情况就存在着两个均衡，一个是“好”的均衡，一个是“坏”的均衡。在前一个均衡状态，n 个贷款人通常会介入，现有的债务将得到偿还，投资项目得到实施，将来的债务也会归还。在后一个均衡中，金融危机就会发生，每个贷款人都认为其他人不会提供贷款而拒绝向债务人提供贷款，由此导致债务人被迫违约，债务的偿还加速，投资项目被废弃，由于项目的残值 $Q'<Q/(1+r)$，因此造成经济的重大损失。

(3) 羊群行为理论

“羊群行为”（herd behavior）是信息连锁反应导致的一种行为方式，当个体依据其他行为主体的行为而选择采取类似的行为时就会产生羊群行为。换而言之，当羊群行为产生时，个体趋向于一致行动，对于社会整体的一个较小冲击可以导致人们行为的巨大偏移。在特殊的环境下，个人还可能放弃自己所掌握的信息和信号而附和他人的行为，虽然他们所掌握的信息和信号可能显示他们应采取另外一种完全不同的行为。

Banerjee（1992）、Bikchandani（1992）、Caplin 和 Leahy（1994）、Lee（1997）、Chari 和 Kehoe（1998）等认为，宏观经济基础和金融资产价格之间之所以缺乏唯一的对应关系而产生多重均衡，原因在于投资者在信息不完备或信息不对称环境下的预期形成模式所导致的羊群行为。他们的模型解释了投资者在这样的环境下产生羊群行为为什么可能是理性的。如果每个投资者拥有一些私人信息而且也知道其他投资者也拥有私人信息，那么在不能有效地分享他人的信息的情况下，观察他人的行动便可以获得他人拥有信息的有用线索，从而使得模仿他人的行为成为一种理性的行为。依据接收到的市场信号顺序的不同，金融资产的价格可以表现为几个均衡价格中的一个。如果一个新的市场信号使投资者的总体情绪由乐观转向悲观，那么就有可能导致投资者抛售金融资产，从而导致完全与实际经济基础无关，具有多重均衡特征的资产价格崩溃。

发生危机国家的资金通常是由资本的代理人来代为管理的，因此就会产生一个委托代理的问题。试想如果当外资涌入某个新兴市场化国家利用利差赚取大量收益时，虽然基金管理者觉得资本流入国的实际经济基础并不如投资者预期的那样乐观，他也会倾向于跟进，因为如果其他投资者从中获利巨大而自己空手而回的话，就会被委托人指摘为判断失误，错过了好的行情。反之，如果跟进之后遭受损失，一方面会由于众多的投资者一同承担损失而使自己损失不至过大，另一方面由于众多的投资管理者都发生了失误，在委托人面前也不至于显得自己无能。

上述理论通常假设不同的单个投资者的投资决策是序列进行的，这样后来的投资者在采取行动前会观察前面投资者所采取的行动。Calvo 和 Mendoza（1998）提出了一个模型认为，即使在投资者同时进行投资决策的情况下也可能存在着羊群效应。他们发现在存在着信息摩擦的情况下，随着世界资本市场规模的增加和日趋复杂，羊群行为可能会越来越普遍。随着全球化的进程，收集关于某一个特定国家的信息以辨别流言的成本将会加大，经理们在面临信誉成本的情况下会模仿市场上通行的资产组合，在这种情况下，谣言就可以诱发羊群行为进而使经济从一个没有投机攻击的均衡转移到一个有攻击的均衡。

11.1.4 金融危机理论发展的内在逻辑

1976年在墨西哥和20世纪80年代初期在阿根廷、巴西、秘鲁和墨西哥发生的货币危机有两个重要的共同特征：一是这些国家往往采取某种形式的固定汇率体制；二是这些国家政府连年都有高额赤字，而且主要通过发行货币来为其赤字融资。对此，第一代模型指出，这些危机发生国家的赤字融资政策和固定汇率政策之间存在着内在的不一致性。在他们的模型中，政府赤字或宽松货币政策使信贷规模以一定的速度扩张进而导致经常项目的赤字，而引发政府国际储备的流失，在国际储备减少到某一个最低水平时，投机者就会对其货币发生攻击，从而造成其汇率体系的崩溃。其模型的思想核心在于强调随着一国实际经济基础以一定的速度恶化，其汇率体系会在一个可以预见的时间内解体，即货币危机的发生是由实际经济状况决定而且是可以预见的。

1992－1993年的欧洲货币危机显然不同于拉丁美洲的危机。对此，Obstfeld（1994）指出，欧洲国家所经历的这次货币危机具有以下几个特征：首先，危机发生国家具有放弃固定汇率的动因，例如通过通货膨胀减轻以本币表示的债务负担，为了减少失业而需要采取较宽松的货币政策等。其次，危机发生国家政府也有维护固定汇率的原因，例如方便国际贸易和投资，争取反通货膨胀及国家对国际合作承诺的信用等，于是就和上面的目标存在着政策冲突。最后，当人们预期固定汇率将会被放弃时，政府捍卫固定汇率体制的成本将会上升。如果人们在预期货币将贬值，贬值的预期将会使债务持有人和工会要求更高的利率和工资，从而使整体经济在现有的利率水平下丧失竞争力。如果他们预期货币将会贬值，那么他们就会预期央行将面临巨大的压力，即使此时的基本经济仍很健康。这种预期将会迫使货币贬值。总之，Obstfeld在此基础上建立的第二代货币危机模型不认为货币危机的发生是由实际经济基础引起的，对应着同样的实际经济基础可能存在着多种情况，具有多重均衡的性质，因而货币危机的发生不再是可以预测的。

货币危机的第一代模型和第二代模型虽然分别较好地解释了20世纪80年代前后在拉丁美洲国家和90年代初在欧洲国家发生的货币危机。但接下来1994年发生在墨西哥的金融危机，1997年在东亚一些国家发生的危机表现出了一些新特征，对前面的两种模型的解释能力提出了挑战。墨西哥和东亚的大多数国家都充分注意到了盲目扩张财政赤字、外债规模以及高度的通货膨胀不确定性的恶果，采取了宏观经济稳定化计划。因此，危机爆发之时，关于金融危机的惯用宏观指标（低增长率，高财政赤字，高通货膨胀率，低储蓄率，低投资率，实际汇率升值，债务负担过重等）的解释能力不强。外部经济环境也对5国有利，例如全球贸易稳定增长，西方工业国家的利率低而且稳定。对于这些事实，原有的第一代和第二代货币危机理论显得解释乏力。

相应地，理论界根据亚洲国家政府和企业及银行之间的关系，提出了道德风险引发的货币危机模型，以及流动性危机理论和羊群行为理论。这些学说可以看作对第一代和第二代货币危机理论的延伸。其争论的焦点在于，这次亚洲危机是否由这些国家的实际经济基础变化引起的，以及危机的发生到底是不是可以预测的。当然，上面的两类模型虽然就危机的诱因和爆发机制上存在争论，但也并不完全是对立的。前一类模型在认为危机是由实际经济变化引发的同时，也并没有排除金融脆弱性的作用。同样，后一类模型在认为危机是由投资者不必要的金融恐慌造成的同时，并没有否认这些国家的实际经济基础也可能出现一定程度上的恶化。事实上，有些多重均衡模型及其实证分析工作认为，只有当一国的实际经济基础发生一定程度的恶化进入到危机发生区（crisis zone），才会发生多重均衡性质的危机。

11.1.5 金融危机理论的缺陷及其修正

在对东亚危机的解释上所出现的分歧，体现了金融危机理论目前仍存在着诸多的弱点。欧盟的货币危机更多的是源于成员国政策目标之间的矛盾，而拉丁美洲和东亚的危机则应归结为本国自身的问题。尽管如此，许多理论文献均单纯从货币市场均衡入手讨论发展中国家货币危机的生成，结果显得解释力不够，无法揭示危机的全过程，讨论的出发点也有相当的随意性。第一代模型、第二代模型及其各自的修正基本上都或多或少的存在这方面的弱点，而这些缺陷使我们难以真正理解为什么经济自由化的改革总以金融危机而告终，为什么国际资本的流入反而给发展中国家带来了灾难性的后果。这些都促使我们去寻找一个对资本流入逆转和货币危机更为全面的经济解释。

Krugman（1999）称近期内的一些理论进展为金融危机理论的第三代模型，Chang 和 Velasco（1998），Pesenti（1998），Cavlo（1998，1999），Cabolaro（1998）和 Mendoza（1999）等在近期发表的一系列研究也的确是在不同的角度上发展了早期的各种理论观点。例如，Pesenti（1998）的论文实际上是在一个一般均衡的框架中重新表述了道德风险的金融危机理论；Chang 和 Velasco（1998）对金融的不稳定性理论做了修正，银行业中出现的恐慌成为了汇率崩溃的主要诱因；Krugman（1999）的模型第一次把企业的资产负债结构置于金融危机的分析框架中；Mendoza（1999）的论文更具新义，他把墨西哥的金融危机与其将名义汇率作为名义锚的宏观经济稳定化政策有机地联系了起来。从总体上来讲，第三代模型还不存在一个统一的分析范式，但在发展倾向上存在一些共性：这些研究大多首先对政府行为规则进行了一系列的设定，而后讨论市场反应的逻辑过程。由此把金融危机置于一个完整的宏观经济周期框架中来理解，其中包括经济自由化改革和国际资本的大量流入，宏观经济的过热，泡沫经济的产生，财务结构的脆弱性提高，银行信贷资产风险的上升，以及因某种触发因素而导致的金融崩溃。

总体来看，这些新的理论进展大多把政府的政策目标外生于理论模型，这种做法虽然不会妨碍我们在现有金融危机理论的基础上构建 EWS，但同样不能很好地解释清楚货币危机和经济发展、政府政策之间的关系。如本文开篇所提及的，如何将这些因素放在一个统一的框架之中是问题的重点。因此，在下文的 EWS 构建中，我们首先根据现有金融危机的理论寻找 EWS 的组成变量，在研究报告的最后一章，我们将引入制度因素，考察外生的政府政策之间的协调性对金融危机的影响。

11.2 金融风险早期预警系统建模方法：综述与评价

正如引言中所指出的那样，虽然构建 EWS 的方法多种多样，但从方法论的角度来看，却基本上都遵循同样的步骤与程序，包括选择时间维度和国别范围、指标选取、统计方法选取、模型调试、模拟等等。由于目前信号提炼法和概率分析法是构建 EWS 的主要方法，因此本节主要针对这两种方法进行总结和归纳。本节内容具体安排为：第一部分为 EWS 建模的一般步骤；

第二部分详细介绍概率分析法的信号提炼法所使用的具体统计方法；第三部分是对概率分析法和信号提炼法的对比和评价。

11.2.1 EWS 建模的一般原则和步骤

无论是概率分析法（Probability Analysis Model，PAM）还是信号提炼法（Signal Extraction Model，SEM），在建模过程中都必须遵循类似的准则或标准，以提高模型的科学性和准确性，同时为模型的改进和扩展奠定坚实的基础，这一套准则或标准，可以称之为 EWS 建模的指导原则，并通过几个具体步骤而体现出来。

（1）EWS 建模的指导原则

①必须使样本涵盖范围足够大，以避免出现“选择误差”。

影响金融危机的因素有很多，显然没有必要，也没有可能把这些因素都引入 EWS 模型，只能着重分析那些主要因素。然而这就可能导致样本选取中的选择误差，即某段时间范围内的某次事件可能给予了人为过多的权重，从而使 EWS 模型得出的结论不具有推广价值。

例如在 1997 年的亚洲金融危机中，一般认为信贷膨胀——即银行信贷增长速度大大超过了 GDP 的增长速度——使得资金大量流入房地产、股票市场，从而催生了泡沫经济，埋下了金融危机的伏笔。类似的例子在日本、北欧国家和一些拉丁美洲国家也可以看到（Gavin 和 Hausman，1996）。因此如果把注意力只集中在有限几个新兴经济体（例如亚洲新兴经济）的话，信贷膨胀就是一个能够率先预警金融危机的领先指标。但是如果考察范围包括更多的新兴经济体和工业经济国家的话，由于产生危机的渠道和作用可能大相径庭，信贷膨胀的金融危机预警功能就很可能迅速消弱，而其他的指标反而在金融危机预警方面表现得更好。

解决类似问题的方法一般是尽可能扩大样本覆盖范围和期限，既包括发达国家，又包括发展中国家；既包括产生过金融危机的国家，又包括没有产生金融危机的国家；尽量延长样本期的覆盖范围。

②必须根据经济理论选择指标，使 EWS 能够在不同的经济理论间进行对比。

这实际上是所有经济模型建构都必须遵循的准则，如果仅仅依靠统计规则选取指标，实际上就把建模过程变成纯粹的数据挖掘（Data Mining），从而使 EWS 失去了应有的指导意义。只有建立在经济理论基础之上的 EWS，才具备预警危机和进一步改进的功能。

从经济理论上来看，目前用来解释金融危机的理论包括：第一，信息不对称造成银行挤兑，产生金融危机。这类理论强调货币错位和外部冲击导致银行流动性不足，进而产生金融危机。第二，金融体系内部不稳定，导致金融危机。这类理论强调金融机构在经济周期高涨期盲目扩张信贷，导致金融危机。第三，不恰当的金融自由化，导致金融危机。强调盲目金融自由化之后的金融监管水平无法解决信息不对称和应付外部冲击，导致金融危机。第四，对货币的投机攻击，导致固定汇率制度瓦解，产生金融危机。第一、二代货币危机模型都属于这一类。第五，以上各种理论的组合。

EWS 的指标选择建立在这些经济理论基础之上，通过这些指标来反映包括货币经济和实质经济、经常项目和资本项目、市场结构和预期等各个方面和渠道对金融脆弱性的作用。一旦选定了指标之后，再通过适当的统计方法确定各指标的统计性质，并预警金融危机。一般来说，与 SEM 相比，PAM 在确定指标统计性质方面更为简洁和直观。

③必须可以检验 EWS 的准确性。

一般而言，首先把整个样本期分为两段，即样本内期间（in - the - sample）和样本外期间（out - of - the - sample）。通过对前者的分析来构建 EWS，接着将样本外期间数据放入所构建的 EWS 以检验 EWS 的准确性和实用性。

（2）EWS 构建的一般步骤。

①样本范围、期间选取

根据 EWS 的建模原则，样本覆盖范围和期间要尽可能广泛。目前大部分文献的样本覆盖范围都包括了有定期数据供给来源的国家，主要是那些 IMF 和世界银行的成员国，由于 IMF 和世界银行有关部门会对这些国家的统计资料定期汇编，因而具有较完整的统计时间序列资料。而大部分 EWS 的样本期间从 1970 年开始，截止于 20 世纪 90 年代。例如 Kaminsky 和 Reinhart（1999）的研究包括了 25 个国家 1970 - 1995 年的数据。一旦选定了样本期间，需要进一步确定样本内期间和样本外期间，前者用来构建模型，后者用来检验模型的准确性和实用性。另外，样本期间的间隔频率也需要确定，即需要确定使用月、季、年度数据，三者也分别被称为高、中、低频数据。究竟选取何种频率的数据要视研究对象的性质和数据可得性综合判断。

②指标选取

指标选取以经济理论为基础，一般分为以下几类：（1）反映经常项目状况的指标：例如实际汇率、进出口额等等；（2）反映资本项目状况的指标：例如外汇储备、M2与外汇储备的比例、实际利率差的变化、短期外债与外汇储备的比例等等；（3）反映实质经济状况的指标：例如经济增长率、贸易条件、通货膨胀率、财政赤字率等等；4）反映货币经济状况的指标：例如M2与GDP的比例、银行信贷占GDP的比例、国内实际利率、股票价格等等；（5）反映外部环境的指标：例如G7的产出、美国利率、国际石油价格等等。上述指标可以是水平值，也可以是变化率，也可以是二者的组合。究竟如何处理指标，视研究对象而定。

③选取建模方法

即是选择概率分析法还是信号提炼法，对两者的详述是下一节的主要内容。

④模型调试和模拟

11.2.2 EWS 建模的具体方法

从目前的文献进展来看，EWS建模的具体方法主要可以分为三大类，即概率分析法（PAM）、信号提炼法（SEM）和评级法。前两种方法代表着EWS建模的最新进展，也是近年来EWS建模的主流，因此这里重点是对前两种方法的归纳和介绍，“脆弱性评级法”将在PAM中简单介绍。

（1）PAM 建模方法

该方法主要由Demirgüç - Kunt和Enrica Detragiache（1998，1999）推出并得到一些国际组织例如IMF的采用。其基本思路是首先将危机变量（Crisis）对一系列解释变量（$\sum X_i$）进行Logit回归，在此基础上进一步构建EWS。在他们样本覆盖了1980 - 1995年65个国家的数据，共计发生了65次系统性银行危机，占样本总量的4.7%。危机变量是作者根据一系列条件所构造的系统性银行危机指标，解释变量包括各种宏观经济变量例如人均GDP、GDP的增长率、贸易条件的变化、M2与外汇储备的比例等等[①]。表

① 对这些指标的详细说明放在第三节。

11－2 列出了系统性银行危机发生时间以及根据基本回归模型所得到的危机预测发生概率。表 11－3 列出了 Logit 回归结果。从中可以看出，在他们的基本模型中，较低的经济增长率、高通货膨胀率、高实际利率导致较高的危机发生概率。而汇率贬值率、贸易条件、财政盈余、人均 GDP 等因素对危机发生概率没有显著的影响。

表 11－2　Kunt 和 Detragiache（1998）所归纳并预测的银行危机

国家	年份	预测概率
印度	1991	0.069
以色列	1983	0.999
意大利	1990	0.015
约旦	1989	0.334
日本	1992	0.037
肯尼亚	1993	0.361
斯里兰卡	1989	0.036
墨西哥	1982	0.527
	1994	0.099
马里	1987	0.035
马来西亚	1985	0.067
尼日利亚	1991	0.011
挪威	1987	0.036
尼泊尔	1988	0.018
巴拿马	1988	0.539
秘鲁	1983	0.244
菲律宾	1981	0.035
巴布亚新几内亚	1989	0.121
葡萄牙	1986	0.064
萨尔瓦多	1989	0.055
瑞典	1990	0.036
瑞士	1995	0.633
泰国	1983	0.027
土耳其	1991	0.158
	1994	0.482
坦桑尼亚	1988	0.035
乌拉圭	1981	0.329
美国	1980	0.238
委内瑞拉	1993	0.494
南非	1985	0.196

表 11－3　Kunt 和 Detragiache（1998）Logit 回归估计结果

解释变量	估计系数
GDP 增长率	－0.172
贸易条件变化率	－0.021
贬值率	0.007
实际利率	0.065
通货膨胀率	0.02
财政盈余占 GDP 的比例	0.066
M2 占储备的比例	0.013
滞后两期的信贷增长率	0.015
人均 GDP	－0.039

第二步是通过表 11－2 所得到的回归结果，进一步根据样本期外的数据计算危机发生概率。令 β 为 $1\times N$ 向量，其 N 个元素分别代表根据 *Logit* 模型所估计出的 N 个变量的估计系数，再令 Z_{it} 为 $N\times 1$ 向量，其元素为第 i 国各变量在 t 年的值。这些值的取值可以是样本期外变量的预测值，也可以是样本期外的实际值，视具体情况而定。

$$p_{it}=\frac{\exp\left[\beta z_{it}\right]}{1+\exp\left[\beta z_{it}\right]}$$

第三步是在第二步计算结果的基础上，必须选择一个阈值，当预测概率大于该阈值时，发出危机警报，使管理当局能够有时间进一步采取预防措施。例如当发出危机警报后，管理当局可以收集更多有关银行资产负债表的信息，也可以与银行主管人员和有关市场参与者交换意见。当然也可以采取一些预防性的措施，例如降低利率以缓解银行利率对银行资产负债表的压力，或要求银行提高准备金，等等。

另外需要同时注意的是，采取预防性措施需要花费成本。例如提高银行的准备金要求将降低银行提供信贷的能力，降低利率有可能会导致通货膨胀，等等。因此阈值的选取会影响到 EWS 所招致的成本，阈值选取得好，EWS 的预警信号就越精确，就可以尽可能地降低预防成本。否则只会发出不准确的预警信号，导致不必要的预防成本。

阈值的选取需要考虑三个因素，一是阈值选取要在第一类错误（即当危机即将出现却没有发出信号引起注意）和第二类错误（不会产生危机却发出了危机即将来临的信号）之间进行选择。一般假定未来（即样本期外）危机发生的频率与样本期内危机发生频率遵循同样的模式，显然如果阈值选取得越高，则犯第一类错误的概率越高，而犯第二类错误的概率越低。反之亦然。

二是需要考虑银行危机发生的非条件概率，这可以从样本期银行危机发生的频率得到。如果该非条件概率很低，那么总的来说，犯第一类错误的概率也就相对较小，反之亦然。

三是需要考虑管理当局采取预防性措施所招致的成本与错误地没有发出预警信号所带来的成本之间的对比。如果管理当局认为危机带来的成本不会非常严重，或认为采取预防性措施会带来很高的成本，那么一般而言它会选择一个较高的预警阈值。

在以上考虑的基础上，我们可以开始阈值的选择过程。首先假设决策者确定阈值水平为T，当预测概率大于该阈值时，预警系统发出预警信号。令 $p(T)$ 为 *EWS* 发出预警信号的概率，$e(T)$ 为危机即将发生但 *EWS* 没有发出预警信号的联合概率。再令 c_1 为收到预警信号后采取预防性措施所产生的成本，c_2 为没有正确预计到危机发生所产生的成本。再假设当决策者希望正确预计到危机并采取有效的预防性措施，则有 $c_1 < c_2$。

在作出以上假设后，决策者的损失函数可以用一个简单的线性方程表示，即：

$$L(T) \equiv p(T) \cdot c_1 + e(T) \cdot c_2 \tag{11-14}$$

上式可以用第一类错误和第二类错误的形式改写。令 $a(T)$ 为选择阈值为 T 时犯第一类错误的概率（即危机发生时并没有收到预警信号的概率），$b(T)$ 为犯第二类错误的概率（即没有危机发生却发出预警信号的概率），w 为危机发生的无条件概率。则决策者的损失函数为：

$$\begin{aligned} L(T) &\equiv c_1 \cdot [(1-\alpha(T)) \cdot w + b(T) \cdot (1-w)] + c_2 \cdot a(T) \cdot w \\ &= w \cdot c_1 \left[1 + \left(\frac{c_2 - c_1}{c_1}\right) \cdot a(T) + b(T) \cdot \left(\frac{1-w}{w}\right)\right] \end{aligned} \tag{11-15}$$

方程（11－15）显示，当漏报危机的成本对比采取预防措施的成本越高（即 c_2/c_1 越大），那么相对于第二类错误而言，决策者更注意防止犯第一类错误。而如果危机的无条件概率（w）越高，决策者赋予第二类错误的权重就越高。

以 Kunt 和 Detragiache（1998）的回归为例，在该例中，银行危机发生的无条件概率为 0.047。给定一个阈值，则可以得到 $a(T)$ 和 $b(T)$ 的运动轨迹。例如 $T=0.05$，即如果预测概率高于 0.05 就发出警报，则 $a(0.05)$ 为在此规则下犯第一类错误的概率，$b(0.05)$ 为在此规则下犯第二类错误的概率。对于前者，是那些发生了危机但预测概率低于 0.05 的样本所占样本总数的比例；对于后者，是那些没有危机发生但预测概率高于 0.05 的样本所占样本总数的比例。对于 $T\in[0, 1]$，$a(T)$ 是一个递增函数，$b(T)$ 是一个递减函数（图 11－1）。$a(T)$ 和 $b(T)$ 相交于 $T=0.036$，在该点上，两类错误发生概率均为 0.3。

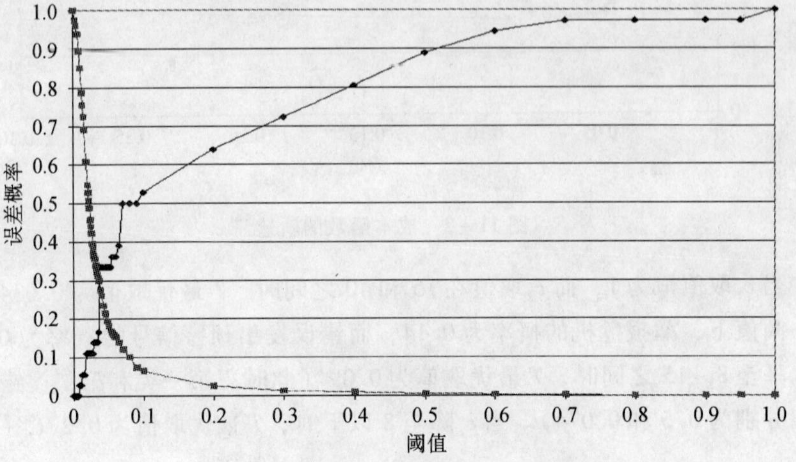

图 11－1　阈值与样本内两类错误的轨迹

图 11－1 还可以提供许多有价值的信息，例如从图 11－1 可以看出当发生第一类错误时发生第二类错误的概率。例如当第一类错误概率为 0.72 时，第二类错误概率为 0.012。这些结果可以和信号提炼法的结果进行对比，以确定最终选用合适的模型。

根据 T、$a(T)$ 和 $b(T)$ 之间的关系，结合决策者的成本权重（即 c_2 和 c_1 的对比），可以得到最优的阈值 T。例如如果标准化 c_1 为 1，那么当 c_2-c_1 分别取值为 20、10 和 5 时，使方程（11－15）取值最小的 T 值分别为 0.034、0.09 和 0.2（图 11－2）。换而言之，当决策者认为漏报危机的成本是采取预防性措施的成本的 10 倍时，如果预测危机概率超过了 0.09，则发出预警信号，否则不发出预警信号。同时也可以看出，当漏报危机的成本上升时，最优阈值的取值也逐渐下降。此时 EWS 犯第一类错误的概率下降而犯第二类错误的概率上升。

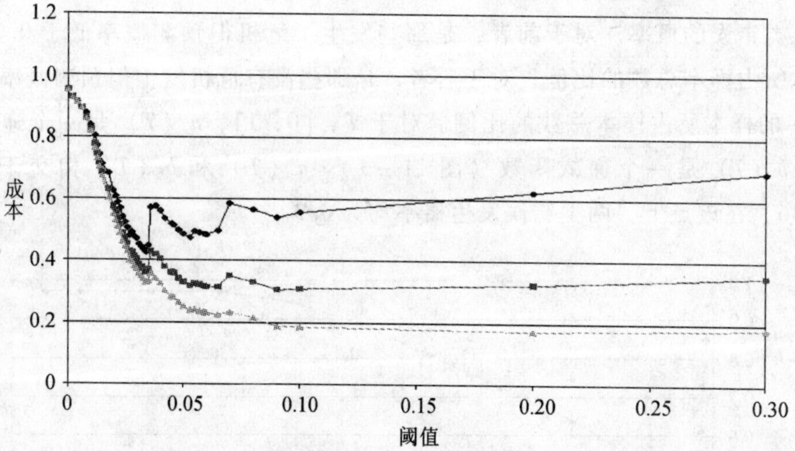

图 11－2　成本函数的轨迹

当 c_1 取值恒为 1，而 c_2 取值在 15 和 40 之间时，T 最优取值为 0.034。在这一阈值下，漏报危机的概率为 0.14，而错误发出预警信号的概率为 0.31。当 c_2 降至 8－15 之间时，T 最优取值为 0.09（此时犯第一类和第二类错误的概率分别为 0.5 和 0.074）。当 c_2 降至 8 以下时，T 最优取值为 0.2（图 11－3）。

图 11－3　漏报危机和错误发出预警信号的状况图

这里需要指出的是漏报危机的概率与犯第一类错误的概率并不相同，前者是后者与危机发生无条件概率的乘积。类似地，误报危机的概率是犯第二类错误的概率与没有发生危机的频率的乘积。因此，当 T 取值为 0.09 时，漏报危机的概率仅为 0.023，而误报危机的概率为 0.071。出现这种情况的主要原因是样本内期间危机发生的频率比较低。

有时尽管模型发出误报信号，但实际上却是非常有用的信息。例如对于样本内期间 T 取值为 0.047，有 21 个误报信号之后的两年发生了危机。这说明即使发出了误报信号，但它们所包含的信息在两年后得到了印证。因此根据样本期内的信息对 EWS 的准确性进行评价有可能夸大犯第二类错误的概率。然而，样本外预测同时也会面临一些在样本期内进行预测所无法面临的困难：包括经济结构特征发生改变，解释变量的预测值本身会包含预测误差，等等。另外，如果样本期内的样本数量过少，也会产生小样本误差。不过这一问题会随着样本数量的扩大而得到减轻。

选取最优阈值 T 需要明确 c_1 和 c_2 的对比，但是这在实际中并不存在一个客观的标准。另外，T 值的微弱变动有可能导致第一类错误和第二类错误的重大变动（图 11－1）。一个替代的方案是“脆弱性评级法”，即不是选择一个单一的最优阈值 T，而是通过划分脆弱性区间来判断金融体系的脆弱性。这样做有两个好处，一是决策者可以自行判断是否发送预警信号所带来的成本—收益；二是不同脆弱性级别可以在统一的标准下进行对比。

依然以 Kunt 和 Detragiache（1998）的银行危机 Logit 回归结果为例。首先是根据回归所得到的危机预测概率划分脆弱性评级区间，脆弱性显然随危机发生预测概率的上升而上升。由于根据概率划分脆弱性区间，因此区间长度为[0，1]，并在此基础上划分子区间，每个子区间赋予一个脆弱性程度指数。

划分子区间具有很大的主观性，但是也并不是无规可循。首先是子区间不能划分过细。因为危机发生毕竟频率不高，如果子区间划分过细，则有可能导致衡量误差。例如，在 Kunt 和 Detragiache（1998）的结果中，危机预测概率在[0.04，0.05]之间没有对应的观测值，而在[0.03，0.04]之间有对应观测值。但显然不能据此得出脆弱性随预测危机概率的上升而下降的错误结论。其次，估计概率的分布很可能过于向小概率分布倾斜。例如在样本综述中，只有 8.5% 的样本预测概率超过了 10%，超过 45% 的只占 2%。因此子区间的划分要注意使样本在每个子区间中的分布不相同，在最高值区间中只占有少数样本。

接下来可以划分子区间。这里划分子区间的结果是使每个子区间按其最高限犯第一类错误的概率分别为10%、30%、50%和100%。按照此划分，预测概率低于1.8%的样本均归于第一等级，即最安全区间；预测概率在7%－100%间的样本归于第四等级，即最危险区间（表11－4）。

表11－4　　　　脆弱性评级表

等级	概率区间	第一类错误	第二类错误	观测值	区间内危机样本占总样本的比例
I	0－0.018	0－0.10	1－0.60	291	0.01
II	0.018－0.036	0.10－0.30	0.60－0.30	232	0.03
III	0.036－0.07	0.30－0.50	0.30－0.12	136	0.05
IV	0.07－1	0.50－1	0.12－0	107	0.17

如果当预测概率超过1.8%，则发出预警信号，那么犯第一类错误的概率将低于10%，然而犯第二类错误的概率将超过60%。更直观地说，90%样本的预测概率都超过了1.8%，从而落入第二等级至第四等级。如决策者只有当预测概率落入第三等级或第四等级才发出预警信号，那么它漏报危机（假设危机发生）的概率就超过30%，而误报危机的概率将低于30%。

表11－4的最后一列计算了区间内危机样本占总样本的比例，可以看出在第四等级（即最危险区间）中发生危机的样本占样本总数的17%。这一概率是样本总体内危机发生的无条件概率（4.7%）的3.5倍多，这意味着与危机发生的平均概率相比，落入第四等级的样本爆发危机的概率是样本总体平均爆发危机概率的4倍。

（2）SEM建模方法

SEM方法主要由Kaminsky，Lizondo和Reinhart（KLR，1998），Kaminsky和Reinhart（KR，1999）提出并运用于对货币危机的分析，但其原理同样可以用于对银行危机的分析。这里以Edison（2000）对货币危机预警的文章为例对该方法进行详述。

在确定了样本覆盖范围、期限以及变量后，与PAM方法不同的是，SEM方法并不是通过回归来获得未来危机发生的概率，而是通过对每一个进入模型的变量进行单独的分析，确定对应的“阈值”，然后判断未来该变量是否会超过该阈值。如果超过该阈值，则发出预警信号。如果在未来几个月的时间内的确发生了危机，则认为是一个“好”信号，否则则认为是“噪音”。而最优阈值需要满足使噪音/信号比例最低，也即噪音/“好”信号比例最低。令 Xt 为指标 X 在 t 期的值，$Xbar$ 为该指标的阈值，则当以下条件满足时发出危机信号，

$$(St' = 1)\ if\ (|Xt| > |Xbar|)$$

否则不发出危机信号，

$$(St = 0)\ if\ (|Xt|\ \hat{1}\ |Xbar|)$$

除了需要确定阈值之外，还需要同时确定发信号区域或危机窗口，即预计指标会在多长的期限内发挥预警危机的作用。

在确定了危机窗口和阈值后，可以用表 11－5 归纳指标 X 的四种表现。

表 11－5　　　　指标的效果

	24 个月内有危机	24 个月内没有危机
发出了信号	A	B
没有发出信号	C	D

情况 A 被认为是成功地发出了信号（good signal），情况 B 被认为是噪音（noise），情况 C 被认为是信号遗漏（missed signal），情况 D 被认为是信号沉寂（good silent signal）。对于任一指标和任一阈值，每个月发信号的表现都可以归结为以上四种情况。SEM 的关键在于选择合适的阈值，以使噪音/信号比例最小，即使[B/(B＋D)]/[A/(A＋C)]最小。实际上 C/A＋C 是第一类错误，B/B＋D 是第二类错误，因此噪音/信号比实际上是：(第二类错误概率)/(1－第一类错误概率)。

另外需要注意的是阈值的选取一般是根据该变量的分布来判断的，例如外汇储备虽然各国绝对量不同，但按照外汇存量变动的分布的 10% 低限作为阈值则对所有国家都适用。这就需要能清楚每个国家该变量的分布情况，以确定一个统一的低限。

表 11－6 给出了韩国、墨西哥和泰国在储备损失和经济增长这两个变量上的阈值。所有这些变量的值如果低于本国分布的 10% 低限，就发出预警信号。尽管 10% 的低限对所有国家都一样，但由于各国分布不同，所以阈

值也不一样。

表 11－6　阈值表案例

	出口增长阈值	外汇储备损失阈值
韩国	－0.8	22.2
墨西哥	－6.5	49.5
泰国	－4.5	9.2

在表 11－6 中，如果韩国和泰国的出口增长降低了 5%，则发出预警信号，而对墨西哥而言，只有当出口增长下降了 6.5%，才会发出预警信号。对外汇储备损失的解释与此类似。

表 11－7 给出了 Edison（2000）按照 SEM 方法计算样本内估计结果。第一列给出了对于每个可计算的变量所能够涵盖的危机次数。第二列给出了使噪音/信号比最小的变量阈值。对大部分变量来说，降低 10% 即发出信号，但对于贷款/存款比和股价指数，增幅超过了 20% 则发出警号。第三列是噪音/信号比，即没有危机发生的月份中发出错误信号的月份所占的比例（B/B＋D）与危机发生的月份中发出正确信号月份的比例（A/A＋C）之比。噪音/信号比最低的是实际汇率。噪音/信号比大于 1 的指标意味着该指标并不能十分有效地发挥预警功能，这些指标包括贷款/存款、实际利率溢价、进口、商业银行存款等指标。第四列是在危机窗口期间该指标至少发出一次预警信号的危机占危机总数的比例。第五列是危机发生的条件概率，即发出预警信号后发生危机的概率（A/A＋B）。条件概率和噪音/信号比例一样是判断指标预警绩效的标准。例如实际汇率的条件概率为 59%，而贷款利率/存款利率的条件概率仅为 8%。

表 11－7　Edison（2000）的统计结果

变　量	危机数	阈值	噪音/信号比	发出信号的样本比例	Pr（危机/信号）
储备	70	0.1	0.57	0.66	0.36
出口	70	0.1	0.52	0.77	0.39
实际汇率	70	0.1	0.22	0.44	0.59
股价指数	41	0.2	0.57	0.62	0.32
商业银行存款	69	0.1	1.05	0.32	0.23

续表

变　量	危机数	阈值	噪音/信号比	发出信号的样本比例	Pr（危机/信号）
产出	51	0.12	0.57	0.61	0.39
M1	68	0.1	0.6	0.5	0.35
M2 乘数	70	0.15	0.89	0.64	0.26
M2/储备	70	0.1	0.54	0.63	0.37
国内信贷/GDP	67	0.1	0.63	0.43	0.33
实际利率	49	0.15	0.69	0.37	0.26
实际利率溢价	49	0.1	1.2	0.18	0.17
贷款/存款	36	0.2	2.3	0.28	0.08
进口	70	0.1	1.2	0.48	0.21

在获得了表 11－7 的信息之后，就可以在此基础上估计样本外期间信号发出后产生危机的概率。

直观地判断，如果某指标发出预警信号的次数越多，则发生危机的概率越高，因此一个简捷的方法就是直接计算发出预警信号的次数。当然也有其他方法综合计算脆弱性程度的指标。这里介绍两种方法。

一是以每个指标的噪音/信号比的倒数（$1/w$）为权数进行加权加总预警信号次数，这意味着那些噪音/信号比更小的指标所发出的预警信号得到更大的重视。即：

$$I_t = \sum S_t^j / w^j$$

其中 I 是综合指数，S 是一个 0 或 1 的二元变量，当变量值超过了阈值则取值为 1，否则为 0。

按照上述方法得到的是一个综合危机指数，但并不是概率意义上的指标，但在此基础上可以得到相当于概率的结果。其计算公式为：

$$Pr\ (C_{t,t+h} | I_i < I_t < I_j) = \frac{\sum M_{I_i < I_t < I_j} | CRISIS}{\sum M_{I_i < I_t < I_j}}$$

上式中，$Pr\ (C_{t,t+h} \mid I_i < I_t < I_j)$为在［$t$，$t+h$］时间内（$h=24$）产生危机的概率，分子项为在 h 个月内危机发生情况下满足 $I_i < I_t < I_j$ 的月份总数，分母项为满足 $I_i < I_t < I_j$ 的月份总数。j 和 i 分别代表综合指数在时间区

域内的上下限。

(3) 对两种 EWS 建模方法的对比和评价

作者已经在引言中对 PAM 方法和 SEM 方法之间共有的长处和弊端都进行了简单的评价。除此之外，笔者还想指出的两者之间的一些区别，一是 PAM 方法主要依赖计量模型来计算金融系统的脆弱性，而 SEM 则直接从样本中利用传统统计方法直接计算金融系统的脆弱性，两者的计算思路不尽相同。从计算量来看 SEM 所需的计算量明显大大超过了 PAM 方法；

二是对于阈值的选取，虽然两种方法都存在相当的主观性，但 PAM 方法并不局限于某一特定的阈值，而是将阈值的选取与第一类和第二类错误联系在一起，从而给决策者留下了选择的余地。PAM 方法的政策性意义从而更强。相比较而言，SEM 方法对阈值的选取则显得主观性较强，选择的灵活性也较差。但就预警信号的发送而言，SEM 方法并不涉及决策者的效益—成本判断，因此在发送信号方面存在相对较高的客观性；

三是由于 PAM 使用的是计量模型，因此其结果对模型设定形式本身存在一定的依赖性，如果模型设定形式有所变化，根据 PAM 方法所得到的结果也有可能会产生一定的变化。换而言之，PAM 方法存在模型选择误差。而 SEM 方法则不存在类似的问题。但是，正因为 PAM 使用的是计量模型，因此它可以考察更多的变量变化，例如为考察经济结构变化、制度性因素变化的影响留下了广阔的空间，而对于类似的定性变量，SEM 方法则很难考察类似的效应。因此相对于 SEM 方法而言，PAM 方法具有更好的扩展性。

最后是对 PAM 方法中的损失函数与 SEM 方法中的噪音/信号比进行对比，因为它们是两种不同方法获得阈值的关键步骤，在 PAM 方法中，阈值的选取是要使损失函数获得最小值；而在 SEM 中，阈值的选取则须使噪音/信号比最小。

从对 SEM 方法的介绍中可得噪音/信号比的表达式可以写为：

$$NS(T) \equiv \frac{a(T)}{1-b(T)} \tag{11-16}$$

其中 $a(T)$ 是犯第一类错误的概率，$b(T)$ 是犯第二类错误的概率。将上式代入损失函数（11－15）得：

$$L(T) = wc_1 + w(c_2 - c_1) \cdot a(T) + (1-w) \cdot c_1 \cdot NS(T) \cdot [1 - a(T)] \tag{11-17}$$

方程（11－16）最小化的一阶条件为：

$$\frac{dL(T)}{dT} \equiv [w(c_2 - c_1) - (1-w) \cdot c_1 \cdot NS(T)] \cdot a'(T) + (1-w) \cdot c_1 \cdot [1 - a(T)] \cdot NS'(T) \quad (11-18)$$

令 T^{ns} 为使 $NS(T)$ 最小的阈值，因此在 $T = T^{ns}$，有 $NS'(T) = 0$，因此损失函数的一阶导数为：

$$\frac{dL(T)}{dT}\Big|_{T=T^{ns}} \equiv [w(c_2 - c_1) - (1-w) \cdot c_1 \cdot NS(T)] \cdot a'(T) \quad (11-19)$$

如果损失函数为凸函数，那么若方程（11－19）为正（负），意味着 T^{ns} 大（小）于使损失函数最低的最优阈值。因此，若方程（11－19）为正（负），此时噪音/信号比 $NS(T)$ 最小，但相对于使损失函数最小的阈值，此时决策者所选择的 T^{ns} 将使决策者犯第一（二）类错误的概率更大。由于 $a'(T) > 0$（即犯第一类错误的概率是最优阈值 T 的增函数），方程（11－19）的符号取决于右边括号中表达式的符号。显然，如果犯第一类错误的成本 $(c_2 - c_1)$ 相对于犯第二类错误的成本 c_1 越大，危机发生的无条件概率 w 越高，方程（11－20）符号为正的可能性就越高。因此如果危机不是一个小概率事件，并且漏报危机的成本超过误报危机的成本，那么如果决策者的政策偏好满足方程（11－19），却选择 SEM 方法的话（即使 $NS(T)$ 最小），将使决策者漏报危机的概率大大增加。

11.3 EWS 建模与模拟

在第二章中，笔者已经就 EWS 建模的方法和步骤进行了比较，本章将按照 PAM 方法，首先利用跨国数据创建国际系统性银行危机早期预警系统，并利用同样的方法对中国的系统性银行危机进行模拟。

之所以选择 PAM 方法，主要原因是与 SEM 方法相比，PAM 的计算量相对较小，另外，PAM 方法还部分考虑了决策者政策选择的成本－效益对比；最后，PAM 方法可以考察一些制度环境变量的影响。

11.3.1 数据来源和变量

构建 EWS，首先必须确定样本覆盖范围和时间。在对系统性银行危机的实证研究中，Kunt 和 Detragiache（1998，1999）的研究影响最为广泛。在这两项研究中他们使用了 65 个国家 1980 – 1995 年的数据。最新的进展 Beck，Demirguc – Kunt 和 Levine（2003）将样本扩大到 1980 – 1997 年，覆盖了 79 个国家。我们在这里直接引用了 Beck，Demirguc – Kunt 和 Levine（2003）系统性银行危机数据。

首先介绍系统性银行危机的定义，Beck，Demirguc – Kunt 和 Levine（2003）认为所谓系统性银行危机是银行部门出现了大面积的破产或流动性不足，除非货币当局进行特别紧急措施（例如存款冻结、对存款人的全额担保、对银行部门的国有化，等等），否则银行部门无法正常运行。当满足至少其中任何一个条件时，可以认为出现了系统性银行危机：坏账占银行部门总资产的 10%；为救助银行所耗费的成本至少占 GDP 的 2%；银行部门的问题导致对该部门的大规模国有化；发生大规模的银行挤兑或者政府出台针对银行部门的紧急措施。

表 11 – 8　　样本国家系统性银行危机的发生时间

国　家	人均 GDP（美元）	发生时间	国　家	人均 GDP（美元）	发生时间
澳大利亚	17913	0	科特迪瓦	843	（1988 – 1991）
奥地利	25785	0	塞浦路斯	9267	0
巴林	9398	0	丹麦	31049	0
比利时	24442	0	多米尼加	1426	0
伯利兹	2996	0	厄瓜多尔	1516	（1995 – 1997）
贝宁	362	（1988 – 1990）	埃及	905	0
博茨瓦纳	2781	0	萨尔瓦多	1450	1989
布基纳法索	230	（1988 – 1994）	芬兰	23304	（1991 – 1994）
布隆迪	186	0	法国	24227	0
喀麦隆	790	（1987 – 1993，1995 – 1998）	加蓬	4625	0
			冈比亚	369	0
加拿大	18252	0	德国	27883	0
智利	3048	（1981 – 1987）	加纳	356	（1982 – 1989）
哥伦比亚	1802	（1982 – 1985）	希腊	10202	0
刚果	940	0	危地马拉	1415	0

续表

国家	人均 GDP（美元）	发生时间	国家	人均 GDP（美元）	发生时间
几内亚	523	（1993－1994）	挪威	28843	（1987－1993）
圭亚那	653	（1993－1995）	巴拿马	2824	（1988－1989）
洪都拉斯	694	0	巴布亚新几内亚	1024	0
印度	313	（1991－1997）			
印度尼西亚	761	（1992－1997）	秘鲁	2458	（1983－1990）
爱尔兰	13419	0	菲律宾	1070	（1981－1987）
以色列	13355	（1983－1984）	葡萄牙	8904	（1986－1989）
意大利	17041	（1990－1995）	塞内加尔	562	（1988－1991）
牙买加	1539	（1996－1997）	塞舌尔	5719	0
日本	35608	（1992－1997）	塞拉利昂	260	（1990－1997）
约旦	1646	（1989－1990）	新加坡	20079	0
肯尼亚	336	1993	南非	3680	1985
韩国	6857	1997	斯里兰卡	588	（1989－1993）
莱索托	356	0	斯威士兰	1254	1995
马拉维	154	0	瑞典	24845	（1990－1993）
马来西亚	3197	（1985－1988，1997）	瑞士	42658	0
			坦桑尼亚	170	（1988－1997）
马里	260	（1987－1989）	泰国	1886	（1983－1987，1997）
毛里塔尼亚	456	（1984－1993）			
毛里求斯	2724	0	多哥	366	0
墨西哥	3240	（1982，1994－1997）	突尼斯	1831	0
			土耳其	2451	（1982,1991,1994）
尼泊尔	179	（1988－1997）	英国	16883	0
荷兰	22976	0.76	美国	24459	（1980－1992）
新西兰	15539	0	乌拉圭	5037	（1981－1985）
尼日尔	245	（1983－1997）	委内瑞拉	3558	（1993－1997）
尼日利亚	251	（1991－1995）	赞比亚	464	0

图 11－4 表明，系统性银行危机主要产生在那些人均 GDP 低于 800 美元的低收入国家，图 11－4 在人均收入超过 20000 美元处出现陡峰，反映了

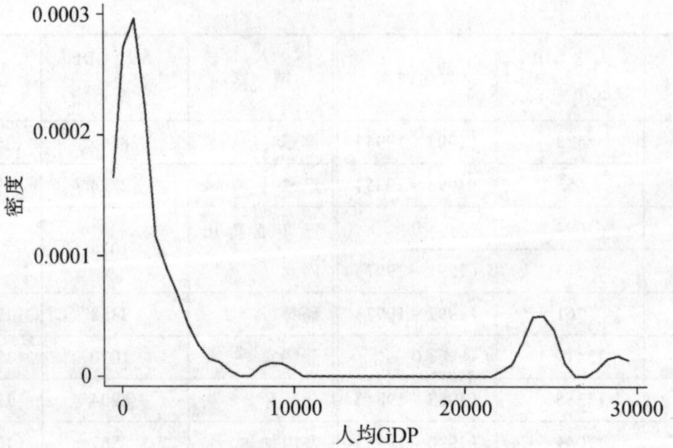

图 11－4　系统性银行危机在不同收入水平上的密度分布图

美国 20 世纪 80 年代的储蓄信贷协会危机。

解释变量包括一系列有可能影响银行经营的代表宏观经济条件、制度环境等变量。人均 GDP（RGDP）、通货膨胀率（INF）、对外贸易水平（进出口占 GDP 的比例，SEI）、贸易条件的变化（TOT）、当期以及滞后 1—2 期的国内信贷增长率（按国内银行向私人部门的信贷占 GDP 的比例计算，CREDIT）、金融结构（股市交易额与国内银行向私人部门信贷额的比例，FINSTR）、外资银行资产占 GDP 的比例（FOB）、实际利率（RINT）、外汇黑市溢价（BMP）、法律传统（BL－FL－GL－SL，即英格兰、法兰西、德意志和斯堪的纳维亚法律体系，以斯堪的纳维亚法律体系为参照）、腐败程度（CORR）、产权保护水平（PRIGHT）、政府官员质量（GG）。表 11－9 列出了这些变量的定义以及数据来源。

另外需要注意的是，各个变量的覆盖国家范围和时间并不相同，因此在建模中加入一些变量会损失另外一些变量的样本观测量。

11.3.2　EWS 建模和模拟

根据 PAM 方法的建模思路，我们选择 Probit 模型为建立 EWS 的基本回归模型。

$$CRISIS_{it} = \alpha_{it} + \sum \beta_{it} \cdot X_{it} + \varepsilon_{it}$$

其中，下标 i、t 表示第 i 个国家和第 t 年，ε 为服从正态分布的残差项。

表 11 - 10　　变量和数据来源

变量名	变量含义	数据来源
因变量		
KBC	系统性银行危机（1 = 有；0 = 没有）	Beck, Kunt 和 Levine (2003)
自变量		
RGDP	按 1985 年国际价格计算的实际人均 GDP	http://www.worldbank.org/research/projects/finstructure/database.htm
Credit	向私人部门的银行贷款占 GDP 的比例	http://www.worldbank.org/research/projects/finstructure/database.htm
INF	通货膨胀率	http://www.worldbank.org/research/projects/finstructure/database.htm
SEI	进出口总额占 GDP 的比例	http://www.worldbank.org/research/projects/finstructure/database.htm
TOT	贸易条件变化	http://www.worldbank.org/research/projects/finstructure/database.htm
FOB	外资银行占 GDP 的比例	http://www.worldbank.org/research/projects/finstructure/database.htm
RINT	实际利率	http://www.worldbank.org/research/projects/finstructure/database.htm
BMP	外汇黑市溢价	http://www.worldbank.org/research/projects/finstructure/database.htm
BL, FL, GL, SL	分别代表英格兰、法兰西、德意志、斯堪的纳维亚法律体系	http://www.worldbank.org/research/projects/finstructure/database.htm
CORR	腐败指数，值越低腐败程度越高	Djankov, La Porta, Lopez - de - Silanes, 和 Shleifer (2001)
PRIGHT	产权保护指数，值越高对产权保护越有力	Holmes 等 (1997)
GG	政府官员质量	Djankov, La Porta, Lopez - de - Silanes, 和 Shleifer (2001)

CRISIS 是 Beck, Kunt 和 Levine (2003) 所构建的系统性银行危机指标，为 0 或 1 二元离散变量，X 为上述各解释变量。为了减少计量中可能出现的异方差，所有变量均进行了对数变换。表 11 - 11 列出了一些主要解释变量的描

述性统计结果。

表 11－11　　一些主要解释变量的描述性统计结果

	RGDP	TOT	RINT	FBA	INF	BMP	BOP	SEI
观测数	5647	4155	2608	629	4508	4462	3887	5201
平均值	4130.02	110.50	4.94	0.20	47.54	299.86	0.35	70.82
标准差	4744.76	34.84	20.84	0.23	502.36	8918.95	0.32	45.83
最小值	197.00	21.03	－97.80	0.00	－100.00	－89.16	0.00	0.00
最大值	55148.00	431.60	789.80	1.00	23773.00	413361.10	2.21	439.59

我们选取的样本内期间是 1980－1996 年，以 1997 年作为样本外期间，根据表 11－9 的数据，可知在样本内期间，系统性银行危机发生的无条件概率为 16.11%。这一数字是比较高的。另外，为了最大限度地利用样本，我们在建模过程中逐步剔除了那些有可能显著降低模型观测值的变量。这样一来，最终结果中有许多变量就被从基本方程中剔除，从而损失了许多有价值的信息。但一方面模型的总观测数得到了扩大，另一方面作为由于在基本方程中包括了法律体系变量，因此已经在一定程度上考虑了制度性因素。表 11－12 给出了对基本方程的回归结果。

表 11－12　　基本方程的估计结果

变　量	估计系数
RGDP	－0.594***
INF	1.231***
SEI	－0.537***
BOP_{-2}	2.498***
BMP	－0.209
TOTC	0.346
BL	－1.544***
FL	－0.921**
GL	－1.920***

从表 11－12 可以看出系统性银行危机和实际人均 GDP、对外贸易水平显著负相关，与通货膨胀率、滞后 2 期的信贷增长水平正相关。与实行斯堪的纳维亚法律体系的国家相比，实行英格兰、法兰西和德意志法律体系的国

家发生系统性银行危机的概率更低。但是外汇黑市溢价以及贸易条件的变化对系统性银行危机的发生并无很大影响。

表 11－13 以肯尼亚为例，对该国在 1992－1993 年发生系统性银行危机的预测概率的变化进行了分解，对比了各变量对其变化的影响程度。

表 11－13　　对肯尼亚 1992－1993 年预测概率的分解

	各变量 1992－1993 年变化百分比	1992 年权数[a]	1993 年权数[a]	1992－1993 年权数的变化百分比	对预测概率变化的影响[b]
RGDP	－2.549	－404.791	－403.278	1.513	1.052
INF	11.855	31.832	46.430	14.598	10.146
SEI	34.306	33.061	14.654	－18.407	－12.793
BOP_{-2}	4.083	7.351	17.551	10.200	7.089
BMP	12.347	－6.810	－9.396	－2.586	－1.797
TOTC	0.383	4.170	4.303	0.133	0.092

注：a 权数是估计系数乘以变量的数值；b 权数为权数变化率与预测概率变化率的比

从上表可以看出在 1993 年，主要是通货膨胀率、对外贸易水平以及滞后两期的信贷水平的变化显著地影响了该年度肯尼亚系统性银行危机发生概率的变化。在该年度，肯尼亚经历了较高幅度的通货膨胀，前两年的信贷水平增长也过快。但是该年度该国的对外贸易有较大幅度的上升。几个变量的综合作用使该国 1993 年综合性银行危机的发生概率提高了 1.4 个百分点。从上表同时也可以看出该国人均 GDP 的下降、外汇黑市溢价水平的下降和贸易条件的上升对该年度系统性银行危机发生概率的影响是比较微弱的。

在表 11－2 的基础上可以得到样本内期间给定阈值的第一类错误和第二类错误，由于样本内期间系统性危机发生的无条件概率为 0.163，因此若选择 0.17 为阈值，即预测概率超过 0.17 即发出预警信号，否则不发出预警信号，则犯第一类错误的概率 a（0.17）为 0.19，犯第二类错误的概率 b（0.17）为 0.556。由第二章的分析可知 a（T）是一增函数而 b（T）是一减函数，图 11－5 给出了预测概率犯第一类和第二类错误随不同阈值取值而变动的轨迹。两类损失函数在 $T=0.08$ 处相交，此时两类错误的概率约为 0.34。

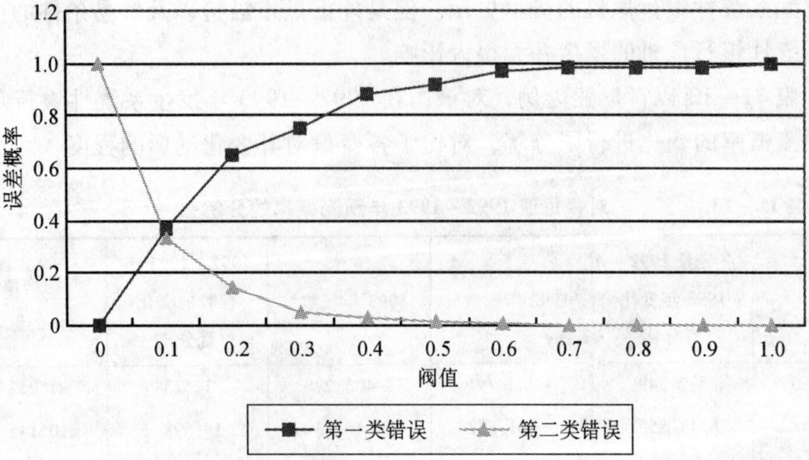

图 11－5　样本内期间危机阈值与二类错误运动轨迹

图 11－6 对比了不同成本偏好下损失函数的运动轨迹（图 11－6）。与第二节相似，这里也把 c1 正规化为 1，并设定 $c2—c1$ 为 11、10、9……1。使损失函数最小的最优阈值分别为 0.03，0.03，0.03，0.03，0.1，0.25，0.27，0.3，0.88。

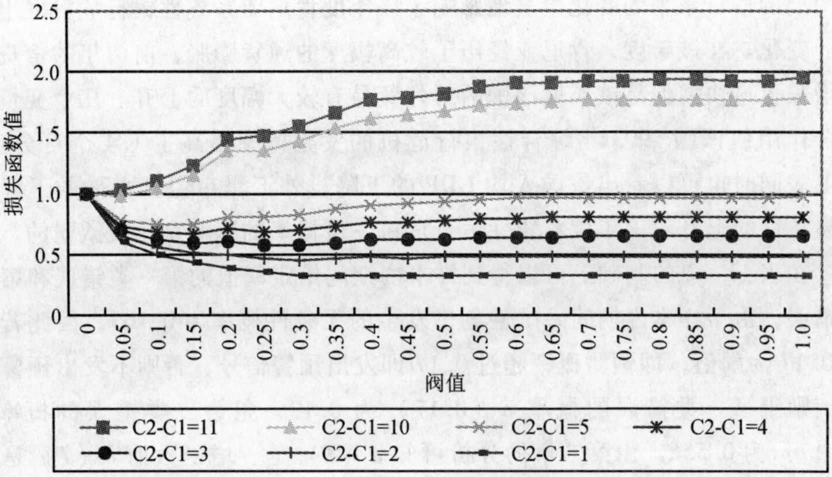

图 11－6　不同成本参数下的损失函数图

图 11－7 说明，如果决策者认为漏报危机的成本是采取预防性措施成本的 11 倍，则最优阈值为 0.03，即当预测概率超过 0.03 时，发出预警信号。

当认为漏报危机的成本是采取预防性措施成本的1倍，则最优阈值为0.88。显然随着漏报成本的下降，最优阈值也随之上升。图11－7进一步直观地表现了最优阈值与成本参数之间的关系。

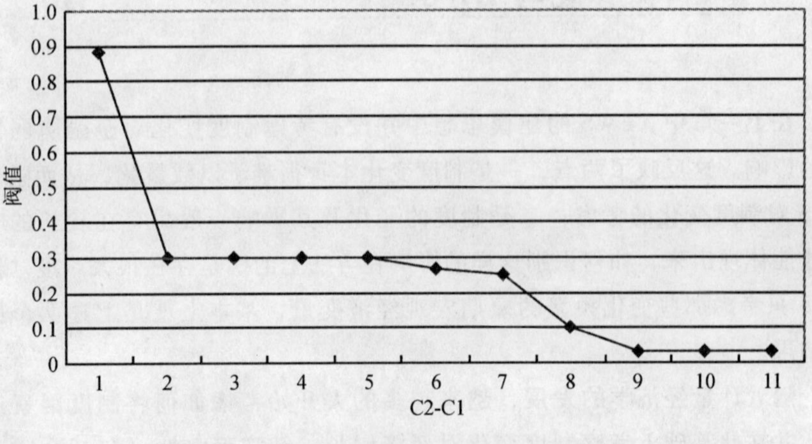

图11－7　最优阈值与成本参数的关系

关于最优阈值的选取，涉及到决策者对成本参数的选择。近年来许多研究都对金融危机造成的成本进行了估计（Caprio 和 Klingebiel，2002）。但预防性措施所造成的成本却比较难以估计。笔者认为，要大致估算出采取预防性措施的成本，需要通过大型联立计量模型对宏观经济的运行进行模拟。但这已经超出了本研究的讨论范围，因此我们在选取最优阈值的时候，仍然以系统性银行危机发生的无条件概率0.163为最优阈值。以此为规则，对样本期外的危机发生概率进行预测，预测发生危机的无条件概率是0.053，而样本外期间发生危机的无条件概率是0.25。显然这一结果明显低估了危机发生的概率。出现这一结果的主要原因在于1997年亚洲国家的宏观经济状况良好，因此对模型的改进应该加入更多的变量，从而对数据本身也提出了更高的要求。一个可以考虑的解决办法就是利用统计技术对变量中的缺失值进行填补，当然这就大大增加了模型的计算量。

11.4 结论：制度变化、金融自由化与EWS

在上一章中，EWS的建模思想中并没有考虑制度变化对金融脆弱性造成的影响。这反映了两点，一是制度变化本身很难予以数量化，从而阻碍了EWS对制度变化的考虑；二是制度的变化及其影响一般只有在较长的时间内才能体现出来，如何识别这样的影响在方法上的确是存在很大难度。传统EWS只考虑那些变化频繁的短期宏观经济变量，基本上就是上述两个原因的结果。

随着计量经济学的发展，越来越多的人开始考虑如何将制度因素定量化，并在此基础上考察制度变化对经济增长、经济稳定性（包括金融脆弱性）的影响。

就金融自由化对金融稳定性的影响而言，因变量一般为表明是否经历了金融危机的二元虚拟变量，自变量为一系列可能会影响金融危机发生概率的变量，其中包括金融自由化变量，通常也为一个反映是否经历了金融自由化的二元虚拟变量。不过不同的实证研究由于计量方法、研究重点不同，所得到的结论往往并不完全一致，例如Demirgüç－Kunt和Detragiache（1998）的结论是金融自由化将增加经济体爆发银行危机的概率，而Barth，Caprio和Levine（2000）则正好得到了相反的结论。

这些研究一个共同点就是考察金融自由化对金融危机的独立影响，但忽略了金融自由化的影响可能是通过于其他政策性因素的结合作用而对金融稳定性产生影响。金融自由化只是政府诸多政策选择中的一个组成部分，它的作用的发挥，有可能不仅仅在于自身的制度设计和作用，而且可能会和其他政策相结合，通过其他政策的作用而间接发挥作用。

从政策间的协调角度来看，政府管理、干预经济的过程可以看作是给定一系列约束条件（例如资源的可获得性、意识形态、社会科学知识拥有量，等等）下，通过选择各种政策的组合来最大化政府的目标函数。这意味着政策组合的选择不仅要尽快、有效地实现政府的预期目标（例如实现一定程度的工业化、保持一定的增长速度、降低贫困发生率，等等），而且要尽可能地降低政策执行、协调的成本。能够同时满足上述两个标准的政策组合，就是一个“好的”政策组合的选择；反之则是一个“差的”政策组合的选择。

有两个因素决定了政府目标函数和政策组合的变化，一个因素是政策组合的收益与成本在时间上有可能并不一致。这是因为一方面，收益和成本的比较有可能随时间的变化而变化，这是由边际报酬递减和边际成本递增的规律所决定的；另一方面，从一般均衡的角度来看，由于政府的政策选择有可能导致对市场的扭曲，因此一个即使符合政府目标函数最大化的政策组合，从一般均衡的角度来看，却可能造成整体资源配置效率的下降。成本、收益对比的变化，迫使政府必须改变目标函数和政策组合选择；另一个是随着时间的变化，约束条件发生变化，要求政府的目标函数和政策组合选择也需随之发生变化。在这一过程中，原来政策组合之间的一致性可能不再存在，而新的政府政策组合受各种因素，包括不同利益集团的政治博弈，原体制的惯性以及路径依赖效应的影响，可能彼此之间的协调一致性发生紊乱，并进而带来意想不到的经济后果。

例如政府为达到一定的政策目的而实行扭曲性的经济政策，从局部均衡的角度来看，扭曲性的经济政策固然有利于政府达到自己的政策目的，但从一般均衡的角度来看，由于这些政策必然造成资源配置的无效率、寻租行为和腐败，以及宏观经济的不稳定，等等，从而不可避免地带来极大的成本。从动态的角度来看，政府必然会在政策成本和收益之间不断权衡并进行调整。这种动态的权衡与调整正是自20世纪80年代以来各国不断实行经济和金融自由化的原因与动力。但在金融自由化的条件下，新的政策环境有可能和政府在原有政策环境下所推行的（非金融性）政策产生政策不协调的问题，从而对金融体系造成冲击，如果冲击足够大，则产生金融危机。

以上分析可以总结如下：

1. 首先，与那些经济政策主要遵循市场导向的经济体相比，实行扭曲性经济政策，对经济进行管制的国家实质经济效率更低，竞争力更弱，更容易在银行系统中积累起呆账和坏账，导致金融体系问题更多，也更加脆弱，产生金融危机的概率也就更大。

2. 其次，如果政府对金融体系进行严格管制，尤其是控制资本的自由流动，金融风险仍然只是表现为在金融体系内的积累，直接爆发系统性金融危机的可能性从短期来看并不大。只要政府可以调用的经济资源足够大并保持强有力的金融管制，原有旧体制下所隐藏的问题就不会在短时间内暴露出来，企业得以继续偿还从银行所借的贷款，积累在银行体系内部的呆账和坏账就不会在短期内浮出水面，从而得以继续推迟金融危机的爆发，而代价是继续维持扭曲的金融体系并承受由此带来的更大的效率损失。从长远来看，这种损失是任何经济都负担不起的。

3. 如果政府由于某种原因放弃了金融压抑政策或资本管制，同时继续通过其他政策手段维持原体制下优先部门或企业的发展，由于这些部门和企业在开放竞争的市场条件下没有竞争力与自生能力，贷给这些部门或企业的贷款很容易转化为坏账，这些坏账积累到一定程度，就会使投资者丧失对银行的信心，如果此时政府也没有足够的资源来充当最后贷款人的角色，银行挤兑甚至资本外逃的现象就不可避免，而货币危机或银行危机则接踵而来。

4. 政府也有可能在没有解决原体制下所积累问题之前大规模推行金融自由化，在这种情况下，受惠于金融压抑政策的部门和企业可能无法继续获得低成本的廉价资金。如果它们在短时间内不能很快地适应新的市场环境，就很有可能陷入流动性危机而无法继续向银行偿还贷款。而由企业的流动性危机所引发的某一家银行的流动性危机则往往会通过现代金融工具的杠杆效应以及金融市场的“多米诺骨牌”效应而迅速扩大而蔓延成为整个金融体系的流动性危机。

以上分析可归纳如下：为了促进优先部门或企业的发展，政府需要在一系列的扭曲性经济政策（包括金融压抑政策）中进行选择，以使政策执行成本最低。这些政策相互之间相容性和协调性越高，政策执行就越有效率。然而从一般均衡的角度来看，整个经济运行绩效却不如人意，以致大多数发展中国家在20世纪70年代末不得不改弦易辙，越来越依靠市场化改革来纠正以往对经济的扭曲。就金融自由化与金融脆弱性之间的关系而言，如果政府希望继续优先发展那些没有比较优势从而不具有竞争力和自生能力的企业，或者政府没有决心和资源去解决在原体制和扭曲政策下所积累的问题，那么政府别无选择，要么继续维持金融控制，要么以金融动荡和金融危机为代价进行金融自由化。可以归纳为四种情况：

情况A：让市场力量发挥基础性作用，同时推行金融自由化政策（例如大多数发达国家以及新兴发展中工业化国家、地区，如 20 世纪 80 年代后的新加坡、中国台湾等）；

情况 B：政府推行扭曲的经济政策，同时保持高度的金融管制和资本控制，尤其对资本自由流动进行控制（例如传统的社会主义计划经济）；

情况 C：让市场力量发挥基础性作用，同时进行某种程度的金融管制甚至某种程度的金融压抑（例如 20 世纪 90 年代前大多数发达国家和新兴发展中工业化国家，包括 20 世纪 90 年代后的中国）；

情况 D：继续推行扭曲的经济政策或放任在原体制下所积累的各种问题，同时推行金融自由化（例如亚洲金融危机前的韩国，20 世纪 80 年代的菲律宾、智利）。

就情况 A 和情况 C 而言，因为政府奉行市场导向的经济政策，因此并不存在人为扭曲的宏观经济环境与资源配置，在这种情况下无论金融体系是否实行了金融自由化，企业的竞争力都不会很低，整个经济运行的绩效也会较高，投资者对未来经济发展的前景也具有信心。此时即使金融监管存在一定的缺陷，由于实质经济基础稳固，积累在整个金融体系内的风险也就较少，爆发金融危机的概率也就相应较小。

在情况 D，由于在金融自由化条件下，金融控制的屏蔽和缓冲作用已经不再存在，因此由现在或过去扭曲的经济政策所导致的金融风险就会很容易暴露出来并引发金融危机。

矩阵 2.1 形象地陈列了情况 A—情况 D 中政策组合情况以及相应的爆发金融危机的或然性大小。

矩阵 1　政策组合与金融危机的或然率

		经济扭曲程度	
		低	高
金融自由化及其程度	低	A（－）	B
	高	C	D（＋）

注：（－）/（＋）分别意味着存在较低/高的爆发金融危机可能性。

如果要在 EWS 的建模思想中体现政策一致性，那么就必须在上一节 EWS 的计量模型中包含能够反映政策组合的变量。为此需要在原有 EWS 模型的基础之上加入两组新的变量，一个是反映金融自由化的变量，这里我们选取由 Demirgüç - Kunt 和 Detragiache（1998）构建的金融自由化变量，它是一个 0 或 1 二元变量，若在考察期实施了金融自由化，取值为 1，否则为 0；另一个是反映其他政策因素影响的变量，我们以政府对制造业的偏好指数作为替代。之所以选取该指数是基于以下考虑，一是大多数国家政府（尤其是发展中国家政府）一般都具有优先发展资本密集型产业和企业的偏好，为此需要在资源配置或政策待遇上对资本密集型产业或企业进行倾斜。而制造业是典型的资本密集型行业，因此可以用来替代其他非金融性政策的效果；二是制造业的数据相对容易获得，从而可以得到较长的时间序列。这样可以在较长时间内反映出制度变化的作用。

最终选取技术选择指数（Technology Choice Index，TCI），即制造业部门的资本密集度与整个经济的资本密集度的比例，来衡量政府对经济的扭曲程度①。该指数的计算公式为：$TCI=\frac{(K_i/L_i)}{(K/L)}$。同样我们可以定义经济中最优的技术选择指数为 $TCI^*=\frac{(K_i/L_i)^*}{(K/L)}$。

构造 TCI^* 和 TCI 的基本原理是在一个开放的竞争性的市场环境下，资本对劳动的相对价格由整个经济的要素禀赋丰裕度（K/L）内生决定，根据这一相对价格，企业将选择一个最优的技术结构$(K_i/L_i)^*$以使成本最小化。因此我们将 $\Delta TCI \approx TCI - TCI^* \Rightarrow DS = (\Delta TCI)^2 \approx (TCI - TCI^*)^2$ 看作因为政府干预导致的企业技术选择对最优均衡水平的偏离。DS 值越大，经济扭曲程度也就越高。尽管 TCI^* 是无法直接观测的，但是它在计量模型中可以被间接估计出。有两个原因促使我们选择制造业作为计算 TCI 的参照部门，一是相对其他部门而言，制造业资本密集度较高，符合政府推动资本密集型工业化的政策意图；二是就经验分析而言，制造业部门的跨国数据较容易获得。计算 TCI 的详细步骤和方法由北京大学发展战略研究组（2002）给出。

这样，EWS 可以写为：

---

① 有相当多的作者对如何衡量政府干预的政策效应进行了研究，此类研究的目的在于一方面衡量出由于政府干预所导致的经济变量对（无政府干预下）均衡状态的偏离，另一方面也试图刻划出政府政策各方面的特点和信息。例如 Dollar（1992），Saches 和 Warner（1995）等曾构建贸易政策指标，例如关税率、外汇黑市溢价等，以使它们可以考察贸易政策与经济增长之间的关系。对这些工作和方法的评价已经超出了本文的范围。但我们希望指出的是，这些指标可能的确反映了政策制订者对经济干预的不同效果，但并没有反映出政府政策的意图以及优先目标。

$$
\begin{aligned}
Crsis_{it} &= \alpha_0 + \alpha_1 \cdot Fil_{it} + \alpha_2 \cdot [Fil \cdot (TCI - TCI^*)^2]_{it} + \beta \cdot X_{it} + \text{Error}_{it} \\
&= \alpha_0 + \alpha'_1 \cdot Fil_{it} + \alpha'_2 (Fil \cdot TCI) + \alpha''_2 (Fil \cdot TCI^2) + \beta \cdot X_{it} + \text{Error}_{it}
\end{aligned}
\quad (11-20)
$$

其中，$\alpha'_1 = \alpha_1 + \alpha_2 \cdot TCI^*$，$\alpha'_2 = -2(\alpha_2 \cdot TCI^*)$，$\alpha_2'' = \alpha_2$。$X$ 是传统 EWS 模型所包括的各种宏观经济变量。另外，法律体系、政府官僚质量等基础性制度变量也包含在公式（11－20）中

对上述 EWS 模型的估计结果如表 11－4 所示。

表 11－4　　考虑政策一致性的 EWS 估计结果

	(1)	(2)	(3)	(4)	(5)
Rgdp	-0.691***	-1.065***	-0.435	-0.608	1.374
	0.257	0.358	0.420	0.384	-1.330
Fil · TCI	-0.767**	-0.980***	-1.544***	-0.990***	-2.295*
	0.329	0.374	0.520	0.362	1.329
Fil · TCI^2	0.305**	0.386*	0.521***	0.332**	1.678**
	0.136	0.153	0.200	0.156	0.777
Fil	0.932***	1.365***	1.438***	1.397***	1.018
	0.287	0.323	0.359	0.375	0.926
Bp		1.668***	1.575***	1.503***	1.265
		0.414	0.352	0.307	0.581
Inf		2.400***	2.412***	2.372***	-3.819
		0.566	0.575	0.596	2.391
Sei		-1.024***	-1.691***	-1.395***	-2.566**
		0.309	0.511	0.406	1.055
Corr		-1.016***	-1.776***	-1.303***	0.622
		0.347	0.586	0.441	1.643
Bl			-0.952	-0.880	
			0.683	0.675	
Fl			-1.124**	-0.912	
			0.510	0.561	
Gl			-3.595**	-3.062***	
			1.059	1.086	
Pright					-0.511
					2.005
Gq					-1.282
					3.200

续表

	(1)	(2)	(3)	(4)	(5)
Nobs	442	425	425	425	169
Prob (> Chi2)	0.0002	0.0001	0.0000	0.000	0.009
Bias Proportion	0.0001	0.000043	0.000046	0.000068	0.000017
Variance Proportion	0.031	0.029	0.030	0.0208	0.038

注：1. 估计系数之下的数字是标准差。

2. *，**，*** 分别表示估计系数在10%，5%以及1%的统计水平上显著异于零。

在表11－4的结果中，金融自由化变量（Fil）以及反映政策一致性的变量均在统计上显著地异于零。这初步证实了金融自由化本身以及政策一致性对金融脆弱性的影响。另外，统计指标的表现都很好。Bias Proportion 和 Variance Proportion 的值都很小，说明对金融危机的拟合预测效果非常好。在结果（1）—结果（5）中，发生系统性金融危机的预测值完全与实际发生金融危机次数相吻合的概率分别为19%、25%、31%、25%、50%和38%。

另外需要指出的是，模型中包括了银行向私人企业部门的贷款占GDP的比例，该比例可以用来刻画一国金融发展的总体水平。从模型中可以看出，金融发展水平的提高反而有可能扩大金融风险，这可能反映了金融体系的内在不稳定性。

但是，在对待目前的结果时需要注意以下几点：一是模型（11－20）仍然在很大程度上只能对过去的历史经验进行判断，在对金融风险进行早期预警时，除非假设制度和政策框架没有发生大的变化，否则模型（11－20）将不再具有预警价值。换而言之，模型（11－20）只是在局部上改进了传统EWS所忽略的制度变化的影响，但仅仅是反映了“过去的”制度变化，对未来制度变化的影响，模型（11－20）作用有限。换而言之，模型(11－20)仍然无法避免卢卡斯批判。二是TCI指标构造对数据要求较高，样本国家总数不超过50个，这样就把许多有价值的样本也排除在外。因此，如果能够有更好的指标应该包括更多的样本；三是金融自由化指标仅仅以利率自由化指标进行替代，显得比较单薄。实际上，金融自由化不仅包括利率自由化，也包括对进入管制的放松、资本市场自由化、对外资银行限制的放松等等。只有把这些因素都考虑进来，金融自由化指标才能更全面地反映金融制度的变迁。这些工作将在未来的研究中予以完善。

参考文献

第1章

1. Agenor, Pierre – Richard (1991): "Output, Devaluation, and the Real Exchange Rate in Developing Countries," *Weltwirtschaftliches Archive*, 127:18 – 41.
2. Asea, Patrick K. and Kerique G. Mendoza (1994): "The Balassa – Samuelson Model: A General – Equilibrium Appraisal," *Review of International Economics*, Dec. 1994, 2(3), pp. 244 – 67.
3. Asea, Patrick K. and W. Max Corden (1994): "The Balassa – Samuelson Model: An Overview," *Review of International Economics*, Vol. 2, No. 3, pp. 191 – 200.
4. Balassa, Bela (1964): "The Purchasing – Power Doctrine: A Reappraisal," *Journal of Political Economy*, Vol. 72, pp. 584 – 596.
5. Bhagwati, Jadish N. (1984): "Why are Services Cheaper in the Poor Countries?" *Economic Journal*, Vol. 94, pp. 1037 – 1044.
6. Caramazza, Francesco, Luca Ricci and Ranil Salgado (2000): "Trade and Financial Contagion in Currency Crises," *IMF Working Paper*, WP 00/55.
7. Cheung, Yin – Wong and Kon S. Lai (2000): "On the Purchasing Power Parity Puzzle," *Journal of International Economics* 52: 321 – 330.
8. Chinn, Menzie (1997): "The Usual Suspects? Productivity and Demand Shocks and Asia – Pacific Real Exchange Rates," *NBER Working Paper* 5676.
9. Copelman, Martina and Alejandro M. Werner (1996): "The Monetary Transmission Mechanism in Mexico," Board of Governors of the Federal Reserve System, *International Finance Discussion Papers*, No. 521.
10. Coudert. Virginie and Marc Dubert (2004): "Does Exchange Rate Regime Explain Differences in Economic Results for Asian Countries?" *CEPII Working Paper* No 2003 – 05.

11. De Gregorio, Jose and Rodrigo O. Valdes (1999): "Crisis Transmission: Evidence from the Debt, Tequila, and Asian Flu Crises." Paper Presented at the Conference on International Financial Contagion: How It Spreads and How It can be Stopped, Washington D. C., February 1999.
12. De Gregorio, Jose, Alberto Giovannini and Holger C. Wolf (1994): "International Evidence on Tradables and Nontradables Inflation," *European Economic Review*, Vol. 38, No. 6, pp. 1225 - 1244.
13. Domac, Ilker and Ghiath Shabsigh (1999): "Real Exchange Rate Behavior and Economic Growth: Evidence from Egypt, Jordan, Morocco, and Tunisia," *IMF Working Paper*, 99/40.
14. Dornbusch, Rudiger, (1976): "Expectations and Exchange Rate Dynamics", *Journal of Political Economy*, Vol. 84, pp. 1161 - 76.
15. Edison, H. and J. T. Klovan (1987): "A Quantitative Reassessment of the Purchasing Power Parity Hypothesis: Evidence from Norway and the United Kingdom," *Journal of Applied Econometrics* 2, pp. 309 - 333.
16. Edwards, Sebastian (1993): "Exchange Rates as Nominal Anchors," *Weltwirtschaftliches Archive*, Vol. 129, No 1, 1 - 32.
17. Egert, Balazs, Imed Drine, Kirsten Lommatzsch and Christophe Rault (2003): "The Balassa - Samuelson Effect in Central and Eastern Europe: Myth or Reality," http://www.iue.it/ECO/Conferences/accession_countries/papers/EUIconferenceMay2004_paperRault.pdf.
18. Eichengreen, Barry (1994): "*International Monetary Arrangements for the 21st Century*", Washington, DC: Brookings Institution.
19. Faria, Joao Richard and Miguel Leon - Ledesma (2000): "Testing the Balassa - Samuelson Effect: Implications for Growth and PPP," Department of Economics Discussion Paper 00/08, Department of Economics, University of Kent at Canterbury, and Forthcoming in *Journal of Macroeconomics*, 2003.
20. Fleming, J. M. (1971): "On Exchange Rate Unification", *Economic Journal* 81.
21. Frankel, J (1979): "On the Mark: A Theory of Floating Exchange Rates Based on Real Interest Differentials", *American Economic Review*, 69, 610 - 22.
22. Froot, Kenneth A. and Kenneth Rogoff (1991a): "The EMS, The EMU, and the Transition to a Common Currency" In S. Fisher and O. Blanchard. Eds., *National Bureau of Economic Research Macroeconomics Annual*, MIT Press,

pp. 269 – 317.

23. Froot, Kenneth A. and Kenneth Rogoff (1991b): "Government Consumption and the Real Exchange Rate: The Empirical Evidence," *Mimeo*, Harvard Business School.

24. Ghosh, Atish, Anne – Marie Gulde, Jonathan D. Ostry and Holger C. Wolf (1997): "Does the Nominal Exchange Rate Regime Matter?" *NBER Working Paper* 5874.

25. Harberger, Arnold C. (2001): "A Note on Productivity and the Real Exchange Rate", Report Prepared after a Trip to Moscow in September 2001. http://www. econ. ucla. edu/harberger/ah – anote. pdf.

26. Harris, Richard G. (2000): "Is There a Case for Exchange Rate – Induced Productivity Changes?" http://www. bankofcanada. ca/publications/working. papers/2000/harris. pdf.

27. Hausmann, R., M. Gavin, C. Pages – Serra, and E. Stein(1999): "Financial Turmoil and the Choice of Exchange Rate Regime," Inter – American Development Bank, *Mimeo*.

28. Hsieh, David A. (1982): "The Determination of the Real Exchange Rate: The Productivity Approach," *Journal of International Economics*, Vol. 12, Nos. 3 – 4, pp. 355 – 362. http://www. kitanet. ne. jp/ ~ tkubota/study/pdf/bstheory. pdf. http://www. worldbank. org/research/interest/confs/past/papersfeb3 – 4/papers. htm.

29. Huang, Haizhou and Priyanka Malhotra(2004): "Exchange Rate Regimes and Economic Growth: Evidence from Developing Asian and Advanced European Economies", http://www. cgu. edu/include/huang. pdf.

30. Ito, Takatoshi, Peter Isard and Steven Symansky (1997): "Economic Growth and Real Exchange Rate: an Overview of the Balassa – Samuelson Hypothesis in Asia," *IMF Working Paper* 5979.

31. Kamin, Steven B. and John H. Rogers(1997): "Output and the Real Exchange Rate in Developing Countries: An Application to Mexico," Board of Governors of the Federal Reserve System, *International Finance Discussion Papers*, No. 580.

32. Kawai, M. (1987): "Optimum Currency Areas", In Eatwell J., Milgate M., and Newman P. (Eds) *The New Palgrave: A Dictionary of Economics*, Vol. 3. New York: The Stockton Press.

33. Kenen, P. (1969): "The Theory of Optimum Currency Areas: An Eclectic

View". In R. A. Mundell and A. K. Swoboda, (Eds). *Monetary Problems of the International Economy*, University of Chicago Press.

34. Kevin, Grier and Robin Grier (2001): "Macroeconomic Indicators, Exchange Rate Regimes, Currency Depreciation and Stock Market Performance in the 1997 Crisis," *Economic Inquiry* 1:139 – 148.
35. Kravis, Irving B. and Robert E. Lipsey (1988): "National Price Levels and the Prices of Tradables and Nontradables," *American Economic Review*, Vol. 78, No. 2, pp. 474 – 8.
36. Kubota, Tsuyoshi (1997): "Real Exchange Rate And The Productivity Growth Rates Using Panel Data".
37. Levy – Yeyati, Eduardo and Federico Sturzenegger (2002): "Classifying Exchange Rate Regimes: Deeds Versus Words", *Mimeo*, Universidad Torcuato Di Tella.
38. Lewis, Vivien (2005): "Productivity and the Euro – Dollar Exchange Rate", http://www. econ. kuleuven. be/eng/ ew/discussionpapers/dps04/dps0406. pdf.
39. Little, I., R. Cooper, W. Corden, and S. Rajapatirana (1993): "Boom, Crisis, and Adjustment: The Macroeconomic Experience of Developing Countries," Oxford University Press for the World Bank.
40. Macdonald, Ronald (1998): "What do We Really Know about Real Exchange Rates?", *The Oesterreichische Nationalbank Working Paper* No. 28.
41. Marston, Richard C. (1987): "Real Exchange Rates and Productivity Growth in the United States and Japan," In S. Arndt and J. D. Richardson (Eds.), *Real Financial Linkages among Open Economies*, Cambridge, MA: MIT Press, pp. 71 – 96.
42. Mejia – Reyes, Pablo, Denise R. Osborn and Marianne Sensier (2004): "Modeling Real Exchange Rate Effects on Output Performance in Latin America," The University of Manchester, Center for Growth and Business Cycle Research, Discussion Paper Series. http://www. ses. man. ac. uk/cgbcr/discussi. htm.
43. Morley, Samuel A. (1992): "On the Effect of Devaluation During Stabilization Programs in Ldcs," *Review of Economics and Statistics*, LXXIV: pp. 21 – 27.
44. Mundell, R. A. (1961): "A Theory of Optimum Currency Areas." *The American Economic Review*, Volume 51, No. 4, September 1961, pp. 657 – 665.
45. Mussa, M. (1978): "Empirical Regularities in the behaviour of exchange rates and theories of the foreign exchange market", in Carnegie – Rochester Series on

Publci Policy, Vol 11, pp. 9 – 57.

46. Officer, L. (1976) "The Productivity Bias in Purchasing Power Parity: An Econometric Investigation," *IMF Staff Papers* 10, pp. 545 – 579.

47. Pesaran, M. H.; Y. Shin and R. J. Smith (1999): "Bounds Testing Approaches to the Analysis of Long Run Relationships," *DAE Working Paper* No. 9907, University of Cambridge.

48. Razin, Ofair and Susan M. Collins (1997): "Real Exchange Rate Misalignments and Growth", http://www. tau. ac. ii/ ~ razin/ofair. paper. pdf.

49. Reinhart, Carmen M. and Kenneth Rogoff (2004): "The Modern History of Exchange Rate Arrangements: A Reinterpretation". *Quarterly Journal of Economics*, Vol. 119(1), pp. 1 – 47.

50. Reuven, Glick and Michael Hutchison (2000): "Stopping 'Hot Money' or Signaling Bad Policy? Capital Controls and the Onset of Currency Crisis." Paper Presented at the Claremont Conference on the Political Economy of International Financial Crises, Claremont, December 2000.

51. Rodriguez, Gabriel H. and Guillermo Diaz Gazani (1995): "Fluctuaciones Macroeconomicasen La Economia Peruana," *Working Paper*, Banco Central De Reserve Del Peru.

52. Rogers, John H. and Ping Wang (1995): "Output, Inflation and Stabilization in a Small Open Economy: Evidence from Mexico," *Journal of Development Economics*, 46: 271 – 293.

53. Rogoff, Kenneth, Aasim M. Husain, Ashoka Mody, Robin J. Brooks, and Nienke Onmes (2003): Evolution and Performance of Exchange Rate Regimes. *IMF Working Paper* 03/243.

54. Samuelson, Paul A. (1964): "Theoretical Notes on Trade Problems," *Review of Economics and Statistics*, Vol. 46, No. 1, pp. 145 – 154.

55. Summers, R. and A. Heston (1991): "The Penn World Table (Mark 5): An Expanded Set of International Comparisons, 1950 – 88," *Quarterly Journal of Economics* 106, pp. 327 – 368.

56. Tavlas, George (1993): "The 'New' Theory of Optimal Currency Areas", *World Economy* 16.

57. Tornell, A. and A. Velasco (1999): "Fixed Versus Flexible Exchange Rates: Which Provides More Fiscal Discipline?" Forthcoming, *Journal Of Monetary Economics*. http://spe. cgu. edu/econ/peifcconference/papers/index. htm.

第2章

1. 关世雄（2003），《亚洲货币一体化研究：日元区发展趋势》，中国财政经济出版社，2003年第1版（中译本）。

2. Alesina, Alberto, Robert Barro and Silvana Tenreyro (2002): "Optimum Currency Areas." *NBER Working Paper*, No. 9072, 2002.

3. Artis Michael and Wenda Zhang (1997): "International Business Cycles and the ERM: Is There a European Business Cycle?" *International Journal of Finance and Economics*, Vol. 2, No. 1, 1997, pp. 1 - 16.

4. Artis, Michael, Massimiliano Marcellino and Tommaso Proietti (2003): "Dating the Euro Area Business Cycle." *EUI Working Papers ECO*, No. 2002/24, 2003.

5. Baek, Seung - Gwan and Chi - Yong Song (2002): "Is Currency Union a Feasible Option in East Asian?" In Han Gwang Choo and Yunjong Wang, eds. *Currency Union in East Asian*, Korea Institute for International Economic Policy, 2002, pp. 107 - 145.

6. Bayoumi, Tamim and Barry Eichengreen (1994): "One Money or Many? Analyzing the Prospects for Monetary Unification in Various Parts of the World." *Princeton Studies in International Finance*, No. 76, 1994.

7. Bayoumi, Tamim Paolo Mauro (1999): "The Suitability of ASEAN for a Regional Currency Arrangement" *IMF Working Papers*, No. 99/162, 1999.

8. Bergman, Michael (1989): "Do Monetary Unions Make Economic Sense? Evidence from the Scandinavian Currency Union, 1873 - 1913." *Scandinavian Journal of Economics*, Vol. 101, pp. 363 - 377, 1989.

9. Bergman, U. Michael, (1999): "Do Monetary Unions Make Economic Sense? Evidence from the Scandinavian Currency Union, 1873 - 1913", *Scandinavian Journal of Economics*, 101 (3), 363 - 377.

10. Blanchard, O and D. Quah (1989): "The Dynamic Effects of Demand and Supply Disturbances," *American Economic Review* 79(4), 655 - 673, 1989.

11. Bris, Arturo, Yrjo Koskinen and Mattias Nilsson (2002): "The Eruo is Good After All: Corporate Evidence." *SIFR Research Report Series*, Stockholm Institute for Financial Research, August 2002. (http://www.sifr.org/PDFs/europaper.pdf)

12. Broda, Christian (2000): "Coping with Terms - of - Trade Shocks: Pegs Versus Floats." *The American Economic Review*, Vol. 91, No. 2, May 2001, pp. 376 - 380.

13. Calvo, Guillermo and Carmen Reinhart (2000): "Fear of Floating." *NBER Working Paper*, No. 7993, 2000. Published in *The Quarterly Journal of Economics*, Vol. 117, 2002, pp. 379 – 408.
14. Choi, Changkyu (2002): "The Benefits and Costs of an East Asian Currency Union." In Han Gwang Choo and Yunjong Wang (eds) *Currency Union in East Asian*, Korea Institute for International Economic Policy, pp. 81 – 105, 2002.
15. Clark, Todd and Eric van Wincoop (1999): "Borders and Business cycles." Federal Reserve Bank of Kansas City, *Working Paper*, No. 99 – 07, September 1999.
16. Coe, David and Elhanan Helpman (1995): "International R&D Spillovers." *European Economic Review*, Vol. 39, No. 5, 1995, pp. 859 – 887.
17. Commission of the European Community (1990): "One Market One Money: An Evaluation of the Potential Benefits and Costs of Forming an Economic and Monetary Union." *European Economy*, Vol. 44, October 1990.
18. Corden, Max (1972): "Monetary Integration." *Princeton Essays in International Finance*, No. 32, International Finance Section, Princeton University, April 1972.
19. De Grauwe, Paul (1997): "*The economics of monetary integration*", *3rd edition*, Oxford and New York: Oxford University Press, 1997.
20. De Grauwe, Paul and Wim Vanhaverbeke (1993): "Is Europe an optimum currency area: Evidence from regional data." *Policy issues in the operation of currency unions*, Paul Masson and Mark Taylor (eds.), Cambridge University Press, Cambridge, 1993, pp. 111 – 129.
21. De Grauwe, Paul, (1997): "*The Economics of Monetary Integration*", Oxford University Press.
22. De Grauwe, Paul, and Vanhaverbeke, Wim, (1993): "Is Europe an Optimum Currency Area? Evidence from regional data", in Masson, P. R., and Taylor, M. P. (ed), *Policy Issues in the Operation of Currency Unions*, Cambridge University Press.
23. Devereux, Michael (2003): "Exchange Rate Policy and Endogenous Price Flexibility." University of British Columbia and CEPR, April 2003. (http://www.arts.ubc.ca/econ/devereux/pdevm.pdf)
24. Dupasquier, Chantal and Jacob, Jocelyn, (1997): "European Economic and Monetary Union: Background and Implications", *Bank of Canada Review*, Au-

tumn, 1997, pp. 3 – 28.

25. Edison, Hali and Francis E Warnock (2001): "A Simple Measure of the Intensity of Capital Controls." *IMF Working Papers* 01/180, International Monetary Fund.
26. Edison, Hali, Michael Klein, Luca Ricci and Torsten Sloek (2002): "Capital Account Liberalization and Economic Performance: Survey and Synthesis." *NBER Working Paper*, No. 9100, 2002.
27. Edwards, Sebastian (1994): " Real and Monetary Determinations of Real Exchange Behavior: Theoty and Evidence from Developing Countries," in *Est – Omating Equilibrium Exchange Rate*, ed. By Hohn Williamson (Washington: Institute of International Economics).
28. Eichengreen, Barry (1992): "Should the Maastricht Treaty Be Saved?" *Princeton Studies in International Finance*, No. 74, International Finance Section, Princeton University, December 1992.
29. Eichengreen, Barry and Bayoumi Tamim (1996): "Is Asia an Optimum Currency Area? Can It Become One? Regional, Global and Historical Perspectives on Asian Monetary Relations." *Center for International and Development Economics Research* (*CIDER*) *Working Paper*, No. C96 – 081, December 1996.
30. Eichengreen, Barry and Michael Mussa (1998): " Capital Account Liberalization: Theoretical and Practical Aspects," *Occasional Paper* No. 172, September (Washington: International Monetary Fund).
31. Eichengreen, Barry, Paul Masson, Hugh Bredenkamp, Barry Johnston, Javier Hamann, Esteban Jadresic and Inci Otker (1998): "Exit Strategies: Policy Options for Countries Seeking Greater Exchange Rate Flexibility." *IMF Occasional Paper*, 1998, No. 168.
32. Enders, Walter (1995): *Applied Econometric Time Series*, John Wily & Sons, Inc. 1995.
33. Enders, Walter and Stan Hurn (1994): " Generalized Purchasing Power Parity: Theory and Tests for the Pacific Rim." *Review of International Economics*, *Vol.* 2, No. 2, 1994. pp. 179 – 90.
34. Flandreau, Marc and Mathilde Maurel (2001): "Monetary Union, Trade Integration, and Business Cycles in 19th Century Europe: Just Do It." *CEPR Discussion Papers*, No. 3087, 2001.
35. Fleming, Marcus (1971): " On Exchange Rate Unification", *Economic Journal*,

Vol. 81, 1971, pp. 467 – 488.

36. Frankel, Jeffrey and Andrew Rose (1996): "The Endogeneity of the Optimum Currency Area Criteria." *NBER Working Paper*, No. 5700, August 1996. Published in *The Economic Journal*, Vol. 108, 1998, pp. 1009 – 1025.
37. Frankel, Jeffrey, Sergio Schmukler and Luis Servén (2002): "Global Transmission of Interest Rates: Monetary Independence and Currency Regime." *NBER Working Paper*, No. 8828, March 2002.
38. Friedman, Milton (1953): "The Case for Flexible Exchange Rates." *Essays in Positive Economics*, Chicago: University of Chicago Press, 1953.
39. Garnier, Julien (2003): "Has the Similarity of Business Cycles in Europe Increased with the Monetary Integration Process? – A Use of the Classical Business Cycles." European University Institute, Italy, 2003. (http://www.iue.it/Personal/Researchers/JulienGarnier/ems_bc%202.pdf)
40. Giavazzi, Francesco and Alberto Giobannini (1989): "Can the EMS Be Exported? Lessons from Ten Years of Monetary Policy Coordination in Europe." *CEPR Discussion Papers*, No. 285, 1989.
41. Goto, Junichi (2002): "Economic Interdependence and Cooperation with Reference to Asia" http://www.adb.org/documents/events/2002/trade_policy/EIC.pdf.
42. Grubel, Herbert (1970): "The Theory of Optimum Currency Areas." *The Canadian Journal of Economics*, Vol. 3, No. 2, May 1970 pp. 318 – 324.
43. Grubel, Herbert and Peter Lloyd (1975): "*Intra – industry Trade: the Theory and Measurement of International Trade in Differentiated Products*", London: MacMillan Press, 1975.
44. Hamada, Koichi (1985) *The Political Economy of International Monetary Interdependence*, Cambridge, MA: MIT Press, 1985.
45. Hausmann, Ricardo, Ugo Panizza and Ernesto Stein (2000): "Why Do Countries Float the Way They Float?" Research Department Interamerican Development Bank, 2000.
46. Hoffmann, Mathias (2003): "Financial Integration, Specialization and Trade: more or less business cycle symmetry?" Dept. of Economics, University of Dortmund, 2003. (http://www.vwl.uni – muenchen.de/ls_rady/seminar/Hoffmann.pdf)
47. Horvath, Julius and Richard Grabowski (1997): "Prospects of African Integra-

tion in Light of the Theory of Optimum Currency Areas." *Journal of Economic Integration*, Vol. 12, No. 1, 1997, pp. 1 - 25.

48. Horvath, Roman and Lubos Komarek (2002): "Optimum Currency Area Theory: A Framework for Discussion about Monetary Integration," *Warwick Economic Research Papers*, Warwick University, 2002. 8.
49. Iguchi, Yasushi (2004): "Is there 'East Asian Way' of regional economic integration? - From the standpoint of international migration." Kwansei Gakuin University, 2004.
50. Ingram, James (1962): "Regional Payments Mechanisms: The Case of Puerto Rico", Chapel Hill: University of North Carolina Press, 1962.
51. Ishiyama, Yoshihide (1975): "The Theory of Optimum Currency Areas: A Survey." *IMF Staff Paper*, Vol. 22, No. 2, 1975, pp. 344 - 383.
52. Isogai, Takashi and Shunichi Shibanuma (2000): "East Asia's Intra - and Inter - Regional Economic Relations; Data Analyses on Trade, Direct Investments and Currency Transactions." *International Department Working Paper Series*, No. 00 - E - 4, Bank of Japan, 2000.
53. Jenkins, Carolyn and Lynne Thomas (1997): "Is Southern Africa Ready for Regional Monetary Integration?" *CSAE Working Paper Series*, *WPS/97 - 3.*
54. Johansen, Soren (1995): "*Likelihood Based Inference in Cointegrated Vector Autoregressive Models*" Oxford: Oxford University Press.
55. Johansen, Soren and Katerina Juselius (1990): "Maximum Likelihood Estimation and Inference on Cointegration with Application to the Demand for Money." *Oxford Bulletin of Economics and Statistics* 52 (1990) pp. 169 - 209.
56. Johhnston, Barry, Mark Swinburne, Alexander Kyei, Bernard Laurens, David Mitchem, Inci Otker, Susana Sosa, and Natalia Tamirisa (1999): *Exchange Rate Arrangements and Currency Convertibility: Developments and Issues*, World Economic and Financial Surveys, IMF, September 1999.
57. Johnson, Harry (1961): "Towards a General Theory of the Balance of Payments", in Johnson, *International Trade and Economic Growth*, Harvard University Press: Cambridge, 1961.
58. Jonung, Lars, and Fredrik Sjöholm (1998): "Should Finland and Sweden Form a Monetary Union?", *Working Paper Series in Economics and Finance*, *No. 224*, February 1998.
59. Kalemli - Ozcan, Sebnem, Bent E. Sørensen, and Oved Yosha (2003): "Risk

Sharing and Industrial Specialization : Regional and International Evidence." *American Economic Review*, Vol. 93, No. 3, 2003, pp. 903 – 918.
60. Kalemli – Ozcan, Sebnem, Bent E. Sørensen, and Oved Yosha (2004): "Asymmetric Shocks in a Monetary Union: Updated Evidence and Policy Implications for Europe." Revised version, February 2004, In *Who will Own Europe? The Internationalization of Asset Ownership in the EU Today and in the Future*, Cambridge University Press, forthcoming.
61. Kalemli – Ozcan, Sebnem, Bent Sørensen and Oved Yosha (1999): "Industrial Specialization and the Asymmetry of Shocks Across Regions." Research Division Federal Reserve Bank of Kansas City, *Working Paper*, No. 99 – 06, 1999.
62. Kalemli – Ozcan, Sebnem, Bent Sørensen and Oved Yosha (2001): "Economic Integration, Industrial Specialization, and the Asymmetry of Macroeconomic Fluctuations?" *Journal of International Economics*, Vol. 55, No. 1, 2001, pp. 107 – 137.
63. Kawai, Masahiro (2004): "Regional Economic Integration and Cooperation in East Asia." Paper prepared for the Experts' Seminar on the "Impact and Coherence of OECD Country Policies on Asian Developing Economies," Paris, June 10 – 11, 2004.
64. Kawai, Masahiro and Shinji Takagi (2000): "Proposed Strategy for a Regional Exchange Rate Arrangement in Post – Crisis East Asia." *World Bank Working Paper*, No. 2503, 2000.
65. Kenen, Peter (2000): "Currency Areas, Policy Domains, and the Institutionalisation of Fixed Exchange Rates." Centre for Economic Performance, London School of Economics and Political Science, 2000.
66. Kenen, Peter, B., (1969): "The Theory of Optimum Currency Areas: An Eclectic View", in Mundell, R. A., and Swoboda, A. K., (ed.), *Monetary Problems of the International Economy*, The University of Chicago Press.
67. Krugman, Paul (1990): "Policy Problems of a Monetary Union," in P. De Grauwe and L. Papademos (eds). *The European Monetary System in the 1990s.* London and New York: Longman, CEPS and Bank of Greece, 1990, pp. 48 – 64.
68. Krugman, Paul (1993): "Lessons of Massachusetts for EMU." In F. Giavazzi and F. Torres (eds). The Transition to Economic and Monetary Union in Europe, Cambridge University Press, New York, 1993, pp. 241 – 261.

69. Kwan, Chin Hung (2001): "*Yen Bloc: Toward Economic Integration in Asia*," Brookings Institution Press, July 2001.
70. Lafrance, Robert and Pierre St – Amant (1999): "Optimal Currency Areas: A Review of the Recent Literature." *Working Paper*, No. 99 – 16, Bank of Canada, October 1999.
71. Liang, Hong (1999): "Do Hong Kong SAR and China Constitute An Optimal Currency Area? An Empirical Test of the Generalized Purchasing Power Parity Hypothesis." *IMF Working Paper*, No. WP/99/79, June 1999.
72. MacDonald, Ronald (1997): "What Determines Real Exchange Rates? The Long and Short of It." *IMF Working Paper* No. 97/21 (Washington: International Monetary Fund).
73. McKinnon, Ronald (1963): "Optimum Currency Area." *American Economic Review*, Vol. 53, 1963, pp. 717 – 725.
74. Meade, James (1951): "*The Balance of Payments*", Oxford University Press: Oxford, 1951.
75. Minford, Patrick (1002): "The costs and benefits of Economic and Monetary Union to the UK economy – the 'fifth (overview) test'." British Business and the Euro, A major one – day conference organised by CEPII and NIESR, Wednesday, 6 February 2002.
76. Miniane, Jacques(2004): "A New Set of Measures on Capital Account Restrictions." *IMF Staff Papers*, Vol. 51, No. 2, 2004, pp. 276 – 308.
77. Montiel, Peter and Carmen Reinhart(1999): "Do Capital Controls and Macroeconomic Policies Influence the Volume and Composition of Capital Flows? Evidence from the 1990s." *Journal of International Money and Finance*, Vol. 18, No. 4, 1999, pp. 619 – 635.
78. Mundell, Robert (1961) : "The Theory of Optimum Currency Area." *American Economic Review*, Vol. 51, 1961, pp. 657 – 665.
79. Obstfeld, Maurice and Kenneth Rogoff (1996) : "*Foundations of International Macroeconomics*", MIT Press, 1996.
80. Park, Yung Chul and Kee – Hong Bae (2002): "Financial Liberalization and Economic Integration in East Asia." Paper presented at PECC Finance Forum Conference, August 11 – 13, 2002.
81. Quinn, Dennis (1997): "The Correlates of Change in International Financial Regulation." *Ametican Political Science Review*, Vol. 91, September 1997,

pp. 531 - 551.

82. Rose, Andrew (2002): "The Effect of Common Currencies on International Trade: Where Do We Stand?" 2002. (http://faculty. haas. berkeley. edu/arose/RecRes. htm)

83. Rose, Andrew and Charles Engel (2000): "Currency Union and International Integration." *NBER Working Paper* No. 7872, September 2000.

84. Rugman, Alan and Cecilia Brain (2002): "Intra - Regional Trade and Foreign Direct Investment in North America." Indiana University, 2002. (www. bus. indiana. edu/bepp/Rugman. Intraregional. doc)

85. Sakakibara, Eisuke and Sharon Yamakawa (2003): "Regional Integration in East Asia: Challenges and Opportunities: Part II: Trade, Finance and Integration." World Bank East Asia Project, *World Bank Working Paper*, No. 3079, 2003.

86. Shin, Kwanho and Yunjong Wang (2003): "Trade Integration and Business Cycle Synchronization in East Asia." January 2003. (www. kiep. go. kr)

87. Tavlas, George (1993): "The 'New' Theory of Optimum Currency Areas." *The World Economy*, Vol. 16, issue 6, 1993, pp. 663 - 685.

88. Tjirongo, Meshack Tunee (1995): "Short - Term Stabilisation Versus Long - Term Price Stability: Evaluating Namibia's Membership of the Common Monetary Area." *Working Paper Series: 95 - 18*, Centre for the Study of African Economies (C. S. A. E.). The University of Oxford.

89. Tower, Edward and Thomas Willett (1976): "The Theory of Optimum Currency Areas and Exchange Rate Flexibility." *Special Papers in International Economics*, No. 11, International Finance Section, Princeton University, May 1976.

90. Trivisvavet, Thanawat (2001): "Does East Asian Countries Constitute an Optimum Currency Area?" Duke University, 2001. (http://www. econ. duke. edu/Journals/DJE/dje2001/trivisvavet. pdf)

91. UNCTAD(2003),"2003 年世界投资报告"。

92. Vaubel, Roland (1976): "Real exchange - rate changes in the European Community: The empirical evidence and its implications for European currency unification." *Weltwirtschaftliches Archiv*, Vol. 112, 1976, pp. 429 - 70.

93. von Hagen, Jurgen and Manfred Neumann (1994): "Real Exchange Rates Within and Between Currency Areas: How Far Away is EMU?" *The Review of Economics and Statitics*, Vol. 76, No. 2, 1994, pp. 236 - 244.

94. Williamson, John, Stephany Griffith - Jones and Ricardo Gottschalk (2003):

"Should Capital Controls Have a Place in the Future International Monetary System? " Paper prepared for presentation to a Meeting of the International Monetary Convention to be held by the Reinventing Bretton Woods Committee in Madrid on 13 - 14 May 2003.

95. World Bank (2004): "*World Development Indicators*", 2004.

96. Wyplosz, Charles (2001): "A Monetary Union in Asia? Some European Lessons" Paper provided by Reserve Bank of Australia in its series RBA Annual Conference Volume with number 2001 - 08. (http://www.rba.gov.au/PublicationsAndResearch/Conferences/2001/wyplosz.pdf)

97. Yuen, Hazel (2000): "Is Asia an Optimum Currency Area? 'Shocking' Aspects of output fluctuations in East Asia" Department of Economics, National University of Singapore, August 2000. (http://www.fas.nus.edu.sg/ecs/pub/Hazel.pdf)

98. Zhang, Zhaoyong, Kiyotaka Sato and Michael McAleer (2003): "Asian Monetary Integration: A Structural VAR Approach." University of Tokyo, CIRJE F - Series from CIRJE, No CIRJE - F - 212, 2003.

第3章

1. 何新华 (2004):《升值优于加息》,《国际贸易》, 2004年第11期。

2. 何新华 (2005):《人民币汇率调整对就业的影响研究》,《国际经济评论》, 2005年第3-4期。

3. 李建伟和余明 (2003):《人民币有效汇率的波动及其对中国经济增长的影响》,《世界经济》, 2003年第11期。

4. 卢向前和戴国强 (2005):《人民币实际汇率波动对我国进出口的影响：1994-2003》,《经济研究》, 2005年第5期。

5. 麦金农和邹至庄 (2005):《国际著名学者关于人民币升值是非评说》,《国际经济评论》, 2005年第11-12期。

6. 施建淮和余海丰 (2005):《人民币均衡汇率与汇率失调：1991-2004》,《经济研究》, 2005年第4期。

7. 万解秋和徐涛 (2005):《汇率调整对中国就业的影响》,《经济研究》, 2004年第2期。

8. 余永定 (2003):《打破升值恐惧症，实现经济的平衡发展》,《国际经济评论》, 2003年第9-10期。

9. 张斌和何帆 (2005):《如何调整人民币汇率政策：目标方案和时机》,《国际经济评论》，2005 年第 3 - 4 期。

10. 张斌（2003）：《人民币均衡汇率：简约一般均衡下的单方程模型研究》，《世界经济》，2003 年第 11 期。

11. 张曙光（2005）：《人民币汇率问题：升值及其成本—收益分析》，《经济研究》，2005 年第 5 期。

12. Anderson, Jonathan, (2003): "The Complete RMB Handbook," UBS Investment Research, Asian Economic Perspectives, October.

13. Blanchard, Olivier and Francesco Giavazzi(2006):《重新平衡中国的增长：一种三管齐下的解决方案》,《世界经济》2006 年 第 3 期。

14. Frankel, Jeffrey(2005): "On the RMB: The Choice Between Adjustment under A Fixed Exchange Rate and Adjustment under A Flexible Rate," NBER Working Paper 11274.

15. Goldstein, Morris(2004): "Adjusting China's Exchange Rate Policies," High - Level Seminar, Dalian, China, May 26 - 27, 2004.

第 4 章

1. 麦金农和大野健一（1999）：《日元与美元》，上海远东出版社。

2. 张志超（2004）："发展中国家汇率制度选择的困境和挑战"，未发表的手稿。

3. 范金、郑庆武、王艳和袁小惠（2004）："完善人民币汇率形成机制对中国宏观经济影响的情景分析——一般均衡分析"，《管理世界》，2004 年第 7 期。

4. 何新华、吴海英和刘仕国（2003）："人民币汇率调整对我国宏观经济的影响探析，"《世界经济》，2003 年第 11 期。

5. 李建伟和余明（2003）："人民币有效汇率波动及其对中国经济增长的影响"，《世界经济》，2003 年第 11 期。

6. 施建淮和余海丰（2005）："人民币均衡汇率与汇率失调：1991 - 2004"，No. C2005002，2005 年 1 月 11 日。

7. 万解秋和徐涛（2004）："汇率调整对中国就业的影响——基于理论与经验的研究"，《经济研究》，2004 年第 2 期。

8. 张斌（2003）："人民币均衡汇率：简约一般均衡下的单方程模型"，《世界经济》，2003 年第 11 期。

9. 张斌（2005）："人民币真实汇率：概念、测量与解析"，《经济学季刊》，2005 年第 2 期。

10. 张斌和何帆（2004）："如何应对经济崛起时期的货币升值压力"，《国际经济评论》，2004 年第 3 期。

11. 张曙光（2005）："人民币汇率问题：升值及其成本收益分析"，经济发展论坛 FC20050050 ，2005 年。
12. Anderson, Jonathan(2003): "The Complete RMB Handbook," UBS Investment Research, Asian Economic Perspectives.
13. Caballero J. R. and Krishnamurthy A. (2002): "International Liquidity Management: Sterilization Policy in Illiquid Financial Markets" Working Paper 7740.
14. Calvo, G. A. and Reinhart M. C., 2002, "Fear of Floating", Quarterly Journal of Economics, vol. 117.
15. Darby H. M. (1980): "Sterilization and Monetary Control under Pegged Exchange Rates: Theory and Evidence" NBER Working Paper 1049.
16. Eichengreen B. and Hausmann R. (1999): "Exchange Rate and Financial Fragility" NBER Working Paper 7418, http://www.fed.org.cn/paperdownload.asp?paperID = 50.
17. Klyuev, V. (2003): "The Distributional Consequences of Real Exchange Rate Adjustment" IMF Working Paper WP/03/133.
18. Koruda, H. (2003): "The Nixon Shocks and the Plaza Agreement: Lessons From Two Seemingly Failed Cases of Japan Exchange Rate Policy" 在中国社会科学院世界经济与政治研究所提交的演讲论文。
19. Maurice Obstfeld and Kenneth Rogoff, "The unsustainable US current account position revisited" NBER working paper NO. 10869.
20. McKinnon R. and Schanbl G. (2003): "The East Asia Dollar Standard, Fear of Floating and Original Sin", http://www.stanford.edu/ ~ mckinnon/.
21. Montiel, P. J. and Hinkle. L. E. (1999): "Exchange Rate Misalignment: An Overview", In Lawance E. Hinkle. and Peter J. M., Eds., Exchange Rate Misalignment: Concepts and Measurement for Developing Countries. 1 – 32 New York: The World Bank.
22. Morris Goldstein(2004): "Adjusting China's exchange rate policies" paper presented at the International Monetary Fund's seminar on China's Foreign Exchange System, Dalian, China, May 26 – 27, 2004.
23. Obstfeld M. (1980): "Sterilization and Offsetting Capital Movements: Evidence from Germany, 1960 – 1970" BER Working Paper 11914.
24. Reinhart, Carmen M., 2000, The Mirage of Floating Exchange Rates, American Economic Review, v90, n2 (May), pp. 65 – 70.

25. Rodrik D. ,1995, "Trade Strategy, Investment and Exports: Another Look at East Asia" NBER Working Paper 5339.

第 5 章

1. 余明等（2003）："人民币汇率专题研究"，《货币政策研究》2003 年第 1 期。
2. Hinkle L. and Nsengiyumva F. (1999a): "External Exchange Rate: Purchasing Power Parity, the Mundell – Flemming Model, and Competitiveness in Traded Goods", In Lawance E. Hinkle. and Peter J. M. , Eds . , Exchange Rate Misalignment: Concepts and Measurement for Developing Countries. 41 – 112 New York: The World Bank.
3. ______ . (1999b): "The Two Good Internal RER for Tradables and Nontradables", In Lawance E. Hinkle. and Peter J. M. , Eds. , Exchange Rate Misalignment: Concepts and Measurement for Developing Countries. 113 – 174 New York: The World Bank.
4. ______ . (1999c): "The Three – Good Internal RER for Exports, Imports, and Domestic Goods", In Lawance E. Hinkle. and Peter J. M. , Eds . , Exchange Rate Misalignment: Concepts and Measurement for Developing Countries. 175 – 218, New York: The World Bank.
5. Zhang, Z. H. (2001): "Real Exchange Rate Misalignment in China: An empirical Investigation," Journal of Comparative Economics 29, 1 – 15, 2001.

第 6 章

1. 高海红（2003）："端详亚洲债券基金"，《经济参考报》，2003 年 6 月 25 日。
2. 菊地悠二（日）（2002）：《日元国际化——进程与展望》（中文版），中国人民大学出版社，2002 年版。
3. 保罗·沃尔克（美）、行天丰雄（日）（1996）：《时运变迁：美元和日元国际地位的变化》（中文版），中国金融出版社，1996 年版。
4. Eichengreen, Barry (2002): "What to Do with the Chiang Mai Initiative", prepared for the Asian Economic Panel Meeting in Tokyo, May 2002. (http://emlab. berkeley. edu/users/eichengr/research/eastasiawoo3may16 – 02. pdf).
5. IIMA (Institute of International Monetary Affairs) (2004): "Towards a Regional Financial Architecture for East Asia", presented at The ASEAN + 3 Research Group Workshop and Meeting, 16 – 17. manila, Philippines.
6. Ito, Takatoshi (2003): "New Ideas Needed to Foster Asian Bond Market", July

17, Glocom Platform. (http://www.glocom.org/opinions/essays/20030717_ito_new/index.html).

7. Ito, Takatoshi, Eiji Ogawa and Yuri Sasaki (1999): "Establishment of the East Asian Fund," Institute for International Monetary Affairs (ed.), Stabilisation of Currencies and Financial Systems in East Asia and International Financial Cooperation, Tokyo.
8. Kawai, Masahiro (2002): "Toward a New Regional Financial Architecture in East Asia", Hanyang journal of Economic Studies, Vol. ⅩⅩⅢ, No. 2 (November 2002).
9. Kawai, Masahiro (2004): "Regional Economic Integration, Peace and Security in East Asia", revised paper presented to the ECAAR Session on "Real Homeland Security", held during the Allied Social Sciences Annual Meetings, San Diego, January 3 - 5, 2004.
10. Kuroda, Haruhiko and Masahiro Kawai (2002): "Strengthening Regional Financial Cooperation in East Asia", revised paper presented to the Seminar on "Regional Economic, Financial and Monetary Cooperation: The European and Asian Experiences", organized by the European Central Bank in Frankfurt am Main, April, 15 - 16, 2002.
11. Ogawa, Eiji and Lijian Sun (2001): "How were Capital Inflows Stimulated under the Dollar Peg System?" in T. Ito and A. O. Krueger eds., Regional and Global Capital Flows: Macroeconomic Causes and Consequences, University of Chicago Press.
12. Ogawa, Eiji and Takatoshi Ito, (2002): "On the Desirability of a Regional Basket Currency Arrangement," Journal of the Japanese and International Economies, 16.
13. Oh, Gyutaeg and Jae - Ha Park (2003): "Fostering Asian Bond Markets using Securitization and Credit Guarantee" (www.mof.go.jp/english/if/seminar/20030301e.pdf).
14. Park, Jae - Ha (2003): "Prospects for Regional Financial Cooperation in East Asia" presentation at the Government of Japan/ABAC Japan symposium on "Regional Cooperation in East Asia", 16 May, 2003, Tokyo, Japan.

第 7 章

1. 姚枝仲和小川英志（2004）："盯住一篮子货币"，《世界经济》，2004 年第 4 期。

2. 张斌（2003）："人民币均衡汇率：简约一般均衡下的单方程模型"，《世界经济》，2003 年第 11 期。
3. 张斌（2004）："人民币重新估价与汇率制度改革——基于均衡汇率理论的视角"，《管理世界》，2004 年第 3 期。
4. 张斌（2003）："盯住美元还是一篮子货币"，《国际经济评论》，2003 年第 1 期。
5. Dornbusch, R. and Park Y. C. (1999): "Flexibility or Nominal Anchors?" in S. Collignon, J. Pisani - Ferry, and Y. C. Park, eds., Exchange Rate Policies in Emerging Asian Economies. New York: Routledge.
6. Hernandez, L. and Montiel, P. (2002): "Post - Crisis Exchange Rate Policy in Five Asian Countries: Filling in the Hollow Middle?" IMF Working Paper01/170, Washington, D. C..
7. Kawai, M. and Akiyama. S. (2000): "Implications of the Currency Crisis for Exchange Rate Arrangements in Emerging East Asia" World Bank, East Asia Department, Washington, D. C..
8. Kawai, M. and Takagi, S. (2001): "Proposed Strategy for a Regional Exchange Rate Arrangement in Post - crisis East Asia" World Bank Working Paper - International Economics, Trade and Capital flows.
9. McKinnon R. and Schanbl G. (2003): "The East Asia Dollar Standard, Fear of Floating and Original Sin", http://www.stanford.edu/~mckinnon/.
10. McKinnon, R. (2001): "The East Asian Exchange Rate Dilemma and the World Dollar Standard", ADB, February.
11. McKinnon, Ronald (2000): "After the Crisis, The East Asian Dollar Standard Resurrected: An Interpretation of High - Frequency Exchange Rate Pegging." August 2000. Published in J. Stiglitz and S. Yusuf eds. *Rethinking the East Asian Miracle*, World Bank and Oxford University Press, May 2001. http://www.stanford.edu/~mckinnon/papers.htm.
12. Montiel, P. J. and Hinkle. L. E., (1999): "*Exchange Rate Misalignment: An Overview*", In Lawance E. Hinkle. and Peter J. M., Eds., Exchange Rate Misalignment: Concepts and Measurement for Developing Countries. 1 - 32 New York: The World Bank.
13. Ogawa E. and Ito T. (2000): "On the Desirability of A Regional Basket Currency Arrangement" NBER working paper 8002.
14. Park, C. P. (2002): "Prospects for Financial Integration and Exchange Rate

Policy Cooperation In East Asia ” ADB Institute Research Paper 48.

15. Szirmai Adam、柏满迎和任若恩（2002）：“中国制造业劳动生产率：1980－1999”，《经济学季刊》，2002年第1卷第4期。
16. Williamson, O.,（1999）：“The Case for a Common Basket Peg for East Asian Currencies.” In S. Collignon, J. Pisani－Ferry, and Y. C. Park, eds., Exchange Rate Policies in Emerging Asian Countries. London and New York: Routledge.
17. Wyplosz, C.（2001）：“A Monetary Union in Asian? Some European Lessons” RBA Annual Conference Volume 2001－8, Reserve Bank of Australia.

第8章

1. 张斌和何帆（2005）：“如何调整人民币汇率政策：目标、方案和时机”，《国际经济评论》，2005年第2期。
2. 张斌和何帆（2006）：“货币升值的后果——基于中国经济特征实事的理论框架”，《经济研究》，2006年第5期。
3. Dornbusch Rudiger and Yung Chul Park（1999）：“Flexibility or nominal anchors?” in S. Collignon, J. Pisani－Ferry, and Y. C. Park, eds, *Exchange Rate Policies in Emerging Asian Economies*. New York: Routledge.
4. Kawai Masahiro and Shinji Takagi（2000）：“Proposed strategy for a regional exchange rate arrangement in post－crisis East Asian,” *World Bank Working Paper No. 2503*, World Bank: Washington DC.
5. Kwan, Chi Hung（2001）：“*Yen Bloc*”. Washington, DC: Brookings Institution Press.
6. McKinnon Ronald（2002）：“The East Asian Exchange Rate Dilemma and the World Dollar Standard”, Asia Development Bank, February.
7. Ogawa Eiji. and Junko Shimizu（2005）：“A deviation measurement for coordinated exchange rate policies in East Asia,” Research Institute of Economy, Trade and Technology *Discussion Paper Series 05－E－017*, Tokyo.
8. Ogawa Eiji. and Takatoshi Ito（2000）：“On the Desirability of a regional basket currency arrangement” *NBER Working Paper 8002*, National Bureau of Economic Research, Cambridge, Massachusetts.
9. Park, Chul Yung（2002）：“Prospects for financial integration and exchange rate policy cooperation in East Asia ” *Asian Development Bank Institute Research Paper* 48, ADB, Manila.

10. Williamson John (1999): "The case for a common basket peg for East Asian currencies," in S. Collignon, J. Pisani – Ferry, and Y. C. Park, eds, *Exchange Rate Policies in Emerging Asian Countries.* London and New York: Routledge.
11. Wyplosz Charles (2004): "Regional exchange rate arrangements: Lessons from Europe for East Asia," Chapter 7 of *Monetary and Financial Integration in East Asia: The Way Ahead*, Volume 2, edited by Asian Development Bank, Palgrave Macmillan.

第9章

1. 关志雄（1995）:《日元区的经济学》, 日本经济新闻社, 1995。
2. 关志雄（2003）:《亚洲货币一体化研究：日元区发展趋势》, 中国财政经济出版社, 2003年7月出版。
3. C. H. Kwan (1998): "The Theory of Optimum Currency Areas and the Possibility of Forming a Yen Bloc in Asia", Journal of Asian Economics, 9 (4), 1998.
4. Demirguc – Kunt, Asli and Ross Levine (1999): "Bank – Based and Market – Based Financial System: Cross – country Comparisons", The World Bank Working Paper Series.
5. Demirguc – Kunt, Asli and Vojislav Maksimovic (1999): "Institutions, Financial Markets, and Firm Debt Maturity", Journal of Financial Economics, vol. 54, pp. 295 – 336.
6. Eichengreen, Barry (2002): "What to Do with the Chiang Mai Initiative," prepared for the Asian Economic Panel Meeting in Tokyo, May 2002. (http://emlab. berkeley. edu/users/eichengr/research/eastasiawoo3may16 – 02. pdf)
7. Eichengreen, Barry and Pipat Luengnaruemitchai (2004): "Why Doesn't Asia have Bigger Bond Market", NBER Working Paper 10576.
8. Jacob Gyntetherg, Guonan Ma and Eli M Remolona (2005): "Corporate Bond Market in Asia", BIS Quarterly Review, December 2005, pp. 83 – 93.
9. Jeffrey Frankel and Shang Jin Wei (1995): "Is a Yen Bloc Emerging?" in Robert Rich, ed., Economic Cooperation and Challenges in the Pacific, Korea Economic Institute of America, Washington DC, 1995.
10. Kenichi Ohno and Shirono (1999): "Exchange Rate Management in Developing Asia: Reassessment of the Pre – crisis Soft Dollar Zone", Working Paper 1, Asian Development Bank Institute, Tokyo, 1999.
11. Ogawa, Eiji and Junko Shimizu (2005): "A Deviation Measurement for Coordi-

nated Exchange Rate Policies in East Asia", RIETI Discussion Paper Series 05 – E – 017.

12. Ogawa, Eiji and Kentaro Kawasaki (2003): "What should be Weight on the Three Major Currencies for a Common Currency Basket in East Asia?", Hitotsubashi University Research Unit for Statistical Analysis in Social Sciences, Discussion Paper series, No. 6, Institute of Economic Research Hitotsubashi University.
13. Ogawa, Eiji and Takatoshi Ito (2000): "On the Desirability of a regional Basket Currency Arrangement", NBER Working paper 8002.
14. Williamson, John (2005): "A Currency Basket for East Asia, Not Just China", Policy Briefs in International Economics, Institute for International Economics, July.

第 10 章

1. 陈虹（2004）："培育亚洲债券市场的入口选择"，载《国际贸易》2004 年第 3 期，第 52 – 55 页。
2. 山上秀文（2003）："资产担保证券（ABS）发行体设计提案"，《金融》2003 年 11 月，第 8 – 15 页。
3. 伊藤隆敏（2003）："Promoting Asian Basket Currency (ABC) Bonds", December 12, 2003 http://www.tito.rcast.u-tokyo.ac.jp/eng_currentresearch.html.
4. BIS (2004), Quarterly Review, June 2004. http://www.bis.org/publ/qtrpdf/r_qt0406f.pdf.
5. EMEAP (2004): http://www.emeap.org/press/15apr04.htm.

第 11 章

1. 北京大学中国经济研究中心（2002）："技术选择指数的构建与计算"，北京大学中国经济研究中心发展战略组内部讨论稿（未发表），2002。
2. Barth, James R., Gerard Caprio, Jr. and Ross Levine (1999): "Banking systems around the globe: Do regulation and ownership affect performance and stability?" in Frederic S. Mishkin, editor, Prudential Supervision: What works and What Doesn't University of Chicago Press, 2001.
3. Calvo, Guillermo and Enrique G. Mendoza (1999): "Rational Herd Behavior and the Globalization of Securities Markets?" mimeo, University of Maryland, November.

4. Demirgüç – Kunt, Asli and Enrica Detragiache (1998): "Financial Liberalization and Financial Fragility", mimeo of the World Bank.
5. Flood, R. and Garber, P. (1984): "Collapsing Exchange Rate Regimes: Some Linear Example", *Journal of International Economics* 17:1 – 13.
6. Flood, R. and Nancy Marison (1998): "Perspectives On The Recent Currency Crisis Literature", *NBER Working Paper* 6380.
7. Flood, Robert and Nancy Marion (1997): "The Size and Timing of Devaluations in Capital – Controlled Economies?" *Journal of Development Economics*, 54, 123 – 147.
8. Kaminsky, G., and Reinhart, C. M. (1996): "The Twin Crises: The Causes of Banking and Balance of Payments Problems", Federal Reserve Board, Washington, DC.
9. Krugman, P. (1979): "A Model of Balance of Payment Crises", *Journal of Money, Credit and Banking* 11:311 – 325.
10. Krugman, P. (1998): "Bubble, Boom, Crash: Theoretical Notes on Asia's Crisis" Mimeo.
11. Krugman, P. (1999): "Balance sheets, the transfer problem, and financial crises", http://web. mit. edu/krugman/www/crises. html. .
12. Krugman, P. (1997): "Currency Crisis", http://web. mit. edu/krugman/www/crises. html.
13. Masson, Paul R. (1998): "Contagion Effect: Monsoonal Effects, Spillovers, and Jumps Between Multiple Equilibria?" unpublished, International Monetary Fund.
14. McKinnon, R. I. and H. Pill (1997): "Credible Economic Liberalizations and Over – borrowing," *American Economic Review* (*Papers and Proceedings*) 87, 189 – 193.
15. Obstfeld, Maurice (1994): "The Logic of Currency Crises?" NBER Working Paper No. 4640 (Cambridge, Massachusetts: National Bureau of Economic Research).
16. Sachs, J. and Radelets(1998): "The Onset of The East Asian Financial Crisis", NBER, Working Paper 6680.
17. Sachs, Jeffrey, and Andrew Warner(1995): "Economic Reform and the Process of Global Integration," Brookings Papers on Economic Activity, 1995:1, 1 – 118.

后　记

国际金融学科隶属于国际经济学，是经济学中的三级学科。根据中国经济改革和对外开放的需要，世界经济与政治研究所从建所初期开始就开展对国际金融学科的研究。在过去近30年的时间里，中国金融体系改革不断深入，金融部门对外开放程度不断加深，与此同时，全球化浪潮席卷全球，中国与世界其他国家和地区在金融领域的互动关系越来越密切。形势的发展和实践的变化对国际金融学科的研究提出新的要求。一方面，我们根据国家需要，对国际金融理论和实践中的重大问题，以及对中国面临的外部金融环境和国际金融发展趋势，进行系统深入的研究；另一方面，立足于国家利益，研究中国金融改革和开放战略，以及对中国资本项目自由化、人民币汇率政策调整，区域金融合作，以及资本市场发展等问题进行对策性研究。国际金融学科的研究队伍也在不断调整和扩大。1996年，根据“中国社会科学院‘九五’发展计划”，世界经济与政治研究所国际金融学科被确定为中国社会科学院实行目标管理责任制的重点学科。国际金融研究室于1999年正式成立。目前国际金融学科被确定为本所重点发展学科之一。

国际金融研究室在国际金融学科建设方面形成了独特的优势，对以下几个领域的研究，我们已经形成了研究团队：汇率、汇率制度选择和人民币汇率问题；区域金融和货币合作和区域资本市场；金融开放和资本项目自由化；公司融资和金融机构；国际金融市场和形势动态追踪。我们的研究侧重对策性研究。比如，对人民币汇率改革，以及中国参加东亚地区金融货币合作等问题的研究。相应的学术成果和论文先后发表在《世界经济》、《经济学季刊》、《世界经济与政治》以及《经济研究》等国内一流学术期刊。研究成果获中国社会科学院优秀成果论文类奖、中国社会科学院青年优秀成果论文类奖、中国社会科学院世界经济与政治研究所优秀成果等奖项。我们进行并完成一系列重大研究课题，其中包括：国家社会科学基金项目、中国社会科学院重大课题A类项目、国家财政部项目、中国社会科学院重大课题B类课题，以及中国社会科学院青年社会科学基金项目等，对国际金融重大问题的研究，特别是对中国外部金融环境、中国金融改革和开放战略、人民币汇率政策调整，中国参与区域金融合作等问题，我们先后发表具有影响力的研究成果和对策报告。我们广泛开展与国内国际同行的学术合作和交流，参与和决策部门的讨论和交流。我们积极开展国际合作研究，接受来自其他国家的访问学者。我们拥有培养金融学博士学位和硕士学位的导师，是中国社会科学院世界经济系培养国际金融专业博士和硕士的重要基地之一。

高海红

2008年1月